EINVERSTÄNDLICHE SEXUELLE KONTAKTE
ZWISCHEN PSYCHOTHERAPEUTEN UND KLIENTEN :

ZUR FRAGE DER
NOTWENDIGKEIT EINES VERBOTES UND SEINER
RECHTLICHEN DURCHSETZUNGSMÖGLICHKEITEN
DE LEGE LATA ET FERENDA

Dissertation
zur Erlangung des Doktorgrades
der Juristischen Fakultät
der Martin-Luther-Universität Halle-Wittenberg

von

Lutz Dietrich (B. D.)

WISSENSCHAFTLICHE BEITRÄGE AUS DEM TECTUM VERLAG

Reihe Rechtswissenschaften

Band 9

Einverständliche sexuelle Kontakte zwischen Psychotherapeuten und Klienten

Zur Frage der Notwendigkeit eines Verbotes
und seiner rechtlichen Durchsetzungsmöglichkeiten
de lege lata et ferenda

von

Lutz Dietrich

Tectum Verlag
Marburg 2001

Die Deutsche Bibliothek - CIP-Einheitsaufnahme

Dietrich, Lutz:
Einverständliche sexuelle Kontakte zwischen Psychotherapeuten und Klienten.
Zur Frage der Notwendigkeit eines Verbotes und seiner rechtlichen
Durchsetzungsmöglichkeiten de lege lata et ferenda.
/ von Lutz Dietrich
- Marburg : Tectum Verlag, 2001
(Wissenschaftliche Beiträge aus dem Tectum Verlag :
Reihe Rechtswissenschaften ; Bd. 9)
Zugl: Halle, Univ. Diss. 1999
ISBN 3-8288-8272-2

© Tectum Verlag

Tectum Verlag
Marburg 2001

VORWORT

Einverständliche sexuelle Kontakte zwischen Psychotherapeuten und Klienten sind ein Thema, welches meist emotional und kontrovers diskutiert wird. Zuweilen werden solche sexuelle Kontakte als „normale gelebte Sexualität" zwischen selbstbestimmten erwachsenen Menschen angesehen. Die Klienten und ihre Fürsprecher fokussieren auf mögliche psychische Schädigungen durch solche sexuellen Kontakte bzw. sehen darin ein inzestoides Verhalten. Entsprechend fordern sie ein kategorisches Verbot und seine strafrechtliche Bewehrung. Diese Forderungen gehen soweit, daß manche Therapeuten eine Gefahr für die Zulässigkeit therapeutisch indizierter Berührungen und Thematisierungen sexueller Inhalte sehen. Diese Kontroverse findet auf einem hochemotionalen Terrain statt: Da sind die hohe Verletzbarkeit von Klienten in einer Psychotherapie; die Undurchschaubarkeit psychischer wie psychotherapeutischer Prozesse für forensisch „gewohnte" (natur-) wissenschaftliche Instrumente; die populäre bis populistische „Verwechslung" von Psychiatrie und Psychotherapie, von „verrückt sein" und „hilfebedürftig, strauchelnd" u. v. m.. In diesem Gemisch dürfte der Grund liegen, warum sich bisher nur wenige Autoren diesem Thema juristisch genähert haben. Die vorliegende Arbeit will die ‚strafrechtliche Lücke' schließen und eine auf sachliche Grundlagen basierende rechtliche Lösung entwickeln, die sowohl den Interessen des Klientenschutzes als auch einer sinnvollen Psychotherapie-Arbeit gerecht wird.

Die Arbeit wurde im Januar 1998 abgeschlossen und von der Juristischen Fakultät der Martin-Luther-Universität Halle-Wittenberg als Dissertation im November 1998 angenommen. Der Gesetzgeber hat im Frühjahr 1998 sowohl das Psychotherapeuten-Gesetz als auch ein strafrechtlich bewehrtes Abstinenzgebot in § 174 c StGB verabschiedet. Beide Normen sind in der vorliegenden Arbeit eingearbeitet.

Mein ausdrücklicher Dank gilt meinem Doktorvater Prof. Dr. Dieter Rössner, der mir schon während meines Theologie-, Pädagogik- und Psychologie-Studiums hilfreich zur Seite gestanden und das Vorhaben stets unterstützt hat. Ebenso danke ich meinen Freunden und Bekannten, die mir in zahlreichen Diskussionen wertvolle Hinweise und Gedankenanregungen gegeben haben. Mein besonderer und tiefer Dank gilt Stephanie, meiner damaligen Ehefrau: Ihre liebevolle Unterstützung, ihr unermüdlicher Beistand über lange Jahre hinweg und ihr Vertrauen in mich haben diese Arbeit und ihre Grundlagen erst ermöglicht!

Köln im März 1999

Lutz Dietrich

GLIEDERUNGSÜBERSICHT

XI

XV

a. a. O.	am angegebenen Ort; die in einer oberen Fußnote angegebene Literatur des vorgenannten Autors
AG	Amtsgericht
Alt.	Alternative
Anm. d. A.	Anmerkung des Autors
Anm.	Anmerkung
ARSP	Archiv für Rechts- und Sozialphilosophie (zitiert nach Jahrgang und Seite)
Art.	Artikel
AT	Allgemeiner Teil
ATA	Außergerichtlicher Tatausgleich (= TOA)
Aufl.	Auflage
Az.	Aktenzeichen
BÄrzteO	Bundesärzteordnung vom 14.10.1977
Bd.	(Buch-) Band
BDP	Berufsverband deutscher Psychologinnen und Psychologen e. V. (Bonn)
bez.	bezüglich
BGB	Bürgerliches Gesetzbuch (der Bundesrepublik Deutschland)
BGH St	Entscheidungen des Bundesgerichtshofs in Strafsachen (zitiert nach Band und Seite)
BGH	Bundesgerichtshof
BR-Drs.	Drucksache des Bundesrates (zitiert nach Nummer und Jahrgang)
BRAO	Bundesrechtsanwaltsordnung vom 01.08.1959, Stand: 05.10.1994
BSG	Bundessozialgericht
BT	Besonderer Teil
BT-Drs.	Drucksache des Deutschen Bundestages (zitiert nach Legislaturperiode und Nummer)
BVerfG	Bundesverfassungsgericht
BVwG	Bundesverwaltungsgericht
bzw.	beziehungsweise
CP	cumulated percent
DAK	Deutsche Angestellten Krankenkasse

DAR	Deutsches Autorecht (zitiert nach Jahr und Seite)
DDR	Deutsche Demokratische Republik
ders.	derselbe (Autor)
DGVT	Deutsche Gesellschaft für Verhaltenstherapie e. V. (Sitz : Tübingen)
dies.	dieselbe (n,r)
DVO	Durchführungsverordnung (zum)
e. V.	eingetragener Verein
EAP	European Association for Psychotherapy
ebd.	ebenda
EBM	Einheitlicher Bewertungsmaßstab für die ärztlichen Leistungen
E-GO	Ersatzkasse-Gebührenordnung
EKV	Arzt-/ Ersatzkassenvertrag (Bundesmantelvertrag)
et al.	et alii; und andere (Autoren)
EV	Einigungsvertrag: „Vertrag zwischen der Bundesrepublik Deutschland
und	der Deutschen Demokratischen Republik über die Herstellung der
Einheit	Deutschlands" vom 31. August 1990
FA	Facharzt für
FB SÜP	Bundesministerium für Familie, Senioren, Frauen und Jugend; Forschungsbericht des Instituts für Psychotraumatologie „Sexuelle Übergriffe in Psychotherapie und Psychiatrie"; Freiburg 1995
ff	und folgende (Seiten / Paragraphen)
Fn.	Fußnote (n)
FS	Festschrift
GG	Grundgesetz vom 23.05.1949 (Verfassung der Bundesrepublik Deutschland)
GRP	Gesellschaft für Rationale Psychologie (Betreiber des IRP München)
GTK	Gesellschaft für Tiefenpsychologische Körpertherapie e. V.
GW	Gesamtwerk
HeilpraktG	Heilpraktikergesetz vom 17.02.1939
HESt	Höchstrichterliche Entscheidungen in Strafsachen (zitiert nach Band und Seite)
HPG	Heilpraktikergesetz
Hrsg.	Herausgeber
hrsg.	herausgegeben von
i. d. R.	in der Regel

i. e. S.	im engeren Sinne
i. E.	ihres Erachtens
i. S.	im Sinne
i. V.	in Verbindung
i. w. S.	im weiten Sinne
incl.	inclusive
insbes.	insbesondere
IPT	Institut für Psychotraumatologie (Freiburg im Breisgau)
Jg.	Jahrgang
Jhd.	Jahrhundert
JR	Juristische Rundschau (zitiert nach Jahr und Seite)
JuS	Juristische Schulung (zitiert nach Jahr und Seite)
JZ	Juristenzeitung (zitiert nach Jahr und Seite)
Lfg.	Lieferung
LG	Landgericht
LH	Lehrheft
LK-	Leipziger Kommentar (-Bearbeiter)
m. a. W.	mit anderen Worten
m. E.	meines Erachtens
m. w. N.	mit weiteren (Literatur-) Nachweisen
MDR	Monatsschrift für Deutsches Recht (zitiert nach Erscheinungsjahr und Seite)
Med.	Medizin
MedR	Medizinrecht (zitiert nach Erscheinungsjahr und Seite)
MRK der	Menschenrechtskonvention: Konvention vom 4.11.1950 zum Schutze der Menschenrechte und Grundfreiheiten
NJW	Neue Juristische Wochenzeitschrift (zitiert nach Erscheinungsjahr und Seite)
Nr.	Nummer (n)
NStZ	Neue Zeitschrift für Strafrecht (zitiert nach Erscheinungsjahr und Seite)
o. A.	ohne Angabe
OLG	Oberlandesgericht
päd.	pädagogische (r, s)

Prot. 6	Protokolle über die Sitzungen des Sonderausschusses für die Strafrechtsreform in Bonn in der 6. Wahlperiode
PsychThG	Gesetz über die Berufe des Psychologischen Psychotherapeuten und des Kinder- und Jugendlichenpsychotherapeuten, zur Änderung des Fünften Buches Sozialgesetzbuch und anderer Gesetze
Rdnr.	Randnummer (n)
resp.	respektive
RG	Reichsgericht
RGSt	Entscheidungen des Reichsgerichts in Strafsachen (zitiert nach Band und Seite)
s.	siehe
S.	Seite (n)
s. a.	siehe auch
s. E.	seines Erachtens
SGB V.	Sozialgesetzbuch - Fünftes Buch. Gesetzliche Krankenversicherung (Artikel 1 des Gesundheitsreformgesetzes) vom 20.12.1988
SK-....	Systematischer Kommentar - (Bearbeiter)
sog.	sogenannte (n) (r) (s)
sozialpäd.	sozialpädagogische (r, s)
StBerG	Steuerberatungsgesetz in der Fassung der Bekanntmachung vom 4. November 1975
StGB	Strafgesetzbuch (der Bundesrepublik Deutschland)
StGB-E	Strafgesetzbuch entsprechend dem Entwurf zum ... StrAndG
StrÄndG	Strafrechtsänderungsgesetz
StrRG	Gesetz zur Reform des Strafrechts
StV	Der Strafverteidiger [zitiert nach Jahr und Seite]
TOA	Täter - Opfer - Ausgleich
u. a.	unter anderem
u. ä.	und ähnliche
u. v. a.	und viele andere
US	United States (of America); der Vereinigten Staaten von Amerika
USA	United States of America; Vereinigte Staaten von Amerika
USMW	US-Mittelwert: das arithmethische Mittel aus den genannten Zahlen der jeweiligen Tabelle über die Ergebnisse der regionalen und

	landesweiten Studien in den USA über sexuelle Kontakte zwischen Psychotherapeuten und Klienten
v. Chr.	vor Christi Geburt; vor unserer Zeitrechnung (Jahr 0)
WHO	World Health Organization (Weltgesundheitsorganisation)
z. T.	zum Teil
z. Z.	zur Zeit; zum Zeitpunkt der Abfassung dieser Arbeit (1997)
ZStW	Zeitschrift für die gesamte Strafrechtswissenschaft (zitiert nach Band und Seite)

Euer Geist und eure Tugend diene dem Sinn der Erde,
meine Brüder:
und aller Dinge Wert werde neu von Euch gesetzt!
Darum sollt ihr Kämpfende sein!
Darum sollt ihr Schaffende sein!

F. Nietzsche,
Also sprach Zarathrustra

Einleitung

A. Ziel und Abgrenzung der Themenstellung

In den letzten Jahren kamen zunehmend Psychotherapeuten [1] in das Kreuzfeuer der öffentlichen Kritik, die mit ihren Klienten [2] sexuelle Kontakte eingegangen sind. Dabei wurden auch ‚einverständliche sexuelle Kontakte' kritisiert, d. h. sexuelle Kontakte, zu dessen Eingehen der Psychotherapeut keinen Druck [3] auf den Klienten ausgeübt hatte, die Klienten bewußt ihr Einverständnis geäußert oder die Initiative ergriffen hatten.

Grundsätzlich hängt die Bewertung, ob eine bestimmte Handlung gesellschaftlich abzulehnen und damit als abweichendes Verhalten [4] zu klassifizieren ist, von der sozialethischen Entscheidung ab, inwieweit das Unterlassen dieser Handlung für

---

[1] Trotz einer signifikant größeren Häufigkeit von sexuellen Kontakten zwischen (männlichen) Psychotherapeuten und (weiblichen) Klientinnen habe ich mich für die Nomenklatur einer geschlechtsneutralen Verwendung der Termini Psychotherapeuten bzw. Klienten entschieden. Diese – sicherlich nicht von allen Leserinnen und Lesern geteilte – Entscheidung ist mir nicht leicht gefallen: Doch eine antagonistische Formulierweise 'Psychotherapeuten – Klientinnen', wie sie bisher von einem Großteil der Literatur bevorzugt wird, führt zu einer Einübung des Denkschemas 'männlicher Täter, weibliches Opfer'. Dies wird einer neutralen wissenschaftlichen Betrachtungsweise nicht gerecht, da auch umgekehrt heterosexuelle (weibliche Psychotherapeutin und männlicher Klient) sowie homosexuelle Kontakte vorkommen. Die „übliche" Terminologie führt mit der Gewalt der Sprachüberlieferung zu der unbewußten wirklichkeitsverfälschenden Annahme, andere Geschlechts-kombinationen in den Täter-Opfer-Beziehungen gäbe es nicht (Schneider, Denkvorgaben durch Sprache, S. 505 ff). Weiter birgt sie m. E. die Gefahr in sich, auf sublime Art und Weise unerwünschte Emotionen zugunsten des Bildes einer 'armen, schwachen Frau', die vom 'großen, bösen Mann' mißbraucht wird, zu wecken, obwohl die Problematik sich in der geschlechtsunabhängigen Machtfrage auf dem Gebiet der Sexualität fokussiert.
Die Schreibweisen ‚PsychotherapeutInnen' oder ‚Psychotherapeut(inn)en' sind nach den anerkannten Rechtschreibregeln nicht erlaubt. Im Rahmen einer objektiven Nomenklatur besteht folglich nur die Wahl zwischen einer bewußt geschlechtneutralen Verwendung der Begriffe ‚Psychotherapeuten' bzw. ‚Klienten' oder der jeweiligen Doppelnennung 'Psychotherapeutinnen bzw. Psychotherapeuten', ‚Klientinnen bzw. Klienten'. Aus Gründen der leichteren Verständlichkeit und angenehmeren Lesbarkeit habe ich die erste Variante gewählt.
[2] In der Literatur werden Personen, die Psychotherapie oder psychologische Beratung in Anspruch nehmen, in der Regel als ‚Patienten' oder ‚Klienten' bezeichnet. Ich habe mich für die letztere dieser Bezeichnungen entschlossen, da dieser von dem lateinischen 'cliens' abstammende Ausdruck für ‚Schutzbefohlener, Höriger' (vgl. Brockhaus Bd. 12, S. 83 Stichwort Klient) eher dem gesamten Spektrum an psychotherapeutischen und psychologischen Beratungsformen entspricht als der engere Begriff Patient. Der von dem lateinischen 'patiens' abstammende Ausdruck für ‚Erduldender, Erleidender' bezeichnet einen Kranken, der in ärztlicher Behandlung oder Betreuung steht (vgl. Brockhaus, Bd. 16, S. 595 Stichwort Patient). Selbst im Rahmen einer weiten Interpretation als ‚einer von einem Angehörigen eines beliebigen Heilberufs behandelten oder betreuten Person' (vgl. Duden Fremdwörterbuch, S. 572 Stichwort Patient) würde die Wahl dieses Terminus eine hier unerwünschte Einschränkung und Ablenkung auf die Heilberufe präjudizieren.
[3] Hierunter sind alle Formen von bewußter Einflußnahme zu verstehen z. B. versteckte oder offenen Drohungen, physisch oder psychisch ausgeübter Zwang.
[4] I. S. von Devianz oder Delinquenz

2

ein gedeihliches Zusammenleben unerläßlich ist [5]. Wenn man die Position der psychotherapeutischen Fachkreise in der Bundesrepublik Deutschland bis Anfang der 90er Jahre betrachtet, könnte der Eindruck gewonnen werden, einverständliche sexuelle Kontakte zwischen Psychotherapeuten und Klienten stellten kein diskutables Problem oder abzulehnende Verhaltensweisen dar. Diese Haltung wird allerdings von manchen Psychotherapeuten als Ausdruck einer Tabuisierungstendenz [6] gesehen: Die wenigen bekannt gewordenen Kasus verdrängte man als Außenseiterfälle 'aus dem kollektiven Bewußtsein' und übte sich in 'selektiver Unaufmerksamkeit' [7]. Dieses Phänomen trat früher auch in anderen Ländern z. B. in den USA auf, in denen die Inanspruchnahme von Psychotherapien entsprechend früher gesellschaftlich akzeptiert war als im deutschsprachigen Raum [8]: Der Versuch des klinischen Psychologen Greenwald [9] in der Mitte der 60er Jahre, die Frage nach den Therapeut-Klient-Beziehungen gründlich zu untersuchen, mit der Petition einiger Mitglieder beantwortet, Greenwald deshalb aus der Organisation auszuschließen [10]. In den meisten Ländern kann man die Beschäftigung der Fachverbände erst nach einem Medieninteresse für sexuelle Kontakte zwischen Psychotherapeuten und Klienten feststellen [11].

In der Bundesrepublik Deutschland ist dieses Medieninteresse seit Ende der 80er Jahre festzustellen: In Schwerpunktreportagen wurde über sexuelle Kontakte zwischen Psychotherapeuten und Klienten berichtet, wobei Formulierungen wie 'Triebtäter in Weiß' [12], 'sexueller Mißbrauch', 'sexuelle Ausbeutung' oder 'Vergewaltigung' [13] gebraucht wurden. Dieses dem Sexualstrafrecht entlehnte Vokabular vermittelte den Eindruck, daß es sich bei der Sexualität um ein Kriminaldelikt handelte. Diese Verbindung von ‚sex and crime' ist aus auflagen- und einschaltquotenorientierter Sicht nachvollziehbar, doch erscheint sie aus rechtlicher Sicht prima facie erstaunlich: Einverständlich eingegangene sexuelle

---

[5] Wessels AT § 1 I 2
[6] Retsch, Liebe, Erotik und Sexualität, S. 11 f; Vogt, Positionen der Berufsverbände S. 202
[7] Pope / Bouhoutsos , Als hätte ich mit einem Gott geschlafen, S. 13, 50
[8] Pope / Bouhoutsos, a. a. O., S. 11; Wirtz, Seelenmord, S. 245
[9] Im Rahmen einer Tagung der New York State Psychological Association
[10] Harold Greenwald in einem Gespräch mit Shepard (Shepard, Sex als Therapie, S. 14, 18)
[11] Becker-Fischer / Fischer, Sexueller Mißbrauch in der Psychotherapie, S. 11 ff
[12] Kolb, stern 27/93 S. 144
[13] Beispielhaft: Stern Heft 16/1989 (S. 94-101); Psychologie heute 12/90 (S. 78-83); Südwest Presse vom 30.01.1991; Der Tagesspiegel (Berlin) vom 10.02.1991; taz vom 18.03.1991

Kontakte sind gesunder Ausdruck der für die menschliche Identität und Gefühlswelt eine zentrale Rolle spielenden Sexualität [14], die „Auswirkungen auf unser emotionales und soziales Leben, ja sogar auf unsere ökonomische Existenz" [15] hat. Folglich sind diese von der modernen bundesdeutschen Rechtsgemeinschaft zurecht nur in Ausnahmefallen als kriminell i. S. Sexualstrafrechtes bewertet worden. Doch weder im bundesdeutschen Strafgesetzbuch [16] noch in einem anderen Gesetz [17] sind einverständliche sexuelle Kontakte zwischen Psychotherapeuten und Klienten ausdrücklich verboten. Es stellt sich die Frage, ob diese „Inkriminierung" durch die Medien das Ergebnis quotenorientierten Berichterstattung ist, d. h. durch einseitig tendenzielle Darstellung, Hochspielen von Ereignissen und Unterschlagung wesentlicher entlastender Umstände [18] ist das Bild eines „normalen" Verhaltens verzerrt und dies abweichend und kriminell stigmatisiert worden. In diesem Fall müßte zum Schutze der Betroffenen der ‚vierten Macht' unbedingt Einhalt geboten werden: „Der Strafprozeß im Rechtsstaat braucht die Kontrolle einer demokratischen Öffentlichkeit, wozu auch die Medien gehören. Es muß nur verhindert werden, daß er durch den Druck von Medien zum Sex-and-crime-Spektakel verkommt." [19] Andererseits könnten diese Reportagen und ihre Bewertung der sexuellen Kontakte als untragbares und gesellschaftlich zu ahndendes Verhalten das Ergebnis der originären Aufgabe der Medien zur Kontrolle des politischen und sozialen Geschehens sein [20]. Diese Unklarheit kann auch die prompte Reaktion der Politik auf das Medieninteresse mit neuen Gesetzentwürfen [21] nicht beseitigen. Denn diese ist gerne geneigt, gerade bei öffentlichkeits- und wählerwirksamen ‚Sex and Crime'-Themen dem Ruf nach schärferen Strafen automatistisch zu folgen oder diese selbst zu initiieren [22]. Ein

---

[14] Becker, Sexuelle Probleme, S. 176
[15] ebd.
[16] StGB; Stand: 1.1.1998
[17] Hierunter ist ein Gesetz im materiellen Sinne zu verstehen, also „jede hoheitliche Anordnung, die für eine unbestimmte Vielzahl von Personen allgemein verbindliche Regelungen enthält" (Creifelds, Rechtswörterbuch, S. 524) und die zum Zeitpunkt der Betrachtung (hier: 1.1.1998) gültig ist. Darunter fallen folglich nicht die Satzungen von Verbänden, die nur für die Rechtsbeziehungen zwischen Verband und seinen Mitgliedern Gültigkeit erlangen.
[18] Ricker a. a. O.
[19] Süddeutsche Zeitung Magazin 25/97, S. 24 f; Darf man eigentlich jeden verteidigen? [Interview von Christiane Korff mit US-Staranwalt Alan Dershowitz und dem hessischen Justizminister Rupert von Plottnitz]
[20] Ricker NJW 1990, 2097; Brockhaus Bd. 14, S. (287) 288 Stichwort Massenmedien
[21] BT-Drs. 13 / 2203; BT-Drs. 13 / 8267
[22] Exemplarisch seien hier die entsprechenden Reaktionen nach Sexualmorden an Kindern aus jüngerer Zeit genannt: Nach der Ermordung der siebenjährigen Schülerin Nathalie aus dem bayerischen Landkreis Landsberg im Herbst 1996, brachte das Bundesland Bayern im Bundesrat umgehend einen Gesetzesvorschlag zur Verschärfung des Sexualstrafrechts ein. Eine Woche nach dem Sexualmord der zehnjährigen Kim aus dem niedersächsischen Varel im Januar 1997, verlangte der bayerische Justizminister Leeb die Einberufung einer Sonderkonferenz der Justizminister zur Beschleunigung des Gesetzgebungsverfahrens der eben genannten Strafverschärfung. Auch der

Schluß auf den Handlungsunwert von sexuellen Kontakten zwischen Psychotherapeuten und Klienten läßt sich aus diesen gesetzgeberischen Inkriminierungsversuchen per se daher nicht ziehen.

Die vorliegende Arbeit will die notwendige Klarheit in diesen Nebel zu bringen und mit wissenschaftlich-objektiven Methoden die Fragen beantworteten, ob und inwieweit sexuelle Kontakte zwischen Psychotherapeuten und Klienten abzulehnen sind, und welche rechtlichen Möglichkeiten der Durchsetzung einer solchen Ablehnung bestehen oder zukünftig zu fordern sind.

B. Methodik

I. Problematik

Bei der Bearbeitung der einschlägigen Literatur fällt es nicht leicht, gemäß dem wissenschaftlichen Neutralitäts- und Objektivitätsgebot sine ira et studio vorzugehen: Wahltaktisch ausgerichtete Papiere der Politik, Tabuisierungsversuche der psychotherapeutischen Fachkreise [23] und oftmals feministisch inspirierte, (verständlicherweise) emotionalisierte und emotionalisierende Mißbrauchsliteratur [24] bilden ,den zu beackernden Boden'. Hinzu kommt die Gefahr einer interdisplinären Arbeit von der Unvereinbarkeit der beiden Disziplinen Jurisprudenz und Psychologie aufgerieben zu werden, die wie zwei unterschiedlich geladene Kondensatorplatten eine – wenn auch letztlich kreative - Spannung erzeugen: Auf der einen Seite ist das juristische Bedürfnis nach Abstraktion zur Anwendung auf eine unbestimmte Anzahl von Fällen und damit verbundener methodischer, festlegender Exaktheit und Beweisbarkeit. Auf der anderen Seite steht die Unsichtbarkeit und Vielschichtigkeit der Psyche und ihrer Prozesse [25] mit der daraus resultierenden fehlenden eindeutigen Beweisbarkeit im

---

Bundesjustizminister Schmidt-Jortzig schlug zeitgleich in seinem Änderungsentwurf des Tatbestands des sexuellen Mißbrauchs Minderjähriger (§ 176 StGB) eine Mindeststraferhöhung von 6 Monaten und damit einer Deliktsaufwertung zum Verbrechenstatbestand gemäß § 12 I StGB bzw. eine Höchststrafmaßerhöhung um 5 Jahre (15 statt 10 Jahre Freiheitsstrafe) vor (Süddeutsche Zeitung Nr. 14, 53. Jg. (18./19.01.1997); vgl. BR-Drs. 163 / 97 'Entwurf eines Gesetzes zur Bekämpfung von Sexualdelikten und anderen gefährlichen Straftaten' (14.03.97); Beschlußfassung am 11.10.1997. - Vgl. Becker-Fischer / Fischer S. 12 (Ähnlichkeiten der Meinungsbildung beim Thema des sexuellen Kindesmißbrauchs in der Bundesrepublik Deutschland)
[23] s. S. 237 f
[24] Rutschke, Sexueller Mißbrauch, S. 68

5

naturwissenschaftlichen Sinne. Diese generelle interdisziplinäre Problematik von Psychologie und Jurisprudenz fokussiert in dem hier zu untersuchenden Anwendungsfall auf dem Gebiet der Psychotherapie: „Ein Untersucher, der heute das Problem der gelebten Sexualität in der Therapie umfassend beurteilen muß, wird mit einer komplexen Problematik konfrontiert: Es kommt zu einer Grenzüberschreitung in der Therapeuten-Patienten-Beziehung, der Patient wird traumatisiert, die psychodynamischen Abläufe sind vielfältig und noch nicht klar erforscht, die gesamte Problematik wird mit einem starken Tabu belegt." [26]

Im juristischen Arbeitsfeld besteht das Problem einer kaum vorhandenen Rechtsprechung oder Literatur: Dies liegt zum einen an der geringen Anzahl an justiziellen Verfahren, die aus den o. g. Gründen verständlich ist. Themen einer Psychotherapie sind sehr intime Bereiche, so daß ein Klient ein starkes Selbstwertgefühl haben resp. sehr viel Mut und Kraft haben muß, um die hohe Mauer aus (irrationalen) Ängsten und Schamgefühlen zu überwinden und Informationen und Verletzungen aus der Psychotherapie im Rahmen eines justiziellen Verfahrens öffentlich [27] werden zu lassen. Klienten, die sexuelle Kontakte mit ihren Psychotherapeuten hatten und diese damit zum Gegenstand eines justiziellen Verfahrens machen könnten, haben als Eingangs- wie als typisches Folgesymptom eine Selbstwertproblematik [28]. Damit ist ein systemimmanenter starker Prozessier- und Klagewiderstand und folglich die geringe Anzahl von justiziellen Verfahren erklärlich.

Zum anderen tut sich die Jurisprudenz aus den o. g. Gründen grundsätzlich mit den wenig faßbaren Prozessen der menschlichen Psyche und der Psychotherapie sehr schwer, so daß diese Gebiete bisher kaum von der juristischen Wissenschaft bearbeitet wurden [29].

---

[25] Dies zeigt sich z. B. in der Vielfalt von psychotherapeutischen Theorien oder den unterschiedlichen Erklärungsmodellen für ein und denselben Prozeß.

[26] Einführungsvortrag 'Sexueller Mißbrauch in therapeutischen Beziehungen und Inzest: gemeinsame Probleme in der Wahrnehmung sowie in der qualitativen und quantitativen Forschung' auf der Tagung 'Therapie als sexuelles Agierfeld' an der Psychiatrischen Universitätsklinik Bern im November 199; Bachmann, a. a. O., S. 15

[27] Auch ein Ausschluß der Öffentlichkeit in einem (Straf-) Prozeß ändert nichts an der notwendigen Ver-öffentlichung i. S. einer Preisgabe der Information aus dem geschützten Raum der Psychotherapie: Richter , Staatsanwalt, Strafverteidiger der Gegenpartei (Angeklagten) sind aus der Sicht des Klienten unbekannte Dritte.

[28] Vgl. S. 114 f sowie die Felder [Selbstwertproblematik/ Neue Symptome] und [Selbstwertproblematik/verstärkte Symptome]

[29] Als einzige Monographien sind die Dissertationen von Mengert zum Thema ,Rechtsmedizinische Probleme in der Psychotherapie' und von Wolfslast zum Thema 'Psychotherapie in den Grenzen des Rechts' aus dem Jahre 1985 (s. dort S. 1.) zu nennen. Kurz vor Abschluß der vorliegenden Arbeit wurde eine Münsteraner Dissertation von Barbara Kniesel mit dem Titel 'Rechtsprobleme beim Bruch des psychotherapeutischen Abstinenzgebots' veröffentlicht; diese

6

II. Vorgehensweise

Diese rudimentäre und unsichere [30] Quellenlage, die auch für die empirischen Forschungs-ergebnisse zutrifft [31], erfordert folgendes methodisches Vorgehen: Zuerst wird eine Basis aus der Feststellung und Definition allgemeiner psychotherapeutischer Grundlagen gebildet, von der aus Einflüsse des therapeutischen Verhältnisses auf den Klienten sowie der sexuellen Kontakte auf die Psychotherapie untersucht werden. Die empirisch gewonnenen Ergebnisse verschiedener Studien dienen der Absicherung der theoretischen Erkenntnisse. Die juristischen Schlußfolgerungen bauen auf diese psychologischen Grundlagen auf.

III. Gliederung

Die Arbeit gliedert sich in die Feststellung der psychotherapeutischen Grundlagen und den juristischen Anwendungsbereich. Folgende zwei zentrale Fragestellungen stehen dabei im Vordergrund:

(1) Gibt es eine **Notwendigkeit für ein sexuelles Abstinenzgebot,** d. h. ist die Unterlassung

von sexuellen Kontakten mit Klienten von Psychotherapeuten zu fordern ?

Nach der Klärung des umstrittenen Begriffes ‚Psychotherapie' und seiner relevanten Prozesse werden Faktoren dargestellt, welche auf den Klienten in einer Psychotherapie einwirken und seine sexuelle Selbstbestimmung beeinflussen könnten. Anhand ubiquitärer [32] Wirkfaktoren werden die Folgen sexueller Kontakte auf den psychotherapeutischen Prozeß aufgezeigt und die Forderung nach einem sexuellen Abstinenzgebot für Psychotherapeuten untersucht. Dabei wird nicht nur auf eine so titulierte

---

Arbeit streift die strafrechtliche Problematik nur am Rande (S. 55 - 57) und legt ihren Schwerpunkt auf zivilrechtliche Ansprüche im Rahmen des gesetzlichen und privaten Krankenversicherungssystems.

[30] Durch den starken emotionalen Einfluß und die häufig subjektive Darstellung der Thematik (vgl. S. 5) sind die theoretischen Abhandlungen ebenso wie die Versuchsanordnungen für eine objektiv-wissenschaftliche Verwendung nicht „einfach übernehmbar", sondern besonders auf subjektive oder einseitig opferorientierte „Färbung" zu untersuchen und falls erforderlich zu filtern.

[31] Vgl. S. 116 f

[32] ubiquitär in jeder Psychotherapie unabhängig von der Methode

‚Psychotherapie' Bezug genommen, sondern auch auf ähnlich gelagerte Beziehungsstrukturen. Am Ende wird die Relevanz dieser Diskussion und die Forderung nach dem sexuellen Abstinenzgebot anhand empirischer Daten aus der Bundesrepublik Deutschland über Häufigkeit und Folgen sexueller Kontakte zwischen Psychotherapeuten und Klienten überprüft.

(2) Welche Möglichkeiten hat die bundesdeutsche **Rechtsgemeinschaft, ein sexuelles**
Abstinenzgebot für Psychotherapeuten durchzusetzen ?

Anhand der Alternativen des strafrechtlichen Lösungsweges, der disziplinarrechtlichen Ahndung durch eine Psychotherapeuten-Kammer und der Wiedergutmachungs-Lösung [33] wird untersucht, ob auf sexuelle Kontakte zwischen Psychotherapeuten und Klienten ‚de lege lata' [34] reagiert werden kann.

Anschließend werden die ‚leges ferendae' der gleichen Lösungswege auf der Basis der im ersten Kapitel gewonnenen Einsichten auf ihre Geeignetheit zur Durchsetzung eines Abstinenzgebotes hin verglichen. Innerhalb des strafrechtlichen Lösungsweges werden die zwei aktuellen Gesetzentwürfe für eine strafrechtliche ‚lex specialis' verglichen und das Ergebnis in Form eines eigenen Gesetzesvorschlages dargestellt.

---

[33] i. S. der strafrechtlichen Mediation (Täter-Opfer-Ausgleich)
[34] nach geltender Rechtslage, Stand: 1.1.1998

Once someone walks through the door as a patient,
they can never be a friend or lover, etc.
This still leaves me about 5 billion other people to be involved it.

Ein unbekannter Therapeut

1. Teil: Notwendigkeit einer sexuellen Abstinenz des Psychotherapeuten zu seinen Klienten

A. Psychotherapeutische Beurteilungsgrundlagen

I. Einleitung

Wenn Psychotherapeuten mit dem Vorwurf konfrontiert werden, sie hätten 'Sex mit Klienten' gehabt und dieser wäre unzulässig oder nicht rechtens gegenüber dem Klienten, entgegnen diese häufig, daß es sich um sexuelle Kontakte zwischen zwei erwachsenen Menschen handle, die sich frei (willig) füreinander entschieden hätten. Wäre dies tatsächlich der Fall, würden die Versuche, 'Sex mit Klienten' zu dis- und inkriminieren, eine 'Hexenjagd' darstellen, bei der die 'Jäger' mit dem Verbot ihre eigenen sexualmoralischen Ansichten durchsetzen wollen, ohne daß der Verfolgungsgrund in der kritisierten Handlung selbst begründet wäre. Die historische Erfahrung zeigt, daß diese Gefahr oftmals sexuellen Verhaltensweisen droht, sie darf als kritisch mahnender Gegenpol nicht aus den Augen verloren werden [35]. Die Verfechter eines sexuellen Abstinenzgebotes [36] behaupten, daß jede therapeutische Beziehung beim Klienten eine einseitige emotionale Abhängigkeit bewirkt. Damit können Wahrnehmungsverzerrungen und Einflüsse auf die Willens- und Entschließungsfreiheit zum Eingang von sexuellen Kontakten mit dem Psychotherapeuten bei dem Klienten verbunden sein. Folglich sind sexuelle Kontakte zwischen Psychotherapeuten und Klienten anders zu bewerten als sexuelle Kontakte zwischen zwei erwachsenen Personen ohne diese therapeutische Beziehung [37]. Um entscheiden zu können, ob und inwieweit tatsächlich eine einseitige Abhängigkeit bzw. ein Einfluß auf die sexuelle Willens- und Entschlußfreiheit des Klienten durch eine Psychotherapie gegeben ist, muß geklärt werden, was unter Psychotherapie zu verstehen ist und ob dort abhängigkeitsbildende Faktoren wirksam sind.

---

[35] Blaser S. 27 ff
[36] Gebot für Psychotherapeuten zur Unterlassung von sexuellen Kontakten mit ihren Klienten
[37] Wirtz, Inzest, S. 264

II. Der Begriff 'Psychotherapie'

Der Begriff der Psychotherapie wird in der psychologischen Fachliteratur sehr breit gefächert verstanden. Da es um die rechtliche Einordnung von psychotherapeutischen Verhaltensregeln geht, könnten rechtliche oder gesetzliche Begriffsbestimmungen von Psychotherapie als Orientierungspfeiler für eine Definition dienen.

1. Rechtliche Definition

a) Gesetzliche Regelungen

Im Strafrecht [38] sind weder eine Definition der Psychotherapie noch Handlungsverbote speziell für Psychotherapeuten zu finden [39].

b) Berufsrechtliche Regelung

Ebenso fehlt es z. Z. an einer berufsrechtlichen Regelung für 'Psychotherapeuten', aus der eine Ableitung zur Begriffsbestimmung möglich wäre. Folglich kann sich jede Person 'Psychotherapeut' nennen, die glaubt 'psychotherapeutisch' tätig zu sein. Somit sind nicht nur Ärzte, Heilpraktiker, Psychologen, Pädagogen, Sozialarbeiter, sondern auch viele Personen, die keinen dieser Sozialberufe erlernt haben, als 'Psychotherapeuten' tätig, ohne daß diese Bezeichnung über ihre Qualifikation oder die Art ihrer Tätigkeit 'Psychotherapie' etwas aussagt oder sich umgekehrt hieraus Rückschlüsse auf eine gemeinsame Definition ziehen lassen könnten [40].

---

[38] Ende des Bearbeitungszeitraumes: 1.1.1998
[39] Bei der Verletzung von Privatgeheimnissen (§ 203 StGB), einem Sonderdelikt für Angehörige sozial bedeutsamer Berufen, denen sich der einzelne Klient oder Patient weitgehend anvertrauen muß (Dreher/Tröndle § 203 Rdnr. 1a) sind ähnliche Tätergruppen wie 'Angehörige eines anderen Heilberufs, der für die Berufsausübung oder die Führung der Berufsbezeichnung eine staatlich geregelte Ausbildung erfordert' (§ 203 I Nr. 1 StGB), 'Berufspsychologen mit staatlich anerkannter wissenschaftlicher Abschlußprüfung' (§ 203 I Nr. 2 StGB) sowie 'Ehe-, Familien-, Erziehungs- oder Jugendberater sowie Berater für Suchtfragen in einer Beratungsstelle, ...' (§ 203 I Nr. 4 StGB) genannt. Den Terminus 'Psychotherapeut' verwendet oder definiert der Strafgesetzgeber nicht.
[40] Mengert, Rechtsmedizinische Probleme der Psychotherapie, S. 12

c) Regelungen für den heilkundlichen Bereich

Da Psychotherapie dem Wortlaut nach eine therapeutische resp. heilende Funktion hat, wäre eine Begriffsbestimmung aus den heilkundlichen Regelungen denkbar: Innerhalb der Heilberufe muß nach der verfassungsrechtlichen Terminologie zwischen ärztlichen und anderen Heilberufen unterschieden werden [41].

Der ärztliche Heilberuf wird durch die zum Berufszulassungsrecht gehörige [42] Bundesärzteordnung [43] sowie durch die Kammer- und Heilberufsgesetze der einzelnen Bundesländer geregelt. Diese bestimmen aber weder eine Definition von Psychotherapie noch den Erlaß speziell psychotherapeutischer Berufspflichten. Gemäß der Weiterbildungsordnung für Ärzte gibt es die Möglichkeit zur Weiterbildung zum Facharzt für Psychotherapie bzw. Psychoanalyse [44]. Diese unterliegen mangels spezieller Regelungen nur den allgemeinen ärztlichen Berufspflichten der ärztlichen Standesorganisationen [45].

Die sog. 'anderen Heilberufe' werden vom Heilpraktikergesetz [46] erfaßt, welches nach seinem Erlaß die bis dahin rechtsgültige, allgemeine Kurierfreiheit aufhob und für alle nicht-ärztlichen Ausübenden von Heilkunde [47] eine behördliche Erlaubnis fordert (§ 1 I HeilpraktG). Hieraus entspann sich ein (öffentlich-rechtlicher) Streit, ob Psychotherapie Ausübung von Heilkunde' i. S. der § 1 II HeilpraktG darstellt, also eine 'berufs- oder gewerbsmäßig vorgenommene Tätigkeit zur Feststellung, Heilung oder Linderung von Krankheiten, Leiden oder Körperschäden bei Menschen, auch wenn sie im Dienste von anderen ausgeübt wird'. In diesem Streit [48] mußte zuerst der Begriff Psychotherapie diskutiert

---

[41] Art. 74 Nr. 19 GG
[42] Laufs, Arztrecht, Rdnr. 54
[43] vom 14.10.1977 (BGBl. I, 1885); abgekürzt: BÄrzteO
[44] gemäß Musterweiterbildungsordnung des 95. Deutschen Ärztetages; DÄB 89, B (1248) 1252
[45] Laufs Rdnr. 67
[46] vom 17.02.1939 (RGBl. I S. 251; BGBl. III 2122-2-1) als auch nach der Weimarer Republik weitergeltendes Bundesrecht gemäß Art. 123 I, 125 i. V. m. Art. 74 Nr. 19 GG (vgl. BVerfG NJW 1988, 2290); abgekürzt: HeilpraktG
[47] Gemäß der Gesetzesdefinition von § 1 II HeilpraktG ist Ausübung der Heilkunde
[48] Auf eine ausführliche Darstellung zu diesem Streit wurde bewußt verzichtet, da die Fragen nach der Anwendbarkeit des HeilpraktG auf Psychotherapeuten generell oder beschränkt nur auf Psychotherapeuten, die nicht Diplom-Psychologen sind, der zentralen Frage nach Definition von Psychotherapie und daraus ableitbaren Verhaltenspflichten nicht dienlich ist. Hierzu sei auf die Arbeit von Mengert (S. 14 - 29) verwiesen, der ausführlich diese Fragen und den Streitstand bis 1981 dargestellt hat.

12

werden, um dann in einem zweiten Schritt die Anwendbarkeit auf das Heilpraktiker-Gesetz prüfen zu können. Aber Literatur und Teile der Rechtsprechung [49] verwenden den Begriff 'Psychotherapie' ohne diesen näher zu bestimmen oder sich ausdrücklich auf eine konkrete Definition zu beziehen. Das Bundesverwaltungsgericht [50] bezog sich in einem früheren Urteil auf eine lexikalische Begriffsbestimmung aus medizinischen Wörterbüchern [51], die in Psychotherapie „das Erkennen und die Behandlung psychischer und körperlicher Erkrankungen durch systematische, z. B. suggestive, hypnotische und psychoanalytische Beeinflussung des Seelenlebens des Patienten" sahen. Aus dieser Wahl eines medizinischen Lexikons und dem entsprechenden Definitionsansatz ‚Erkrankung des Patienten' läßt sich aber noch nicht schließen, daß diese höchstrichterliche Rechtsprechung über den streitgegenständlichen heilkundlichen Part der Psychotherapie hinaus eine weitergehende, allgemeingültige Definitionsrestriktion außerhalb von ‚Erkrankungen' annahm [52].

Es ist festzustellen, daß die heilkundlichen Gesetze Psychotherapie i. S. von Therapie zu heilkundlichen Zwecken von anderen Therapieformen und Beratungen (Counseling, Coaching u. a.) z. B. mit dem Zweck einer psychologischen Lebenshilfe bei allgemein menschlichen Problemen im rechtlichen Sinne abgrenzen [53]. Diese Einschränkung dient dem heil- bzw. berufsrechtlichen Gesetzeszweck. Ein Rückschluß auf eine allgemeine Definition von Psychotherapie i. w. S. ist daraus nicht möglich.

d) Gesetzesvorhaben 'Psychotherapeuten-Gesetz'

Mangels Definition von Psychotherapie in den ‚leges latae' ist an eine Definition de lege ferenda zu denken: Um den unbefriedigenden Umweg über das bestehende Heilkunderecht zu vermeiden bzw. die berufsrechtliche Lücke zu schließen und damit endlich der allseits befürworteten Forderung nach Rechtssicherheit auf dem Gebiet der Ausbildung und Qualitätsstandards von Psychotherapie

---

[49] BVwG NJW 1993, 2395 ff; BVerfG NJW 1988,2290
[50] BVwG NJW 1984, 1414
[51] Duden, Wörterbuch medizinischer Fachausdrücke, 3. Aufl., Stichwort Psychotherapie; Peters, Wörterbuch der Psychiatrie und medizinischen Psychologie
[52] BVwG NJW 1984, 1414
[53] Wienand, S. 34

nachzukommen, bereiten seit 1973 die politischen Gremien den Erlaß eines 'Psychotherapeuten-Gesetzes' vor [54] und haben entsprechende Gesetzentwürfe und Anträge beim Deutschen Bundestag zur Beschlußfassung eingereicht [55].

(A) Entwurf der Bundesregierung

Der Gesetzentwurf der Bundesregierung für ein 'Psychotherapeuten-Gesetz' [56] wurde als erstes vorgelegt. Dort wird nicht nur die Berufszulassung - und damit der Ausbildungsstandard - geregelt, sondern auch 'Psychotherapie' definiert :

[Art. 1 § 1 IV] „Ausübung von Psychotherapie im Sinne dieses Gesetzes ist jede mittels wissenschaftlich anerkanntem psychotherapeutischen Verfahren vorgenommene Tätigkeit zur Feststellung, Heilung oder Linderung von psychischen Störungen mit Krankheitswert, [57] **deren somatische Ursachen ausgeschlossen sind.**
Krankheitswert im Sinne von Satz 1 haben
1. **neurotische und psychoneurotische Störungen,**
2. **neurotische Konflikte und psychopathologische Folgezustände bei psychotischen Erkrankungen,**
3. **Süchte und Abhängigkeiten,**
4. **Seelische Behinderungen als Folge körperlicher Erkrankungen**
5. **aktuelle seelische Konflikte oder emotionale Mangelsymptomatiken bei seelischen und körperlichen Behinderungen,**
6. **Entwicklungsdefizite und seelische Behinderungen, wenn psychodynamische Faktoren wesentlichen Anteil daran oder an deren Auswirkungen haben.**
Zur Ausübung von Psychotherapie gehören nicht psychologische Tätigkeiten, die die Aufarbeitung und Überwindung sozialer Konflikte oder sonstige Zwecke außerhalb der Heilkunde zum Gegenstand haben." [58]

---

[54] BT-Drs. 13/1206 S. 12
[55] BT-Drs. 12/5890 (S.1), 12/5913 (S. 1), 13/1206 (S. 1)
[56] Gesetz über die Berufe des Psychologischen Psychotherapeuten und des Kinder- und Jugendlichenpsychotherapeuten und zur Änderung des Fünften Buches Sozialgesetzbuch: Entwurf der Bundesregierung vom 13.10.93 (BT-Drs. 12/5890). [Zum späteren Inkrafttreten vgl. Fußnote 67]
[57] Der Fettdruck ist vom Bearbeiter vorgenommen worden, um die streitigen Passagen (vgl. unten) besser zu kennzeichnen. Normal gedruckte Passagen sind in allen genannten Entwürfen gleichlautend.
[58] BT-Drs. 12/5890 S. 4 (Art. 1 § 1 IV Entwurf der Bundesregierung zum 'Psychotherapeuten-Gesetz')

(B) Beschluß des Bundestagsausschusses für Gesundheit

Nach Einreichung eines Änderungsantrages der SPD-Opposition [59] und Beratungen in Bundesrat und Bundestag wurden an diesem Gesetzentwurf insbesondere in seinem berufsrechtlichen Teil erhebliche Veränderungen vorgenommen. Der zuständige 15. Ausschuß des Deutschen Bundestages (Ausschuß für Gesundheit) hat in seiner Beschlußempfehlung [60] 'Psychotherapie' modifiziert:

[Art. 1 § 1 III] „Ausübung von Psychotherapie im Sinne dieses Gesetzes ist jede mittels wissenschaftlich anerkanntem psychotherapeutischen Verfahren vorgenommene Tätigkeit zur Feststellung, Heilung oder Linderung von psychischen Störungen mit Krankheitswert, [61] **bei denen Psychotherapie indiziert ist und die durch einen Arzt somatisch abgeklärt sind.**

Zur Ausübung von Psychotherapie gehören nicht psychologische Tätigkeiten, die die Aufarbeitung und Überwindung sozialer Konflikte oder sonstige Zwecke außerhalb der Heilkunde zum Gegenstand haben." [62]

Beide Entwürfe unterscheiden sich in der Definition von Psychotherapie nur in den jeweilig fettgedruckten Passagen: Der Beschluß des Gesundheitsausschusses verzichtet auf eine Aufzählung der psychischen Störungen mit Krankheitswert und verwendet die allgemeine Formel der 'Indikation von Psychotherapie'. Gleichzeitig verlangt er die Abklärung somatischer Ursachen ausdrücklich durch einen Arzt. Mangels Zustimmung im Bundesrat, die aufgrund einer Uneinigkeit über die vorgesehene Einführung einer Selbstbeteiligung für Patienten bei psychotherapeutischer Behandlung nicht zustande kam [63], trat der Gesetzentwurf nicht in Kraft [64].

---

[59] Antrag der Fraktion der SPD 'Psychotherapeutische Versorgung gesetzlich Krankenversicherter und Zugang zu den Berufen des Psychologischen Psychotherapeuten und den Kinder- und Jugendlichenpsychotherapeuten (BT-Drs. 12/5913)

[60] BT-Drs. 12/6811, S. 6

[61] Der Fettdruck ist vom Bearbeiter gesetzt, um die streitige Passage im Vergleich zum ursprünglichen Entwurf der Bundesregierung (vgl. oben) deutlich zu machen. Normal gedruckte Passagen sind in allen drei genannten Entwürfen gleichlautend.

[62] BT-Drs. 12/6811 S. 6 (Art. 1 § 1 IV Beschlüsse des 15. Ausschusses)

[63] BT-Drs. 12/1206, S. 1

[64] BT-Drs. 12/7870

(C) Gesetzentwurf des Bundesrates

Ein neuerlicher Gesetzesentwurf des Bundesrates wurde in der nächsten (13.) Legislaturperiode im April 1995 dem Bundestag zur Beschlußfassung vorgelegt. Dieser definiert Psychotherapie folgendermaßen [65]:

[Art. 1 § 1 III] „Ausübung von Psychotherapie im Sinne dieses Gesetzes ist jede mittels wissenschaftlich anerkanntem psychotherapeutischen Verfahren vorgenomme Tätigkeit zur Feststellung, Heilung oder Linderung von psychischen Störungen mit Krankheitswert, [66] **bei denen Psychotherapie indiziert ist und die somatisch abgeklärt sind.** Zur Ausübung von Psychotherapie gehören nicht psychologische Tätigkeiten, die die Aufarbeitung und Überwindung sozialer Konflikte oder sonstige Zwecke außerhalb der Heilkunde zum Gegenstand haben."

Dieser letzte Entwurf unterscheidet sich von dem zeitlich letzten Entwurf des Gesundheitsausschusses nur durch den Wegfall des Erfordernisses der somatischen Abklärung ausdrücklich 'durch einen Arzt'. [67]

e) Rückschlüsse auf Psychotherapie-Begriff

Auch dieses neueste Gesetzesvorhaben zielt in all seinen drei Entwürfen auf eine ausschließliche Regelung der heilkundlichen Psychotherapie, wenn auch nur die beiden letzten Entwürfe expressis verbis davon sprechen [68]. Damit wäre denkbar,

---

[65] BT-Drs. 12/1206, S. 4
[66] Der Fettdruck ist vom Bearbeiter gesetzt, um die streitige Passage im Vergleich zu den o. g. Entwürfen deutlich zu machen. Normal gedruckte Passagen sind in allen drei genannten Entwürfen gleichlautend.
[67] [Nach dem Abschluß dieser Arbeit wurde ein neuerlicher Entwurf eingebracht. Dieser wurde als Gesetz am 16.06.98 verabschiedet (BGBl. 1998 I Nr. 36 S. 1311). Der hier relevante Art. 1 § 1 III Satz 1 und 2 PsychThG trat am 1.1.1999 in Kraft (vgl. Art. 15 III PsychThG) und beinhaltet die Formulierung „..., **bei denen Psychotherapie indiziert ist. Im Rahmen einer psychotherapeutischen Behandlung ist eine somatische Abklärung herbeizuführen.** "]
[68] Vgl. BT-Drs. 12/6811 S. 5 und 13/1206, S. 4: § 1 I 1 PsychthG; der ursprüngliche Entwurf der Bundesregierung weist jedoch in seiner Begründung auf die Einführung eines 'Heilberufes' für nichtärztliche Psychotherapeuten hin, der heilkundliche Funktionen in der psychotherapeutischen Versorgung eigenverantwortlich wahrnehmen kann (BT-Drs. 12/5890, S. 12).
Entsprechend wurde für diesen Bereich die neue Berufsbezeichnung 'Psychologischer Psychotherapeut' kreiert (vgl. Art. 1 § 1 I 1PsychthG des jeweiligen Entwurfs). Dabei sollen ähnliche Berufe wie 'Musiktherapeuten, Kunsttherapeuten etc.' Gerade nicht von dem Gesetz erfaßt werden, da sie im Gegensatz zum 'Psychologischen Psychotherapeuten' noch kein gefestigtes Berufsbild mit weitgehend einheitlicher Ausbildungsstruktur entwickelt haben. Dies gilt immer in gleichem Maße für die Kinder- und Jugendlichenpsychotherapeuten, der mit den gleichen

16

daß sie keinen Anspruch auf allgemeingültige oder zumindest allgemeine rechtliche Bestimmung des Psychotherapie-Begriffes erheben, da sie die Ausübung von Psychotherapie nur 'im Sinne dieses Gesetzes' [69], also im heilkundlichen Bereich definieren. Zur Begründung der Introduktion gerade der Berufsbezeichnung 'Psychologischer Psychotherapeut' wird jedoch erklärt: „Die Berufsbezeichnung „Psychologischer Psychotherapeut" wird gewählt, weil die Bezeichnung „Psychotherapeut" eindeutig den Inhalt der Berufstätigkeit erkennen läßt und den heilberuflichen Charakter des Berufs zum Ausdruck bringt." [70] Der letzte Gesetzentwurf der Bundesregierung unterscheidet sich nur in einer - inhaltlich gleichbedeutenden - Formulierungsänderung: „Die Berufsbezeichnung „Psychologischer Psychotherapeut" wird gewählt, weil die Bezeichnung „Psychotherapeut" den Inhalt der Berufstätigkeit und dessen Berufstätigkeit und dessen heilberuflichen Charakter zum Ausdruck bringt." [71] Nach dieser Auffassung ist Psychotherapie in ihrem Verhältnis zur Ausübung der Heilkunde in die Beziehung einer echten Teilmenge zu setzen: Jede Ausübung von Psychotherapie ist immer eine Heilberufsausübung, da ansonsten der Begriff 'Psychotherapeut' nicht automatisch den heilberuflichen Charakter des Berufes zum Ausdruck bringen würde. Diese allgemeingültige Aussagekraft gilt nicht für die - aus berufsrechtlichen Gründen - vorgenommene Beschränkung auf 'wissenschaftlich anerkannte Verfahren': Sie soll die (heilkundliche) Psychotherapie-Ausübung vor Mißbrauch durch Scharlatanerie schützen; auf eine abschließende 'Aufzählung der zulässigen psychotherapeutischen Verfahren' wurde dagegen bewußt verzichtet, um auch zukünftige Weiterentwicklungen nicht auszuschliessen [72]. Durch diese bewußte Exklusion von z. B. **noch** nicht wissenschaftlich anerkannten Verfahren entfaltet auch der Psychotherapie-Begriff dieses psychotherapeutischen Spezialgesetzes nicht mehr Definitionskraft als 'im Sinne dieses Gesetzes' . Das gilt gleichermaßen für den – aus berufsrechtlichen Gründen nachvollziehbaren - Ausschluß von Musik- oder Kunsttherapeuten [73], die zur Behandlung und Linderung von psychischen Störungen wie z. B. „funktionale,

---

Norm berufsrechtlich eingeführt und geschützt werden soll (vgl. Art. 1 § 1 I 1PsychthG des jeweiligen Entwurfs). Wie schon das Adjektiv 'psychologisch' hinweist, sollen entsprechend nur Diplompsychologen mit Universitätsabschluß heilkundliche Psychotherapie ausüben dürfen, bei Kinder- und Jugendlichenpsychotherapeuten auch Absolventen der Studiengänge Pädagogik oder Sozialpädagogik , vgl. BT-Drs. A. a. O.

[69] s. o. Gesetzeszitate § 1 III (IV) PsychthG
[70] BT-Drs. 12/5890 S. 13 (7.1)
[71] BT-Drs. 13/1206, S. 13 (II.2.)
[72] BT-Drs. 12/5890, S. 13 f, 13/1206 S. 13
[73] aufgrund fehlender einheitlicher Ausbildungsstrukturen ; vgl. BT-Drs. 12/5890, S. 12 (II.3)

psychosomatische und zerebrale Störungen, Psychosen, Neurosen, Suchtkrankheiten"[74] eingesetzt werden und sich daher qua definitionem nicht von Psychotherapie unterscheiden[75]. Entsprechend dem Gesetzesziel folgend, „nur" eine heilberufsrechtliche Definition von Psychotherapie vorzunehmen, sehen alle Entwürfe im letzten Satz des jeweiligen Definitionsabsatzes[76] (mit gleichem Wortlaut) eine Abgrenzung vor: „Zur Ausübung von Psychotherapie gehören nicht psychologische Tätigkeiten, die die Aufarbeitung und Überwindung sozialer Konflikte oder sonstige Zwecke außerhalb der Heilkunde zum Gegenstand haben."

Für die Beantwortung der Frage, inwiefern in einer Psychotherapie im allgemeinen weit gefaßten Sinne willensbeeinflussende Faktoren auftreten (können) und entsprechende Verhaltensregeln für den Therapeuten zu fordern sind, ist diese gesetzestechnisch veranlaßte Begrenzung unbeachtlich.

2. Psychologische Definition

In der psychologischen Terminologie bestehen gleichfalls erhebliche Definitionsprobleme, was unter dem Begriff ‚Psychotherapie' zu verstehen ist. Ursprünglich wurde 'Psychotherapie' mit der 'Psychoanalyse' gleichgesetzt[77], da Sigmund Freud mit der Psychoanalyse das erste logisch zusammenhängende System mit nennenswertem Einfluß im psychotherapeutischen Bereich entwickelte[78]. Neben der Freud'schen Psychoanalyse als zentralem Entwicklungsstrang der psychotherapeutischen Wurzeln wurden weitere Ansätze zur Erklärung der Psyche und ihrer Beeinflussung entwickelt[79]. Der Psychoboom der letzten Jahre hat zudem neue und individuelle Behandlungsformen auf dem 'Therapiemarkt' hervorgebracht[80]. Garfield berichtet über einen Report des US-amerikanischen National Institute of Mental Health aus dem Jahre 1975, bei dem 130

---

[74] Brockhaus Bd. 15, S. 236, Stichwort Musiktherapie
[75] s. S. 18
[76] vgl. auch oben ; BT-Drs. 12/5890 Art. 1 § 1 IV 3, BT-Drs. 12/6811 Art. 1 § 1 III 2, BT-Drs. 13/1206 Art. 1 § 1 III 2
[77] Wetzel / Linster; Psychotherapie; S. 628
[78] Garfield, Psychotherapie, Kap. 2, S. 1
[79] Kriz, Grundkonzepte der Psychotherapie, S. 23
[80] Wenninger in: Corsini; Handbuch Psychotherapie; Bd. 1; S. XII

unterschiedliche Therapieansätze aufgeführt sind [81]. Diese Psychotherapie-Formen werden großteils verschiedenen Schulen zugeordnet [82]. Diese unterscheiden sich methodisch und theoretisch [83] „in Anspruch, Zielsetzung als auch Indikationsbreite zum Teil ganz erheblich " [84] voneinander. Die Suche nach einer allgemeingültigen schulenübergreifenden Begriffsbestimmung von 'Psychotherapie' i. S. eines Oberbegriffs gestaltet sich entsprechend äußerst schwierig. Denn die jeweiligen Definitionen sind schulenspezifisch geprägt, d. h. sie gliedern und beleuchten die Komplexität der Psychotherapie gerade von ihrem jeweiligen speziellen Ansatz her. Zwar sind verschiedene Versuche einer solchen schulenübergreifenden Begriffsbestimmung unternommen worden, aber auch diese spiegeln häufig den jeweiligen Schwerpunkt des Autors wider [85].

Selbst die Brockhaus Enzyklopädie, die sich dem enzyklopädischen Auftrag einer „Zusammenfassung der von den Wissenschaften gewonnenen Erkenntnissen" [86] verschrieben hat, definiert Psychotherapie als „Heilung oder Linderung von vom Patienten als krankhaft erlebten Störungen im Bereich der Wahrnehmung, des Verhaltens, der Erlebnisverarbeitung, der sozialen Beziehungen oder der Körperfunktionen, sofern diese Störungen vom Patienten nicht willentlich steuerbar sind und aus der Sicht des therapeutischen Experten auf Krisen seelischen Geschehens oder auf pathologisch veränderte seelische Strukturen zurückgeführt werden können, d. h. >psychogen< sind." [87] Durch ihren Bezugspunkt ‚Krankheit oder entsprechendem Erleben' und dem dualistischen Verständnis von Gesundheit und Krankheit ist diese Definition sehr restriktiv und

---

[81] Garfield, Psychotherapie, S. 1. Eine Darstellung jeder einzelnen an dieser Stelle würde nicht nur den Rahmen dieser Arbeit sprengen, sondern aufgrund der Entwicklungen und individuellen Mixformen sehr schnell überholt sein.
[82] Als wichtige Ansätze resp. Schulen sind der tiefenpsychologische Ansatz mit der Psychoanalyse Freuds, der Individualpsychologie nach Adler, der analytischen Psychologie nach C. G. Jung, der Vegetotherapie nach Reich, der Bioenergetik nach Lowen oder der Transaktionsanalyse nach Berne u. a. zu nennen, der verhaltenstherapeutische Ansatz mit lerntheoretischer oder kognitiver Ausprägung oder der rational-emotiven Therapie nach Ellis, der humanistische Ansatz mit der Gestalttherapie nach Perls, der Gesprächspsychotherapie nach Rogers, der Logotherapie nach Frankl und dem Psychodrama nach Moreno etc., der systemische und familientherapeutische Ansatz u. a.; vgl. Kriz, Grundkonzepte der Psychotherapie, S. VII – XII, 7 ff, 23; Wetzel / Linster S. 629
[83] Huf, Psychotherapeutische Wirkfaktoren, S. 149
[84] Wenninger in: Corsini; Handbuch Psychotherapie, a. a. O.
[85] Huf, Psychotherapeutische Wirkfaktoren, S. 24 ff
[86] Brockhaus Bd. 6 S. 451 'Enzyklopädie'
[87] Brockhaus Bd. 17(1992) , Schlüsselbegriff 'Psychotherapie', S. 599 f

berücksichtigt nicht ausreichend die Erkenntnisse psychosomatischer und somatopsychischer Wechselwirkungen [88].

Eine (psychologische) Definition von Psychotherapie kann folglich keine Verbaldefinition in Form der Real- oder Feststellungsdefinition sein, da der Terminus ‚Psychotherapie‘ zu unklar und zu wenig umrissen ist, um eine bereits übliche bestimmte Verwendung des Ausdrucks konstatieren zu können [89]. Daher ist eine Definition zu entwickeln, die nur Festsetzungsdefinition sein kann und will, d. h. ohne Anspruch auf allgemeingültige Beschreibung der faktischen Wesensnatur von Psychotherapie zu erheben [90]. Diese Begriffsbestimmung erfolgt unter der Zielvorgabe, möglichst viele gemeinsame Deskriptionsmerkmale als quasi ‚größtem gemeinsamen Teiler‘ herauszufiltern. Das Rollenmodell erhält demzufolge den Vorzug, daß es den Vorteil hat, daß die Therapeut-Klient-Beziehung ein ubiquitärer common factor jeglicher Psychotherapie ist. Damit kann das Ziel, eine Definition, die unabhängig von dem individuellen Konzept eines Therapeuten oder einer Schule stimmig ist [91], am ehesten verfolgt werden.

Psychotherapie ist das (häufig auf einer verbalen Ebene beruhende) aufeinander bezogene Handeln (Interaktion) von zwei oder mehreren [92] Personen [93], bei denen die Rollenvorstellungen und -verteilung eindeutig und folgendermaßen vorgegeben ist: Der Psychotherapeut ist eine durch Ausbildung und Erfahrung qualifizierte Person [94], die geplante und strukturierte psychologische Behandlungsverfahren anwendet [95] und dabei die allgemein anerkannte Grundregel, daß die Psychotherapie primär dem Klienten nicht schaden darf, zu beachten hat [96]. Die Rolle des Klienten ist das Nachsuchen um Hilfe beim Therapeuten [97].

---

[88] Uexküll, Theorie der Humanmedizin, S. 494 f; Dethlefsen / Dahlke, Krankheit als Weg, passim, insbesondere S. 17 ff. S. a. unten S. 153
[89] Reutterer, Philosophie, S. 107
[90] Reutterer, ebd.
[91] Vgl. S. 24 ff
[92] z. B. in einer Gruppentherapie, einer „psychotherapeutischen Methode, bei der mehrere Personen gleichzeitig und gemeinsam in die therapeut. Beziehung eigener psych. Fehlentwicklungen und die Verbesserung der sozialen Beziehungen einbezogen werden.", Brockhaus Bd. IX S. 244, Stichwort Grupentherapie
[93] Garfield, a. a. O., S. 9
[94] Wetzel / Linster, a. a. O.. S. 628
[95] Brockhaus Bd. 17, Schlüsselbegriff 'Psychotherapie', S. 599
[96] Bachmann, Sexueller Mißbrauch in therapeutischen Beziehungen und Inzest, S. 16
[97] Wetzel / Linster ebd.

Handlungsziel dieser Interaktion ist die Beseitigung oder Besserung der psychischen Probleme des Klienten [98].

3. Ergebnis

Für die Frage nach Verhaltensnormen für bzw. Einflüssen in einer Psychotherapie einer beliebigen Schule, muß ein möglichst weitreichendes Feld erfaßt werden, d. h. einer weiten Definition der Vorzug gegeben werden. Die juristisch-heilkundliche Definition trifft eine methodische Auswahl für bestimmte wissenschaftlich anerkannte Verfahrenstechniken als auch eine Indikationsauswahl zugunsten psychischer Probleme mit Krankheitswert, da sie sich an dem heilberufsrechtlichen Gesetzeszweck orientiert. Die vom Bundesverwaltungsgericht verwendete Definition aus einem Medizin-Lexikon als auch die enzyklopädische Definition sind sehr am medizinischen Krankheitsbegriff verhaftet. Die hier vorgenommene (Festsetzungs-) Definition setzt dagegen nicht bei einer auf Krankheit basierenden Indikation an, sondern bei der psychischen Hilfsbedürftigkeit und ihrer daraus resultierenden Rollenverteilung ‚Helfer – Klient‘. Damit umfaßt sie über den Bezugspunkt einer psychischen Krankheit oder eines krankhaften Erlebens von Störungen hinaus auch die Hilfe bei psychischen Problemen, ohne diese quantitativ oder qualitativ einzuschränken. Erst diese weite Fassung erfaßt den ganzen Psychotherapie-Markt und kann damit als Basis für die Beurteilung der Notwendigkeit von Verhaltensregeln für „Psychotherapeuten" dienen.

III. Wirksame Faktoren in einer Psychotherapie

Ziel ist es nun, alle Faktoren zu suchen, die in einer Psychotherapie auf den Klienten einwirken. Damit soll erkennbar werden, ob und inwieweit Einflüsse auf den Willen des Klienten zu sexuellen Kontakten bestehen. Methodisch sind diese sog. Wirkfaktoren in spezifische und unspezifische Wirkfaktoren aufteilbar.

---

[98] Bachmann ebd.

1. Spezifische Wirkfaktoren

Spezifische Wirkfaktoren sind „spezielle Techniken und Strategien, die von den jeweiligen therapeutischen Systemen explizit zur Behandlung von psychischen Störungen entwickelt wurden" [99]. Jeder Therapeut agiert und reagiert spezifisch auf den jeweiligen Klienten, ebenso wie die individuelle Praktizierung seines bestimmten Therapiestiles dynamisch und einzigartig ist: „Für keine Therapieschule gilt, daß auch nur zwei ihrer Anhänger unbedingt in genau der gleichen Weise wirksam sind." [100] Auch versuchen manche Psychotherapeuten zur Effektivitätssteigerung die Verfahren zweier unterschiedlicher Orientierungen bewußt zu kombinieren [101]. Diese Spezialität der unterschiedlichen Therapeuten in Abhängigkeit von verschiedenen Klienten führt zu unzähligen Kombinationen, so daß es äußerst fraglich erscheint, ob objektive Standardisierungsmöglichkeiten für Feststellungen, wie dieser jeweilige Faktor gerade unter den verschiedensten Therapiekonditionen wirkt, gefunden werden können [102]. Hinzu kommt, daß 'Psychotherapie' kein statischer im Sinne eines streng nach Verfahrensregeln festgelegter, lebloser und beliebig abrufbarer Vorgang ist. Im Rahmen eines interaktiven Prozesses reagiert der Klient auf den therapeutischen Einfluß und beeinflußt umgekehrt damit wieder das Verhalten des Psychotherapeuten und seiner Art der therapeutischen Einflußnahme [103]. Für die Suche allgemeiner Faktoren sind diese folglich nicht verwendbar.

2. Common factors einer Psychotherapie

Neben den spezifischen Wirkfaktoren gibt es auch: Verschiedene Untersuchungen kamen zu dem anfangs verblüffenden Ergebnis, daß vergleichbare Therapieerfolge sowohl in unterschiedlichen Schulen als auch bei der Durchführung von Laien im

---

[99] Huf, a. a. O. , S. 45
[100] Garfield, S. 13 von Kap 2 (Gründe für die S Orientierung rechts mitte)
[101] Garfield a. a. O., S. 12
[102] Garfield stellt fest, daß es keinen umfassenden und standardisierten Test zum Vergleich aller Psychotherapien anhand eines gemeinsamen Kriterium an vergleichbaren Personengruppen gibt, ohne dabei sich festzulegen, ob ein solcher Test noch nicht durchgeführt worden ist oder nicht möglich ist (Garfield, S. 12). Erst recht muß dies für einen Test des viel sensibleren und individuellen Bereichs bestimmter Wirkfaktoren gelten, bei dem kumulierende und negierende Wirkfaktoren und ihre Wechselwirkung genauso untersucht werden müßten wie die Abhängigkeit von den verschiedenen Therapeuten- und Klientenvariablen.
[103] Huf S. 192

Vergleich mit der Behandlung durch professionelle Psychotherapeuten erzielt wurden [104]. Dieses Ergebnis weist darauf hin, daß in jeder Psychotherapie auch allgemeine **unspezifische Wirkfaktoren**, sog. **common factors,** vorkommen [105].

Da sie - als quasi vor die Klammer aller Psychotherapieformen gezogene Wirkfaktoren - ubiquitär in jeder Psychotherapie vorkommen, bedeutet der Nachweis eines Einflusses von common factors auf die (sexuelle) Willensbildung des Klienten oder eines schädlichen Wirkung der sexuellen Kontakten auf diese common factors den Nachweis für jede beliebige Psychotherapie.

a) Abgrenzung zu allgemein zwischenmenschlichen Mechanismen

Der Begriff ‚common factors' wird in der psychologischen Literatur zum Teil auch für die allgemeinen Mechanismen verwendet, die in jeder guten zwischenmenschlichen Beziehung wirken. Dies ist für die vorliegende Arbeit wenig sinnvoll. Daher werden im folgenden nur die zwischenmenschlichen Einflüsse verstanden, wie sie - im Gegensatz zu den Alltagsbeziehungen - durch die eindeutigen Vorstellungen bez. der Helferrolle und des Hilfesuchenden bestimmt sind [106].

b) Aufteilung in unterschiedliche Variablen

Die unspezifischen Faktoren lassen sich in drei Gruppen aufteilen:

(1)   **Klientenvariablen,**
       das sind Kriterien, durch die sich die Klienten einer Psychotherapie charakterisieren lassen [107],

(2)   **Therapeutenvariablen,**

---

[104] Huf, S. 149
[105] Damit soll nur eine Aussage über einen bestehenden Einfluß in einer Psychotherapie, aber nicht über dessen Quantität, also die Wirksamkeit und Einflußgröße von spezifischen bzw. unspezifischen Wirkfaktoren auf den Erfolg oder Mißerfolg getroffen werden, die zudem höchst streitig ist (vgl. Huf S. 204 ff, 213).
[106] Huf, a. a. O., S. 150
[107] Huf, a. a. O., S. 153

das sind typische Verhaltenszüge und Eigenschaften des Therapeuten innerhalb der   therapeutischen Situation [108]

(3) die **Therapeut-Klient-Beziehung.**
Darunter sind bestimmte Interaktionsprozesse und Beziehungsregeln zwischen Psychotherapeuten und Klienten zu fassen, in denen die Rollenerwartungen   und   Rollenverhaltensweisen   beider Interaktionspartner festgelegt sind und die somit das therapeutische Arbeitsbündnis charakterisieren [109].

Die ersten beiden Variablengruppen beschreiben den Einfluß der persönlichen Eigenschaften und Einstellungen der beiden Interaktionspartner auf den konkreten Therapieerfolg. Sie sind für die Betrachtung von Beziehungsprozessen, die unabhängig von der konkreten Person des Klienten und des Therapeuten ablaufen, ungeeignet. Die relevanten Prozesse sind in der dritten Gruppe, den zwischen Psychotherapeut und Klient beziehungstypischen Variablen, zusammengefaßt.

3. Therapeut-Klient-Beziehung als relevanter unspezifischer Wirkfaktor

Die Therapeut-Klient-Beziehung [110] läßt sich durch mehrere Merkmale beschreiben, deren Zusammenfassung eine erweiterte Definition von 'Psychotherapie' darstellt, die die ihr immanenten Prozesse in die Begriffsbestimmung integriert. Psychotherapie ist demnach eine „zeitlich begrenzte Beziehung auf freiwilliger Basis", deren Ziel „in der Veränderung umschriebener Einstellungen, Verhaltensmuster und somatischer Reaktionen in der Weise, daß eine erhöhte Selbst-Steuerung ohne Fremdhilfe möglich ist " [111], liegt. Sobald der Klient durch die therapeutische Beziehung fähig ist, für sein Handeln Verantwortung zu übernehmen, verändert dies die Therapeut-Klient-Beziehung, da im Rahmen der wechselseitigen Beeinflussung (Interaktion) nicht nur der Therapeut auf den Klienten einwirkt, sondern reflexiv diese Veränderung beim

---

[108] Huf, a. a. O., S. 170
[109] Huf, a. a. O., S. 191
[110] auch als Therapeut-Klient-Interaktion bezeichnet. Vgl Huf S. 191
[111] Huf S. 192

Klienten auch auf die zukünftige psychotherapeutische Technik des Therapeuten Einfluß nimmt [112].

Dieser Interaktionsprozeß ist von Anfang an durch seine Rollenstrukturierung als eine anders geartete, zwischenmenschliche Beziehung spezifisch geprägt und damit von einer Alltagsbeziehung abgegrenzt [113]: Der Klient leidet unter psychischen Beschwerden und muß sich mit seiner Rolle als Hilfebedürftiger und Hilfesuchender vertraut machen. Gerade und nur in dieser Funktion geht er zu einem Psychotherapeuten, um mit ihm eine therapeutische Allianz aufzubauen, mit deren Hilfe er auf die Lösung seiner Probleme hofft [114].

Die zugehörige Rolle des Psychotherapeuten als gesellschaftlich legitimierter Helfer beinhaltet das Angebot professioneller Hilfe entsprechend seiner Ausbildung und Erfahrung[115], bei der spezifische Interventionstechniken angewendet werden [116].

IV. **Rollenbedingte Wirkfaktoren auf die Abhängigkeit des Klienten**

Die Forderung nach der Verhaltensnorm ,sexuelles Abstinenzgebot' wurde von den Befürwortern mit der einseitigen emotionalen Abhängigkeit des Klienten vom Psychotherapeuten oder schädlichen Folgen der sexuellen Kontakte begründet. Die spezifische Rollenverteilung in der Therapeut-Klient-Beziehung ist auf diese Faktoren zu untersuchen. Dabei sind drei Aspekte denkbar:

1. Erst durch die Akzeptanz der Vorgaben des Therapeuten kann das konstitutive therapeutische Arbeitsbündnis begründet werden.
2. Die Rolle des Klienten als Hilfebedürftiger könnte zu Machtunterlegenheit führen, die durch notwendig konstitutives Vertrauen in den Therapeuten noch verstärkt wird.
3. Die Methode der Erlebnisaktivierung könnte zu starkem Ungleichgewicht in der Verletzbarkeit zwischen den Interaktionspartnern führen.

---

[112] Huf S. 191 f
[113] Huf S. 191
[114] Perrez, Behandlung und Therapie, S. 100
[115] Garfield, a. a. O., S. 9; Huf, a. a. O., S. 191 f
[116] Huf S. 192

1. Einhalten des Arbeitsbündnisses als Notwendigkeit einer Therapeut-Klient-Beziehung

Durch die spezielle Rollenverteilung in einer Psychotherapie sucht der Klient aufgrund seiner Hilfsbedürftigkeit auf. Die Rolle des Therapeuten ist es, dem bedürftigen Klienten ein konkretes Therapieangebot zu machen, d. h. er gibt das Ob und das Wie vor: Zu Beginn jeder psychotherapeutischen Behandlung erfährt der Klient, unter welchen Beziehungsregeln [117] und Erwartungen [118] der Therapeut eine Psychotherapie anbietet. Damit ist eine Machtverschiebung zu Gunsten des Therapeuten verbunden: Der Klient muß diese Vorgaben befolgen, um die von ihm gewünschte (oder subjektiv benötigte) Psychotherapie wahrnehmen zu können [119].

Wenn der Klient die Psychotherapie zu den vorgegebenen Konditionen aufnimmt, streben alle Psychotherapie-Formen an, ein sog. therapeutisches Arbeitsbündnis aufzubauen, welches „gewissermaßen die Arbeitsgrundlage der therapeutischen Beziehung als einer professionell gestalteten Beziehungsform" [120] ist. Bestimmte Therapeutenvariablen wie Empathie, Wertschätzung, Echtheit und Wärme erleichtern dabei die Akzeptanz der vom Therapeuten gesetzten Vorgaben und die Entwicklung dieser Arbeitsbeziehung [121]. Entscheidend für das therapeutische Arbeitsbündnis ist die positive Gestaltung der Therapeut-Klient-Beziehung, d. h. daß der Klient sich der Aufmerksamkeit, der Stunden und der Setting-Gestaltung sicher sein kann. Bei einem guten Verlauf des therapeutischen Prozesses macht er eine korrektive Beziehungserfahrung, in der sich über den Schritt der Infragestellung alter Beziehungsmuster und Erwartungsschemata (Dekonstruktionsphase) anhand dieser neuen positiven (i. S. von verläßlichen) Beziehungserfahrungen mit dem Therapeuten ein neues

---

[117] Das therapeutische Setting umfaßt die räumlichen Bedingungen (Praxisort) ebenso wie die zeitlichen Vorgaben (Häufigkeit und Dauer der Sitzungen)und den therapeutischen Kontrakt sowie die therapeutischen Regeln (Sitz- oder Liegeposition, Kontaktmöglichkeiten zum Therapeuten außerhalb der Sitzungen, Verhaltensmaßregeln in und außerhalb der Therapiesitzungen u. ä.). vgl. Perrez, a. a. O., S. 101

[118] Durch diese 'Spielregeln' wird ein Bezugsrahmen, ein Spielfeld für den Klienten und den Therapeuten aufgebaut, indem die rollenbedingte Verhaltensweisen und Erwartungen z. B. in puncto Abgrenzung, Distanz, Offenheit, Vertrauen entsprechend festgelegt sind (vgl. Huf S. 191)

[119] Perrez, a. a. O. , S. 101

[120] FBSÜP S. 124

Beziehungserwartungsmuster aufbaut [122]. Diese positive Gestaltung der Beziehung darf sich aber nicht nur auf nährende Faktoren beziehen. Für eine notwendige Entwicklung der Abgrenzungsfähigkeit resp. Autonomie des Klienten ist es wichtig, daß der Therapeut dem Klienten die Sicherheit gibt, daß seine Grenzen immer gewahrt bleiben. Diese Abgrenzungsfähigkeit kann nur entwickelt werden, wenn der Klient zu vertrauen lernt, daß die Beziehung keinen privaten oder intimen Übergriffen durch den Therapeuten ausgesetzt ist und ein therapeutisches Arbeitsverhältnis bleibt [123]. Der Klient ist folglich in diesem therapeutischen Arbeitsbündnis vom Therapeuten einseitig abhängig.

2. Machtunterlegenheit des Klienten durch rollenbedingte Asymmetrie

Wenn jemand einen Psychotherapeuten aufsucht, begibt er sich in die Rolle eines Klienten und erwartet von dem Therapeuten die Wahrnehmung der (gesellschaftlich erwarteten) Therapeutenrolle : Der Klient kann „seine" Rolle als Hilfebedürftiger und Versorgter wahrnehmen und sich auf diese Rolle verlassen, ohne - im Gegensatz zu Freundschafts- und Familienbeziehungen - auch eine Rolle des Gebens und (Ver-) Sorgens wahrnehmen zu müssen. Diese Erwartung des Klienten in eine 'psyche-heilende' Funktion des Therapeuten führt zu dem Vertrauen des Klienten: „Auch der Therapeut muß eine ganz bestimmte Rolle spielen, damit sich die therapeutische Interaktion von anderen unterscheidet." [124] Diese von der Gesellschaft allgemein zugewiesene und vom Klienten konkret erwartete Rolle setzt die beiden Beziehungspartner von vornherein in ein Abhängigkeits- und damit Machtungleichgewicht: Während der Klient nach Hilfe aus einem psychischen Bedürfnis sucht, ist das therapeutische Verhältnis für den Therapeuten 'nur' Mittel und Möglichkeit, mit dem er seinen Lebensunterhalt verdient. Auch wenn ideelle Gründe hinzutreten, ist er von einer tatsächlichen Aufnahme der Psychotherapie nicht so angewiesen [125] wie der Klient. Damit hat der Psychotherapeut die Machtposition, die Aufnahme und Gestaltung der

---

[121] Perrez, ebd.
[122] FBSÜP S. 125
[123] ebd.
[124] Garfield, ebd.
[125] Es ist hier von einer psychischen Hilfsbedürftigkeit im Vergleich zu einer bloßen finanziell-materiellen Abhängigkeit zwischen Vertragspartnern abgewogen worden. Zugunsten letzterer kommt noch die Möglichkeit größerer Nachfrage im Vergleich zum bestehenden psychotherapeutischen Angebot hinzu, wie sie z. B. in den 80er Jahren gerade im psychoanalytischen Bereich bestand.

Therapie von seinen Bedingungen einseitig vorzugeben: „From his work the therapist may get the ancillary satisfactions of earning a living, doing a good job, helping, and sometimes learning. These must be enough. The patient comes because he needs help - an admission of weakness" [126]. Diese Rollenverteilung führt dazu, daß „die Machtfrage selbst ... dauernder Hintergrund jeder Therapie und jeder Therapiesitzung" [127] und aus keinem Therapeut-Klient-Verhältnis wegzudenken ist.

a) Konstitutive Akzeptanz des wahrgenommenen Therapiekonzepts

Ein Klient sucht einen bestimmten Psychotherapeuten freiwillig auf, z. B. weil er dessen Anzeige oder Schild gelesen hat oder weil ihm dieser empfohlen wurde. Wenn er eine Psychotherapie gerade mit diesem beginnt, ist er bereit, erst einmal ‚Vertrauen' in diesen zu setzen bzw. an das von ihm angebotene Konzept ‚zu glauben' [128]. Ansonsten hätte er dieses nicht ausgewählt [129]. Diese Akzeptanz des Grundprinzips bzw. Glaubenssystems des gewählten Therapiekonzeptes durch den Klienten ist von entscheidender Bedeutung für die Wirksamkeit und das Funktionieren einer Psychotherapie [130]. Ähnlich dem Plazeboeffekt in der Pharmakologie [131] ist „die präzise Natur von Einsicht und Verstehen, wie sie vom Therapeuten vermittelt werden, von relativ geringer Bedeutung" [132]. Nicht die konzeptspezifische Sichtweise des Problems bzw. das entsprechende Erklärungsmodell ist für die Heilungswirksamkeit entscheidend: „Was immer auch sie ihren Klienten erzählen, es [ist] unterschiedslos wirksam ..., sofern die Klienten nur daran glauben." [133]

---

[126] Dahlberg, Sexual contact S. 121;
[127] Blaser S. 28
[128] Die starke Verbindung von Glauben und Vertrauen wird nicht nur in der altgriechischen Wurzel [pisteuein : glauben, vertrauen] deutlich, auch im germanischen Heidentum bezog sich ‚glauben' auf das freundschaftliche Vertrauen eines Menschen zur Gottheit (Duden-Etymologie, S. 244). Die Validität dieses gläubigen Vertrauens an einen Psychotherapeuten, einem religiösen Glauben sehr ähnlich, wird auch in dem Buchtitel 'Als hätte ich mit einem Gott geschlafen' von Pope / Bouhoutsos aus.
[129] Dahlberg passim, Wirtz, Inzest, S. 249
[130] ebd.
[131] Plazebo ist ein Scheinmedikament, also eine Substanz, die zwar pharmakologisch unwirksam ist, aber allein durch ihre Gabe trotzdem ein besseres Befinden des Patienten bewirkt (Pschyrembel, Klinisches Wörterbuch, S. 1205)
[132] Garfield, a. a. O., S. 102
[133] Garfield ebd.

b) Numinose Vertrauensqualität [134]

Die Stärke und das Ausmaß dieses notwendigen Glaubens an den Psychotherapeuten und des damit verbundenen Vertrauens in dessen Heilungsmethode wird durch die Betrachtung der Verbindung der sprachlichen Bedeutungen 'Vertrauen in den Psychotherapeuten' zu 'Glauben an den Psychotherapeuten und in die Methode' deutlich:

Die altgriechische Wurzel 'πιστεύειν' i. S. von 'glauben, vertrauen' drückte nach der Christianisierung das religiöse Verhalten des Menschen zum Christengott aus [135]. Die hochdeutschen Wörter 'Vertrauen' und 'vertrauen' sind von dem gemeingermanischen Verb 'trauen' [136] abgeleitet, dessen ursprünglicher Wortgebrauch im Sinne von 'glauben, hoffen, zutrauen' war und sich später zu der Bedeutung 'Vertrauen schenken' entwickelte [137]. Das Verb 'glauben' geht auf das (erschlossene) germanische Verb 'ga-laubjan' zurück, welches 'für lieb halten, gutheißen' bedeutete [138]. Auch im germanischen Heidentum bezog sich 'glauben' auf das freundschaftliche Vertrauen eines Menschen zu einer Gottheit [139]. Diese etymologische Betrachtung zeigt die Tiefe der Gefühle und Hoffnungen, mit der ein Psychotherapeut besetzt wird. Beispiele für eine solche numinose Dimension des gläubigen Vertrauens an einen Heiler sind auch in der gegenwärtigen Sprache zu finden: Leitbilder der Heilertätigkeit wie Ärzte, Psychiater und Psychotherapeuten werden bis in die heutige Zeit als '(Halb-) Götter in Weiß' tituliert [140]. Pope / Bouhoutsos wählten für ihr Buch zum Thema sexuelle Kontakte zwischen Psychotherapeuten und Klienten den Titel 'Als hätte ich mit einem Gott geschlafen' [141].

---

[134] Die Wahl des Begriffes 'Qualität' soll die Wichtigkeit des Glaubens an einen Psychotherapeuten einordnen helfen, ohne auch nur im Ansatz blasphemisch wirken zu wollen. Ein quantitativer Begriff kam nicht in Frage, da es nicht um die Frage eines starken oder schwachen Glaubens, sondern um die Einordnung des Glaubensobjektes geht.
[135] Duden Herkunftswörterbuch S. 244 Stichwort ' glauben'
[136] mittelhochdeutsch : truwen; althochdeutsch tru[w]en
[137] Duden Herkunftswörterbuch S. 753 Stichwort 'trauen', 786 Stichwort 'vertrauen'
[138] Duden Herkunftswörterbuch S. 244 Stichwort ' glauben'
[139] ebd.
[140] Wirtz, S. 245; Brockhaus Enzyklopädie Bd. 27 (Deutsches Wörterbuch), S. 1373 ,Götter in Weiß'
[141] Bei Klientinnen, die als Kinder Inzestopfer waren, werden deren Psychotherapeuten zu Trägern archetypischer Sehnsüchte des göttlichen Aspektes des Vaters, d. h. die Klientinnen projizieren ein Gottesbild auf die Psychotherapeuten. Vgl. Wirtz, S. 277

Wirtz bietet für diese Numinosität die Erklärung an, daß in einer Beziehung zu einem Psychotherapeuten 'archetypische Energien' konstelliert werden, die, aus dem Bedürfnis des Klienten nach Akzeptanz des ganzen Menschen mit all seinen Anlagen und der Projektion dieser Sehnsucht auf den Therapeuten, das rein Persönliche übersteigen [142]: „Seine professionelle Autorität ist durch Numinoses angereichert. Darum erscheint er als Retter, Held oder Götterbote, von dem ungeheure Faszination ausgeht." [143] Sie zitiert die Aussage einer Klientin: „Ich habe aus ihm lange Zeit einen Gott gemacht. Ich glaube, daß ich damals die Illusion, er sei göttlich, brauchte, denn er durfte unter keinen Umständen so sein wie mein Vater." [144] Der Klient sucht bei dem Therapeuten Nähe und Wärme wie ein Kind bei dem Projektionsbild des 'asexuellen Gottes' [145]. Es ist der 'mächtige' Helfer - und nicht das gleichwertige Gegenüber - , dem er diesem gläubig 'Macht über ihn' in seiner subjektiv empfundenen, numinosen Dimension gibt. Der Wille und Wunsch nach psychischer Heilung ist - nach Ehlert-Balzer - also erheblich stärker an den 'mächtigen Heiler' resp. die Person des konkreten Psychotherapeuten gebunden als bei einer vergleichbaren Arzt-Patient-Beziehung im Rahmen der Behandlung somatischer Erkrankungen [146]. Mit dieser Dieser Sehweise korrespondiert die mythische Heilungsvorstellung: Das Gegenstück zum Heilungsglauben, die Fähigkeit zur Heilung eines Menschen, ist nicht allein menschliche Begabung des Heilers, sondern „immer auch (und zumeist: überwiegend) ... eine von den Göttern verliehene Kraft" [147].

Die Mächtigkeit dieses gläubigen Vertrauens wird dem Fall eines Facharztes für Neurologie und Psychiatrie, der auch psychotherapeutische Behandlungen vornahm, deutlich. Dieser stimulierte und manipulierte anläßlich der initialen neurologischen Untersuchung den Vaginal- und Klitoralbereich diverser

---

[142] Wirtz S. 247 f
[143] Wirtz S. 259; bei Klientinnen, die als Kinder Inzestopfer waren, sieht sie deren Psychotherapeuten als Träger archetypischer Sehnsüchte des göttlichen Aspektes des Vaters, d. h. die Klientinnen projizieren ein Gottesbild auf die Psychotherapeuten. S. Wirtz, S. 277
[144] Wirtz, S. 248
[145] Wirtz S. 248
[146] Ehlert-Balzer, S. 325
[147] Ehlert-Balzer leitet daraus eine mythische Begründung des sexuellen Abstinenzgebotes ab: Durch die Nähe zu den Göttern durfte der Heiler zwar Tabus wie Betrachten, Berühren und Eindringen in einen anderen, nackten Körper übertreten. Aber antagonistisch durfte der Heiler diese Macht treuhänderisch nur zum Zwecke der Heilung bei seinen Patienten benutzen, ein anderer Gebrauch dieser Tabuübertretung stellte einen fluchwürdigen Frevel gegen die Götter dar (Ehlert-Balzer, S. 323 f)

Klientinnen [148], die sich aufgrund des gläubigen Vertrauens in den Therapeuten gegen diese offensichtlichen sexuellen An- oder Übergriffe nicht wehrten: „Sie [eine Klientin als Zeugin; Anm. d. A.] dachte aufgrund der Vorgehensweise des Angeklagten [Arztes; Anm. d. A.] , dem sie volles Vertrauen entgegenbrachte, die sexuelle Stimulierung sei ein Teil der neurologischen Untersuchung." [149] Eine andere Klientin überwand ihre Skepsis gerade durch das Vertrauen in den Arzt: „Sie dachte zunächst daran, daß die Stimulierung des Genitalbereichs zu der Untersuchung gehöre. Im nächsten Moment verwarf sie diesen Gedanken wieder. Andererseits konnte sie sich absolut nicht vorstellen, daß der Angeklagte mit den Manipulationen im Genitalbereich einen sexuellen Zweck verfolge, weil er „doch ein Arzt war"." [150]

c) Vertrauen als notwendige Voraussetzung für Psychotherapie

Dieses Vertrauen ist aber nicht nur Folge der Therapeut-Klient-Beziehung, sondern gleichzeitig notwendige Voraussetzung für die Wirksamkeit der Heilmethode 'Psychotherapie'. Erst der Wegfall antrainierter Schutzreaktionen und die damit verbundene Gefühlsöffnung ermöglicht es dem Klienten unter Anleitung des Psychotherapeuten, zu versuchen, an seinen bisher blinden Flecken sehen zu lernen bzw. Erfahrungen zu machen, deren Erleben er zuvor vermieden hatte [151]. Wenn der Klient sich dagegen zurückhält und kein Vertrauen zum Therapeuten aufbringt, kann kein therapeutisches Arbeitsbündnis entstehen und keine Psychotherapie stattfinden [152] .

---

[148] Zu beachten ist, daß es keine medizinische Rechtfertigung für eine Berührung der Vagina oder der Klitoris i. R. einer neurologischen Untersuchung gibt ! (Landgericht Koblenz a. a. O., S. 31).

[149] Landgericht Koblenz, Urteil vom 23.06.93 (unveröffentlicht; Az 103 Js 11427/86), S. 8

[150] Landgericht Koblenz a. a. O., S. 10. Eventuelle Einwände, daß es sich um eine atypische Klientin handeln könnte und ihr Verhalten in einer seelischen Störung begründet ist, müssen zurückgewiesen werden: Die Klientin hatte den Therapeuten 'nur' wegen Konzentrationsschwierigkeiten, starker Zurückhaltung im Gruppenverhalten und häufger Müdigkeit, Kreislaufproblemen aufgesucht, eine krankhafte oder andere seelische Störung i. S. § 179 I StGB lagen nicht vor (Landgericht Koblenz a. a. O., S. 10, 30).

[151] ebd. [Ehlert-Balzer, S. 325]

[152] Dahlberg S. 107 ff

d) Ergebnis

Psychotherapie ist untrennbar mit der rollenspezifischen Machtunterlegenheit und einseitiger Öffnung durch gläubiges Vertrauen des Klienten in die Richtigkeit des therapeutischen Handelns verbunden [153]. Eventuelle gestalttherapeutische Elemente wie 'selektive Offenheit' und 'partielle Teilnahme des Therapeuten' ändern nichts an diesem Rollen- und Machtgefälle [154]. Diese Machtasymmetrie aus der rollenbedingt unterschiedlichen Bedürftigkeit wird durch die professionelle Überlegenheit des Therapeuten verstärkt: Durch die Fachkenntnisse des Psychotherapeuten über psychische Prozesse, Diagnostik und (therapeutische) Beeinflussungsmöglichkeiten besteht nicht nur in der möglichen Phantasie des Klienten, sondern auch faktisch die Möglichkeit zu Manipulation bzw. Mißbrauchs der ‚Schwachstellen des Klienten'. Diese Asymmetrie kann nur durch den stärkeren Part, den Therapeuten, stabilisiert werden, der sich durch die professionelle Übernahme dieser Aufgabe zu fachlich korrektem Umgang verpflichtet hat: „This implies that the therapist is strong enough, at least, not to take advantage of his patient's weakness. Irrationality is encouraged only because the therapist is the temporary repository of rationality. Anything less is exploitation. It really isn't fair play." [155]

3. Asymmetrisches Beziehungsverhältnis durch Erlebnisaktivierung und einseitige Öffnung des Klienten

Fast alle Psychotherapie-Formen arbeiten mit einer Methode der Erlebnisaktivierung: Sie motivieren die Klienten dazu, im geschützten Raum der Psychotherapie vertrauliche Gefühle preiszugeben. Darunter fallen insbesondere Scham-, Schuld- oder Minderwertigkeitsgefühle, die er anderen Personen als dem Psychotherapeuten nicht anvertrauen würde [156]. Durch diese Öffnung des Klienten besteht ein Ungleichgewicht an Verletzbarkeit zwischen Klienten und

---

[153] Wirtz S. 249
[154] Wirtz (1994) S. 36
[155] Dahlberg , a. a. O., S. 121
[156] Garfield, a. a. O., S. 11; FBSÜP S. 127

Psychotherapeuten, da der Therapeut seine Probleme und privaten Emotionen - im Gegensatz zu einem familiären oder freundschaftlichen Vertrauensverhältnis - nicht als Gegengewicht zum Vertrauen(svorschuß) des Klienten erzählt. Die persönlichen Gefühle des Therapeuten bleiben gezielt außerhalb dieser spezifisch-professionellen Beziehung. Er hilft bzw. handelt mittels seiner professionellen, spezifischen Interaktionsmethoden und -verfahren ausschließlich bei der Lösung der Probleme des Klienten [157]. Diese Verschiebung des Gleichgewichts egalisiert der Klient, indem er (Vertrauens-) Gefühle mobilisiert, wie sie ein Kind an seine Eltern hat [158]. Auch aus der Methode der Erlebnisaktivierung fällt dem Therapeuten die Rolle des stärkeren Parts zu und damit die professionelle Aufgabe, die einseitige Verletzlichkeit nicht auszunutzen, sondern die Autonomie des Klienten zu wahren und gemäß dem Arbeitsbündnis korrektive Verantwortung zu übernehmen.

4. Schlußfolgerungen für sexuelle Kontakte zwischen Psychotherapeuten und Klienten

Bei der Anwendung dieser Erkenntnisse für die Bewertung sexueller Kontakte zwischen Psychotherapeuten und Klienten sind zwei Fragen zu unterscheiden: Inwieweit wirkt diese Rollenverteilung auf den Therapeuten und inwieweit wirken sich sexuelle Kontakte auf den Therapieprozeß aus?

a) Verführungsreiz für den Therapeuten zu sexueller Ausnutzung

Durch die einseitige Abhängigkeit des Klienten und die Machtasymmetrie in einer Psychotherapie ist ein sexueller Kontakt zwischen Psychotherapeut und Klient immer auch ein 'Sonderfall der Machtfrage' [159]. Zu fragen ist, ob diese Machtposition den Therapeuten zur Durchsetzung eigener sexuellen Interessen gerade auch gegen den Willen des Klienten befähigt. Zum einen ist der Fall denkbar, daß ein Klient einem Drängen des Psychotherapeuten nach sexuellen Kontakten - auch bei bewußter Erkenntnis, daß es sich dabei um nicht-

---

[157] Pope / Bouhoutsos S. 45
[158] FBSÜP S. 127
[159] Blaser S. 28

therapietypische oder -fördernde Handlungen handelt - nachgibt, aus phantasierter oder vom Therapeuten geförderter Angst hat, daß jener bei Verweigerung die subjektiv notwendige Therapie abbricht. Die Angst vor einem solchen Verlust ist verständlich, da die konkrete Psychotherapie resp. das Arbeitsbündnis sehr stark mit der jeweiligen Person der Therapeuten verbunden ist. Zum anderen besteht durch den Glauben an den Psychotherapeuten das Risiko, daß der Klient sexuellen Wünschen des Psychotherapeuten ohne eigene sexuelle Motive an einen Sexualpartner 'Therapeut' nachgibt, weil er dies zum therapeutischen Prozeß zugehörig glaubt. Die potentielle Möglichkeit zur Ausnutzung dieses Vertrauens und der dadurch verliehenen Macht über die Handlungsbereitschaft des Klienten stellt eine starke Verführungssituation für jeden dar, der diese Macht innehat [160], sie zu eigenen (in diesem Fall nicht-therapeutisch sexuellen) Zwecken zu mißbrauchen [161]. Der Klient ist somit innerhalb der psychotherapeutischen Beziehung von der professionellen Achtung seines Vertrauens und der Unterlassung des Ausnutzens dieser Machtstellung durch den Psychotherapeuten abhängig.

b) Folgen der sexuellen Kontakte auf die Therapeut-Klient-Beziehung

Es ist nun zu untersuchen, welche Auswirkungen sexuelle Kontakte auf die o. g. Aspekte der Therapeut-Klient-Beziehung haben: Für das therapeutische Arbeitsbündnis sind sowohl nährende Faktoren als auch Sicherheit in die Wahrung der Grenzen und Autonomie der eigenen Persönlichkeit entscheidend [162]. Sexuelle Kontakte statt empathische Fürsorge lassen dagegen in dem Klienten das Gefühl entstehen lassen, daß seine Grenzen vom Psychotherapeuten nicht gewahrt werden und er sich in diesem (Nähe-) Verhältnis nicht auf eine positive bzw. kreative Distanz verlassen kann. Dadurch entsteht eine therapeutische „'Mißallianz', worin sich Arbeits- und Übertragungsbeziehung in unentwirrbarer Weise vermischen" [163]. Die in der lebensgeschichtlichen Vorerfahrung erworbenen, pathologischen Beziehungsmuster wiederholen sich 'kreisförmig' immer wieder

---

[160] also hier der Psychotherapeut
[161] Dahlberg a. a. O.
[162] s. o. S. 26
[163] FBSÜP S. 126

statt korrektiv dekonstruiert zu werden [164]. Das therapeutische Arbeits'bündnis' ist zerstört, eine Fortsetzung der Psychotherapie uneffizient geworden.

Eine ähnlich vernichtende Wirkung durch die sexuellen Kontakte ist auf das gläubige Vertrauen des Klienten in die Richtigkeit der Handlungen des Therapeuten festzustellen: „Die Teilnehmerinnen unserer Untersuchung betonten häufig, daß es nicht die sexuelle Beziehung als solche sei, die sie rückblickend als schädigend erleben, sondern der Bruch des therapeutischen Vertrauensverhältnisses, der mit der Aufnahme der sexueller Kontakte bewirkt wurde." [165] Da dieses Vertrauen konstitutiv für die therapeutische Einflußnahme ist [166], haben die sexuellen Kontakte die sinnvolle Fortsetzung der Psychotherapie zerstört. Der mit den sexuellen Kontakten verbundene Verlust der professionellen Rollendistanz wird i. R. der Methode der Erlebnisaktivierung als Grenzverletzung erlebt. Dies führt – ähnlich den Folgen (sexueller) Grenzverletzungen gegenüber Kindern - zu tiefen Verwirrungen beim Klienten, wie sie auch von sexuellem Kindesmißbrauch und Inzest bekannt sind [167]. Die Folge ist, „daß Analytiker und andere Psychotherapeuten, die sich in der therapeutischen Situation verführen lassen, oder ihre Analysanden oder Patienten verführen, in der Zerstörung der therapeutischen Situation und ihrer Funktion einen totalen Desorientierungs- und Zerstörungsprozeß inszenieren." [168]. Im Ergebnis ist festzustellen, daß sexuelle Kontakte zwischen Psychotherapeuten und Klienten sowohl die Fortsetzung des therapeutischen Prozesses mit dem jeweiligen Psychotherapeuten unmöglich machen als auch den Klienten schädigen, indem sie schädliche psychische Prozesse im Klienten auslösen.

V. Initiierung von sexuellen Kontakten durch den Klienten

Es wird nach sexuellen Kontakten seitens der Therapeuten auch die Erklärung vorgebracht, der Klient hätte ihn verführt, die Beziehung erotisiert oder den

---

[164] FBSÜP S. 125 f
[165] FBSÜP S. 116
[166] s. S. 28
[167] FBSÜP S. 127
[168] U. Walter (unveröffentlichtes Vortragsmanuskript); zitiert nach FBSÜP S. 127

Sexualkontakt selbst initiiert [169]. Obwohl es möglich ist, daß es sich um eine reine Schutzbehauptung handelt, ist auch im Falle einer Wahrunterstellung ein solches Verhalten des Klienten als typische Folge des Therapieprozesses zu werten, bei der es an bewußten amourösen oder sexuellen Motiven zu dem Therapeuten als gleichwertigen Sexualpartner fehlt [170]. Es ist zu untersuchen, ob eine solche Erotisierung auf eigenen sexuellen oder erotischen Motiven beruht oder ob diese durch die therapeutischen Abläufe ausgelöst oder induziert ist.

1. Versuch der Symmetrisierung durch Grenzauflösung

Gegen die oben dargestellte Machtasymmetrie und die damit verbundene Abhängigkeit entwickeln die Klienten starke Widerstände. Ein Mittel zur Symmetrisierung des Verhältnisses ist der (unbewußte) Versuch der Sexualisierung der Therapeut-Klient-Beziehung. Der Klient handelt in der „Absicht" und Vorstellung, die Grenzen aufzulösen und damit die konstitutive Asymmetrie zu egalisieren. Die Aufnahme der sexuellen Beziehung stellt in Wirklichkeit nur eine Verschleierung der weiterbestehenden Asymmetrie zwischen helfendem Psychotherapeuten und hilfebedürftigen Klienten dar [171]. Eine Sexualisierung oder Initiative zu sexuellen Kontakten durch den Klienten kann somit ein therapieinduziertes Verhalten sein, ohne daß bewußte, sexuelle oder libidinöse Motivationen beim Klienten vorhanden sind [172].

2. Übertragung

Eine weitere Erklärung für die Erotisierung der Therapeut-Klient-Beziehung durch den Klienten könnte in dem Phänomen der sog. ‚Übertragung' oder 'Übertragungsliebe' liegen.

---

[169] Wirtz, Seelenmord; S. 259, 269; Heyne , Tatort Couch, S. 24 f
[170] Heyne a. a. O.
[171] Wirtz Seelenmord; S. 259, 269; Heyne S. 28 ff
[172] Wirtz (1994) S. 36

36

a) Ubiquität in allen Psychotherapieformen

Grundsätzlich wird als Übertragung die Verlagerung eines positiven oder kreativen Affektbezugesvon einem Menschen auf andere bezeichnet [173], der in allen Lebensbereichen und menschlichen Beziehungen stattfindet [174]. Ursprünglich stammt der Terminus aus dem ersten psychotherapeutischen Konzept der Psychoanalyse Sigmund Freuds, der dieses Phänomen erstmals in der therapeutischen Beziehung lokalisierte: „Die Übertragung stellt sich in allen menschlichen Beziehungen ebenso wie im Verhältnis des Kranken zum Arzte spontan her, sie ist überall der eigentliche Träger der - für die Wirksamkeit der Heilmethode 'Psychotherapie' notwendigen - therapeutischen Beeinflussung, und sie wirkt um so stärker, je weniger man ihr Vorhandensein ahnt." [175] Folglich sind die damit definierten Prozesse nicht nur in psychoanalytischen Therapieformen [176], sondern als common factor unspezifisch in allen Therapieformen zu finden [177]: „Die Psychoanalyse schafft sie [die Übertragung; Anm. d. A.] also nicht, sie deckt sie bloß dem Bewußtsein auf, und bemächtigt sich ihrer, um die psychischen Vorgänge nach dem erwünschten Ziele zu lenken." [178] Dabei ist die Terminologie in der therapieschulenspezifischen Literatur nicht einheitlich: Es werden für dieses Phänomen auch andere Begriffe verwendet [179] wie 'Übertragung - Gegenübertragung, reziproker Affekt, Interaktion, einfühlendes Verständnis, Freiheit zur Selbstenthüllung' u. a. [180].Ein weiterer Beleg für die Ubiquität der Übertragung ist die Feststellung in forensisch veranlaßten kurzzeitigen, psychiatrischen bzw. psychologischen Begutachtungen von Probanden, daß dort, also nicht nur in therapeutischen, sondern auch in diagnostischen Situationen die Kommunikationsprozesse von der Übertragung auf den Gutachter gekennzeichnet sind [181].

---

[173] Fröhlich, Wörterbuch zur Psychologie, S. 349
[174] Glick et al. S. 50; Hamburger, Übertragung und Gegenübertragung, S. 322; Müller-Pozzi, Psychoanalytisches Denken S. 15
[175] Freud 1910a, Über Psychoanalyse, S. 55. In dem Therapiekonzept der Psychoanalyse hat die Übertragung dann zentrale Bedeutung erfahren, so daß dort versucht wird, eine sog. 'Übertragungsbeziehung' aufzubauen. Vgl. Perrez, a. a. O., S. 101; Glick et al. S. 50
[176] Müller-Pozzi, Psychoanalytisches Denken, S. 15.
[177] Marmor, Psychotherapeutischer Prozeß, S. 433
[178] Freud aao; so auch Glick et al. S. 50
[179] sofern sie von dem Konzept erkannt oder bewußt eingesetzt wird.
[180] Bergold, Therapeut-Klient-Beziehung, S. 420

Aus psychologischer Sicht handelt es sich bei einer Übertragung um eine Verschiebung [182] : Der Betreffende wiederholt unbewußt die kindlichen Beziehungsmuster, die er im Umgang mit wichtigen Bezugspersonen [183] seiner Vergangenheit entwickelt hat, indem er diese erlernten Einstellungen und Gefühle im Umgang mit gegenwärtigen Kontaktpersonen anwendet [184]. Durch die Therapeut-Klient-Beziehung mit ihrer eindeutigen Rollenzuweisung werden Übertragungsgefühle besonders gefördert und aktiviert: Die Rollenerwartung des Klienten an den Therapeuten als eine gebende, verständnisvolle Person, die ihm ohne - zumindest psychische oder menschliche - Gegenleistung bei der Lösung seiner Probleme hilft, ist charakteristisch der eines hilfebedürftigen Kindes an den hilfreichen Elternteil [185]. Ebenso entspricht die rollenbedingte Machtunterlegenheit, verstärkt durch die einseitige Öffnung i. R. der Erlebnisaktivierungsmethode, der typischen Konstellation des unterlegenen Kindes zu den (all-) mächtigen Eltern. Daher ist davon auszugehen, daß die Therapeut-Klient-Beziehung ein Wiederaufleben kindlicher Gefühlsregungen resp. die Übertragung besonders erleichtert und aktiviert [186].

b) Übertragungsverliebtheit

Wenn man von der These ausgeht, daß sich bei jedem Kontakt von Menschen, die längere Zeit miteinander umgehen, sog. 'erotisch-libidinöse Kraftfelder' aufbauen [187], wird verständlich, daß sich in einer Therapeut-Klient-Beziehung, die Übertragungsgefühle aktiviert, auch erotische oder sexuelle Übertragungen [188] beim Klienten auftreten. So hatte auch schon Freud sehr früh erkannt, daß beim Klienten während der Therapie auch amouröse oder sexuelle Gefühle entstehen, die der Klient irrtümlich als gegenwartsbezogen - also auf den Therapeuten

---

[181] Venzlaff, Probleme der forensich-psychiatrischen Begutachtung , S. 92
[182] Bezeichnung für die Verlagerung der Affektbeziehung von einem Inhalt auf einen anderen, der mit dem ersten in keinem wirklichkeitsbezogenen Zusammenhang steht (dtv-Wörterbuch zur Psychologie, S. 359 'Verschiebung')
[183] insbesondere Eltern und Geschwister
[184] Glick et al. S. 50
[185] FBSÜP S. 116
[186] ebd.
[187] Unabhängig davon, ob die Möglichkeit zu freier Partnerwahl in einer symmetrischen, privaten oder öffentlichen Beziehungsstruktur besteht oder ein asymmetrisches Abhängigkeitsverhältnis vorliegt; vgl. Bachmann / Böker, Sexueller Mißbrauch , S. 9
[188] Die Terminologie für dieses Phänomen schwankt uneinheitlich zwischen Übertragungsverliebtheit (z. B. FBSÜP S. 116) und Übertragungsliebe (z. B. Freud GW XIII, S. 16 ff), ohne daß ein inhaltlicher Unterschied festzustellen wäre.

bezogen - erlebt [189]. Dabei produziert diese Übertragungsliebe regelmäßig „immer ein Stück des infantilen Sexuallebens, also des Ödipuskomplexes und seiner Ausläufer."[190]

Aus psychologischer Sicht wird bei einer Übertragungsliebe des Klienten zum Psychotherapeuten die Libido [191] aus der Erinnerung an eine bedeutsame Person der Kindheit, die der Klient als Kind mit „sexuellen" Wünschen besetzt hatte, auf die Person des Therapeuten übertragen [192]. Diese 'falsche Verknüpfung' vom ursprünglichen Liebesobjekt auf den gegenwärtigen Therapeuten, der damit zum Objekt sexueller Wünsche beim Klienten wird, ist dem Klienten dabei nicht bewußt [193]. Der Klient empfindet diese amourösen oder sexuellen Gefühle tatsächlich für den Therapeuten, obwohl diese unbewußt eigentlich jemandem anderen gelten, da es sich um bloße „...Neuinszenierungen verinnerlichter früher Erfahrungen in einer gegenwärtigen Beziehung..."[194] handelt. Da diese Emotionen der Qualität des kindlichen Erlebens entsprechen, können die Verliebtheitsgefühle eine ungeheure Intensität annehmen [195]. Hierbei kann die gesamte Gefühlspalette auftreten, von negativen Gefühlen und Abwehrtendenzen wie Haß, Neid, Eifersucht [196] bis zu einer positiven Gefühlsbindung an den Therapeuten, die wenig mit dessen Person zu tun hat und die sich in schnellen Wechseln der affektiven Qualität und Intensität bis zu einer Verliebtheit steigern kann [197]. Freud geht sogar von einem durch die analytische Situation erzwungenen Verlieben des Klienten aus [198].

c) Unspezifischer Wirkfaktor trotz historischer Modifizierung des Übertragungsbegriffs

Gegen die Ansicht der Übertragung(sverliebtheit) als unspezifischer Wirkfaktor könnte man vorbringen, daß seit dem Zeitpunkt der ersten Deskription der Begriff

---

[189] Freud 1895 d, S. 308 f
[190] Freud 1920 g, Jenseits des Lustprinzips GW XIII, S. 16-18
[191] I. S. des auf sexuelles Erleben gerichtete psychische Impuls
[192] Lamott, Übertragung, S. 185
[193] Lamott, a. a. O., S. 185, 182
[194] Müller-Pozzi, ebd.
[195] FBSÜP S. 116
[196] Müller-Pozzi ebd.
[197] Müller-Pozzi a. a. O.. S. 19

in der psychotherapeutischen Literatur sehr viel weiter ausdifferenziert wurde [199] und folglich nicht mehr ubiquitär in allen Therapieformen anzunehmen sei. So unterschied schon Sigmund Freud später zwischen unanstößigen, positiven [200] und neurotischen, negativen Übertragungsgefühlen [201]. Seine Tochter Anna Freud differenzierte weiter zwischen der Übertragung von libidinösen Gefühlen (Liebes-, Haß-, Eifersuchtsgefühle gegenüber dem Therapeuten), der Übertragung von Abwehr (masochistische Unterwerfung, ichsyntone Gefügigkeit) und dem Agieren in der Übertragung [202]. Andere Schulen, wie z. B. die englische Schule um Melanie Klein, fassen das Übertragungsphänomen holistisch - also ohne Differenzierung oder Klassifizierung - auf, interpretieren alle Vorgänge und Gefühle in der psychoanalytischen Situation als Wiederholung infantilen Beziehungserlebens [203]. Cremerius erklärt das Phänomen der 'Übertragung' nicht mehr nur als ein vorgefertigtes Verhalten aus der kindlichen Geschichte eines Menschen, sondern als „eine Bereitschaft zur Beziehung (die auch deren Genealogie enthält), die sowohl als manifestes Verhalten imponiert als auch als latentes Beziehungs- und Konfliktmuster (Strukturvorstellung)" [204]. Er differenziert nach dem Inhalt der Übertragung, so daß Übertragungsgefühle nicht nur (wie bei Freud) aus (z. B. sexuellen) Triebwünschen bestehen, sondern auch ein Ausdruck der Suche nach einer Objektbeziehung sind [205]. Ebenso wurden weitere Ausdifferenzierungen der Übertragung z. B. nach ihrer entwicklungspsychologischen Entstehung, nach dem Grad der erreichten Selbst- und Objektdifferenzierung oder nach dem Modus der Übermittlung der Übertragung vorgenommen [206]. Diese Erweiterungen und Unterscheidungen im Laufe der Entwicklung des Übertragungsbegriffes haben zwar die Definition grundlegend verändert und den Umgang mit den Übertragungsprozessen konzeptbezogen entsprechend modifiziert, aber ohne daß dies die grundsätzliche

---

[198] Freud 1915 a S. 308

[199] Lamott a. a. O., S. 187 ff; Lamott gibt einen genauen psychologiehistorischen Abriß des 'Übertragung '-Begriffes, der im Rahmen dieser Arbeit zu weit führen würde.

[200] und diese zwischen bewußten und unbewußten

[201] Freud, 1912 b S. 371. Cremerius stellt dagegen, daß es sich bei der Aufteilung des Übertragungsbegriffes in neurotische und unanstößige Übertragungen, im Rahmen der zweiteren dann eine reale persönliche Beziehung des Therapeuten zum Klienten möglich sein soll, mangels Unterscheidungskriterien um einen bloßen Kunstgriff, der weder psychologisch noch logisch begründbar ist , handelt (vgl. Cremerius, Die psychoanalytische Abstinenzregel, S. 780)

[202] vgl. Mertens /Hamburger, S. 325

[203] Hamburger, a. a. O.. S. 325

[204] Cremerius S. 787

[205] Cremerius, S. 788

[206] Mertens, S. 196 f

Zugehörigkeit der 'sexuell-erotischen Übertragungsliebe' innerhalb des komplexen Übertragungsgeflechts verändert hätte. Trotz historischer Wandelung des Terminus 'Übertragung' kann auch weiter von der Übertragungsliebe als unspezifischer Faktor einer Therapeut-Klient-Beziehung ausgegangen werden, da sich nicht deren Existenz im Sinne der o. g. Primärdefinition des Übertragungsbegriffes durch Freud verändert hat, sondern nur ihre Exklusivität und Zuordnung im weiten Feld der Übertragungsprozesse [207].

d) Übertragung in verschiedenen Therapieformen

Da Übertragung unspezifisch in jeder Therapeut-Klient-Beziehung vorkommt, ist von der Möglichkeit der Übertragungsverliebtheit in jeder Psychotherapie unabhängig vom Therapiekonzept auszugehen [208]: Diese Annahme ist nicht auf Einzeltherapien [209] beschränkt, Übertragungsprozesse finden auch in **Gruppenpsychotherapien** statt. Mit diesem Begriff werden unterschiedliche Behandlungsformen erfaßt, bei denen der Psychotherapeut als Leiter von Gruppensitzungen wirkt, in denen er die sozialen Wechselwirkungen (Interaktionen) zwischen den einzelnen Gruppenmitgliedern (Klienten) zu dem Ziel der Verbesserung von sozialer Kontaktfähigkeit und psychischen und emotionalen Problemen des einzelnen Klienten nutzt [210]. Auch wenn der Leitungsstil vom jeweiligen Therapiekonzept abhängt [211], besteht zu jedem Klienten eine Therapeut-Klient-Beziehung, bei der der Leiter Objekt erotischer Übertragung des Klienten sein kann [212]. Nichts anderes kann für **Sexualtherapien** [213] gelten, sofern sie eine psychotherapeutische Behandlungsmethode darstellen, denn Übertragungen auf den Psychotherapeuten sind unabhängig vom Therapiekonzept und werden durch die unspezifische Rollenvorgabe besonders aktiviert.

---

[207] Cremerius S. 788
[208] Lamott, a. a. O., S. 191
[209] Ein Psychotherapeut betreut einen Klienten in der jeweiligen Sitzung.
[210] Glick et al. S. 58, dtv-Wörterbuch zur Psychologie S. 167 Stichwort Gruppentherapie
[211] Der verhaltenstherapeutisch orientierte Leiter strukturiert und steuert aktiv die einzelnen Sitzungen zur Verhaltensänderung der Klienten, während in einer psychodynamisch orientierten Gruppe der Leiter eine passivere Rolle der Beobachtung und Deutung innehat (Glick et al. S. 58).
[212] Lamott, a. a. O., S. 193 f
[213] vgl. Sexualtherapie nach Masters und Johnson: S. 172 f

3. Ergebnis

Mögliche Initiierungen von sexuellen Kontakten durch den Klienten können therapieinduzierte Symmetrisierungsversuche darstellen oder aus einer - durch die Therapeut-Klient-Beziehung ausgelösten oder verstärkten - Übertragung motiviert sein, bei denen der Klient keine amourösen oder sexuellen Gefühle für den Therapeuten hegt. Zudem führt die rollenbedingt ausgelöste oder verstärkte Übertragung zu einer erhöhten Verletzlichkeit des Klienten gegenüber dem Therapeuten, die der eines Kindes zu den Eltern entspricht [214]. Obwohl es möglich ist, daß es sich um eine reine Schutzbehauptung handelt, ist auch im Falle einer Wahrunterstellung ein solches Verhalten des Klienten als typische Folge des Therapieprozesses zu werten, bei der es an bewußten amourösen oder sexuellen Motiven zu dem Therapeuten als gleichwertigen Sexualpartner fehlt [215].

B. Sexuelles Abstinenzgebot

Die Erkenntnis über die dargelegten Strukturen und Prozesse in jeglicher Therapeut-Klient-Beziehung haben zu einer kontroversen Diskussion über ein sexuelles Abstinenzgebot geführt.

I. Standpunkte und Argumente für ein sexuelles Abstinenzgebot

1. Ableitung aus dem Eid des Hippokrates

Häufig wird sich zur Begründung eines sexuellen Abstinenzgebotes auf den sog. Hippokratischen Eid [216] berufen, da dieser eine erste Kodifizierung auch für Psychotherapeuten zu ihren Klienten darstellen soll [217].

---

[214] FBSÜP S. 116
[215] Heyne a. a. O.
[216] Hippokrates war ein koischer Arzt, der ca. 460 v. Chr. auf der griechischen Insel Kos geboren wurde und ca. 370 v. Chr. in Larissa starb. Die ihm zugeschriebene Eidesformel mit den ethischen Leitsätzen ärztlichen Handelns geht in seiner heutigen Form nach moderner historisch-kritischer Auffassung nicht auf ihn zurück. (Brockhaus Bd. 10, S. 97 Stichwörter 'Hippokrates' , 'hippokratischer Eid')
[217] z. B. Pope / Bouhoutsos S. 55, Wolfslast, Psychotherapie in den Grenzen des Rechts, S. 82

a) Aussage zu sexuellen Beziehungen mit Patienten

Der Hippokratische Eid fordert in seinem zweiten von den drei typischen Abschnitten eines antiken Eides, der dem Inhalt der Eidesverpflichtung gewidmet ist, unter Punkt III.5.: „In alle Häuser, die ich betrete, werde ich zum Nutzen der Kranken hineingehen und mich fernhalten von allem willkürlichen Unrecht und allem, was Verderben bringt, auch von sexuellen Beziehungen zu Frauen und Männern, Freien und Sklaven." [218] Er enthält also ein ausdrückliches Verbot von sexuellen Kontakten des vereidigten Arztes zu seinen Patienten.

b) Kritik am Rückschluß auf sexuelles Abstinenzgebot für Psychotherapeuten

Dieser Auffassung, ein allgemeingültiges sexuelles Abstinenzgebot für Psychotherapeuten hierauf zu gründen, können mehrere Gründe entgegengehalten werden:

(A) Kein originär allgemeingültiger Verhaltenscodex

Der Hippokratische Eid hat nur aus der heutigen ex-post-Perspektive einer christlich geprägten Soziokultur die Allgemeingültigkeit in der Antike erreicht, die ihm zugesprochen wird. Viele Topoi des hippokratischen Eides sind Verhaltenscodices einer Minderheit und nicht repräsentativ für die Antike resp. griechische Medizin. Erst durch die Verbindung mit ähnlichen ethischen Forderungen des Christentums hat der Eid die Wichtigkeit und den traditionsbildenden Einfluß erhalten, der ihm allgemein zugesprochen wird [219].

(B) (Un-) Logischer Fehlschluß vom Besonderen auf das Allgemeine

---

[218] Siefert, Ärztliche Gelöbnisse, S. 114. Eine näher am antiken Sprachgebrauch festhaltende Übersetzung lautet: „Welche Häuser ich betreten werde, ich will zu Nutz und Frommen der Kranken eintreten, mich enthalten jedes willkürlichen Unrechtes und jeder anderen Schädigung, auch aller Werke der Wollust an den Leibern von Frauen und Männern, Freien und Sklaven." (Quelle und Übersetzung: Pschyrembel, S. 635 f Stichwort 'Hippokratischer Eid').
[219] Siefert, S. 115 f

Eine direkte Ableitung der inhaltlichen Forderung nach einem sexuellen Abstinenzgebot von Psychotherapeuten zu ihren Klienten aus dem hippokratischen Eid oder gar darin eine erste Formulierung eines Abstinenzgebotes zwischen Psychotherapeuten und Klienten zu sehen, sit logisch nicht nachzuvollziehen. Die Indikationen, die Methoden und die Beziehungsstruktur zu ihren Patienten resp. Klienten unterscheiden die Tätigkeiten von schwerpunktmäßig organmedizinisch tätigen Ärzten und Psychotherapeuten, wenn auch beide Heiler (Heilberufe) sind [220]. Da aber den hippokratischen Eid gerade nicht alle (profanen wie religiösen) Heiler allgemein, sondern nur Ärzte ableisten mußten, wäre die Annahme der Geltung auch für andere Heilberufe ein rechtslogisch unzulässiger Schluß vom speziellen ärztlichen Heilberufsstand auf den allgemeinen Heilberuf [221].

c) Rückschlüsse durch mythologischen Ursprung

Ehlert-Balzer umgeht dieses Problem und weist auf den mythischen Ursprung des sexuellen Abstinenzgebotes zwischen dem Heiler, dessen Heilkunst als eine von den Göttern gegebene Macht verstanden wurde, und seinen Schützlingen, den Kranken hin: „In diesem Sinne stand der [Arzt; Anm. d. Autors] zwischen den Kranken und den Göttern, und diese Nähe erlaubte es ihm, bestimmte sonst geltende Tabus zu übertreten: z. B. das Betrachten und Berühren des nackten Körpers, das Eindringen in den anderen Körper etc. ... Zugleich durfte der Arzt die mit seiner Sonderstellung unter den Menschen einhergehende Macht nur zu dem Zwecke nutzen, zu dem sie ihm von den Göttern sozusagen zur treuhänderischen Verwahrung überlassen worden war: zum Zwecke der Heilung; jeder andere Gebrauch stellt einen Mißbrauch, einen Frevel gegen die Götter dar, der unweigerlich deren Fluch auf sich ziehen mußte." [222] Ehlert-Balzer sieht folglich in dem hippokratischen Eid ist eine daraus abgeleitete, spätere Kodifizierung der sexuellen Abstinenzforderung für den Heilerberuf allgemein. [223] Diese Rückschlüsse aus der mythischen Wurzel lösen nicht den Widerspruch des Fehlschlusses vom speziellen zum allgemeinen Heilberuf. Die von Ehlert-Balzer

---

[220] Ehlert-Balzer, S. 325
[221] i. S. einer Umkehrung einer nicht umkehrbaren Funktion
[222] Ehlert-Balzer, S. 323 f
[223] Ehlert-Balzer, S. 323

genannte Mythologie verbietet sexuell-körperliches Berühren und Eindringen für denjenigen, der vorher medizinisch-körperlich berührt oder eventuell eingedrungen ist. Gerade diese 'phänotypische' Gleichheit von Behandlung mit therapeutisch indizierten, körperlichen Kontakten und Sexualität ist bei der überragenden Mehrheit der Psychotherapiekonzepte [224] nicht gegeben, so daß schon der Ansatzpunkt zur Schlußfolgerung i. d. R. nicht gegeben ist. Ehlert-Balzer sieht in diesem Mythos ein Bewußtsein der 'Notwendigkeit eines besonderen Schutzes des Patienten vor dem Mißbrauch ärztlicher Machtvollkommenheit' [225] und zieht dann über diese Machtasymmetrie die Parallele zur modernen Psychotherapie. Dieser Schluß erscheint aus der genannten Quelle nicht gerechtfertigt: Da die Handlungen des ansonsten nicht zulässigen 'Betrachten und Berühren des nackten Körpers' oder 'Eindringen in den anderen Körper' ausnahmsweise zur medizinischen Therapie erlaubt waren, sollte dem Heiler keine Möglichkeit gegeben werden, diese Macht des legitimierten Verbotsübertritts für die gleichen Handlungen aber zu eigenen (sexuellen) Zwecken zu mißbrauchen. Trotz der damaligen Vorstellung einer Körper-Seele-Einheit kann dieses Ausnutzen einer körperlichen Entblößung, die eine offen'sicht'liche körperlich-sexuelle Reizsituation darstellt, nicht mit psychischer Öffnung im Rahmen einer Psychotherapie gleichgesetzt werden. Zwar weisen beide Therapieformen eine Machtasymmetrie auf [226], aber für eine Analogie aus diesem Mythos bedarf es zusätzlich einer - in der Psychotherapie eben nicht vorhandenen - körperlichen Reizsituation oder Handlung. Ebenso erscheint Ehlert-Balzer eine Ableitung aus dem hippokratischen Eid durch das Mehr an Schmerzintensität bei psychischen Leiden gegeben: „Seelische Schmerzen werden in aller Regel intensiver erlebt als die Schmerzen bei den meisten körperlichen Erkrankungen; das Gefühl der Ohnmacht ist ungleich stärker, wenn die Quelle des Leidens nicht im Körper, von dem man sich immer auch ein Stück weit distanzieren kann, sondern im eigenen Selbst, von dem jede Distanzierung unmöglich ist, lokalisiert ist". [227] Doch auch diesem Schluß kann nicht gefolgt werden: Zum einen erscheinen die Voraussetzungen des intensiveren psychischen Schmerzes bzw. der stärkeren Ohnmacht [228] äußerst fragwürdig. Zum anderen

---

[224] Nur Körpertherapien beinhalten Methoden mit therapeutisch indiziertem Körperkontakt.
[225] Ehlert-Balzer, S. 324
[226] Diese liegt aber auch in anderen Beziehungen vor z. B. Eltern zu Kindern, Lehrer zu Schüler, Arbeitgeber zu Arbeitnehmer, Vorgesetzter zu Mitarbeiter (vgl. Böker/Bachmann S. 9)
[227] Ehlert-Balzer, S. 325
[228] Jeder Patient, der auf einem Operationstisch lag und eine Vollnarkose bekam, weiß um das immense Gefühl des Ausgeliefertseins und der Ohnmacht gegenüber dem Arzt dabei.

müßte für einen Schluß aus dem hippokratischen Eid die Argumentation für eine sexuelle Abstinenz in diesem gerade auf die schmerzinduziert ohnmächtige Stellung des Patienten gestützt sein. Für eine solche Annahme ist ebenso kein Anhaltspunkt ersichtlich.

d) Moderne Fassung 'Arztgelöbnis' ohne sexuelles Abstinenzgebot

Die eben dargelegen Auffassungen wollen ein sexuelles Abstinenzgebot aus dem für Ärzte geltenden, historischen Hippokratischen Eid ableiten. Sofern man zur Interpretation bzw. Ableitung auf ein heutiges Abstinenzgebot auch die Entwicklung dieses Eides in die und in der Gegenwart betrachtet, würde sich diese Begründung geradezu als tödlicher Bumerang erweisen: Die moderne Form des Hippokratischen Eids, das Arztgelöbnis, welches jeder Berufsordnung der deutschen Ärzteschaft vorangestellt und für alle Ärzte unabhängig von ihrem Ausübungsstatus verbindlich ist [229], enthält gerade diesen Passus zur sexuellen Abstinenz nicht mehr: Die damaligen Klauseln

(3.) Rein und heilig werde ich mein Leben führen und meinen Beruf
gewissenhaft
ausüben.

(4.) [...] [230]

(5.) In alle Häuser, die ich betrete, werde ich zum Nutzen der Kranken
hineingehen und
mich fernhalten von allem willkürlichen Unrecht und allem, was
Verderben bringt,
auch von sexuellen Beziehungen zu Frauen und Männern, Freien und
Sklaven. [231]

wurden zu einem Text in dem Gelöbnis der 'Berufsordnung für deutsche Ärzte' umformuliert, der zu sexuellen Kontakten keine Aussage mehr trifft:

---

[229] z. B. (Muster-) Berufsordnung für die deutschen Ärztinnen und Ärzte (MBO-Ä 1997), beschlossen auf dem 100. Deutschen Ärztetag 1997 in Eisenach ; Berufsordnung für die Ärzte Bayerns (Neufassung vom 01.01.1994, zuletzt geändert am 13.10.1996)
[230] Zeitgenössische Ablehnung chirurgischer Eingriffe und Blasensteinoperationen, die die historischen und gesellschaftlich-kulturellen Bedingungen spiegeln (vgl. Siefert, S. 115)
[231] zitiert nach Siefert, S. 113

„Ich werde meinen Beruf mit Gewissenhaftigkeit und Würde ausüben. Die Erhaltung und Wiederherstellung der Gesundheit meiner Patienten soll oberstes Gebot meines Handelns sein." [232]

Gerade hier rächt sich der unlogische Schluß vom Besonderen auf das Allgemeine, denn in gleicher (falscher) Analogie bedürfte es also in der Gegenwart auch keiner sexuellen Abstinenz zwischen Psychotherapeut und Klient mehr.

e) Ergebnis

Mangels direkter Anwendbarkeit auf Psychotherapeuten läßt sich aus dem Hippokratischen Eid kein spezielles Verbot für sexuelle Kontakte zwischen Psychotherapeuten und Klienten ableiten. Es bedarf für ein sexuelles Abstinenzgebot einer nicht vom ärztlichen Heiler und seinem typischen, auf die primär somatischen Leiden und ihren entsprechenden therapeutischen Methoden abgeleiteten Begründung, sondern einer originären, vom besonderen Psychotherapeut-Klient-Verhältnis abgeleiteten Deduktion.

2. Verletzung des Arbeitsbündnis

Sexuelle Kontakte führen zu einer Vermischung der Arbeits- und Übertragungsbeziehungsebene und einer perpetuierenden Wiederholung der alten pathologischen Beziehungsmuster [233]. Sie stellen eine Realisierung der Übertragungsliebe dar, so daß eine positive konstruktive Erfahrung mittels der therapeutischen Beziehung unmöglich geworden ist [234]: „Es wäre ein großer Triumph für die Patientin, wenn ihre Lieveswerbung Erwiderung fände, und eine volle Niederlage für die Kur [Psychotherapie; Anm. d. Autors] ... Das Liebesverhältnis macht eben der Beeinflußbarkeit durch die analytische Behandlung ein Ende; eine Vereinigung von beiden ist ein Unding." [235] Die Aufnahme sexueller Kontakte stellen damit aus der Sicht des Klienten die zwangsweise Wegnahme der Psychotherapie [236] aus therapiefremden Gründen. Aus

---

[232] s. Fußnote 229
[233] s. S. 33
[234] Freud 1915 a, S. 314
[235] Freud 1925, S. 128
[236] Pope / Bouhoutsos, S. 48

47

dem Arbeitsbündnis erwächst dem Therapeuten als stärkerem Part der Therapeut-Klient-Beziehung die Aufgabe, alles zu unterlassen, was zu einem vorzeitigen Ende der Psychotherapie führen würde, bevor das Handlungsziel ‚Linderung oder Heilung der psychischen Probleme des Klienten' erreicht ist. Folglich obliegt es dem Therapeuten, sexuelle Kontakte zu vermeiden, unabhängig von welcher Seite sie initiiert sind.

3. Sexuelle Kontakte als kindliche Sprachverwirrung

Die Realisierung der Übertragungsliebe d. h. die Antwort des Therapeuten mit einem sexuellen Agieren auf die Übertragungsverliebtheit des Klienten löst beim Klienten eine 'Sprachverwirrung' aus, die den Folgen nach Sexualität zwischen einem Erwachsenen und einem Kind ähnlich ist [237]. Mit diesem - von Ferenczi für die Beschreibung des Inzestgeschehens geprägten - Begriff wird der Effekt beschrieben, wenn ein Erwachsener auf die kindliche Sprache der Zärtlichkeit mit seiner Sprache der sexuellen Leidenschaft antwortet [238]. Analog wird dieser Begriff von jenen Psychotherapeuten verwendet, die in sexuellen Kontakten zwischen Psychotherapeuten und Klienten eine sexuelle Grenzverletzung in Form der Variante des Inzestes zwischen Eltern und Kinder sehen [239]. Die Klienten wollen (aus ihren in der Kindheit wurzelnden Übertragungsgefühlen heraus) Geborgenheit und Wärme, bekommen aber Sexualität, die sie gerade nicht wollen: „The patient needed warmth, closeness, and relationships with people instead of things. The therapists responded literally with sexual advances - a misguided attempt to deliver what she needed." [240] Gerade bei Therapieformen mit empathischen therapeutischen Verhaltensweisen oder in intensiven Psychotherapien kommt es nach Dahlberg immer zu sexuellen Gefühlen, die vom Therapeuten als bloße Metapher, in der die wahren Gefühle nach elterlicher Geborgenheit durch den Ausdruck anderer (sexueller) Gefühle ersetzt werden [241] entschlüsselt werden müssen: „I assume that sexual feeling are inevitable in intense psychotherapy but these feelings must be seen as metaphor. Acting literally upon

---

[237] Wirtz, Seelenmord, S. 246
[238] Ferenczi, Sprachverwirrung, S. 303 ff
[239] Wirtz a. a. O. S.246,
[240] Dahlberg, S. 114
[241] Brockhaus, Bd. 14, S. 521 Stichwort 'Metapher'

them is at best irrelevant." [242] Folglich dürfen Erotisierungen der Therapie oder Initiierungsversuche des Klienten zu sexuellen Kontakten in keinster Weise als Signal oder Rechtfertigung zum Agieren von sexuellen Kontakten genommen werden, da anzunehmen, aber in jedem Fall nicht auszuschließen ist [243], daß diese Ausdruck der Übertragungsliebe sind. Um mögliche Schädigungen auszuschließen müssen auch aus diesem Grund sexuelle Kontakte zwischen Psychotherapeuten und Klienten unterlassen werden.

4. Standpunkte über das Ausmaß eines sexuellen Abstinenzgebotes

Gerade in der Psychoanalyse wurde das Ausmaß des Abstinenzgebotes zu den Klienten kontrovers diskutiert, nicht nur weil sie die chronologisch erste Psychotherapieform war, sondern um die Übertragung von möglichst vielen äußeren (Stör-) Faktoren freizuhalten.

a) „Die Kur muß in der Abstinenz durchgeführt werden"

Schon der Begründer der ersten Psychotherapie, der Psychoanalyse [244], Sigmund Freud, forderte 'Abstinenz' mit dem berühmten Satz: „Die Kur muß in der Abstinenz durchgeführt werden" [245]. Die Befolgung einer strengen Abstinenzregel sollte dem Psychoanalytiker u. a. [246] helfen, mit der Übertragungsliebe des hysterischen [247] Klienten fertigzuwerden [248], also den Therapeuten vor den Verführungskünsten des Klienten schützen [249]. Aber sie hatte gleichfalls den Sinn ihn vor seiner eigenen Gegenübertragung, also seinen eigenen Bedürfnissen und (sexuellen) Triebwünschen zu schützen bzw. ihn dazu aufzufordern, sich der

---

[242] Dahlberg S. 114
[243] Es gibt kein Differentialdiagnostikum zu einer eventuellen tatsächlichen Verliebtheit, sofern diese überhaupt jemals frei von Übertragungen sein kann.
[244] s. S. 18 f
[245] Freud (1915 a), S. 313
[246] Die Abstinenzregel hatte auch einen methodischen Grund: Durch die Abstinenz des Therapeuten werden dem Klienten die Befriedigungen seiner Wünsche versagt. Nach psychoanalytischer Auffassung kann eine Einsicht in die unbewußten Wünsche aber erst durch die Erfahrung der Versagung erfolgen. (vgl. Wirtz, 1994, S. 34)
[247] Adjektiv zu dem damals so genannten Krankheitsbild 'Hysterie'
[248] Cremerius 1988, S. 175
[249] vgl. Cremerius (1984) S. 773, Wirtz, Seelenmord S. 256 f

Erfüllung derselben dem Klienten gegenüber zu versagen [250]. Denn eine weitere therapeutische Beeinflussung und somit die sinnvolle Fortsetzung der Psychotherapie ist nach Freud nach der Realisierung der Übertragungsliebe unmöglich geworden [251].

b) Maximale Abstinenz mittels einer 'Spiegel-Chirurgen-Neutralitäts-Anonymitäts-Technik'

In Folge entwickelte das psychoanalytische Therapiekonzept eine keimfreie 'Spiegel-Chirurgen-Neutralitäts-Anonymitäts-Technik', indem der Therapeut mit schafsgesichtigem Gesichtsausdruck dasitzt, seinen Sprechkontakt auf ein Minimum reduziert und mit den Klienten auch keine (gesellschaftlich) konventionellen Umgangsformen hat. Durch die Wahrung einer permanenten, gefühlsmäßigen und körperlichen Distanz sollte erreicht werden, daß der Klient den Therapeuten nicht oder kaum wahrnimmt bzw. diesem als Person entrückt wird [252]. Damit sollte das erotisch-libidinöse Kraftfeld, welches sich durch ein hochfrequentes und / oder langjähriges Setting regelmäßig aufbaut und dessen Intensität sich durch die Vertrautheit beim Gespräch über intime, erotische oder sexuelle Themen mit dem Therapeuten verstärkt, inaktiviert bzw. im Sinne einer Zurückweisung gebannt werden. Gleichzeitig wollte man einem Mißverständnis beim Klienten vorbeugen, diese Phantasien im Sprechzimmer auch verwirklichen zu können [253]. Diese Totalisierungstendenz des Abstinenzgebotes kulminierte in Disputen über mögliche Verletzungen durch 'Glück- und Genesungswünsche zur bevorstehenden Operation des Klienten' oder 'Händeschütteln zur Begrüßung und Verabschiedung' [254]. Ein sexueller Kontakt mit dem Klienten war nach dieser Auffassung undenkbar.

---

[250] Freud 1915 a, S. 308;Freud bezog ursprünglich Abstinenz nicht nur auf sexuelle Bedürfnisse, sondern auf alle Wünsche des Klienten, die in der analytischen Situation auftauchen. Er ging davon aus, daß die Entbehrung der Erfüllung der Bedürfnisse und Sehnsüchte der Motivationsmotor zum Heilungsprozeß, also dem Arbeiten des Klienten an sich selber, sei (vgl. Wirtz in Tatort Couch, S. 30); vgl. Cremerius 1984, S. 770 f
[251] Freud 1915 a, S. 314; s. a. S. 47
[252] Cremerius 1984 S. 776 f f
[253] Cremerius 1984 S. 773
[254] Cremerius 1984 S. 777, Wirtz TOC S. 32

c) Das Prinzip der empathischen Nähe zum Klienten

Im Laufe der späteren Forschung [255] wurde dagegen vom Analytiker bei Klienten mit bestimmten Krankheitsbildern [256] gerade eine nicht abstinente, sondern empathische, liebevoll präsente Haltung gefordert. Durch die Erfüllung mütterlicher Funktionen wie 'handling, holding, object-presenting' wird eine Nähe zum Klienten hergestellt, mit der dieser eine korrektive emotionale Erfahrung machen kann, ohne daß es zu sexuellen [257] Kontakten kommt [258].

d) Problem der Vielfältigkeit psychoanalytischer Behandlungsmethoden

Unabhängig von dem Streit, ob der Therapeut sich gegenüber Klienten, einem neutralen Spiegel gleich, emotionslos kalt oder einfühlsam-empathisch verhalten soll, wäre dennoch der Gedanke an einen Minimalkonsens für ein sexuelles Abstinenzgebot in der psychoanalytischen Therapiekonzeptform denkbar [259]. Aber diese Annahme erscheint wenig wahrscheinlich, da die Annahme eines Konsensus über richtige und falsche, psychoanalytische Technik eine Illusion darstellt [260]. So wird auch im Rahmen des psychoanalytischen Konzepts z. B. von Moser die Auffassung vertreten, daß sexuelle Gefühlsfähigkeit nicht nur mit Worten, Interpretationen, Ein- und Ansichten erreicht werden kann [261].

e) Ergebnis

Es kann weder von einem psychoanalytischen, noch (erst recht) von einem schulenübergreifenden Minimalkonsens zur sexuellen Abstinenz ausgegangen werden. Dies liegt nicht zuletzt daran, daß es an einem eindeutigen Verständnis fehlt, was unter sexuellen Kontakten zu verstehen ist [262].

---

[255] u. a. durch R. Spitz, S. Nacht, Winnicott, Kohut
[256] wie strukturelle Ich-Störungen, prägenitale Störungen
[257] i. S. von der Auslebung ödipal-genitaler Phantasien
[258] Cremerius 1988, S. 177
[259] Wirtz in Tatort Couch, S. 29 f
[260] Cremerius (1988) S. 182 f; B
[261] Moser, Psychoanalytiker als sprechende Attrappe, passim
[262] s. S. 58 f

5. Ableitung aus möglichen gesundheitsschädlichen Folgen

Der Begründungsversuch eines sexuellen Abstinenzgebotes mittels empirischer Studien und Modelluntersuchungen [263] ist nachvollziehbar, da dort somatische und / oder psychische Verschlechterungen des Zustandes des Klienten als mögliche Folgen nach sexuellen Kontakten mit dem Psychotherapeuten nachgewiesen wurden [264]. Allerdings birgt dieser induktive Ansatz die Risiken empirischer Methodik mit sich: Um aus den Folgen auf eine eindeutige Ursache schließen zu können [265], muß die umkehrbare Verknüpfung beider Aussagen gegeben sein: Mathematisch formuliert, die Funktion muß umkehrbar sein, d. h. es darf für eine ganz bestimmte Ursache [266] nur eine bestimmte, eindeutig zuweisbare Folge [267] bzw. für eine bestimmte Folge [268] nur eine eindeutig zuweisbare Ursache [269] geben [270]. Gerade diese eindeutige Zuweisung liegt hier nicht vor: Im Rahmen einer nicht-vorgefaßten, wissenschaftlich-neutralen Sichtweise sind auf dem Gebiet der empirischen Sozialforschung bei einem bestimmten Ereignis immer drei potentielle Folgen möglich: eine positive, eine neutrale (indifferente) und eine negative Folge [271]. Blaser behauptet, daß die Studien, auf welche die ausschließlich negativen Folgen sexueller Kontakte zwischen Psychotherapeuten und Klienten gestützt werden, eine einseitige Teilstichprobe vorgenommen haben: Da die Untersucher von vornherein nicht an der Darstellung eines möglichen indifferenten oder positiven Ausgangs nicht interessiert gewesen sind, wurden die Bedingungen für diese nicht negativen Folgen nicht untersucht [272]. Entsprechend seien die Daten nicht repräsentativ für die Gesamtheit aller Klienten mit sexuellen Kontakten zu ihren Psychotherapeuten, Rückschlüsse auf eine direkte, unbedingte Verknüpfung der Variablen ‚sexuelle Kontakte – ausschließlich negative Folgen' hieraus nicht

---

[263] Eine genaue Darstellung und Bewertung s. S. 92 ff
[264] Pope / Bouhoutsos S. 48 f; FBSÜP S. 91
[265] und dann für dieses ursächliche Verhalten Forderungen aufstellen zu können
[266] x-Wert der ursprünglichen Funktion $f(x)$; Ursache ist hier natürlich nicht dinglich singulär zu verstehen, so daß auch ein fest umrissener Ursachenkomplex möglich ist.
[267] y-Wert der ursprünglichen Funktion $f(x)$; Folge ist hier natürlich nicht dinglich singulär zu verstehen, so daß auch ein fest umrissener Folgenkomplex möglich ist.
[268] x'-Wert der zugehörigen Umkehrfunktion f^{-1} (y)
[269] y'-Wert der zugehörigen Umkehrfunktion f^{-1} (y)
[270] Die Aussagen verhalten sich somit zueinander wie f^{-1} :y a $x = f^{-1}$ (y); y e W_f
bzw. f^{-1} :x a $y = f^{-1}$ (x); x e W_f; dabei gilt: $D_{f-1} = W_f$ und $W_{f-1} = D_f$
[271] Blaser, a. a. O., S. 24
[272] Blaser ebd.

möglich. Blaser macht damit nicht nur auf die Abhängigkeit empirischer Wissenschaft von der Qualität der erhobenen Daten aufmerksam, sondern zeigt die Problematik der Verwertung dieser in ihrer Repräsentativität angezweifelten, empirischen Erkenntnisse für wertende oder gar normsetzende Verfahren auf. Seine methodische Kritik erscheint zumindest dahingehend berechtigt, daß drei der vier in der Bundesrepublik Deutschland durchgeführten Untersuchungen durch Patientenaufrufe [273] oder Versendung von Fragebögen an Therapeuten bzw. (potentielle) Folgetherapeuten [274] durchgeführt wurden. Beim Aufruf wurde bewußt die Formulierung nach 'sexuellen **Kontakten** zwischen Psychotherapeuten und Klienten' und nicht nach 'sexuellem **Übergriff** oder **Mißbrauch**' gewählt [275]. Doch damit kann der Kritikansatzpunkt, daß sich durch öffentliche Aufrufe überwiegend unzufriedene Klienten melden, da die zufriedenen eine geringere Motivation zur Teilnahme an Untersuchungen hätten, nicht empirisch belegbar entkräftet werden, wie das federführende IPT selbst anführt [276].

In dem ,zur Abwehr dieser Kritik' (eigentlich objektiv-neutral zu erwartenden) Kapitel 'Gewinnung der Stichprobe' wählt das IPT folgende Formulierung: „Die **hypothetische**, mit **dem Mißbrauch „zufriedene"** Untergruppe ..." [277] . Diese explizite Wortwahl eines 'hypothetischen' Ausgangs, zusammen mit der in sich widersprüchlichen Kombination von 'zufrieden' und Mißbrauch i. S. von bösem Gebrauch" [278], läßt nicht nur wissenschaftliche Objektivität gegenüber dem Ausgang der Untersuchung vermissen, sondern bestätigt die von Blaser geübte Kritik an den einschlägigen Untersuchungsmethoden. Für die Nichtakzeptanz eines möglichen ,positiven oder indifferenten Ausgangs' im FBSÜP spricht auch der polemischer Umgang mit der Methodenkritik, ohne daß inhaltlich dazu Stellung genommen wird: „Diese methodischen Einwände treten **gewöhnlich**

---

[273] FBSÜP S. 13
[274] Untersuchung von Retsch und Vogt; s. S. 94 ff
[275] vgl. FBSÜP S. 12 f
[276] FBSÜP S. 13
[277] FBSÜP S. 13 [die Hervorhebungen sind nicht dem Zitat entnommen, sondern vom Autor gesetzt worden]
[278] Da die Vokabel 'Mißbrauch' nicht näher definiert wurde, ist sie im allgemeingültigen Sinne zu verstehen. Während der Brockhaus darunter nur einen Rechtsmißbrauch, also eine „funktionswidrige, Treu und Glauben widersprechende Ausnutzung eines Rechts oder einer Rechtsposition (§ 242 BGB)" [Brockhaus, Bd. 14, S. 653, Stichwort 'Mißbrauch'] versteht, definiert der Duden 'mißbrauchen' als **falsch oder böse gebrauchen'** [Duden Herkunftswörterbuch S. 95 Stichwort 'brauchen']. Diese wertende Intention wird auch dadurch deutlich, daß die Autoren wenige Zeilen vorher (FBSÜP S. 12 f; auch S. 19) ausdrücklich darauf hinweisen, daß die Aufrufe 'sexuellen Kontakten' und nicht 'Mißbrauch oder Übergriffen' galten. Im Rahmen der Darstellung der Untersuchungsmethodik, die empirisch-wissenschaftlichen und somit der Neutralität gegenüber dem Ausgang der Untersuchung verpflichteten

53

verstärkt in Erscheinung, wenn es um die Beantwortung der inhaltlichen Frage geht, ob sexueller Mißbrauch in der Psychotherapie und Psychiatrie nun schädlich sei oder nicht' [279]. Ebensowenig kann aus Studien, die die Methode der Fragen an Folgetherapeuten [280] gewählt haben, der zwingende Rückschluß auf fehlende positive Folgen gezogen werden: Ein solcher Schluß könnte sich nur unter der Annahme ergeben, daß Klienten nach Psychotherapien mit positiv erlebten sexuellen Kontakten sich einer weiteren (Folge-) Therapie unterziehen. Diese Annahme erscheint unlogisch und wirklichkeitsfremd, da bei einem positiven Ausgang ja gerade keine Folgetherapie notwendig ist. Ein zwingender Rückschluß aus den so erhobenen empirischen Daten auf das Nichtvorhandensein von positivem oder indifferentem Ausgang läßt sich mangels fehlender Untersuchung des gesamten Spektrums nicht ziehen [281]. Die Ergebnisse dieser einseitig intendierten Untersuchungen sind aber nicht unverwertbar, sondern nur beschränkt auf Rückschlüsse, die innerhalb des untersuchten Spektrums liegen, d. h. des negativen Ausgangs von sexuellen Kontakten zwischen Psychotherapeuten und Klienten. Die Studien dieser Teilstichprobe zeigen, daß schädliche Folgen in Form von negativen psychischen und psychosomatischen Folgen möglich sind [282].

Da konzeptübergreifend ein Psychotherapeut der Grundregel verpflichtet ist, seinen Klienten nicht zu schaden [283], muß ein Therapeut jegliche sexuellen Kontakte unterlassen, da er nicht ausschließen kann, daß diese schädliche Folgen beim Klienten bewirken.

6. Ableitung aus dem Berufsstand

Desweiteren wird ein sexuelles Abstinenzgebot aus der professionellen Verantwortung gegenüber seinem Berufsstand abgeleitet. „>Berufsstand<

Kriterien genügen will, erscheint dieser Wechsel von Deskription zur Wertung zum Zwecke einer Kritikabwehr ein Zeichen für fehlende (Bereitschaft zur) Äquivalenz und Akzeptanz aller Ausgangsalternativen.

[279] FBSÜP S. 13

[280] Untersuchung von Vogt und (z. T.) Retsch vgl. S. 94 ff

[281] Ein methodischer Grund für das Fehlen empirischer Untersuchungen des Gesamtspektrums liegt in ethischen Verwerflichkeit: Versuchsanordnungen mit einer zufälligen Aufteilung der Klienten in eine Versuchsgruppe mit sexuellen Kontakten zu ihren Psychotherapeuten und einer Kontrollgruppe ohne diese sexuellen Kontakte, sind aus ethischen Gründen 'undurchführbar' [FBSÜP S. 13] oder erscheinen im Hinblick auf Versuche an Menschen zumindest höchst verwerflich, da Folgeschäden auftreten können, wie die Untersuchungen aufzeigen (vgl. S. 107 ff).

[282] s. S. 111 f

[283] s. S. 18 f

bedeutet hier mehr, als daß die Mitglieder Geld für das, was sie tun, erhalten...Auch erlangt man diesen beruflichen Status nicht einfach durch Ausbildung, die einen in die Lage versetzt, eine qualifizierte Arbeit zu leisten - wie die Reparatur eines Automotors oder die Konstruktion einer präzis gehenden Uhr. >Berufsstand< bezeichnete in diesem Sinn von Anfang an diejenigen, die sich für die Ehre, den Status und andere Annehmlichkeiten verpflichten, das Wohl jener, denen sie dienen, an oberste Stelle zu setzen und störende Befangenheiten oder Beziehungen zu vermeiden." [284] Durch sexuelle Kontakte mit einem Klienten gerät ein Psychotherapeut aber in eine Interessenkollision zwischen eigenen sexuellen Wünschen und seinen beruflichen Pflichten aus dem psychotherapeutischen Arbeitsverhältnis: Er verliert die notwendige professionelle Distanz, die ihm unbefangene Objektivität und Klarheit im Umgang mit dem Klienten verschafft. „Sie [die Psychotherapeuten ; Anm. d. A.] lassen es zu, daß ihre eigenen Wünsche und Bedürfnisse nach sexuellem Vergnügen dem Wohl des Patienten zuwiderlaufen." [285] Damit läuft ein solches Verhalten eines Psychotherapeuten aber der o. g. Vorstellung von Berufsstand zuwider und ist demzufolge abzulehnen. Das gleiche gilt für Initiierungsversuche von sexuellen Kontakten durch den Klienten: Aufgrund seiner Rolle als professioneller und alleinverantwortlicher Helfer muß der Psychotherapeut die sexuellen Wünsche als mögliche therapiebedingte Widerstände oder Übertragungen identifizieren und ihnen konzeptspezifisch begegnen können [286].

7. Verbot als kompensierendes Gegengewicht zur sexuellen Versuchungssituation

Die Machtfrage ist zentrales Thema jeder Therapeut-Klient-Beziehung [287]: „Völlig unabhängig von dem jeweiligen therapeutischen Verfahren und ebenso unabhängig von einer bestimmten Psychopathologie des jeweiligen Patienten [besteht] ein tiefes, über äußere Abhängigkeit hinausgehendes, persönliches Abhängigkeitsverhältnis des Patienten zu seinem Psychotherapeuten" [288]. Die

---

[284] Pope / Bouhoutsos S. 47
[285] Pope / Bouhoutsos, S. 48
[286] Wirtz Seelenmord; S. 259, 269; Heyne S. 28 ff
[287] s. S. 33 f
[288] Ehlert-Balzer, Martin, Strafbewehrung des sexuellen Mißbrauchs in der Psychotherapie ; S. 325. Dieses Phänomen wird von ihm mit dem psychotherapeutischen terminus technicus ' induzierte Regression ' bezeichnet.

Machtüberlegenheit des Therapeuten wird durch das rollenspezifisch geweckte Übertragungspotential verstärkt, was das Risiko einer quantitativ höheren Verletzlichkeit des Klienten durch die Einseitigkeit [289] als auch die Intensität der (kindlichen) Erlebnisqualität [290] noch erhöht. Die damit verbundene Verführungssituation wird durch den körperlichen Kontakt mit dem Klienten erleichtert, den nach der Untersuchung von Retsch 60 - 75 % der befragten Verhaltenstherapeuten als Teil ihrer therapeutischen Arbeit ansehen [291]. Um dem Therapeuten zu helfen, dieser Verführungssituation zu widerstehen, erscheint ein Verbot von sexuellen Kontakten zwischen Psychotherapeuten und Klienten sinnvoll [292].

8. Verbot als Gegengewicht zu einer erotisch-sexuellen Gegenübertragung

Zu der 'erotisch-sexuellen Übertragungsliebe' des Klienten kann ein psychischer Prozeß beim Psychotherapeuten kommen, der Gegenübertragung genannt wird [293]. Freud sah in diesem Phänomen der 'Übertragung vom Therapeuten auf den Klienten' eine Gefahr und Störfaktor, die er anfangs geheim hielt [294]. Tatsächlich ist von der Gefahr der Versuchung für einen Psychotherapeuten auszugehen, seinen eigenen Gefühlen bzw. der Wirkung der erotisch-libidinösen Kraftfeldern zu erliegen und zur Befriedigung seiner sexuellen Wünsche sexuelle Kontakte zu einem Klienten aufzunehmen: „Since therapists are human, however, there is little need to speak about the ubiquitousness of temptation nor the remarkable capacity of the human animal to make the unlikely seem plausible." [295] Dieses Phänomen ist wertneutral als Fakt hinzunehmen, ohne annehmen zu können, daß der Therapeut diesem hilflos ausgeliefert wäre oder daß die Gegenübertragung gar eine Rechtfertigung für sexuelle Handlungen darstellen würde: Die bewußte und frühzeitige Wahrnehmung dieser libidinösen Gedanken bzw. der Entstehung eines erotischen Klimas im Therapieraum und ihre Mitteilung und Deutung an und / oder mit dem Klienten kann einen wertvollen Beitrag zum Verständnis

---

[289] Pope / Bouhoutsos S. 46
[290] FBSÜP S. 116
[291] Im einzelnen wird darunter verstanden: Hand halten (76,2 %), einen Arm um die Schulter legen (71,7 %), Umarmen (67,3 %), den Rücken streichen (63,7 %); vgl. Retsch S. 71
[292] So auch Sigmund Freud, der aus diesem Grund ein sexuelles Abstinenzgebot forderte: vgl. S. 49
[293] Cremerius (1984) S. 771, 790
[294] Hamburger, Übertragung und Gegenübertragung, S. 323
[295] Dahlberg, S. 108

unbewußter Inszenierung des Klienten leisten. Nur ein Ausagieren, also die Umsetzung in die Realität, in eine sexuelle Handlung, ist unprofessionell und kann den Klienten schädigen [296]. In dieser Versuchungssituation erscheint die Abstinenzregel sinnvoll, indem sie den Psychotherapeuten unterstützt, seiner Gegenübertragung nicht zu erliegen [297].

II. Kritik an einem sexuellen Abstinenzgebot

Gegen die Forderung nach einem 'sexuellen Abstinenzgebot' werden Argumente erhoben, die sich sowohl gegen die gewählten Formulierungen und die daraus entstehenden Mißverständnisse als auch gegen das Verbot als solches richten.

1. Probleme aus der Begriffswahl

a) Ablehnung eines 'sexueller Mißbrauchs' anstatt 'sexuelle Kontakte'

Ein Teil der Kritik setzt an dem Fehlen einer eindeutigen Definition des entsprechenden Verstoßes und der daraus ersichtlichen Uneinigkeit über das gebotene Verhalten an.

Dies wird durch die unterschiedliche Begriffswahl der Tathandlung deutlich: So wird neutral-deskriptiv von 'sexueller Interaktion' [298], 'sexuellem Kontakt' [299] oder 'sexueller Beziehung' [300], aber auch (negativ) wertend von 'sexuellem Übergriff' [301] oder 'sexuellem Mißbrauch' [302] gesprochen. Dabei wird der Terminus 'Mißbrauch' ganz bewußt statt 'Beziehung' verwendet, um eine Ausnutzung der Asymmetrie zu sexuellen Zwecken [303] sowie die „zerstörerische Dimension, die eine sexuelle Beziehung zwischen Therapeut und Klientin für die betroffene Frau in aller Regel

---

[296] Bossi S. 46 f
[297] Kriz, Grundkonzepte, S. 49
[298] Blaser S. 24
[299] Wirtz (1989); S. 251. Allerdings verwendet sie in denselben Aufsatz auch den Begriff 'sexueller Mißbrauch' als Titel und mehrfach im Text .
[300] Pope / Bouhoutsos S. 44
[301] FBSÜP S. 6
[302] Bachmann, sexueller Mißbrauch in therapeutischen beziehungen und Inzest, S. 15; Heyne, Tatort Couch, S. 10; Wirtz (1989) S. 245
[303] Heyne, a. a. O., S. 10 f

hat," [304] auszudrücken. Diese wertende Wortwahl impliziert Probleme: Bedarf es eines Bewußtseins und Willen zu dieser Ausnutzung der Asymmetrie bzw. der Folgen, oder impliziert der Begriff bereits diesen Willen? Sind - zumindest theoretisch mögliche - sexuelle Kontakte ohne zerstörerische Folgen nicht als Verstoß bzw. als 'sexuellen Mißbrauch' zu bewerten? Dann gäbe es als quasi äußeren Tatbestand die 'sexuellen Kontakte' ohne den inneren Tatbestand des 'Mißbrauchs'. Eine solche saubere Differenzierung wird aber nicht vorgenommen, so daß diese pejorativen Formulierungen eine unerwünschte, wenn nicht unzulässige Wertung vornehmen. Im Hinblick auf eine empirisch-deskriptive Erfassung des Verhaltens und dem Ziel einer rechtlichen Verwertung des Sachverhalts [305] ist eine Aufteilung zwischen der (objektiven) Tathandlung 'sexueller Kontakt' einerseits und den subjektiven seelischen Intentionen des Handelnden oder Verantwortlichen z. B. in Form bewußten oder fahrlässigen Ausnutzens andererseits geboten. Das äußere Verhalten ist in neutraler Form als 'sexuelle Kontakte' zu bezeichnen.

b) Definition der 'sexuellen Kontakte'

Der Begriff 'sexuelle Kontakte mit Klienten' ist sehr umstritten. Denn es geht nicht um die Bestimmung von Humansexualität im naturwissenschaftlichen Sinne, sondern aus dem Spektrum sexueller Handlungen diejenigen Verhaltensweisen auszuwählen, denen sich ein Psychotherapeut aus den vorgenannten Gründen enthalten soll. Das Problem dabei ist, den „richtigen" Weg zwischen therapieimmanenter Behandlung von Sexualität und notwendiger Abgrenzung im (persönlichen) Verhältnis zum Klienten zu finden:

Auf der einen Seite steht die notwendige, zumindest aber zulässige Thematisierung von Sexualität im und für das emotionale Erleben des Klienten. Dabei ist es wichtig, daß (besonders in einer Übertragungsbeziehung) der Klient über sexuelle Gefühle, die er für den Therapeuten empfindet, sprechen kann, diese in die Therapeut-Klient-Beziehung integriert werden und er somit korrektive Erfahrungen machen kann. Körperliche Kontakte (z. B. im Rahmen einer

---

[304] Heyne ebd.
[305] Roxin, AT I, S. 220 f Rdnr. 8

Körperpsychotherapie oder einer empathischen Anteilnahme) sind nicht per se sexuell intendiert, sondern können genauso gut therapeutisch indiziert und intendiert sein [306]. Den negativen Gegenpol bilden die abzulehnenden, sexuell intendierten oder sexuellen Verhaltensweisen. Diese therapiefremden Intentionen des Therapeuten sind äußerlich aber nicht sichtbar. Als Lösung wäre eine allgemeingültige Kategorisierung von „falschen" und „richtigen, also zulässigen" Verhaltensweisen denkbar. Doch muß dieser Weg ausscheiden, da die unterschiedlichen Konzepte diesbezüglich große Differenzen aufweisen: Ein Streicheln der weiblichen Brüste oder der Beine wäre i. R. einer Psychoanalyse undenkbar, innerhalb einer körperorientierten Psychotherapie ein zulässiges Mittel z. B. zur Sensitivitätserfahrung des eigenen Körpers. Die unterschiedlichen Definitionen von ‚sexuellen Handlungen von Psychotherapeuten zu ihren Klienten' sind von dem jeweiligen Therapiekonzept so geprägt, daß sie die konzeptspezifischen (körperlichen) Verhaltensweisen für jeweils zulässig halten. Die Extrempositionen werden von der Tiefenpsychologin Wirtz und dem Sexualtherapeuten Blaser vertreten: Für Wirtz stellt 'jedes körperliche oder auch verbale Ausagieren sexuell motivierter Impulse' einen sexuellen Kontakt dar [307]. Diese enge Definition würde nach Blaser jegliche Gestalttherapie ad absurdum führen: Erlebnisfördernde Methoden [308], die durch die Sensorik, Motorik und Atmung eine Verbindung zwischen Körper und Seele herstellen, können zu sexuellen Empfindungen führen. Eine solche (mit sexuellen Gefühlen verbundene) positive Erfahrung des Loslassenkönnens im geschützten therapeutischen Rahmen wäre im Rahmen der Auffassung von Wirtz ein sexuelles Agieren [309]. Für Blaser fallen dagegen unter den Begriff von abzulehnender 'Sexualität mit Klienten' weder verbale Äußerungen noch körpertherapeutische Berührungen, sondern nur 'genitale Handlungen' als eindeutig sexuell intendierte Handlungen. [310]

Bossi nimmt eine vermittelnde Position ein und lehnt sämtliche Handlungen (Berührungen u. a.) ab. Sie sieht den Zwiespalt zwischen der Notwendigkeit der Thematisierung von sexuellen Gefühlen und einem schädlichen körperlichen Kontakt und versucht einen Ausgleich zwischen beiden berechtigten Anliegen zu

---

[306] vgl. Fußnote 291
[307] Wirtz 1991 Radio DRS 2 Sommer (Zitat nach Blaser S. 25)
[308] Experiencing : Techniken, die z. B. in der Gestalt- und Gesprächstherapie verwendet werden.
[309] Blaser S. 25 f
[310] Blaser S. 26

schaffen: „Die Äußerungen sexueller Phantasien, Empfindungen und Gedanken gegenüber dem Therapeuten gehören notwendig zum psychotherapeutischen Prozeß. Abhängigkeitsgefühle, sexuelle Wünsche, Liebesgefühle aus präödipaler und ödipaler Vergangenheit des Patienten werden in der Therapie erwünschtermaßen und gleichsam unweigerlich wieder erweckt, und jede Art der therapeutischen Kommunikation sollte diese Regression mitreflektieren (und nicht: agieren)....Die psychotherapeutischen Aktivitäten müssen auf verbale Interaktionen und auf das Zuhören beschränkt bleiben." [311] Dabei verfällt sie nicht der Gefahr, die durch den therapeutischen Kontakt möglicherweise entstehenden, sexuellen Wünsche des Therapeuten bzw. die Existenz der erotisch -libidinösen Kraftfelder einfach zu verdrängen oder zu verdammen. Sie versucht diese in den Therapieprozeß zu integrieren und sich von einer (abzulehnenden) Sexualität abzugrenzen: „Die Wahrnehmung der Gegenübertragungswünsche seitens des Therapeuten ist für den therapeutischen Prozeß äußerst wertvoll: Wenn ein libidinöses und /oder erotisches Klima in der therapeutischen Beziehung rechtzeitig registriert wird und unter Einhaltung der erwähnten Abstinenzregel im Sinne der Übertragung und Gegenübertragung gedeutet werden kann..., wird sexuelles Agieren verhindert....Es sind also nicht die Gedanken der Therapeuten - mit Ausnahme derjenigen, die aktiv sexuelle Bedürfnisse bei den Patienten wecken, stimulieren und nach Befriedigung streben - sondern Handlungen, welche den Patienten schädigen." [312] Sie befürwortet nicht nur, sondern fordert ein bewußtes Ansprechen des Therapeuten über seine erotischen Gefühle zum Klienten. Ein Verschweigen wäre ein therapeutischer Fehler: „Falls aber der Therapeut oder die Therapeutin in diesem Prozeß das Entstehen eigener erotischer Empfindungen unterdrückt, vermeidet, verleugnet oder ausagiert statt diese Gefühle zu reflektieren, mitzuteilen, zu deuten und somit dem psychotherapeutischen Geschehen als Beitrag zum Verständnis des unbewußten Inszenierens des Patienten, der Patientin zugänglich zu machen, führt dies zu unprofessionellem Handeln." [313] Diese Differenzierung stellt einen guten Kompromiß zwischen den psychotherapie-immanenten Spannungspolen im Bereich 'Sexualität' dar. Allerdings fällt es auch Bossi mangels eindeutiger Differenzierungskriterien schwer, verbale Äußerungen des Therapeuten im Graubereich zwischen Sexualisierung der

[311] Bossi, sexueller Mißbrauch in Psychotherapie und Psychiatrie, S. 46
[312] Bossi, S. 46 f
[313] ebd.

Beziehung und gefühlsmäßigem Eingehen oder Antworten auf sexuelle Gefühle des Klienten ‚schwarz oder weiß‛ zuzuordnen: Denn ein Sprechen über ein Miteinanderschlafen und das Äußern von sexuellem Interesse kann eine Vorbereitung zu sexuellen Handlungen i. S. eines 'Heißmachens' ebenso wie ein therapeutisch indiziertes Reden über Übertragungsliebe und den damit verbundenen Wunschphantasien darstellen [314]. Eine Unterschied liegt „nur" in der unsichtbaren Intention des Therapeuten [315]. Dieses theoretische Differenzierungkriterium ist auch in der am häufigsten zitierten Definition enthalten, die von Gartrell für eine bundesweite Befragung in den USA unter den Psychiatern entwickelte Formel: „Sexuelle Kontakte und Handlungen in der Psychotherapie sind solche Kontakte und Handlungen, die darauf angelegt sind, bei Patienten und Therapeuten oder bei beiden sexuelle Wünsche zu erwecken und / oder zu befriedigen." [316] Auch hier ist eine nach außen hin ersichtliche Unterscheidung zwischen Spiegeln der sexuellen Vorstellungen des Klienten und eigenem 'Erwecken' von sexuellen Gefühlen kaum oder gar nicht möglich, auch wenn eine solche theoretische Differenzierung für die Aus- oder Fortbildung von Psychotherapeuten hilfreich sein mag. Folglich kann ein konzeptübergreifender Mindestkonsens [317] über abzulehnende 'sexuelle Kontakte mit Klienten' nur in 'genitalen Interaktionen', die per se eindeutig sexuell intendiert sind, gesehen werden [318].

Unter dem Blickwinkel einer rechtlichen Betrachtung von praktischen Verhaltensweisen sind Zuordnungskriterien notwendig [319], um das Verhalten unter

---

[314] so Retsch S. 83
[315] ebd.
[316] Gartrell, Psychiatrist-patient sexual contact; S. 1127 (Übersetzung nach Blaser, S. 25 / Heyne S. 63) vgl. Reimer S. 296
[317] Eine Ausnahme bildet die expansive Auffassung des Sextherapeuten Shepard, dessen Rechtfertigung zum Geschlechtsverkehr aber nicht schlüssig bzw. praktisch unmöglich ist (s. S. 65 f).
[318] Wie ein Vorstandsmitglied der International Academy for Body Therapy (Molenhoek, Niederlande) dem Autor in einem Telefongespräch im Oktober 1997 mitteilte, sind auch Berührungen im primären Genitalbereich als zulässige und praktizierte Methoden der Körpertherapie anzusehen. Daher kann bei körperorientierten Konzeptformen als äußerlich eindeutig sexuelle Handlung wohl nur der Vollzug oder Versuch eines Geschlechtsverkehrs angesehen werden, während andere sexuelle Handlungen wie z. B. Berührungen oder Streicheln folglich des Nachweises einer sexuellen Intention des Psychotherapeuten bedürfen.
[319] Wenn eine Zuordnung nicht möglich ist und somit eine behauptete Tatsache, Handlung oder Intention offenbleibt, d. h. der Sachverhalt insofern nicht klar ist (non liquet), geht grundsätzlich eine rechtliche bzw. prozessuale Entscheidung zum Nachteil desjenigen aus, der die Beweislast trägt. Unter dem Aspekt, sexuelle Kontakte zwischen Psychotherapeuten und Klienten einer strafrechtlichen Verfolgbarkeit zuführen zu wollen, sind klare Zuordnungskriterien besonders wichtig, da ein 'non liquet' gemäß dem in-dubio-pro-reo-Grundsatz zugunsten des Angeklagten zu entscheiden ist (Avenarius S. 336 Stichwort non liquet; Volk NStZ 1996, (105) 106). Vgl. Fußnote 728

einen rechtlichen Tatbestand subsumieren zu können. Da ein möglicher Täter bei einer äußerlich (auch) therapeutisch indizierten Handlung eine sexuelle Intention immer bestreiten kann, würde es fragwürdiger Erfahrungsschlüsse und Indizienbeweise für den Nachweis schädigender Intention bedürfen, um zu einer strafrechtlichen Verfolgung von 'verbaler Sexualisierung' gelangen zu können [320]. Becker-Fischer / Fischer [321] kommen diesem Bedürfnis nach und lehnen sich im Rahmen des sexuellen Mißbrauchs von Klienten in ihrer Definition von Sexualität an diese rechtliche Denkweise an. Sie differenzieren zwischen einem engeren strafrechtlichen und einem weiteren berufsethischen bzw. haftungsrechtlichen Begriff von 'Sexualität mit Klienten' [322]: Der weitere berufsethische Begriff umfaßt jegliche verbale Sexualisierung oder Erotisierung der Atmosphäre durch den Therapeuten: „Der Psychotherapeut sollte alle Äußerungen vermeiden, die zu einer Erotisierung der therapeutischen Beziehungsatmosphäre beitragen oder von der Patientin auch nur in diesem Sinne verstanden werden könnte." [323] Zwar sehen sie das Gesprächsthema 'Sexualität' in Bezug auf sexuelle Wünsche oder Phantasien des Klienten an die Person des Therapeuten als zulässig an [324]. Die o. g. Differenzierungsschwierigkeit versuchen sie in äußerst bedenklicherweise Weise zu umgehen: Sie stellen bez. einer Sexualisierung nicht auf den Senderhorizont, also eine sexuelle Intention des Therapeuten, sondern auf den möglichen [325] Empfängerhorizont des Klienten ab. Damit ist aber die Grenze nicht (objektiv) allgemeingültig für alle Psychotherapien festgelegt, sondern von der konkreten subjektiven Interpretation durch den Klienten abhängig. Eine solche weite Auslegung, wie für berufs- und haftungsrechtliche Ansprüche vorschlagen wurde, würde eine untragbare Gefahr für die Erpreßbarkeit eines Therapeuten [326] darstellen und zur Vermeidung sexueller Thematiken durch den Therapeuten führen. Sie ist daher abzulehnen. Dagegen ist dem engeren Vorschlag von Becker-Fischer / Fischer zur Abgrenzung zwischen erlaubten und therapeutisch notwendigen körperlichen Berührungen und Handlungen zu folgen: **Sexuelle Kontakte** sind alle objektiv eindeutig sexuellen Handlungen ohne Rücksicht auf

---

[320] Engisch, Einführung in das juristische Denken, S. 51
[321] Becker-Fischer / Fischer sind als Leiter des IPT federführend im Forschungsbericht 'Sexuelle Übergriffe in Psychotherapie und Psychiatrie.
[322] FBSÜP S. 19 f
[323] FBSÜP S. 20
[324] FBSÜP S. 19 f
[325] vgl. Zitat a. a. O. : „...verstanden werden *könnte.*"
[326] Auch im Rahmen einer Thematisierung sexueller Gefühle lege artis

die Intention [327]. Mehrdeutige körperliche Berührungen sind dann abzulehnen, sofern ihre sexuelle Intention nachweisbar ist [328]. Diese Lösung stellt einen praxisorientierten Vermittlung zwischen den Polen dar: Sie behindert nicht die Durchführung von Psychotherapie, in dem (körper-) therapeutisch intendierte Berührungen zulässig, ohne daß der Schutz des Klienten vor tätlichen sexuellen Übergriffen[329] aufgegeben wird. **Verbale Sexualisierungen** sind nur in denjenigen Ausnahmefällen als ‚sexuelle Kontakte' zu sehen, wenn sie zweifellos auf sexuelle Kontakte im o. g. Sinne gerichtet sind [330].

c) Der Begriff 'Abstinenz'

Blaser sieht in der Begriffswahl ‚Abstinenz' ein Problem: Durch die Wahl dieses Begriffes, der zumindest in der Psychoanalyse bizarre Züge angenommen hatte [331], wird das Risiko erhöht, 'das Kind mit dem Bade auszuschütten': „Stellen Sie sich bitte nun den werdenden oder auch sonst unsicheren Psychotherapeuten vor. Aus Angst vor <Sexuellem in der Therapie> wird er noch mehr erstarren, als dies bisher der Fall war. Er wird sich in die gelobte Abstinenz retten." [332] Eine solche Behandlung durch einen Psychotherapeuten als 'sprechende Attrappe' wird von Blaser als Mißbrauch interpretiert und stellt als 'non-event' das Gegenstück zum 'event' sexueller Mißbrauch dar [333]. Darin sieht er eine Gefahr für die Entwicklung einer Therapeut-Klient-Beziehung[334].

Dieser Kritik kann nicht gefolgt werden. Zwar besteht eine Gefahr, die Bedeutung des historisch geprägten Begriff unbesehen in die Gegenwart zu übernehmen. Aber gleichermaßen ist es möglich, Abstinenz nicht im Sinne eines kalten Spiegels, sondern in der modernen Intention einer Sensibilisierung für Grenzen und

---

[327] Als Beispiele wären denkbar: Austauch von Mund- und Zungenküssen, Streicheln oder Stimulation an primären Genitalien, Oral-, Vaginal- oder Analverkehr. Zur Häufigkeit dieser sexuellen Handlungen s. tabellarische Darstellung auf S. 106 (Spalten 4 - 9)

[328] s. S. 216 ff

[329] Damit sind auch sexuelle Berührungen über den Minimalkonsens des genitalen Interaktion inbegriffen.

[330] Als Beispiele wären folgende Sätze denkbar: „Ich begehre Deinen / Ihren Körper und will ihn berühren!" oder „Ich will mit Dir / Ihnen schlafen!" (s. tabellarische Darstellung auf S. 106 Spalten 2 und 3). Die Aussage der Spalte 1 („Ich finde Dich / Sie sexuell attraktiv !") kann u. U. auch zur Stärkung des Selbstwertgefühls des Klienten therapeutisch indiziert sein und muß daher mangels Eindeutigkeit ausscheiden.

[331] s. S. 50

[332] Blaser S. 29 f

[333] ebd.

[334] ebd.

Grenzverletzungen zu interpretieren: „Abstinenz bedeutet verantwortungsvoller Umgang mit den Grenzen, denn heilsame und angstfreie Intimität ist nur möglich, wo auch verläßliche und verantwortungsvolle Distanz gesichert ist, ohne daß der Analytiker deswegen zur << sprechenden Attrappe >> (Moser) verkommen muß."[335] Der Begriff 'Abstinenz' verführt auch in seiner allgemeinen Bedeutung nicht zu schädigendem Verhalten: Das vom lateinischen 'abstinentia' entlehnte Substantiv, welches von dem lateinischen Verb 'abstinere', also ‚fernhalten, fasten lassen, enthaltsam sein' abstammt, bedeutet freiwilliger Verzicht, Enthaltsamkeit, die sich vor allem auf Alkohol und Geschlechtsverkehr bezieht[336]. Damit ist auch nach dem allgemeinen Sprachgebrauch der Begriff gut gewählt, da das Fernhalten von Geschlechtsverkehr mit Klienten gerade gewollt ist.

2. Sachfremde Motivation der politisch-religiös motivierten' Anti-Sex Mentalität'

Blaser sieht die Forderung nach einem sexuellen Abstinenzgebot sachfremd motiviert, da er eine z. Z. herrschende, allgemeine Anti-Sex Mentalität als Grund für die Forderung nach sexueller Abstinenz ausmacht. Die 'wahren' Ursachen liegen s. E. in der jüdisch-christlich-kulturellen Besetzung von Sexualität mit Sünde und Schuld[337], die Basis für den zeitgenössischen Wechsel von der sexuellen Liberalisierung hin zum Konservativismus ist[338]. Dabei wird Sex nicht nur als politische Waffe zum Rufmord gegen Gegner eingesetzt, sondern veranlaßt im Rahmen einer risk-management-Technik die Therapeuten zu einem Totstellreflex, um sie vor den Klienten als Inbegriff der Versuchung zu schützen[339]. Darin kann aber auch nur eine Motivation zur Forderung des Gebotes gesehen werden. Eine Auseinandersetzung mit den Gründen für den Inhalt des Gebotes, ein sach- oder fachbezogener Ablehnungsgrund ist darin nicht zu sehen.

---

[335] Wirtz (1994) S. 41
[336] Duden Etymologie, S. 18 Stichwort 'Abstinenz'; Brockhaus Bd. 1, S. 82 Stichwort 'Abstinenz'
[337] Blaser S. 27
[338] Blaser S. 28
[339] ebd.

3. Ablehnung bei Befolgung von Shepard's Therapeuten- und Klienten-Regeln

Der Sexualtherapeut Shepard lehnt ein generelles 'sexuelles Abstinenzgebot' - und sei es auch nur in Form des Minimalkonsens 'Verbot genitaler Interaktionen' - ab, da er davon ausgeht, daß sexuelle Intimitäten [340] zwischen Klienten und Therapeuten auch zu ausschließlich positiven Ergebnissen führen können. Er fordert die Einhaltung bestimmter Regeln, ohne deren Einhaltung sich sexuelle Kontakte unter bestimmten Prämissen auch schädlich auswirken können [341]. Das Therapieziel 'Verbesserung der sozialen Interaktion Sex', mit der die Klienten Probleme haben und deshalb zu einem Therapeuten gehen, läßt sich s. E. wie andere soziale Interaktionen durch Unterweisung in dieser sozialen Interaktion, ergo Sexualität' erreichen: „Ein wesentlicher Teil solcher Unterweisung kann auf dem Wege über die Intimität erreicht werden, wenn der Therapeut dabei mit Takt, Urteilsvermögen, Feingefühl und einem tiefen Verständnis für seinen Patienten und dessen Nöte vorgeht." [342] Daher stellt er sowohl Regeln für den Therapeuten [343] als auch Richtlinien für den Klienten [344] auf, bei deren Beachtung sexuelle Intimitäten zu positiven - und nicht schädlichen - Folgen führen.

Die Realisierung bzw. Befolgung der genannten Regeln erscheint jedoch utopisch bzw. die psychischen Prozesse einer Psychotherapie geradezu ignorierend: Shepard hält die große Mehrheit der Therapeuten für unfähig, sexuelle Kontakte mit ihren Klienten zu positiven Ergebnissen zu bringen und folglich Sexualität mit Klienten in den meisten Fällen für schädlich: „Ich habe den Verdacht, daß aufgrund der egoistischen Besitzansprüche, der Unklarheit über die Rollenverteilung und die Schuld- und Schamgefühle den meisten Therapeuten im allgemeinen von solchen

---

[340] Im Sinne des gesamten möglichen, zwischen den Sexualpartnern gewünschten Spektrums
[341] Shepard, S. 274 f
[342] Shepard, S. 279
[343] Shepard S. 279 - 282 :
1. Er darf seinen Patienten weder sexuell noch gefühlsmäßig zu > nötig haben <.
2. Er muß bereit sein, über die Intimitäten mit dem Patienten zu sprechen.
3. Er darf sich nicht sexuell mit jemandem abgeben, für den solche Intimitäten nur eine Wiederholung früherer schlechter Erfahrungen wären.
4. Sich zur Verfügung stellen ist etwas anderes als an einer Bindung festhalten wollen.
[344] Shepard S. 282 - 284
1. Er sollte sich als Klient oder Schüler betrachten und nicht als Patient.
2. Der Patient sollte mißtrauisch gegen jeden Therapeuten werden, der allzu sehr von ihm Besitz ergreift.
3. Der Patient ist verpflichtet, stets alle Reaktione, geheimen Wünsche, Zweifel und Gefühle, die sich auf den Therapeuten beziehen, vorzubringen.

Beziehungen abzuraten ist." [345] Doch auch unter der Voraussetzung der subjektiven Fähigkeit eines Therapeuten ist seine dritte Therapeutenregel problematisch: Das Verbot von Intimitäten, sofern diese eine Wiederholung schlechter früherer Erfahrungen wären, setzt eine Kenntnis des Therapeuten von diesen voraus. Da der Klient wohl kaum alle schlechten Erfahrungen aufgrund damit verbundener Scham-, Schuld-, Schmerz-, Ohnmachts- oder Wutgefühle von Anfang an preisgibt, ist der Zeitpunkt höchst fraglich, ab wann ein Therapeut sich eines ausreichenden Wissens über den Klienten sicher sein kann. Denn nach seiner eigenen Argumentation würden sexuelle Intimitäten auch als 'psychotherapeutische Technik' vor diesem Zeitpunkt eine Wiederholung alter negativer Erfahrungen darstellen. Für diese Entscheidung ist der Therapeut aber auf den typischen Klienten angewiesen, den Shepard wie folgt beschreibt: „Menschen, die sich wohl fühlen, gehen selten zum Therapeuten. Die, welche zu ihm gehen, finden sich nicht zurecht. Sie sind voreingenommen. Sie sind eingesperrt in Interaktionen mit anderen Menschen, in denen viel Angst mitschwingt, und es fehlt ihnen an Einsicht in die richtige Perspektive, wie sie sich selbst in diese Situation hineinmanövriert haben." [346] Es erscheint sinnwidrig, sich als Therapeut für den Zeitpunkt therapeutisch indizierten, sexuellen Handelns auf die Mitarbeit und Erkenntnis von (solchen) Klienten berufen zu wollen. Ebenso erscheint es widersprüchlich, daß diese so beschriebenen Klienten fähig sein sollen, die zweite Patientenrichtlinie des notwendigen Mißtrauens bei dem Gefühl des Besitzergreifens durch den Therapeuten befolgen zu können: „Wenn ein Patient bei einer intimen Beziehung mit seinem Therapeuten das Gefühl bekommt, daß dieser daran festhält, muß er mit ihm darüber sprechen.... Wenn ein Patient nicht darüber hinwegkommt, nachdem er sich darüber ausgesprochen hat, dann ist es besser für ihn, auf den Therapeuten zu verzichten. Sein Ziel muß sein, sich freizumachen und nicht einen anderen Herrn zu finden." [347] Nicht nur, daß dieses geforderte Mißtrauen dem für Aufbau der Therapeut-Klient-Beziehung konstitutiven Vertrauen widerspricht [348]. Auch Shepard gesteht zu, daß der Glaube an die Richtigkeit der Handlungen des Psychotherapeuten eine solche rationale Kontrolle und die „...Einsicht in die richtige Perspektive [verhindert] ... Sie fühlen

---

[345] Shepard S. 284 f
[346] Shepard, S. 278
[347] Shepard S. 283
[348] s. S. 28 ff

sich in Schablonen gefangen und sehnen sich nach Freiheit ... Auch haben sie nicht genügend Distanz, um gewisse Probleme ernstzunehmen." [349].

Damit hat Shepard sich selbst widerlegt, in dem er die positiven Folgen von sexuellen Kontakten zwischen Psychotherapeuten und Klienten an Voraussetzungen knüpfte, die in einer Psychotherapie praktisch nicht erfüllt werden können. Seiner Forderung für einen Ausschluß des sexuellen Abstinenzgebotes für sein Therapiekonzept kann nicht gefolgt werden.

III. Ergebnis

Die Abwägung der Argumente pro und contra sexuellem Abstinenzgebot fiel aufgrund der Einflüsse des psychotherapeutischen Prozesses auf die Willensbildung beim Klienten und die Möglichkeit gravierender schädlicher Folgen nach sexuellen Kontakten mit dem Psychotherapeuten eindeutig zugunsten der Forderung nach sexueller Abstinenz aus:

Mit der professionellen Übernahme einer Psychotherapie muß der allgemein anerkannte Grundsatz vom Therapeuten beachtet werden, alles zu unterlassen, was dem Klienten schaden könnte. Durch sexuelle Kontakte mit dem Psychotherapeuten wird die Verläßlichkeit in das fundamentale therapeutische Arbeitsbündnis zerstört. Es vermischt sich in unentwirrbarer Weise die therapeutische Arbeitsebene mit der Übertragungsebene, so daß es dem Klienten unmöglich wird, neue korrektive Erfahrungen bei der Akzeptanz seiner Grenzen und Autonomie zu machen. Er wird in seinen bisherigen (neurotischen) Beziehungsmustern bestätigt, die sich dadurch ständig wiederholen. Die mit den sexuellen Kontakten einhergehende Grenzverletzung durch den mit gläubigem Vertrauen 'besetzten' Psychotherapeuten führt beim Klienten - ähnlich einem Kind, welches ungläubig erschreckt die sexuellen Handlungen eines Erwachsenen wahrnimmt – zu einer Sprachverwirrung, da die erhoffte liebende Nähe und warme Geborgenheit mit unerwünschter angstmachender Sexualität beantwortet wird. Dies führt zu tiefen Verwirrungen und Ängsten, durch die ein (Selbst-)

---

[349] Shepard, S. 278

Zerstörungsprozeß ausgelöst werden kann. Empirische Daten belegen, daß nach sexuellen Kontakte zwischen Psychotherapeuten und Klienten diverse z. T. gravierende psychische oder psychosomatische Beschwerden auftreten können. Aus seiner Schadensvermeidungspflicht muß der Psychotherapeut das Notwendige tun, um diese Folgen zu vermeiden und damit sexuelle Kontakte unterlassen.

Die grundlegende Aufgabe des Psychotherapeuten umfaßt aber nicht nur die Obhut für physische Integrität, sondern auch für psychische Integrität incl. dem zentralen Aspekt der Persönlichkeit eines Menschen, seiner Selbstbestimmung. Durch rollenbedingte Machtverschiebung und Abhängigkeitsasymmetrie kann nicht ausgeschlossen werden, daß ein Klient sexuellen Kontakten aus Angst vor Therapieverlust oder gläubiges Vertrauen in die Richtigkeit des therapeutischen Handelns zustimmt, ohne daß er einen Kontakt mit dem Therapeuten als Sexualpartner bewußt will. Diese professionelle Verantwortlichkeit zur Unterlassung besteht auch bei dem Versuch des Klienten, selbst sexuelle Kontakte zu initiieren. In der Phase einer Übertragungsverliebtheit findet eine dem Klienten nicht bewußte Verschiebung statt, d. h. er empfindet sexuelle Gefühle für den Therapeuten, die unbewußt gar nicht jenem gelten. Auch wenn der Therapeut diese Verschiebung nicht zielgerichtet hergestellt hat [350] bzw. Übertragungen in allen menschlichen Beziehungen stattfinden können, ist nicht auszuschließen, daß die sexuellen Wünsche an den Therapeuten Ausdruck eines Übertragungsverliebtheit oder eines Symmetrisierungsbestrebens sind. Nichtzuletzt sind die schädlichen Folgen für therapeutischen Prozeß und Persönlichkeitsstruktur des Klienten auch bei dieser Konstellation gegeben. Eine sexuelle Abstinenz ist auch bei Initiierungsversuchen durch den Klienten geboten.

Letztendlich wird dem Klienten die Psychotherapie durch die sexuellen Kontakte genommen, da eine Fortsetzung aufgrund der damit einhergehenden Zerstörung zukünftiger Therapierbarkeit mit dem betroffenen Therapeuten unmöglich geworden ist. Durch die professionelle [351] Übernahme der Therapeut-Klient-Beziehung hat der Psychotherapeut die Pflicht übernommen, alles zu unterlassen, was die Therapeut-Klient-Beziehung schädigt. Dies bedeutet insbesondere keine

---

[350] Auch in der Psychoanalyse wird nur versucht, eine Übertragungsbeziehung aufzubauen, ohne daß von vornherein mit Sicherheit - ähnlich einem Reiz-Reaktion-Schema - davon ausgegangen werden kann, daß eine Übertragung auf den Therapeuten auch gelingt.
[351] als Psychotherapeut

Handlungen zu unternehmen, die einen Verschlechterungs- oder Zerstörungsprozeß oder ein vorzeitiges [352] Therapieende zur Folge haben. Nicht nur aus der faktischen Überlegenheit des 'Mächtigeren' und der psychischen Schwäche des Klienten, sondern aus der professionellen Übernahme dieser überlegenen Position stellt diese Aufgabe eine einseitige Pflicht dar, d. h. der Therapeut muß sie auch dann erfüllen, wenn der Klient bestrebt ist, einen solchen Prozeß in Gang zu setzen.

Diesen Argumenten für ein sexuelles Abstinenzgebot für Psychotherapeuten zu ihren Klienten haben die kritischen Äußerungen zur Unterlassungsforderung nichts Schlagkräftiges entgegenzusetzen, wenn auch ihrer Forderung nach Einführung einer klaren Terminologie recht zu geben war. Das einzige Therapiekonzept, welches offen für sexuelle Kontakte zwischen Psychotherapeuten und Klienten eintrat, hat sich selbst ad absurdum geführt, da es theoretische Voraussetzungen aufstellte, deren Praktizierung es selbst als unmöglich ansah.

C. Erweiterung des sexuellen Abstinenzgebotes auf ähnlich gelagerte Beziehungen

Um einen umfassenden Schutz vor schädlichen Folgen aus einer Therapeut-Klient-Beziehung zu gewährleisten, ist eine Untersuchung verwandter oder ähnlich gelagerter Beziehungs-konstellationen erforderlich, inwieweit dort die gleichen Strukturen vorliegen und ein sexuelles Abstinenzgebot zu fordern ist [353]. So differenziert auch der FBSÜP im Hinblick auf die Möglichkeit eines „professionalen Mißbrauchstraumas" nicht zwischen Psychotherapie und ähnlichen Formen z. B. der sozialen Beratung, da nicht der Beruf des Psychotherapeuten oder die formale Berufsbezeichnung als Differenzierungskriterium dienen kann, sondern nur die unter dem Aspekt der psychosozialen Gesundheitsversorgung faktisch geleistete Funktion der Psychotherapie und ihre Beziehungsstrukturen [354].

---

[352] nicht aus Gründen des Therapieprozesses oder aufgrund des Wunsches des Klienten
[353] vgl. FBSÜP S. 130 f
[354] FBSÜP S. 129 f

I. Psychologische Beratung

Der Begriff 'Psychologische Beratung' [355] wird statt dem Terminus 'Psychotherapie' verwendet, wenn es sich um Erziehungs-, Ehe-, Lebens- oder Sexualberatung bei allgemein-menschlichen Problemen handelt [356]. Diese wird entweder von institutionalisierten Beratungsstellen verschiedener konfessionell gebundener oder freier Beratungsstellen [357] oder von 'niedergelassenen' Beratern angeboten [358]. In den Entwürfen zum Psychotherapeuten-Gesetz wird Psychotherapie von 'psychologischen Tätigkeiten, die die Aufarbeitung und Überwindung sozialer Konflikte oder sonstige Zwecke außerhalb der Heilkunde zum Gegenstand haben', unterschieden bzw. letztere aus dem Anwendungsbereich des Gesetzes ausgeschlossen. Daraus lassen sich im Hinblick auf das Postulat eines sexuellen Abstinenzgebotes keine Rückschlüsse auf das Vorhandensein oder Nichtvorliegen von ähnlich gelagerten psychischen Prozessen ziehen, da die Norm berufsregelnde und -rechtliche Ziele verfolgt [359].Dagegen setzt die Literatur zu sexuellen Kontakten zwischen Psychotherapeuten und Klienten psychologische Beratung häufig mit Psychotherapie gleich und formuliert als Täterkreis 'Therapeuten und Berater' [360]. Diese häufige Gleichsetzung ist verständlich, da - ähnlich dem Begriff der Psychotherapie - sich unterschiedliche Definitionen von psychologischer Beratung in der Literatur finden. Eine Grenzziehung auf der übergreifenden Definitionsebene ist sehr schwierig, da „umfassende Bestimmungen beider Begriffe so allgemein gehalten werden, daß dann keine sinnvolle Differenzierung zwischen ihnen mehr möglich ist." [361]

Um eine Gleichsetzung zum Schutze der sexuellen Selbstbestimmung annehmen zu können, ist zu untersuchen, welche Merkmale eine psychologische Beratung aufweist und inwiefern diese der Psychotherapie in den - für die Bejahung eines Abstinenzgebotes - relevanten Prozeßstrukturen vergleichbar sind.

---

[355] Synonyma sind counseling oder guidance; vgl. Fröhlich, Wörterbuch zur Psychologie, S. 72, Schlagwort ' Beratung, psychologische'
[356] Wienand, Psychotherapie, Recht und Ethik, s. 34
[357] Fröhlich , S. 73
[358] vgl. Sparte 'Psychologie, psychologische Beratung' in Branchenfernsprechbüchern z. B. Gelbe Seiten 1997/98 für München , S. 820 - 822 als Anlage 1 dieser Arbeit
[359] s. S. 13 ff
[360] z. B. Vogt S. 104, FBSÜP S. 131
[361] Bommert / Plessen, Erziehungsberatung , S. 72

1. Asymmetrische Beziehungsstruktur i. R. einer Hilfestellung bei psychischen Problemen

Die Thematik, aufgrund derer Menschen einen Berater aufsuchen, liegt im Spektrum ,seelisches Wohlbefinden' zwischen bloßen psychischen Alltagsproblemen und psychischen Störungen, ohne daß letztere schon ein schweres Ausmaß mit Krankheitswert angenommen haben, welche in den Indikationsbereich einer Psychotherapie gehören [362]. Das 'Behandlungsprinzip' von Beratungen ist die 'Hilfe zur Selbsthilfe' mit der Absicht eine Einsichts- und Einstellungsänderung beim Klienten herbeizuführen [363]: Der professionelle Berater versucht mittels seiner (psychologischen) Fachkompetenz dem Klient Entscheidungs- und Orientierungshilfen zu geben und damit zu helfen, dessen eigene Fähigkeiten zur Lösung dessen individueller oder sozialer Probleme zu entdecken und einzusetzen [364]. Sie besteht somit „...aus einer eindeutig strukturierten, gewährenden Beziehung, die es dem Klienten ermöglicht, zu einem Verständnis seiner selbst in einem Ausmaß zu gelangen, die ihn befähigt, aufgrund dieser neuen Orientierung positive Schritte zu unternehmen." [365] Es ist damit eine Rollenverteilung zu konstatieren, die eine mit der Psychotherapie vergleichbare Beziehungsstruktur und asymmetrische Machtverteilung aufweist: „Auf der einen Seite muß sich der Ratsuchende vertrauensvoll einem Unbekannten gegenüber öffnen und Schwächen sowie Fehler seinerseits zugeben, damit das Problem bearbeitbar wird. Auf der anderen Seite sitzt der zumindest formal kompetente Berater, der mit Abstand zum Problem und Ratsuchenden das in ihn gesetzte Vertrauen nicht mißbrauchen darf." [366] Damit arbeitet auch der Berater - wie der Psychotherapeut [367] - mit der Methode der Erlebnisaktivierung, indem er den Klienten dazu bewegen muß, seine vertraulichen oder unterdrückten Gefühle im Beratungsgespräch frei zu äußern, da er sonst ihm auch nicht helfen kann [368]. Auch wenn die Beratung ihren methodischen Schwerpunkt auf die 'Hilfe zur

---

[362] Wienand; Psychotherapie, Recht und Ethik; S. 34
[363] Fröhlich S. 72
[364] Bachmair et al., Beraten will gelernt sein, S. 21; Hobmair, Psychologie, S. 421
[365] Rogers, Die nichtdirektive Beratung, S. 28
[366] Bachmair et. al., S. 16, 21
[367] s. S. 32
[368] Bachmair et al. S. 34 f, 42 f

Selbsthilfe' legt [369], liegt eine mit der Psychotherapie vergleichbare Machtasymmetrie des helfenden Beraters zu dem hilfesuchenden Klienten vor, der ein gleichermaßes gläubiges Vertrauen notwendigerweise einbringen muß, damit die psychologische Beratung Erfolg haben kann [370].

2. Übertragung in der Beratungssituation

Durch die Rollenverteilung in der psychologischen Beratung bekommt der Klient uneigennützige [371] Hilfe, die ihn an das Rollenmodell des Kindes an die helfenden Eltern 'erinnert' und folglich Übertragungsgefühle besonders aktiviert [372]. Somit ist davon auszugehen, daß - unabhängig von fördernden Beratervariablen wie emotionaler Wärme, Akzeptanz des Klienten, einfühlendes Verstehen (Empathie) und Echtheit im Verhalten des Beraters (Kongruenz) [373] - Übertragungs- und Gegenübertragungsprozesse in Beratungssituationen ebenso auftreten wie in einer Psychotherapie [374].

3. Professionelles Angebot

Die Rollenverteilung mit der implizierten Erwartungshaltung und den daraus resultierenden Prozessen wird vom Berater in seiner professionellen Funktion ist bewußt gewollt: Dem Hilfesuchenden wird der Eindruck vermittelt, der Helfer übernimmt aus seiner berufsmäßigen [375] Fachkompetenz heraus die Aufgabe, ihm Hilfe und Rat bei seinen psychischen Problemen zu geben. Damit hat er - ähnlich einem Therapeuten - die damit verbundene Verantwortung übernommen, die psychologische Beratung professionell durchzuführen: Unabhängig von einer fachspezifischen Diskussion, welche Qualitätsstandards zu beachten sind, hat der Berater die Pflicht dafür zu sorgen, daß der Klient durch die psychologische

---

[369] Dies stellt auch kein Ausschlußkriterium zu den Methoden mancher Psychotherapiekonzepte dar.
[370] FBSÜP S. 128
[371] Dies bezieht sich auf die einseitig empfangene Hilfe, Verständnis etc., der nur eine finanzielle Entschädigung entgegensteht (vgl. FBSÜP S. 128).
[372] s. Kap. 'Übertragung' S. 36 ff
[373] Bachmair et al., S. 29 ff
[374] Bachmair et al. S. 42 f
[375] Aus dieser funktionalen Sichtweise ist für die Bejahung der Professionalität irrelevant, ob die Institution auf Profitbasis oder als gemeinnützige Einrichtung arbeitet, ebenso ob die dort tätig werdende Berater ehren- oder hauptamtlich tätig ist.

Beratung keinen Schaden erleidet. Da die gleichen Rollenzuweisungen mit den entsprechenden Strukturen und Prozessen wie bei der Psychotherapie gegeben sind, würden sexuelle Kontakte ebenfalls zu den gleichen 'Schäden' einer unentwirrbaren Vermischung von Arbeits- und Übertragungsebene, einem tiefen Vertrauensbruch und einem zwangsläufigen Ende der Beratungsbeziehung führen. Zum Schutze des Klienten ist eine Gleichstellung des Beraters mit einem Psychotherapeuten geboten und eine Unterlassung von sexuellen Kontakten zwischen psychologischen Beratern und Klienten zu fordern [376].

4. Zeitpunkt und Mindestzeitraum

Denkbar ist es, daß diese Prozesse erst ab einem Mindestbeziehungszeitraum Einfluß gewinnen. Entsprechend der hier vertretenen Ansicht, daß es im Hinblick auf eine Nichtbeachtung bzw. Fehlinterpretation der sexuellen Willensbildung „primär auf die beruflich ausgeübte Funktion und Beziehungskonstellation und erst in zweiter Linie auf den Grundberuf des Täters" [377] ankommt, müssen die gleichen Regeln wie bei der Psychotherapie Anwendung finden. Dort kam es nicht auf eine bestimmte Mindeststundenzahl, sondern die asymmetrische Beziehungskonstellation an: Die einseitige Schutzlosigkeit des Klienten durch die Preisgabe seiner Schwächen (psychischen Probleme), das professionelle Hilfsangebot des Therapeuten ebenso wie die Übertragung von Wünschen und Phantasien auf den Helfer sind ab ovo gegeben: Ab dem Zeitpunkt, in dem der professionelle Helfer und der sich an ihn wendende, hilfesuchende Klient beschließen, eine therapeutische oder beratende Beziehung aufzunehmen, sind diese Kriterien anzunehmen und ein daraus resultierendes sexuelles Abstinenzgebot zu fordern. Pragmatisch wird dieser Zeitpunkt ab der zweiten Sitzung zu sehen sein, da die erste Zusammenkunft [378] i. d. R. einem ersten 'Beschnuppern' dient bzw. der Entscheidungsfindung, ob Helfer und Klient miteinander eine Therapie / Beratungsbeziehung beginnen wollen [379]. Selbst bei einem Spontanentschluß in der ersten Sitzung für eine therapeutische / Beratungs-

---

[376] Bachmair et. al., S. 16, 21; FBSÜP S. 131
[377] FBSÜP S. 130
[378] Erstgespräch; Erstkontakt; Erstsitzung
[379] In Einzelfällen (von der Therapieform abhängig) wird ein weiteres Erstgespräch vereinbart, um die Entscheidung für ein therapeutisches / beratendes Miteinander fällen zu können. In diesen Fällen ist der Beginn der Beziehung ausnahmsweise erst nach diesem weiteren Gespräch zu sehen.

Beziehung wird die Zeit der Absteckung der Therapie-/Beratungsziele, dem Vertrautmachen mit dem Setting und sonstigen Therapie- / Beratungsmodalitäten (Bezahlung u. a.) dienen, so daß von einem Vorliegen der o. g. Merkmale noch nicht ausgegangen werden kann. [380]

5. Schlußfolgerungen

a) Synonyme Verwendung

Aufgrund dieser fließenden Übergänge [381] schlagen Bommert / Plessen eine synonyme Verwendung beider Begriffe vor und definieren Beratung - kaum von der Psychotherapie-Definition zu unterscheiden - als die unter Verwendung von psychologischen, soziologischen, medizinischen und pädagogischen Kenntnissen „wissenschaftlich fundierte Klärung und Beeinflussung individuellen menschlichen Verhaltens mit dem Ziel der Behandlung und Prophylaxe von Fehlentwicklungen." [382] Einziges Differenzierungskriterium zur Psychotherapie, die ebenso Fehlentwicklungen (psychische Probleme) beim Klienten beseitigen will, sehen sie in der kürzeren zeitliche Dauer von Beratungen [383]. Doch auch dieses Kriterium erscheint wenig geeignet, wie sich anhand sog. 'unterstützender (unspezifischer) Psychotherapien' ersehen läßt, die gleichfalls in einem kurzen Zeitraum durchgeführt werden und sich auch von dem Indikationsbereich nicht augenfällig unterscheiden: Die unterstützende Psychotherapie dient „...als kurzfristige, auf die aktuelle Situation konzentrierte Behandlung von Personen, die psychisch noch relativ gesund sind, aber eine emotional schwierige Zeit durch machen und merken, daß sie den Belastungen nicht gewachsen sind.[...] Diese Patienten benötigen emotionale Unterstützung und Anleitungen für das tägliche Leben, die ihnen gerade diese Behandlungsform bieten kann." [384] Ebenso kann das allgemeine Kennzeichen einer psychologischen Beratung, „ihre nicht-direktive, d. h. nicht direkt auf eine Verhaltensmodifikation abzielende Art" [385], nicht als Differentialdiagnostikum verwendet werden: Zum einen handelt daß es sich um eine spezifische Behandlungsmethode, also einen speziellen Wirkfaktor, der für

---

[380] Ein Drittel der Probandinnen des FBSÜP fanden die sexuellen Kontakte im ersten Vierteljahr statt, bei der Hälfte der Probandinnen im ersten Halbjahr (S. 109).
[381] so auch Schmidt, Klinische Psychologie, S. 7; Mengert , S 12
[382] Bommert / Plessen, Psychologische Beratung S.
[383] ebd.
[384] Glick / Spitz / Wittchen; Überblick der psychotherapeutischen Verfahren , S. 47

eine allgemeine Definition oder Unterscheidung untauglich ist [386]. Zum anderen ist diese Methode nicht spezifisch für die psychologische Beratung, sondern wird auch in manchen Psychotherapie-Konzepten z. B. der Gesprächspsychotherapie verwendet [387].

b) Differenzierung nach formaler Bezeichnung

Eine Differenzierung nach der rein formalen Etikettierung, wie sie z. B. von Wolfslast vorgenommen wird, kann weder argumentativ noch aus teleologischen Gründen nachvollzogen werden: Wolfslast sieht das Verhältnis zu einem Berater [388] nicht mit dem Verhältnis zu einem Psychotherapeuten vergleichbar, da es um „"... meist relativ umgrenzte, allgemein-menschliche Probleme" und nicht um „die Behandlung psychischer Leiden" geht [389]. Wie eben aufgezeigt wurde, ist eine exakte Indikationszuordnung zwischen psychologischer Beratung und Psychotherapie kaum oder nicht möglich. Die gleiche Problematik ist auch bei einer Grenzziehung zwischen psychischen Alltagsleiden mit und ohne Krankheitswert durch den immensen Graubereich gegeben [390]. Eine formale Differenzierung ist aus praktischen Gründen schon nicht möglich. Zudem wird häufig faktisch abgehaltene Psychotherapie durch die Firmierung 'Beratung' verschleiert [391]: Die Therapeuten werden durch die aktuelle (berufs-) rechtliche Lage geradezu zu einer falschen Etikettierung motiviert, da sie als 'Berater' nicht den heilkundlichen 'Hürden' z. B. der Erlaubnispflicht nach § 1 I HeilpraktG und der daraus folgenden Zulassungsprüfung (§ 2 DVO zum HeilpraktG) unterliegen [392]. Diese untrennbare Vermischung beider Formen wird auch bei der „Werbung" deutlich: In den Branchentelefonbüchern, den sog. Gelben Seiten, werden von mehreren Therapeuten in der Rubrik 'Psychologie / psychologische Beratung' Psychotherapie und Konfliktberatung / Partnerberatung / Coaching in derselben Anzeige angeboten [393]. Nicht nur, daß manche Therapeuten bewußt Therapiestile

---

[385] Fröhlich S. 72
[386] s. S. 22 f
[387] Tausch / Tausch, Gesprächspsychotherapie, S. 7 ff, 300 f
[388] im Rahmen einer institutionellen Beratung wie Erziehungs-, Ehe- oder Sexualberatung; s. S. 59
[389] Wolfslast, S. 59
[390] Wolfslast gesteht diese faktischen Grundlagen aber durchaus zu; vgl. S. 59 f
[391] Erstaunlicherweise auch Wolfslast a. a. O.
[392] so auch Parisius-Schmincke, Psychotherapie , S. 173; Schmidt, Klinische Psychologie S. 4
[393] z. B. Gelbe Seiten für den Großraum München, S. 820 f der Ausgabe 1997/98

vermischen bzw. sich die aktuell angewendete Methode i. d. R. dynamisch der jeweiligen Phase anpaßt. Es erscheint wahrscheinlich, daß diese Therapeuten aufgrund der fließenden Grenzen und beidseitigen Einsatzmöglichkeit der verschiedenen Methoden Behandlungsformen der Psychotherapie auch ohne bewußten Anwendungswillen in der Beratung anwenden. Damit ist nicht nur eine formelle, sondern auch eine 'inhaltliche' Differenzierbarkeit zum Schutz des Klienten unmöglich [394].

c) Ergebnis

Für den Schutz von Personen, die Hilfe für ihre psychischen Probleme suchen und in Anspruch nehmen, ist eine Unterscheidung verschiedener Beziehungsformen nach der formalen Etikettierung angesichts fließender Grenzen zwischen den Termini [395] nicht ausreichend. Hinzu kommt die häufige Praxis bewußter Verschleierung inhaltlich stattfindender 'Psychotherapie' durch andere Firmierungen wie z. B. 'Beratung', um berufsrechtliche Hürden umgehen zu können [396]. Da das sexuelle Abstinenzgebot in der rollenbedingten Beziehungsstruktur und den immanenten Prozessen begründet ist, muß die Unterlassungsforderung sexueller Kontakte auf alle Verhältnisse erweitert werden, in denen eben diese Voraussetzungen vorliegen:

Für alle Beziehungen

- mit einer **rollenbedingt asymmetrischen Struktur** zwischen **uneigennützigem Helfer und schwächerem Hilfesuchenden,**
- deren Machtasymmetrie sich durch die therapeutische oder beratende Funktion **bei psychischen Problemen** und das damit verbundene einseitige Vertrauen des Hilfesuchenden zur Offenlegung seiner 'Schwächen' verstärkt und die sich insofern von sonstigen asymmetrischen Verhältnissen wie

---

[394] In Kenntnis dieser Abgrenzungsprobleme setzt sich Wolfslast über diese dennoch hinweg und erklärt 'Beratung' als formal nicht zur Psychotherapie gehörig, mit der Folge, daß sie sexuelle Beziehungen zwischen professionellen, psychologischen Beratern und Klienten - im Gegensatz zu Psychotherapeuten und ihren Klienten - nicht ausdrücklich ablehnt (Wolfslast S. 60, 88). Doch ist anzunehmen, daß auch nach dieser Auffassung der formellen Differenzierbarkeit Berater, die gleichzeitig Psychotherapie anbieten, bez. sexueller Kontakte zu ihren Klienten, den Psychotherapeuten wohl gleichzusetzen sind (Wolfslast a. a. O.).
[395] vgl. Mengert S. 12; Schmidt, Klinische Psychologie S. 7
[396] Mengert S. 12; Schmidt S. 357; Wolfslast S. 60

Arbeitgeber oder Vorgesetzter zu seinem Mitarbeiter, Lehrer zu seinem Schüler u. ä. unterscheiden und

- die durch das **professionelle Angebot des Helfers** und der entsprechenden Annahme durch den Klienten in dem beidseitigen Übereinkommen aufgenommen wurden, **nicht nur einmalige** Hilfestellung zu leisten, sondern eine Beziehung mit dem Ziel aufnehmen, einen **besseren Umgang des Hilfesuchenden mit seinem psychischen Problem** oder dessen Beseitigung zu erreichen,

ist ein sexuelles Abstinenzgebot des Helfers zu dem Hilfesuchenden notwendig.

II. Beratungsbeziehungen von Nicht-Psychologen

Beratungssituationen treten auch außerhalb der 'klassischen' Beratung durch Beratungsstellen oder 'psychologische Berater' auf. Anhand der zusammengefaßten Kriterien ist zu prüfen, inwieweit das sexuelle Abstinenzgebot auch für diese Beziehungen zu fordern ist. Wolfslast fasst unter dem Begriff 'Lebensberatung' beratende Gespräche sowohl mit Angehörigen bestimmter Berufe z. B. 'Ärzten, Geistlichen, Juristen, Lehrern, Sozialarbeitern' als auch mit Familienangehörigen, Freunden und Nachbarn zusammen [397]. Mit dem Argument des Fehlens eines 'geplanten, strukturierten, kontinuierlichen Prozesses' sowie der Methodik intuitiven Handelns des Helfers 'überwiegend ohne bewußt eingesetzte Technik' lehnt sie eine sexuelle Beziehung zwischen solchen 'Lebensberatern' und ihren Klienten nicht ausdrücklich ab [398]. Dieser grobrasterigen Differenzierung kann nur bedingt gefolgt werden, da es in erster Linie nicht um den 'formalen' Grundberuf des Helfers geht, sondern um die konkret und tatsächlich ausgeübte Funktion im Verhältnis zum Klienten [399]. Unter den o. g. Kriterien erfüllen einige Beziehungen die gleiche therapeutische bzw. beratende Funktion und müssen ebenso von dem sexuellen Abstinenzgebot erfaßt werden.

---

[397] Wolfslast S. 59
[398] Wolfslast S. 59 f, 88. Die Begründung ist angesichts der Erkenntnisse über unspezifische Wirkfaktoren, d. h. daß Psychotherapie z. B. auch durch Laien erfolgreich durchgeführt werden kann (s. S. 22 f) wenig stichhaltig.
[399] so auch FBSÜP S. 130

1. 'Beratung' und psychische Hilfestellung durch Familienangehörige, Freunde und Nachbarn

Fraglich ist, ob Hilfestellungen bei psychischen Problemen im sozial-familiären Umfeld durch Familienangehörige, Freunde und Nachbarn ein einseitig abhängiges und uneigennütziges Vertrauensverhältnis darrstellen, da i. d. R. sich dort gegenseitig geholfen wird. In jedem Fall fehlt es an dem Kriterium eines professionellen Hilfsangebot, so daß Wolfslast [400] zuzustimmen ist, daß diese Beziehungen einer Psychotherapie nicht gleichzusetzen sind.

2. Beratungsbeziehungen zu Geistlichen

Im Rahmen der Funktion verschiedener Religionen, ihren Angehörigen Beistand bei psychischen Problemen zu leisten, sind auch die Beziehungen zwischen Geistlichen [401] und den Hilfesuchenden [402] zu untersuchen. Das Tätigkeitsfeld der psychischen Hilfestellung wird dabei in zwei Funktionen tangiert, der Seelsorge und der Beichte.

a) Seelsorgerische Beratungsbeziehungen

(A) Seelsorge als kirchlich-religiöse psychologische Beratung

Ausgehend von dem etymologischen Ursprung des Begriffs 'Psychotherapie' wären seelsorgerische Beratungsbeziehungen zwischen Geistlichen und Gemeindemitglied dieser gleichzusetzen: Der Bestandteil 'Psyche' ist dem altgriechischen 'psyché' entlehnt, welches 'Hauch, Atem; Seele (als Träger bewußter Erlebnisse)' [403] bedeutete, der zweite Teil dem altgriechischen 'therapeía' entlehnt, welches 'Dienen, Dienst, Pflege' bedeutete [404]. Zusammengesetzt könnte Psychotherapie als 'Dienst,Pflege (an) der Seele' übersetzt werden. So wurde

---

[400] Wolfslast ebd.
[401] Geistlicher wird hier als Angehöriger einer Religionsgemeinschaft i. w. S. im Gegensatz zum 'weltlichen Bereich' Gehörender verwendet; vgl. Brockhaus, Bd. 8, S. 236 Stichwort 'geistlich'.
[402] Im weiteren zur Vereinfachung 'Gemeindemitglied' genannt, ohne daß hiermit eine (vereins-, zivil- oder öffentlich-) rechtliche Beziehung zu einer Religionsgemeinschaft vorausgesetzt wäre.
[403] Duden Etymologie S. 557 Stichwort 'Psyche'

Psychotherapie auch als 'säkulare Seelsorge' [405], die Rolle des Psychotherapeuten vor dem Hintergrund des zeitgenössischen Wegfalls der religiösen Bindungen auch als „Ersatz für den Beichtvater und Seelsorger" [406] angesehen. Im Umkehrschluß kann Seelsorge als eine Form der Psychotherapie im kirchlich-religiösen Rahmen, der Seelsorger als Psychotherapeut verstanden werden. Die Parallelität von Psychotherapie / psychologischer Beratung bei psychischen Problemen (unabhängig von Konfliktfeld und Belastungsgrad) mit Seelsorge wird auch in der Definition deutlich: „Deshalb wird [in der Seelsorge; Anm. d. A.] das erkenntnisleitende und praxisgestaltende Interesse vor allem auf die tatsächliche Erreichbarkeit des konfliktbelasteten Menschen gelegt. Es gilt, die Entsprechung von Lebenswelt und Glaubenswelt dem einzelnen emotional zugänglich zu machen. Deshalb tritt das Beziehungsgeschehen (erfahrbar in der Zweierbegegnung und in Gruppen) in den Vordergrund. Seelsorge läßt sich so am ehesten unter dem (mißverständlichen !) Stichwort „Beratung" fassen." [407] In diesem Seelsorgeverständnis sind seelsorgerliche Gespräche Unterstützung und Beistand bei sozialen oder psychischen Problemen für hilfesuchende Gemeindemitglieder, deren Form durch die jeweilige Weltanschauung oder religiöse Lehre geprägt ist. Anders ausgedrückt, Seelsorge ist eine Form der Psychotherapie bzw. psychologischen Beratung, die unter religiösem Dach praktiziert und von dortigen Einflüssen geprägt wird.

Diese Auffassung korrespondiert auch mit den Erkenntnissen von Torrey, der mit dem Ziel, die nicht-spezifische Wirkfaktoren aufzudecken, in einer Studie die psychotherapeutischen Verhaltensweisen in sog. primitiven Kulturen (bei Medizinmännern, Schamanen und Gurus) und in westlichen Kultur verglichen hat [408]. Er hat herausgefunden, daß allen gemeinsam

- das Bestehen eines gemeinsamen Weltbildes zwischen Therapeuten und Klienten,
- die Überzeugung des Therapeuten, helfen zu können,
- die positive Erwartungshaltung des Klienten und

---

[404] Duden Etymologie S. 743 Stichwort 'Therapie'
[405] Winkler, Seelsorge, S. 28
[406] Schlüsselbegriff 'Psychotherapie' , Brockhaus Bd. 17, S. 602
[407] Winkler, S. 30. Aber auch hier ist - ähnlich den Begriffen 'Psychotherapie' bzw. 'psychologische Beratung' eine allgemeingültige Definition streitig.
[408] Übersetzung nach Blaser, Wirkfaktoren der Psychotherapie, S. 456

- die Verwendung irgendwelcher Techniken ist.[409]

Anhand Torreys Ergebnisse wird klar, daß die o. g. Gleichsetzungskriterien auch für religiös intendierte Konzepte zur Hilfestellung bei seelischen Problemen erfüllt sind [410]: Das religiöse Weltbild, welches von dem Geistlichen vertreten wird, errichtet in dem Hilfesuchenden ein Modell, „(Überzeugung, Theorie, Philosophie, Religion, Mythos), welches eine Erklärung für die Entstehung und Lösung der Probleme des Patienten bietet" [411]. Dieses gemeinsame Weltbild von Geistlichem und Gemeindemitglied bildet die Basis, auf der der Hilfesuchende sein gläubiges Vertrauen an den konkreten Heiler / Geistlichen bzw. an das von ihm vertretene Heilkonzept entwickelt; als unspezifischer Wirkfaktor kommt es auf die religiöse oder profane Färbung des konkreten Weltbildes gerade nicht an. Folglich hat im Rahmen des (vom Gemeindemitglied frei gewählten) religiösen Weltbildes der Geistliche eine zu einem 'säkularen Psychotherapeuten' mindestens vergleichbare, wenn nicht gleiche Machtstellung, Einfluß und Funktion. Daher kann Wolfslast nicht gefolgt werden, die bei „menschlichen Problemen" [412] das Wissen des Gemeindemitglieds, „daß andere Dinge in der jeweiligen Beziehung im Vordergrund stehen" [413], als Hinderungsgrund für die Professionalität der seelsorgerischen Hilfebeziehung sieht. Sofern ein Gemeindemitglied (s)einen Seelsorger aufsucht, wendet er sich an diesen gerade nicht als Privatperson, sondern an denjenigen, dessen berufliche oder funktionale Stellung als Geistlicher und Seelsorger ein professionelles [414] Angebot an die Religionsangehörigen zur Hilfe bei psychischen Problemen beinhaltet, und von dem er glaubt, daß es ihm helfen kann.

---

[409] Blaser, Wirkfaktoren der Psychotherapie, S. 457
[410] Man könnte noch einen Schritt weitergehen und fragen, ob nicht - umgekehrt - die modernen profanen Konzepte der Psychotherapie die ursprünglichen (eben auch seelenheilenden) Konzepte der religiösen Kulturen übernommen haben, ähnlich der historischen Entwicklung der Gesellschaften in Europa von einer (christlich und jüdisch geprägten) religiösen Epoche zu einer profan-säkularisierten Periode. Diese interessante Diskussion würde den Rahmen dieser Arbeit sprengen und ist daher hier nicht weiterzuführen.
[411] Blaser, Wirkfaktoren der Psychotherapie, S. 457
[412] Eine Definition von 'menschlichen Problemen' sowie eine saubere Abgrenzung zu 'psychischen Leiden', die i. E. eine Psychotherapie indizieren, wurden nicht angeführt. Nichtzuletzt stellt sich die Frage, ob dies überhaupt möglich ist.
[413] Wolfslast S. 59; anders Winkler (S. 32 f), der von einer den Pfarrern bekannten Seelsorgetechnik ausgeht. Dem ist zu folgen, da Seelsorge nicht nur zum Pflichtausbildungsprogramm von Pfarrern z. B. im Rahmen des Vikariats vor dem notwendigen 2. Kirchlichen Examen gehört, sondern wird auch in Fortbildungsprogrammen zu speziellen Seelsorgegebieten wie Jugendseelsorge, Ausländerseelsorge weiterentwickelt wird.
[414] Professionell i. S. von 'berufsmäßig' in seiner allgemeinen Bedeutung als zur beruflichen Stellung oder Aufgabe zugehörig (vgl. Brockhaus Bd. 17, S. 520). Ähnlich auch im Hinblick auf die etymologische Wurzel aus dem Lateinischen 'professio', welches hier 'öffentliches Bekenntnis (z. B. zu einem Gewerbe), Gewerbe, Geschäft' bedeutet (vgl. Duden, Herkunftswörterbuch, S. 551 f).

(B) Professionalität durch Standardausbildung

Als weiteres Argument für eine fehlende Professionalität der Hilfebeziehung zwischen Geistlichem und Hilfesuchenden führt Wolfslast an, daß es „an einem geplanten, strukturierten, kontinuierlichen Prozeß" fehlen würde und der Geistliche „überwiegend ohne bewußt eingesetzte Technik ... eher intuitiv, aus menschlichem Mitempfinden heraus" handeln würde [415]. Auch dieser Grund kann nicht zur Ablehnung einer Vergleichbarkeit führen: Zum einen sind die als nicht ausreichend bewerteten Eigenschaften ‚Akzeptanz i. S. von emotionaler Wärme, Akzeptieren und Achten, die Bereitschaft und Fähigkeit, sich intuitiv in einen anderen Menschen einzufühlen (Empathie)' wünschenswerte Beratervariablen, die den Erfolg einer Beratung zumindest begünstigen [416]. Der gleiche Effekt gilt ebenso für verschiedene Formen der Psychotherapie [417], die als Personbezogenheit, accurate empathy, Einfühlung, Suche nach Einsicht u. a bezeichnet, diese Verhaltensform als wichtige psychotherapeutische Basisvariable (an) erkannt haben [418]. Ein intuitiv empathisches Handeln spricht also nicht gegen die Annahme einer Therapie- oder Beratungsform, sondern eher für die Praktizierung einer dort verwendeten Methode. Ebenso kann nicht verallgemeinernd von einer fehlenden Strukturierung der (Gesprächs-) Beziehung gesprochen werden. Geistliche der evangelisch-lutherischen Kirchen absolvieren im Rahmen ihrer praktischen Ausbildungszeit nach dem Studium zum Pfarrer (Vikare) eine theoretisch-praktische Ausbildung in einer Seelsorgeeinrichtung, wo verschiedene Beratungs- und Seelsorgepraktiken erlernt werden [419]. Ebenso gibt es entsprechende Seminare im Rahmen des Studienfaches 'Praktische Theologie'. Doch ist das konkrete Erlernen bestimmter Techniken i. S. von spezifischen Wirkfaktoren [420] irrelevant, da es auf ihre konkrete Verwendung innerhalb des Weltbildes / Konzeptes durch die 'Macht des Glaubens' an den Therapeuten nicht ankommt [421].

---

[415] Wolfslast S. 59; anders Winkler (S. 32 f), der von einer den Pfarrern bekannten Seelsorgetechnik ausgeht. Dem ist zu folgen, da Seelsorge nicht nur zum Pflichtausbildungsprogramm von Pfarrern z. B. im Rahmen des Vikariats vor dem notwendigen 2. Kirchlichen Examen gehört, sondern wird auch in Fortbildungsprogrammen zu speziellen Seelsorgegebieten wie Jugendseelsorge, Ausländerseelsorge weiterentwickelt wird.

[416] Bachmair et. al., a. a. O., S. 29 ff

[417] z. B. die Gesprächspsychotherapie, Verhaltenstherapie und auch Psychoanalyse; vgl. Tscheulin, Therapeutenmerkmale in der Psychotherapie; S. 414 f

[418] Tscheulin, S. 415

[419] z. B. in der evangelisch-lutherischen Kirche Bayern absolvieren alle Vikare einen 3 wöchigen Intensivkurs 'Klinische Seelsorge' in einer Seelsorgeeinrichtung (i. d. R. in einer Krankenhausseelsorge-Station).

[420] s. S. 22

[421] s. S. 27 f

(C) Vergleichbarkeit aufgrund der aufgestellten Beziehungsstrukturen

Ein vergleichbares professionelles Seelsorgeverhältnis nach den Gleichstellungskriterien [422] liegt vor, wenn eine rollenbedingt asymmetrische Beziehung zwischen einem uneigennützig [423] helfenden Geistlichen und einem Gemeindemitglied entstanden ist, der sich mit seinen psychischen Problemen dem Geistlichen anvertraut und innerhalb des religiösen oder weltanschaulichen Kontextes von diesem Hilfe erwartet und bekommt. Dabei darf die Seelsorge des Geistlichen nicht nur in einmaligen Gesprächen bestehen, sondern der Geistliche muß sich mit dem hilfesuchenden Gemeindemitglied (auch akut veranlaßt) mehrfach getroffen, also eine Beziehung aufgebaut haben. Diese Beziehung muß zu dem Zweck aufgenommen worden sein, daß das Gemeindemitglied mit seinen Problemen besser umgehen oder die damit eventuell verbundenen psychischen Beschwerden gelindert werden [424].

b) Beichtgespräche

Denkbar wäre eine vergleichbare Beziehungsstruktur auch bei regelmäßigen Beichtgesprächen eines Gemeindemitglieds zu einem Geistlichen. Beichten ist das öffentliche oder geheime Bekenntnis von schuldhaften Verfehlungen (Sünden), um ihre Vergebung zu erlangen [425], welches meistens in einem Zweiergespräch mit dem Ziel stattfindet, belastende Vergangenheit verbal aufzuarbeiten. [426] Ein persönliches Beichtgespräch findet i. d. R. in einem Beichtstuhl oder einem Aussprachezimmer statt [427].

In den christlichen Kirchen gehört die Beichte in den Seelsorgebereich, wobei sie sich von anderen Seelsorgegesprächen durch eine formelle Sündenvergebung am

---

[422] s. S. **Fehler! Textmarke nicht definiert.**
[423] Es liegt eine noch deutlichere Uneigennützigkeit im Vergleich zur Psychotherapie vor, da hier es sogar am finanziellen Äquivalent fehlt.
[424] Auch der FBSÜP sieht im Rahmen seines funktionalen Psychotherapieverständnisses ein vergleichbares Verhältnis zu Gemeindemitgliedern als gegeben an, wenn der Geistliche „spezielle, als solche definierte, seelsorgliche und / oder psychotherapeutische bzw. psychologisch beratende Gespräche" führt (FBSÜP S. 129).
[425] Brockhaus, Bd. 3; S. 40 Stichwort Beichte
[426] Barth, Beichte, S. 151
[427] Brockhaus, ebd.

Ende der Sitzung unterscheidet [428]. Das regelmäßige persönliche Beichtgespräch hat eine religiös orientierte, psychotherapeutisch-kathartische Funktion: „Dabei ist ... das Festhalten an der Beichte des Einzelnen das Kennzeichen einer theologisch-kirchlichen Konzeption, die sich gegen eine zu starke Anlehnung an psychotherapeutische und gruppendynamische Theorien und Praktiken wendet." [429] Zwar gibt es - wie zwischen verschiedenen psychotherapeutischen Schulen auch - große Unterschiede in Methodik und Zielsetzung, aber die Beichte gibt (als Teilbereich der Seelsorge) eine Anleitung zur Lebensbewältigung [430]. Die zumindest partiell gleiche Funktion von Psychotherapie bzw. psychologischen Beratung und der Beichte wird auch aus dem Zusammenhang des Wegfalls der Beichtpraxis und dem zeitgleichen Anstieg der 'säkularen Seelsorge', der Psychotherapie, ersichtlich: „Wo in den Gemeinden das persönliche Beichtgespräch praktisch aufgegeben ist, können für den einzelnen Christen seelische Probleme entstehen, weil er in ethischen Entscheidungen und Schuldfragen alleingelassen wird und möglicherweise von sich aus keinen Weg zu einem seelsorgerlichen Gespräch finden kann. Diese Belastungen können ein Grund für die Inanspruchnahme der Psychotherapie sein." [431] Eine gleichermaßen unterlegene (asymmetrische) Position des Gemeindemitglieds liegt immanent in der Beichtsituation selbst, in dem es seine 'Sünden oder Verfehlungen' dem Geistlichen 'gestehen' muß, um Vergebung zu erlangen. Der Beichtvorgang dient der Reduktion der Verfehlung und der Herstellung einer Reinheit (z. B. für den nachfolgenden Kultakt) [432]. Gleichzeitig kommt diese Reinigung dem besseren Umgang mit den psychischen Problemen (den Sünden des Beichtenden) zugute. Insofern ist die Öffnung gegenüber dem Geistlichen zum Zwecke der 'Reinigung der Seele' mit dem Vertrauen gegenüber einem Psychotherapeuten zur Bewältigung seiner psychischen Probleme zu vergleichen. Sofern das Gemeindemitglied die Beichte regelmäßig [433] bei dem gleichen Geistlichen ablegt, ist eine persönliche Beichtbeziehung entstanden, so daß eine vergleichbare persönliche Abhängigkeit resp. schutzlose Lage wie gegenüber einem Psychotherapeuten / psychologischen

---

[428] Barth, ebd.
[429] Barth, a. a. O.
[430] Barth, S. 153
[431] Barth a. a. O.
[432] Brockhaus a. a. O.
[433] unabhängig, ob dies aus einem psychischen Bedürfnis des Beichtenden oder einer religiösen Regel z. B. nach dem kanonischen Recht geschieht.

Berater anzunehmen ist. Folglich ist eine Gleichstellung in puncto sexuellem Abstinenzgebot erforderlich.

Aus der Bundesrepublik Deutschland liegen noch keine statistischen Daten über die Folgen sexueller Kontakte von Geistlichen mit ihren 'Schützlingen' vor, mit denen diese deduktive Gleichsetzung empirisch bestätigt worden wäre. Allerdings berichtet der FBSÜP über einige Daten aus den USA, in denen sich gleichgeartete Folgen wie nach sexuellen Kontakten zwischen Psychotherapeuten und Klienten abzeichnen [434].

3. Beratung im Rahmen organmedizinischer Behandlung

a) Gleichbehandlung bei funktionaler psychologischer Beratung / Psychotherapie

Behandlungen, die von Ärzten und Heilpraktikern [435] durchgeführt werden, sind als Psychotherapie im funktionalen Sinne denkbar, sofern diese regelmäßige (psychologische) Beratungsgespräche mit ihren Patienten im Rahmen ihrer Praxis [436] führen. Als Gegenargument könnte eingewandt werdne, daß der Ansatzpunkt ihrer Behandlung im somatischen und nicht psychischen Bereich liegt. Doch durch die Wechselwirkungen zwischen Körper und Seele ist eine solche Trennung theoretischer Natur [437]. Entsprechend steigt die Tendenz, die medizinischen Behandlungsmethoden psychosomatisch zu interpretieren und therapieren [438]. Dabei geht es nicht nur um die Behandlung typischer psychosomatischer Krankheitsbilder wie Magersucht und Bulimie klassisch-psychosomatischer Krankheiten oder i. S. der Definition aus den 50er Jahren wie Asthma bronchiale, Colitis ulcerosa, Hyperthyreose, Neurodermitis oder Ulcus ventriculi, sondern gerade um psychosomatische Krankheiten i. e. S.[439]: „Funktionell oder vegetativ

---

[434] vgl. FBSÜP S. 130
[435] Sofern ein Arzt / Heilpraktiker erklärtermaßen Psychotherapie ausübt, handelt er (auch) als Psychotherapeut und unterfällt nach dieser Auffassung automatisch unter das sexuelle Abstinenzgebot für Psychotherapeuten. Die hier zu untersuchenden Fälle gelten Ärzten und Heilpraktikern, die nicht zu einer Psychotherapie, sondern primär wegen einer organmedizinischen Behandlung aufgesucht werden.
[436] Praxis ist hier nicht lokal, sondern im Rahmen der medizinischen Tätigkeit zu verstehen, d. h. auch Hausbesuche sind davon erfaßt.
[437] s. S. 154
[438] s. u. S. 143 und 153
[439] Brockhaus Bd. 17 Schlüsselbegriff Psychosomatik S. 598

werden solche Störungen oder Erkrankungen genannt, bei denen sich unverarbeitete emotionale Belastungen u. a. in körperlichen Funktionsstörungen wie bestimmten Formen von Herzrasen, Kopfschmerzen, Schwindel, Durchfall, Magenschmerzen und Impotenz manifestieren, ohne daß relevante Organschädigungen diagnostiziert werden." [440] Da die Aus- und Weiterbildung aller Ärzte [441] über die psychosomatischen Zusammenhänge und Methoden gefördert wurde [442], sind auch Nicht-Psychotherapeuten unter den Ärzten [443] mit der Notwendigkeit psychotherapeutischer Behandlungsansätze vertraut. Naturgemäß sind Ärzte und Heilpraktiker als ,somatische Heiler' primäre Anlaufstelle für psycho-somatische Krankheiten i. e. S., so daß psychotherapeutische Methoden auch von Nicht-Fachärzten für Psychotherapie oder Psychoanalyse angewandt werden.

b) **Datenmaterial über tatsächliches Erbringen von Beratungsleistungen**

Die Annahme faktisch vorgenommener Psychotherapie bzw. psychologischer Beratung durch Ärzte / Heilpraktiker belegen auch empirische Daten der Krankenversicherung: Eine Beratung durch den 'Nicht-Facharzt für Psychotherapie' gehört - unabhängig von einer Erwartungshaltung des Patienten an den 'Halbgott in Weiß' - zu der normalen Berufstätigkeit, wie aus der krankenversicherungsrechtlichen Abrechnungsmöglichkeit zu ersehen ist: Gemäß § 87 SGB V. wurden von der Kassenärztlichen Bundesvereinigung und den Spitzenverbänden der Krankenkassen ein 'Einheitlicher Bewertungsmaßstab' (EBM) für die ärztlichen Leistungen vereinbart, der den Inhalt der

---

[440] ebd.
[441] So ist seit 1970 Unterricht in Psychosomatik / Psychotherapie und medizinischer Psychologie Pflichtteil des Medizinstudiums.
[442] Brockhaus Bd. 17 Schlüsselbegriff Psychosomatik S. 598 f. Das gleiche gilt für Heilpraktiker: Zwar werden i. R. der Zulassung nach § 1 I HeilpraktG keine (psychosomatischen oder psychotherapeutischen) Fachkenntnisse, sondern nur der Ausschluß einer Gefahr für die Allgemeinheit (§ 2 1. DVO-HeilpraktG; vgl. Mengert S. 26), geprüft. Doch sind in den Lehrplänen der einschlägigen Lehrinstitute zur Heilpraktikerausbildung psychosomatische Erklärungsmodelle wichtiger Bestandteil der Aus- und Weiterbildung ebenso wie die Vermittlung von Grundzügen psychotherapeutischer Behandlungs- bzw. Beratungsformen, wie nachfolgende Schulen dem Autor versichert haben: Älteste Heilpraktikerschule Deutschlands J. Angerer des Fachverbandes Deutscher Heilpraktiker: ca. 12 Unterrichtsstunden Psychiatrie und Psychosomatik; 60 Paracelsus-Schulen (München, Nürnberg u. a.): Ohne spezifische Stundenangabe; psychosomatische Interpretation von Krankheiten als roter Faden der Ausbildung sowie Vermittlung von Grundkenntnissen in 'beratender Gesprächspsychotherapie'; Ausbildungszentrum für Naturheilkunde München: ca. 50 Unterrichtsstunden mit psychiatrischer und psychosomatischer Diagnostik / (psychologische) Gesprächsberatung und Kommunikationstraining.
[443] Hier insbesondere Allgemeinmediziner, Praktische Ärzte u. a.

abrechnungsfähigen Leistungen und ihr wertmäßiges, in Punkten ausgedrücktes Verhältnis zueinander bestimmt. Auf der Grundlage dieses EBM wurde zwischen der Kassenärztlichen Bundesvereinigung und den Ersatzkrankenkassen eine Ersatzkasse-Gebührenordnung (E-GO) erlassen. Nach dieser E-GO sind für die organmedizinischen Behandlergruppen 'Hausärzte / Allgemeinmediziner / Praktische Ärzte' psychologische Beratungen bzw. Psychotherapie im funktionalen Sinne unter zwei Positionen abrechenbar: Zum einen ein 'therapeutisches hausärztliches Gespräch (Dauer mindestens 10 Minuten)' (E-GO Nr. 10), zum anderen eine 'Verbale Intervention bei psychosomatischen Krankheitszuständen (Dauer mindestens 15 Minuten)' (E-GO Nr. 851).[444]

Diese Abrechnungsmöglichkeiten wurden auch faktisch in Anspruch genommen, wie aus dem exemplarischen Zahlenmaterial der DAK zu ersehen ist: Bei einem Jahresdurchschnitt von 8.031.000 Versicherten [445] wurden im Quartal 10.285.900 'therapeutische hausärztliche Gespräche' nach E-GO Nr. 10 sowie 1.241.200 'verbale Interventionen bei psychosomatischen Krankheitszuständen' nach E-GO Nr. 851 abgerechnet [446]. Dies ergibt eine rechnerische Jahresabrechnung der E-GO Nr. 10 in Höhe von 41.143.600 sowie der E-GO Nr. 851 in Höhe von 4.964.800 bzw. daraus resultierend eine statistische Häufigkeit der Abrechnung der E-GO Nr. 10 in Höhe von 5,12 pro Patient pro Jahr sowie der E-GO Nr. 851 in Höhe von 0,62 pro Patient pro Jahr. Davon ausgehend, daß nicht jeder Versicherte eine Behandlung nach diesen E-GO-Positionen in Anspruch nimmt [447], ist diese statistische Häufigkeit zumindest ein Indiz, daß die therapeutischen Gespräche, aber wohl auch die verbalen Interventionen durch die 'Hausärzte / Allgemeinmediziner / Praktischen Ärzte' bei den Patienten, die diese Behandler aufsuchen, nicht nur einmalig, sondern regelmäßig stattfinden und daher den

---

[444] Im Hinblick auf die Gleichstellungskriterien muß keine vergleichbare Gesprächszeit von 50 Minuten (wie z. B. bei einer psychoanalytischen Sitzung) erfüllt sein, da die Behandlungszeit Teil des individuell vom Behandler gewählten Settings ist. Zudem hat die Abrechnung des Helfers mit der Krankenkasse des Patienten nur Indizwirkung: Auch wenn der Behandler maximal nur (mindestens) 10 oder 15 Minuten Beratung mit der Krankenkasse abrechnen kann (vgl. nachfolgendes Kapitel), ist damit nicht ausgeschlossen, daß er eine tatsächliche Beratung von 30 / 45 Minuten oder länger vornimmt, um eine Vertrauensstellung und ein Abhängigkeitsverhältnis zu schaffen, in dem er seine eigenen sexuellen Interessen an dem Patienten besser unterzubringen glaubt.
[445] 5.821.000 Mitglieder sowie 2.210.000 Familienversicherte (Jahresdurchschnitt 1995) ; Quelle: DAK Bundesgeschäftsstelle Hamburg
[446] I. Quartal 1996; Quelle: DAK Bundesgeschäftsstelle Hamburg
[447] Mangels Vorlage der Einzeldaten konnten die genauen statistischen Werte der Varianz und Standardabweichung nicht errechnet werden.

Beziehungscharakter einer psychologischen Beratung / Psychotherapie annehmen [448].

c) Ähnliche Folgeerscheinungen bei erfolgten sexuellen Kontakten

Diese notwendige Gleichbehandlung bestätigen auch die empirischen Daten einer Mini-Gruppe [449] im Rahmen des FBSÜP [450]: Patientinnen hatten im Rahmen hausärztlicher Beratungsgespräche sexuelle Kontakte zu den behandelnden Ärzten. In den Folgeschäden hieraus waren in keiner der Variablen signifikante Unterschiede zu verzeichnen. Auch wenn aus der kleinen Stichprobe nur begrenzt eigenständige Rückschlüsse möglich sind, so sind sie zumindest ein Indiz für die Bestätigung der theoretisch begründete Vergleichbarkeit von funktionaler Psychotherapie auch im Rahmen organmedizinischer Behandlung [451]. Sofern die Gleichstellungskriterien [452] gegeben sind, ist der primär somatische und nicht psychische Ansatzpunkt der Behandlung irrelevant und sexuelle Abstinenz gleichfalls geboten.

4. Beratung durch Berufe des Sozialbereichs (Sozialarbeiter, Lehrer)

Eine Beratung durch Lehrer z. B. Schulpsychologen oder (Jugend-) Betreuer im Rahmen ihrer sonstigen Tätigkeit [453] kann nur dann gleichgestellt werden, „sofern sie zum Klienten in ein unmittelbares und persönliches Beratungsverhältnis eintreten" [454]. Dies ist i. R. der o. g. Kriterien [455] nur dann erforderlich, wenn im

---

[448] Dies gilt natürlich erst recht für 'Fachärzte für Neurologie und Psychiatrie' und 'Fachärzte für Psychotherapie / Psychoanalyse', da diese zusätzlich folgende Positionen des Leistungsverzeichnisses für Neurologie, Psychiatrie und Psychotherapie (GOÄ) abrechnen können:
Nr. 861 für Psychotherapie von mindestens 50 Minuten Dauer;
Nr. 845 für Einzelhypnose
Nr. 849 für Psychotherapeutische Behandlung von mindestens 20 Minuten Dauer;
Nr. 801 für eingehende psychiatrische Untersuchung.
Bei diesen Facharztrichtungen stellt sich i. d. R. die Frage nach einer Vergleichbarkeit nicht, sofern schon nach außen das Angebot einer 'Psychotherapie/ Psychoanalyse' bekundet wird.
[449] 4 Probandinnen
[450] S. 129
[451] FBSÜP S. 129
[452] s. S. **Fehler! Textmarke nicht definiert.**
[453] sofern sie nicht schon ausdrücklich eine 'Beratungsfunktion' im Rahmen ihrer Haupttätigkeit haben, denn dann liegt unstreitig eine Beratung i. e. S. vor, so z. B. bei einem (Sozial-) Berater einer Beratungsstelle.
[454] FBSÜP S. 129
[455] s. S. **Fehler! Textmarke nicht definiert.**

Rahmen eines professionellen Beratungsangebotes [456] eine nicht nur einmalige, sondern gewollt kontinuierliche Hilfestellung / Beratung stattfindet, da andernfalls der Einfluß einer Psychotherapie oder psychologische Beratung nicht erreicht werden würde. Auch wenn der Aufbau einer solchen Beratungsbeziehung zwischen Beratungs- /Vertrauenslehrer und Schüler statistisch sicher nur sehr selten erreicht wird, ist zum Schutze des Schülers ein sexuelles Abstinenzgebot zu fordern [457].

5. Beratung durch andere fachberatende Berufe (Rechtsanwalt, Steuerberater)

Bestimmte freie Berufe haben eine vom Gesetz zugewiesene, explizite Beratungsfunktion: Rechtsanwälte sind berufene unabhängige Berater in allen Rechtsangelegenheiten [458], Steuerberater und Steuerbevollmächtigte haben die Aufgabe, im Rahmen ihres Auftrags ihre Auftraggeber in Steuersachen zu beraten und bei der Erfüllung ihrer steuerlichen Pflichten Hilfe zu leisten [459].

Das Themenfeld dieser Beratung, straf- und zivilrechtliche [460] ebenso wie steuerrechtliche und damit möglicherweise verbundene finanzielle Probleme der Klienten sind oftmals mit psychischen Belastungen für den Klienten verbunden. Daher ist denkbar, daß das Beratungsgespräch zwischen Rechtsanwalt / Steuerberater und seinem Klienten auch Unterstützung bei den damit verbundenen psychischen Problemen beinhalten kann. Aber beide Berufe stellen sich nach außen hin nicht als Helfer dar, die gezielt für den Umgang des Klienten mit gerade seinen psychischen Problemen ausgebildet sind und hierin eine Hauptaufgabe der Beziehung zu ihren Klienten sehen: Im Vordergrund steht grundsätzlich die Beratung und Lösung der (steuer-) juristischen Probleme und ihres Handlings [461]. Wenn auch im (zu begrüßenden) Einzelfall mancher Rechtsanwalt persönliches Engagement, Empathie und Hilfestellung für seine Klienten zeigt, fehlt es für eine

---

[456] z. B. als Schulpsychologe oder speziell geschulter Vertrauenslehrer als Ansprechpartner für Schüler bei Problemen schulischer, familiärer oder sonstiger Art
[457] Sofern der Schützling noch nicht unter 18 Jahre alt ist, besteht ein (strafrechtliches) sexuelles Abstinenzgebot aus Jugendschutzgründen unter bestimmten Voraussetzungen schon nach §§ 174, 176 StGB.
[458] § 3 Abs. I BRAO
[459] § 33 Satz 1 StBerG
[460] Insbesondere familienrechtliche oder vormundschaftsrechtliche Streitigkeiten
[461] Wolfslast, S. 59

Gleichstellung - ähnlich der Hilfe und Beratung durch Freunde und Nachbarn - an dem expliziten Angebot professioneller Hilfe für psychische Probleme. Ein sexuelles Abstinenzgebot ist folglich nicht zu fordern.

6. Beratung durch einen Mediator

Eine ähnlich gelagerte Beratungsstruktur wäre auch auf dem Gebiet der Mediation denkbar. Mediation ist die „außergerichtliche Konfliktbehandlung, in der der Mediator als Mittler ohne Entscheidungskompetenz versucht, die Parteien zu einer autonom herausgearbeiteten gütlichen Einigung zu führen...Die Tätigkeit auf dem Gebiet der Mediation erfordert neben dem spezifischen juristischen Fachwissen den Erwerb spezieller Mediationstechniken, basierend auf den Erkenntnissen der Verhandlungsforschung unter Einbeziehung psychosozialer Zusammenhänge." [462]. Der Mediator will durch Verfahrenskompetenz, Empathie und Einfühlungsvermögen - eine Vertrauensbeziehung zu beiden Konfliktparteien aufbauen [463]. Damit will der Mediator die Autonomie und persönlichen Ressourcen der Parteien (wieder-) beleben und ein spannungsfreies Affektklima zwischen diesen schaffen, so daß diese ihre bisherigen, erstarrten Positionen verlassen und zu einer gemeinsamen eigenständigen Lösung miteinander kommen [464]. Die Funktion eines Mediators wurde ursprünglich von Fachleuten aus dem psychotherapeutischen und sozialpädagogischen Bereich wahrgenommen [465], seit einigen Jahren sind zunehmend auch Rechtsanwälte als sogenannte (Anwalts-) Mediatoren tätig [466]. Grundsätzlich ist diese Methode der beratenden und psychotherapeutischen Behandlungsweise sehr ähnlich, doch fehlt es an dem 'Leitsymptom' der Hilfestellung bei 'psychischen Problemen'. Zwar steht hinter jedem äußeren Konflikt eine innere Ablehnung oder Problematik, und der Mediator **kann** methodisch „alle Dimensionen des Konfliktes - auch die emotionale Seite - mit den Parteien thematisieren, auch eine mögliche

---

[462] Henssler / Schwackenberg MDR 1997, 409
[463] An diesem Punkt wird die Ähnlichkeit zu einem psychotherapeutischen Beziehungsverhältnis oder der psychologische Beratung deutlich, bei denen auch - durch verstärkende Therapeutenvariablen wie Empathie und Akzeptanz - eine Vertrauensbeziehung aufgebaut werden soll, die die Basis für die Öffnung des Klienten und Erfolg der Psychotherapie ist.
[464] Hölzenbein, Familienmediation MDR 1997, 415
[465] Henssler / Schwackenberg a. a. O.
[466] Henssler, Anwaltliches Berufsrecht und Mediation, S. 76

Überschattung durch sie." [467] Doch ist er daran in seiner Funktion als Mediator nur insofern interessiert, als diese Barrieren darstellen, an denen die Verhandlungen zur Konfliktlösung über Interessen scheitern [468]. Selbst wenn der Mediator psychische Probleme einer Partei in das Mediationsgeschehen integriert - und insofern dem Betroffenen u. U. auch hilft, werden diese grundsätzlich nicht Gegenstand einer speziellen Zweierbeziehung Mediator - Partei, sondern des Mediationsprozesses und damit aller Beteiligten [469]. In diesem Fall besteht ein Machtverhältnis aus der Vertrauensstellung gegenüber beiden Konfliktpartnern, so daß es an der für die Vergleichbarkeit notwendigen psychischen Abhängigkeit einer Partei fehlt.

7. 'Beratung' im Rahmen eines Seminars durch Seminarleiter

Negativ abzugrenzen ist eine Beziehung zwischen Seminarteilnehmer und -leiter. Anders als bei einer Gruppenpsychotherapie steht hier ein kognitiver Lern- bzw. Wissensvermittlungsprozeß oder ein Training bestimmter Verhaltensweisen im Vordergrund. Auch wenn hier eine asymmetrische Beziehungsstruktur - ähnlich der zwischen Lehrer und Schüler - denkbar ist und die Seminare z. B. einen besseren Umgang fördern oder zu neuen Lösungsansätzen von (psychischen) Problemen der Seminarteilnehmer führen können [470], so liegt hier nur ein professionelles Angebot zum Erlernen oder Einüben des Wissens und der Fähigkeiten , aber nicht zur Besserung psychischer Beschwerden oder Lösung individuellen Probleme mittels Beratungsbeziehung .

---

[467] Breidenbach, Grundlagen der Mediation, S. 7
[468] Breidenbach, S. 8. Wie auf dem 2. Internationalen Klagenfurter Symposion 'Die Welt der Mediation - Mediation und Konfliktregelung in der Praxis' im September 1997 deutlich geworden ist, sind hier große Ansatzdifferenzen zu verzeichnen: Eine hauptsächlich von Psychologen und Sozialpädagogen bevorzugte Richtung will gerade im Bereich der Familienmediation die psychischen Probleme hinter dem augenscheinlichen Konflikt, also die Ursachen, aufzeigen und den Konflikt ohne dieses „Störfeuer" lösen. Dagegen legt das gerade von US-Amerikanern (z. B. John M. Haynes; Peter Maida) bevorzugte zielorientierte Mediationskonzept den Fokus des Mediationsprozesses auf die Einigung bzw. die Lösung des konkreten Konflikts, ohne daß dabei die (tiefenpsychologischen oder historischen) Ursachen des Konflikts eine größere Rolle spielen.
[469] Im Bereich der Wirtschaftsmediation gibt es das Mediations-Modell des ‚Caucus'. Bei dieser Variante pendelt der Mediator zwischen den Parteien hin und her, so daß diese (anfangs) keinen direkten Kontakt miteinander haben. Hier wäre eine einparteiliche Vertrauensstellung denkbar. Aber in der Wirtschaftsmediation fehlt es an dem zentralen Punkt der Hilfestellung gerade bei ‚psychischen Problemen'.
[470] z. B. Seminare in NLP (Neurolinguistischer Programmierung)

III. Therapien zur Behandlung sexueller Störungen

Für sog. **Sexualtherapien** ist ebenso ein sexuelles Abstinenzgebot zu fordern, sofern sie die Gleichstellungskriterien [471] erfüllen. Die Nomenklatur ist sehr weitläufig z. B. 'Öffnung des Scheidenchakras' [472], einer Heilungsmethode für sexuelle Probleme, oder 'Energetische Selbstfindungspraktiken', die nach Wirtz i. d. R. von Guru-Figuren mit Heilernimbus betrieben werden [473]. Die Bezeichnung ist irrelevant [474], so daß die jeweilige ‚Therapie'im Einzelfall nach den Merkmalen des funktionalen Psychotherapiebegriffes zu untersuchen ist.

IV. Zusammenfassung

Bei einem Vergleich der Beziehungsstrukturen in einer Psychotherapie und der daraus resultierenden Prozesse, die grundlegend für die Forderung nach einem sexuellen Abstinenzgebot für Psychotherapeuten waren, mit denen in psychologischen Beratungen, war festzustellen, daß diese in beiden Behandlungsformen gleichermaßen vorliegen. Daher ist ein sexuelles Abstinenzgebot auch für alle psychologischen Berater notwendig. Bei Beziehungen von Berufsangehörigen, die eine ähnlich gelagerte psychologische Hilfestellung geben (Geistliche, Sozialarbeiter, Lehrer) ist im Einzelfall zu prüfen, ob die Gleichstellungskriterien erfüllt sind resp. diese Personen die Funktion einer Psychotherapie ausüben.

---

[471] s. S. 76 f. Die Sexualtherapie nach Masters und Johnson ist ein Sonderfall, da dort schon keine sexuellen Kontakte zwischen Psychotherapeuten und Klienten vorgesehen sind (s. S. 172 f).

[472] Nach esoterischer Auffassung eines der sieben Energiezentren im menschlichen Körper (Hermann, Die neue Rechtschreibung, S. 275 Stichwort 'Chakra')

[473] Wirtz (1989) S. 262 ff

[474] Ähnlich dem zivilrechtlichen Rechtsgrundsatz: Falsa demonstratio non nocet.

D. Empirische Daten zu sexuellen Kontakten zwischen Psychotherapeuten und Klienten in der Bundesrepublik Deutschland

I.   Einführung

Die praktische - und nicht nur akademische - Relevanz der Forderung eines sexuellen Abstinenzgebotes soll anhand der nachfolgenden empirischen Daten insbesondere über Häufigkeit sexueller Kontakte zwischen Psychotherapeuten und Klienten und Folgen beim Klienten belegt werden. Dabei werden hier in der Bundesrepublik Deutschland erhobene, empirische Daten bezüglich sexueller Kontakte zwischen Psychotherapeuten und Klienten herangezogen. Zwar liegt eine weitere Vielzahl von empirischen Erhebungen aus den USA [475] vor, doch erlangt dieses Material aufgrund anderer Sozialstruktur sowie anderer rechtlichen Rahmenbedingungen in den USA [476] nur bedingt Aussagewert für deutsche Verhältnisse [477], so daß auf ihre Verwendung hier i. d. R. verzichtet wurde.

II.   Häufigkeit der Inanspruchnahme von Psychotherapie [478]

Im Jahre 1995 (bei steigender Tendenz in 1996) wurden 52.600 Psycho- oder Verhaltenstherapien i. R. einer Gesamtversichertenanzahl von 8.031.000 [479] bewilligt. Dies entspricht einer statistischen Häufigkeit der Inanspruchnahme einer Psycho- oder Verhaltenstherapie von 0,65 % durch die Versicherten pro Jahr. Allerdings werden von den Krankenkassen aufgrund des mit der Ärzteschaft

---

[475] Ein Überblick befindet sich bei Retsch; Liebe, Erotik und Sexualität; S. 5 bis 24. In ihrer Zusammenfassung dieser Untersuchungen kommt sie zu dem Ergebnis, daß in den USA 7- 12 % der männlichen, 1 - 3 % der weiblichen Therapeuten sexuellen Kontakten zu ihren Klienten während oder nach der Psychotherapie haben (S. 29).
[476] Die Ausübung der Psychotherapie ist z. B. im Bundesstaat Kalifornien von der Zulassung durch sog. licensing boards abhängig. Diese - den Ärztekammern vergleichbare - Behörde kann nach sexuellen Kontakten mit Klienten die weitere Praktizierung von Psychotherapie verbieten (vgl. FBSÜP S. 143 f). Durch diesen rechtlichen Rahmen beinhalten sexuelle Kontakte mit Klienten - im Gegensatz zur aktuellen Rechtslage in der Bundesrepublik Deutschland - das Risiko des Verbots weiterer Berufsausübung.
[477] z. B. Relativierung der Übertragbarkeit amerikanischer Ergebnisse aufgrund vergleichsweise wesentlich kleinerer Bundesrepublik Deutschland (Retsch S. 86).
[478] Die Daten basieren auf der Grundlage nur der DAK-Krankenkasse, da sich trotz Zusicherung der ausschließlichen Verwendung zu wissenschaftlichen Zwecken andere Stellen und Krankenkassen leider nicht zur Kooperation bewegen liessen.
[479] 5.821.000 Mitglieder sowie 2.210.000 Familienversicherte (Jahresdurchschnitt 1995) ; Quelle: DAK

geschlossenen Bundesmantelvertrags nur drei Therapieformen übernommen bzw. ersetzt: Die tiefenpsychologisch fundierte Psychotherapie, die analytische Psychotherapie und die Verhaltenstherapie [480]. Psychosoziale Versorgungen (z. B. auch sozialfürsorgerische oder sozialpädagogische Maßnahmen) durch psychosoziale Dienste, sofern sie nicht als Einzelmaßnahme der Heilung oder Linderung einer Krankheit dienen, werden von der Leistungspflicht der gesetzlichen Krankenkassen ebensowenig erfaßt wie andere Psychotherapieformen oder psychologische Beratung [481]. Über diese anderweitig in Anspruch genommenen und privat gezahlten Therapien liegt keine exakte zahlenmäßige Erfassung vor [482]. Hinzu kommt die unüberschaubare Weite von spezialisierten Therapieformen wie Atem-, Musik-, Tanz- oder Kunsttherapien [483]. Der FBSÜP geht von einer notwendigen Multiplikation um mindestens den Faktor 2 aus, um zu der Anzahl der tatsächlichen Inanspruchnahme aller Psychotherapien zu gelangen [484].

III. Anzahl der tätigen Psychotherapeuten

Mangels einer Pflichtzugehörigkeit zu einer Psychotherapeuten-Kammer - ähnlich dem Modell der Landesärztekammern - sowie des fehlenden berufsrechtlichen Schutzes des Begriffs 'Psychotherapeut' im Geltungsbereich der Bundesrepublik Deutschland liegen keine statistischen Daten über die Gesamtanzahl aller tätigen Psychotherapeuten vor. Daher sind nur Rückschlüsse über die Abrechnung mit den Krankenkassen möglich: Im Rahmen der vertragsärztlichen Versorgung der DAK waren bundesweit per 31.12.1995 8.326 ärztliche Psycho- / Verhaltenstherapeuten [485] sowie 6.605 nichtärztliche Psycho- / Verhaltenstherapeuten [486] tätig. Durch die Bewilligungspraxis der Krankenkassen von nur wenigen Therapieformen muß eine gleichermaßen notwendige Multiplikation um mindestens den Faktor 2 vorgenommen werden, um von der

---

Bundesgeschäftsstelle Hamburg
[480] Teil A. § 1 Abs. 1 Satz 2 der Anlage 1 [Anwendung von Psychotherapie in der vertragsärztlichen Versorgung] zum EKV [Arzt-/Ersatzkassen-Vertrag]; Stand: 01.10.1995
[481] Feststellung der Arbeitsgemeinschaft § 32 EKV Nr. 707 vom 07.02.1991
[482] so auch FBSÜP S. 29
[483] ebd.
[484] FBSÜP S. 29 f
[485] 7.193 Psychotherapeuten sowie 1.133 Verhaltenstherapeuten; Quelle: DAK Bundesgeschäftsstelle Hamburg
[486] 3.616 Psychotherapeuten sowie 2.989 Verhaltenstherapeuten; Quelle: DAK Bundesgeschäftsstelle Hamburg

Basis der erfaßten Kassendaten auf die Grundgesamtheit aller Psychotherapeuten i. w. S. schließen zu können [487].

IV. Bundesdeutsche Studien zu sexuellen Kontakten zwischen Psychotherapeuten und Klienten

1. Einführung

In der Bundesrepublik Deutschland wurden in den letzten Jahren mehrere Untersuchungen zu sexuellen Kontakten zwischen Psychotherapeuten und Klienten durchgeführt. Aus dieser Datenfülle wurden die empirischen Erkenntnisse zu Häufigkeit und Form von sexuellen Kontakten sowie zu den Folgen aus diesen Kontakten betrachtet, sofern Daten diesbezüglich erhoben wurden. Die Studien haben unterschiedliche Ziele verfolgt und unterschiedliche Methoden angewandt: Z. T. wurden die Opfer (Klienten), z. T. die Täter (Therapeuten) befragt, so daß wenig vergleichbare, sondern hauptsächlich sich ergänzende Daten vorliegen. Dies bedeutet, daß die Aussagen resp. Schlußfolgerungen in diesen Fällen zumindest kritisch zu sehen sind, da möglicherweise durch die Methodik und / oder Auswahl der Probanden nicht allgemeingültige Einflüsse wirksam geworden sind, die mangels Kontroll- bzw. Vergleichsuntersuchungen nicht erkannt wurden.

Daher wurde zum groben Vergleich den deutschen Ergebnissen ein amerikanischer Durchschnittswert, ein sog. US-Mittelwert (USMW), zur Seite gestellt: Aus US-amerikanischen Studien wurde anhand der Darstellung von Retsch (sieben Studien, die in den USA von 1973 bis 1987 zu erotisch-sexuellen Kontakten in der Therapie vorgenommen wurden) [488] und der Darstellung von Bossi (sieben z. T. andere Studien, die in den USA regional bzw. landesweit in den Jahren 1968 bis 1990 zum Thema 'sexuelle Kontakte zwischen Psychotherapeuten und Klienten' durchgeführt wurden) [489] ein arithmethisches Mittel gebildet. Dieser Wert kann nur als grober Orientierungspunkt dienen, da der Mittelwert aus den vorhandenen Endergebnissen ohne Rücksicht auf unterschiedliche

---

[487] FBSÜP S. 29 f
[488] Retsch S. 22

Stichprobengröße, Rücklaufquote, Anzahl der Untersuchungen zu diesem Thema sowie Untersuchungsmethode errechnet wurde.

2. Tabellarische Darstellung

Eine Einzeldarstellung der relevanten Daten erfolgt trotz der Unterschiedlichkeit der Studien aus Gründen der besseren Übersichtlichkeit in tabellarischen Synopsen jeweils am Ende der einschlägigen Kapitel [490].

---

[489] Bossi S. 51

[490] Alle Angaben in den Tabellen, die nicht in eckige Klammern gesetzt sind, wurden ohne Veränderung des Autors direkt der Veröffentlichung der Untersuchung entnommen worden. Leerfelder bedeuten, daß keine entsprechende Angabe in der Studie gemacht wurde. Kriminologisch relevante Additionen von positiven Antworten, bei denen es nach Auffassung des Autors nicht auf eine Einzelunterscheidung innerhalb der Rating-Skalen 'selten, manchmal, häufig, sehr häufig' ankommt, wurden zusätzlich mit ' [Ja: .... % ; Anm. d. A.] ' aufgeführt. Folgende Zeichen werden in den tabellarischen Darstellungen verwendet:

[<]	bedeutet	kleiner (weniger als)
[>]	bedeutet	größer (mehr als)
[CP]	bedeutet	Cumulated Percent: Summierte Prozentangabe bis zur jeweiligen Stufe / Kategorie
'Procent of responses'	bedeutet	die Prozentzahl bezogen auf die Gesamtzahl der Nennungen (Antworten); die Gesamtzahl ergibt hier immer 100 %.
'Procent of cases' bedeutet		die Prozentzahl bezogen auf die Gesamtzahl der Fälle; hier können sich mehr als 100 % ergeben, da Mehrfachnennungen möglich waren.[490]
USMW	bedeutet	US-Mittelwert: das arithmethische Mittel aus den genannten Zahlen der jeweiligen Tabelle über die Ergebnisse der regionalen und landesweiten Studien in den USA über sexuelle Kontakte zwischen Psychotherapeuten und Klienten (nach Darstellung bei Retsch und Bossi)

a) Methodik der Untersuchungen

UNTER-SUCHUNG	'LIEBE UND SEX IN DER THERAPIE'	SEX AUF DER COUCH	LIEBE, EROTIK UND SEXUALITÄT IN DER THERAPIE	SEXUELLE ÜBERGRIFFE IN PSYCHOTHERAPIE
ERHEBER	Irmgard Vogt	Institut für Rationale Psychologie München (GRP); Leitung: Henner Ertl	Antina Retsch	Institut für Psychotraumatologie Freiburg i. Brsg. (IPT); Leitung: M. Becker-Fischer / G. Fischer
AUFTRAGGEBER / ANLAß	Verein ambulanter Behandlungsstellen für Suchtkranke / Drogenabhängige (VABS)	Zeitschrift 'Petra' (Jahreszeiten-Verlag Hamburg)	Diplomarbeit der TU Braunschweig	Forschungsbericht im Auftrag des Bundesministeriums für Familie, Senioren, Frauen und Jugend (BMFJ)
VERÖFFENT-LICHUNG IN ...	Verhaltenstherapie und psychosoziale Praxis (1990) 22. Jg. , S. 104 f	Petra Heft-Nr. 9 (September) / 1990, S. 185 f	unveröffentlicht (Oktober 1990)	Materialien zur Frauenpolitik 51/1995 des Bundesministeriums für Familie, Senioren, Frauen und Jugend (Juni 1995)
GRUND-GESAMT-HEIT	800 versandte Fragebögen	2.619 Patienten per interaktiver Computerabfrage	300 versandte Fragebögen	134 versandte Fragebögen
VER-WERTETE FRAGE-BÖGEN	262 (33 % der Grundgesamtheit)	durch Methode 'interaktive Computerabfrage' identisch, also 100%	138 (46 % der Grundgesamtheit)	61 [partiell 63 [491]] (46 % [47 %] der Grundgesamtheit)
BEFRAGTE	Mitarbeiter des 'Vereins ambulanter Behandlungs-stellen für Suchtkranke / Drogenabhängige', berichten Klienten-aussagen aus früheren Therapien	Psychotherapiepatienten im Alter zwischen 18 bis 48 Jahren	Lizensierte Verhaltenstherapeuten , die Mitglieder des DGVT sind (hauptsächlich 34 - 42 Jahre)	ehemalige Patienten, die sich beim IPT nach verschiedenen Aufrufen in Medien und Beratungsstellen im Falle von 'sexuellen Kontakten' gemeldet hatten [492]

[491] FBSÜP S. 21
[492] FBSÜP S. 12 f

b) Demographische Variablen der Therapeuten mit sexuellen Kontakten

UNTER-SUCHUNG [493]	... SEXUALITÄT IN DER THERAPIE (Antina Retsch)	SEXUELLE ÜBERGRIFFE IN PSYCHOTHERAPIE UND PSYCHIATRIE (IPT)
ALTER	30-39 Jahre: 29,7 % 40-49 Jahre 58,0 % > 49 Jahre 10,9 %	[keine Angabe, da Patientenbefragung]
GESCHLECHTSVERTEILUNG	47,1 % : 50 % Männer : Frauen (2,9 % o. A.)	[keine Angabe, da Patientenbefragung]
VORBILDUNG	[keine Angabe [494]]	**Psychologen:** [**gesamt: 38,3 % (51,6 %)** [495]] Dipl.-Psych. (ohne Zusatz): 28,4 % (38,3 %) Klin-Psych.: 9,9 %(13,3 %) **Ärzte:** [gesamt: 25,9 % (35,0 %)] Arzt (ohne weitere Angaben): 6,2 % (8,3 %) Internist /Allgemeinmed., o. ä.: 7,4 % (10 %) Psychiater / Neurologe: 12,3 % (16,7 %) **Sonstige:** [**gesamt: 35,8 % (48,3 %)**] Heilpraktiker: 8,6 % (11,7 %) Päd./Sozialpäd. Berufe: 11,1 % (15,0 %) Pfarrer / Theologe: 2,5 % (3,3 %) Sonstige: 13,6 % (18,3 %)
DAUER DER PSYCHOTHERAPE UTISCHEN BERUFSERFAHRUNG	< 5 Jahre: 4,3 % 5 - 10 Jahre : 23,2 % 11 - 20 Jahre: 65,9 % > 20 Jahre : 5,1 %; (ohne Angabe: 1,4 %)	[keine Angabe, da Patientenbefragung]
SUPERVISION	Ja: 83,3 % Nein: 14,5 % (ohne Angabe: 2,2 %)	[keine Angabe, da Patientenbefragung]

---

[493] Die Untersuchungen von I. Vogt und GRP machen zu diesen Punkten keine Angabe.

[494] Ein grober Überblick über die berufsgruppenspezifische Verteilung von sexuellen Kontakten zwischen Psychotherapeuten und Klienten in den USA ist bei Retsch (S. 22) zu finden, da sie in einer Tabelle die berufsgruppenspezifisch erhobenen, empirischen Studien zu erotisch-sexuellen Kontakten in der Therapie in den USA der Jahre 1973 bis 1987 darstellt

[495] FBSÜP S. 63; die erste Prozentzahl nennt die 'Percent of responses', die zweite Prozentzahl nennt die 'Percent of cases'.

V. Häufigkeit von sexuellen Kontakten zwischen Psychotherapeuten und Klienten

1. Empirische Daten

Bez. der Häufigkeit von psychotherapeutischen Behandlungsverhältnissen mit stattfindenden sexuellen Kontakten zwischen Psychotherapeuten und Klienten im Verhältnis zur Gesamtzahl der psychotherapeutischen Behandlungsverhältnisse ermittelte die Untersuchung 'Sex auf der Couch' des Münchner Instituts für Rationale Psychologie **(IRP)** [496] mittels Klientenbefragung einen Wert von **8,3 %**.

Die Studie 'Liebe und Sex in der Therapie' von Irmgard **Vogt** [497] kam mittels Befragung von Folgetherapeuten auf einen Anteil von 30 % an Therapeuten, die Klienten nach sexuellen Kontakten beraten hatten [498]. Aus dieser Aussage läßt sich aber kein Rückschluß auf die tatsächliche Häufigkeit von sexuellen Kontakten zwischen Psychotherapeuten und Klienten ziehen, da bei der Fragestellung weder die Möglichkeit einer doppelten Folgetherapie noch der Anteil von Klienten, die nach sexuellen Kontakten keine Folgetherapie aufgenommen haben, beachtet wurde.

Die Studie 'Liebe, Erotik und Sexualität in die Therapie' von Antina **Retsch** durch Befragung von Therapeuten ergab eine Häufigkeit von **2,2 %** [499] bzw. 8,6 % mit ehemaligen Klienten [500].

Durch die Methodik der ausschließlichen Befragung von Klienten nach sexuellen Kontakte zu ihren Psychotherapeuten in dem vom Bundesministerium für Familie, Senioren, Frauen und Jugend in Auftrag gegebenen Forschungsbericht des Instituts für Psychotraumatologie (IPT) 'Sexuelle Übergriffe in Psychotherapie und Psychiatrie'[501] wurden keine eigenen Zahlen über die Häufigkeit dieses Verhaltens

---

[496] im weiteren IRP-Untersuchung genannt
[497] im weiteren Vogt-Untersuchung genannt
[498] Vogt (1990) S. 104
[499] Diese Zahl ist wenig aussagekräftig: Retsch erforschte in einzelnen, voneinander unabhängigen Fragen nach verschiedenen sexuellen Handlungsformen, wobei aus den jeweiligen Daten nicht ersichtlich ist, wie die einzelnen Bejahungen in Zusammenhang stehen.
[500] Retsch, S. 81
[501] im weiteren FBSÜP genannt

erhoben, sondern Ursachen, Phänomenologie und Folgen dieses Verhaltens untersucht. Er verweist insofern auf die IRP-Studie [502], die Retsch-Studie [503] bzw. die Ergebnisse aus den USA.

Die Häufigkeit von sexuellen Kontakten nach dem **USMW** beträgt mit männlichen Therapeuten **9,7 %** bzw. **9,0 %,** mit weiblichen Therapeuten **2,3 %** bzw. **1,9 %.**

Übereinstimmend ist eine signifikant größere Häufigkeit der sexuellen Kontakte mit männlichen als mit weiblichen Psychotherapeuten [504].

2. Interpretation der Daten

a) Probandenwahl

Unterschiedliche Ergebnisse in Studien mit unterschiedlichen Probanden können u. a. auf sozialpsychologische Gründe zurückgeführt werden [505]:

Selbstangaben von Therapeuten - auch bei Zusicherung von absoluter Anonymität - führen erwartungsgemäß immer zu den geringsten Angaben über Fehlverhalten, da dies die Bereitschaft zum Selbsteingeständnis bzw. der Möglichkeit zur Aufdeckung bedeuten würde. Eine vergleichsweise kleinere, aber absolut gesehen immer noch große Zurückhaltung ist bei der Befragung über Berufskollegen zu prognostizieren [506].

Der FBSÜP geht von einer Annäherung an realistische Zahlen im Sinne einer Erhellung des Dunkelfeldes nur bei einer Befragung von Betroffenen aus, da dort die geringste Hemmschwelle besteht, über das Fehlverhalten zu reden [507]. Diese Argumention zur Erklärung von großen Ergebnisdifferenzen hat nur Bestand, wenn der Psychotherapeut sexuelle Kontakte als Fehlverhalten ansieht , d. h. von

---

[502] FBSÜP S. 28 ff
[503] FBSÜP S. 26
[504] Retsch S. 81;
[505] FBSÜP S. 30
[506] FBSÜP S. 30 f
[507] FBSÜP S. 31

einer zwangsläufigen Schädlichkeit von sexuellen Kontakten zwischen Psychotherapeuten und Klienten und folglich notwendigen Verheimlichung ausgeht [508].

b) Befragungsmethode

Die IRP-Studie gelangt zu ihren Ergebnissen durch die Datenauswertung einer interaktiven Software von 2.619 männlichen und weiblichen Klienten zwischen 18 und 48 Jahren [509], die mit dem Institutscomputer über Hometerminals verbunden sind. Dieser Computer 'Miss-Panel' ist aufgrund der Interaktivität des Programms nicht nur elektronisches Tagebuch und fördert die Offenbarung intimster Geheimnisse , sondern will gleichzeitig auch elektronische Lebensberaterin sein [510].

Diese neue demoskopische Methode zeigte Inzidenzraten auf, die um ein Vielfaches über den Werten liegen, die mit bisherigen Untersuchungsmethoden gemessen wurden. Mangels vergleichbarer Studien muß aber offen bleiben, ob die Ergebnisse durch die Tagebuch- und Lebensberatungsfunktion 'ehrlicher' sind oder auf systembedingten Meßfehlern der Methode beruhen bzw. zu emotionalen und irrealen Übertreibungen animieren. Letzteres indiziert auch die mangelnde Kooperation des GRP bei den mehrfachen erfolglos gebliebenen Versuchen des Autors, Einsicht in die Originaldaten und ihre Erhebung zu bekommen. Eine genaue Bewertung bleibt nicht nur einer Offenlegung der Daten, sondern vergleichbaren Untersuchungen vorbehalten. [511]

Von der IRP-Studie abgesehen wurden die Daten durch postalische Versendung von Fragebögen, die von den Probanden schriftlich zu beantworten waren, erhoben. Bei der Wahl dieser Umfragemethode wird im Gegensatz zu direkten Kontakten mit dem Probanden bei (fern-) mündlichen Interviews eine, von der sozialen Erwünschtheit unabhängigeren und somit wahrheitsgemäßere

---

[508] Gerade in diesen Fällen wäre es aber denkbar, daß der betroffene Psychotherapeut seinem 'unbewußten' Geständniszwang' i. R. einer anonymen Therapeutenbefragung nachgibt (vgl. Reik, Geständniszwang und Strafbedürfnis, passim, insbes. S. 114 ff) .
[509] Die Auswahl erfolgte nach einer für den Bevölkerungsdurchschnitt repräsentativen Stichprobe, bei denen die Probanden freiwillig, aber durch Anreize belohnt sich einen Computer in ihre Wohnung stellen liessen .
[510] FBSÜP S. 28 f
[511] so auch der FBSÜP S. 29: „Allerdings bleibt abzuwarten, wieweit die speziell mit der „Miss-Panel-Methode" gefundenen Werte auch über andere Datenquellen reproduzierbar sind."

Beantwortung angenommen, wenn die Fragen sensible Bereiche tangieren: „Allgemein wird davon ausgegangen, daß schriftliche (postalische) Umfragen dem Interviewten eine größere Anonymität bieten und deshalb bei heiklen Fragen, etwa zum Einkommen, zu 'unerwünschten' Einstellungen oder zum Sexualverhalten die Gewähr ehrlicherer Antworten bieten." [512]

Anger bezweifelt eine solche Aussagefähigkeit im Hinblick auf eine gesamtgesellschaftliche Stichprobe von Probanden: „Im Zusammenhang mit Fragen zum Sexualverhalten scheinen bestimmte Personengruppen wie Frauen, Katholiken, ältere Leute und Angehörige gehobener Schichten eine schriftliche Geheimbeantwortung zwar etwas häufiger zu bevorzugen, doch liegen keine Anhaltspunkte dafür vor, daß die schriftlich gegebenen Antworten auch wirklich 'aufrichtiger' sind als die mündlichen." [513]

Da sowohl bei der 'victim survey' [514] eine hohe Schamschwelle durch die Fragen zum Sexualverhalten vorhanden ist und die Befragung potentieller Delinquenten 'Psychotherapeuten' gleich zweifach sensible Bereiche, nämlich 'Sexualverhalten' und 'unerwünschtes Verhalten', berührt, erscheint eine kritische Betrachtung der Ergebnisse angebracht.

Auch wenn diese Skepsis gegenüber schriftlichen Befragungen von der Mehrheit der Forscher in der heutigen Zeit nicht mehr geteilt wird [515], bleibt der große Nachteil der hohen Ausfallquote bei der schriftlichen Befragung bestehen [516]. Zwar ist die Höhe einer - für den Aussagewert der Ergebnisse noch akzeptablen - Ausfallquote von der jeweiligen Studie abhängig [517], doch besteht die Gefahr, daß bei einer geringen Rücklaufquote die Ergebnisse 'ausgelesene Teilstichproben' darstellen [518].

Die Rücklaufquote bzw. der Anteil der zurückgesandten und ausgewerteten Fragebögen im Verhältnis zu den versandten Fragebögen der drei schriftlichen

---

[512] Kury, Einfluß der Datenerhebungsart auf Ergebnisse, S. 333
[513] Anger, Befragung und Erhebung, S. 604
[514] Kury S. 325
[515] Kury S. 333
[516] Kury S. 336
[517] Kury S. 342
[518] Blaser, S. 23 f

Untersuchungen [519] betrug 33 % bzw. 46 %. Das verbleibende, größere Feld der Verweigerung und Nichtbeantwortung von 54 % bzw. 67 % muß unbedingt beachtet werden, um Rückschlüsse auf die tatsächliche Verbreitung eines Sozialverhaltens resp. sexueller Kontakte zwischen Psychotherapeuten und Klienten ziehen zu können [520].

3. Dunkelziffer

Ausgehend von diesen Daten errechnen die Studien die sog. Dunkelziffer, d. h. die wahrscheinliche Gesamtheit der tatsächlichen sexuellen Kontakte zwischen Psychotherapeuten und Klienten [521].

Der FBSÜP errechnet eine Dunkelziffer von 300 betroffenen Klienten mit sexuellen Kontakten zu ihren Psychotherapeuten pro Jahr im kassenfinanzierten Psychotherapiebereich [522] bzw. von 600 Klienten [523] im gesamten Psychotherapiespektrum. Dabei wird diese Zahl als untere Grenze, als sog. 'Minimalschätzung' angesehen [524]. Ein solcher Rückschluß aus einer Studie, die die Methode einer reinen 'victim survey' angewandt hat, ist mangels Vergleichsdaten über Nicht-Kontakte nicht nachvollziehbar. Eine nähere Begründung, wie es zu dem Basiswert von 300 betroffenen Klienten im kassenfinanzierten Bereich kommt, fehlt. Der FBSÜP verweist insofern nur auf die Daten der IRP-Studie, ohne diese jedoch direkt zu übertragen bzw. zu übernehmen [525]. In ähnlich weissagerischer Manier mutmaßt der Institutsleiter des GRP Henner Ertl eine Dunkelziffer von 20 %, ohne daß für diese Prognose Belege oder Begründungen veröffentlicht wurden [526].

---

[519] Vogt-, Retsch- und IPT-Studie
[520] Kury S. 342
[521] Ähnlich dem kriminologischen Dunkelfeld, welches sich auf die Gesamtheit des tatsächlichen kriminellen Verhaltens - und nicht nur auf die kriminalstatistisch registrierteTaten (Hellfeld) - bezieht; vgl. Kreuzer, Kriminologische Dunkelfeldforschung, NStZ 1994, 10
[522] bezogen auf einer Grundgesamtheit von ca. 100.000 Klienten; FBSÜP S. 31
[523] bei einer geschätzten Gesamtzahl der Klienten von 200.000
[524] FBSÜP S. 31
[525] FBSÜP S. 28 f, 30 f
[526] Zeitschrift petra 1990, 185

Mangels schlüssiger Begründung und Belegung kann den Dunkelfeldprognosen des IPT bzw. der GRP in einem objektiv wissenschaftlichen Rahmen nicht ohne weitere Daten gefolgt werden.

4. Tabellarische Darstellung [527] [528]

a) Nichterotische Kontakte zwischen Psychotherapeuten und Klienten

UNTER-SUCHUNG	'LIEBE UND SEX IN DER THERAPIE' (Irmgard Vogt)	SEX AUF DER COUCH (Institut für Rationale Psychologie)	LIEBE, EROTIK UND SEXUALITÄT IN DER THERAPIE (Antina Retsch)	SEXUELLE ÜBERGRIFFE IN PSYCHO-THERAPIE UND PSYCHIATRIE (IPT)
SICH IN KLIENTEN VERLIEBEN			[Ja: 38,4 % ; Anm. d. A.] Niemals: 57,2 % Manchmal: 3,6 %; selten: 34,8 %	
DEM KLIENTEN SAGEN, DAß ER IHN VERLIEBT IST			[Ja: 10,8 % ; Anm. d. A.] Niemals: 84,1% Selten: 9,4 %; Manchmal: 0,7 % Häufig: 0,7 % ; ohne Angabe: 5,1 %	
DIE HAND HALTEN, UM MITGEFÜHL AUSZUDRÜCKEN			[Ja: 87,0 % ; Anm. d. A.] Niemals: 18,1 % Selten: 34,1 %; Manchmal: 31,2 % Häufig: 8,0 %; Sehr häufig: 2,9 %; ohne Angabe: 5,8 %	
UMARMEN DES KLIENTEN			[Ja: 67,3 % ; Anm. d. A.] Niemals: 30,4 % Selten: 50,7 %; Manchmal: 13,0 % Häufig: 3,6 %; ohne Angabe: 2,2 %	

---

[527] vgl. Fußnote 490
[528] Leere Felder bedeuten, daß in der jeweiligen Untersuchung zu der Aussage keine Angaben gemacht wurden.

Untersuchung	'Liebe und Sex in der Therapie' (Irmgard Vogt)	Sex auf der Couch (Institut für Rationale Psychologie)	Liebe, Erotik und Sexualität in der Therapie (Antina Retsch)	Sexuelle Übergriffe in Psychotherapie und Psychiatrie (IPT)
Angebot des Anlehnens bei Wunsch des Klienten			[Ja: 40,5 % ; Anm. d. A.] Niemals: 56,5 % Selten: 26,8 %; Manchmal: 13,0 % Häufig: 0,7 %; ohne Angabe: 2,9 %	
Allgemeiner nichterotischer Kontakt (Umarmen, Küssen, Berühren)			[USMW: 57 %]	
Arm um die Schulter des Klienten legen, Umarmen des Klienten			[Ja: 71,7 % ; Anm. d. A.] Niemals: 26,1 % Selten: 50,7 %; Manchmal: 17,4 % Häufig: 3,6 %; ohne Angabe: 2,2 % [USMW: 86,2 %]	
Kuß auf die Wange			[Ja: 12,3 % ; Anm. d. A.] Niemals: 85,5 % Selten: 10,1 % Manchmal: 2,2 %; ohne Angabe: 2,2 % [USMW: 28,5 %]	

b) Sexuelle Kontakte zwischen Psychotherapeuten und Klienten

Unter-suchung	'Liebe und Sex in der Therapie' (Irmgard Vogt)	Sex auf der Couch (Institut für Rationale Psychologie)	Liebe, Erotik und Sexualität in der therapie (Antina Retsch)	Sexuelle Übergriffe in Psychotherapie und Psychiatrie (IPT)

HÄUFIGKEIT DER SEXUELLEN KONTAKTE ZWISCHEN PSYCHOTHERA-PEUTEN UND KLIENTEN	[Beratung von Klienten, die sexuelle Kontakte zu ihren Patienten hatten] [Antwort: Ja]: 30 % [Antwort: Nein]: 44 % [Antwort : Weiß nicht]: 26 %	Ja: ca. 8,3 % vermutete Dunkelziffer des Untersuchungs-leiters : ca. 20 %	[keine Angabe] *[USMW: nach Retsch [529] / Bossi [530] Männlicher Therapeut: 9,7 % / 9,0 % Weibliche Therapeutin: 2,3 % / 1,9 % ohne Geschlechts-differenzierung: 2,6 % / -]*	[keine Angabe] [USMW nach Bossi
INITIATIVE DER SEXUELLEN KONTAKTE	• Verführung des Klienten durch **Psychothera-peuten / Berater : 56 %** • Verführung des Psychotherapeuten /Beraters durch **Klienten: 18 %** • **keine eindeutige Verführung** durch einen der Beiden interaktionspartner / **beidseits** gleicher verführungsgrad: **26 %**	durch die Klienten ca. 25 %	[keine Angabe]	**Therapeut: 77,6 %** erst Therapeut, dann Patient: **5,2 %** [gesamt: 83,8 %] **Patient: 1,7 %** erst Patient, dann Therapeut: 5,2 % [gesamt: 6,9 %] **Beide: 5,2 %** Sonstiges:1,7 % indirekt Therapeut- direkt: 5,2 % indirekt Patient - direkt: 1,7 % [531]
ZEITRAUM DER SEXUELLEN KONTAKTE				• einmaliges Erlebnis: 7,3 % • < 1 Woche: 1,8 % • 1 Woche bis 1 Monat: 10,9 % • 1 Monat bis 6 Monate: 27,3 % • 6 Monate bis 1 Jahr: 14,5 % • 1 Jahr bis 5 Jahre: 21,8 % • 5 Jahre bis 10 Jahre: 14,5 % • > 10 Jahre : 1,8 % [532]

[529] Retsch S. 22
[530] Bossi S. 51
[531] FBSÜP S. 43

c) Häufigkeit sexueller Kontakte (Einzeldarstellung)

UNTERSUCHUNG	'LIEBE UND SEX IN DER THERAPIE' (Irmgard Vogt)	SEX AUF DER COUCH (Institut für Rationale Psychologie)	LIEBE, EROTIK UND SEXUALITÄT IN DER THERAPIE (Antina Retsch)	SEXUELLE ÜBERGRIFFE IN PSYCHOTHERAPIE UND PSYCHIATRIE (IPT)
DEM KLIENTEN SAGEN, DAß MAN IHN SEXUELL ATTRAKTIV FINDET			[Ja: 32,6 % ; Anm. d. A.] Niemals: 63,8 % Selten: 19,6 % Manchmal: 13,0 %; ohne Angabe: 3,6 %	
DEM KLIENTEN SAGEN, DAß MAN IHN SEXUELL BEGEHRT			[Ja: 3,6 % ; Anm. d. A.] Niemals: 95,7 % Selten: 3,6 %; ohne Angabe: 0,7 %	
ÜBER EIN MÖGLICHES MITEINANDER- SCHLAFEN SPRECHEN			[Ja: 5,8 % ; Anm. d. A.] Niemals: 92,8 % Selten: 5,1 % Manchmal: 0,7 %; ohne Angabe: 1,4 %	
AUSTAUSCH EROTISCHER KÜSSE			[Ja: 1,4 % ; Anm. d. A.] Niemals: 97,8 % Selten: 1,4 %; ohne Angabe: 0,7 %	
STREICHELN / LIEBKOSEN AM GANZEN KÖRPER			[Ja: 2,2 % ; Anm. d. A.] Niemals: 96,4 % Selten: 2,2 %; ohne Angabe: 1,4 %	
ORALVERKEHR		25 %		
PETTING		67 %		
MIT DEM KLIENTEN SCHLAFEN (GESCHLECHTS- VERKEHR)		14 %	[Ja: 1´,4 % ; Anm. d. A.] Niemals: 97,8 % Selten: 1,4 %; ohne Angabe: 0,7 % [USMW: Männlicher Therapeut: 5,75 % Weibliche Therapeutin: 0,6 % ohne Geschlechtsdifferenzierung. 1,9 %]	
S/M-PRAKTIKEN (SADOMASOCHISTI SCHE SEXSPIELE)		11 %		

532 FBSÜP S. 43

d) Aufnahme sexueller Kontakte nach Therapieende

UNTERSUCHUNG	'LIEBE UND SEX IN DER THERAPIE' (Irmgard Vogt)	SEX AUF DER COUCH (Institut für Rationale Psychologie)	LIEBE, EROTIK UND SEXUALITÄT IN DER THERAPIE (Antina Retsch)	SEXUELLE ÜBERGRIFFE IN PSYCHOTHERAPIE UND PSYCHIATRIE (IPT)
SEXUELLE BEZIEHUNG ZU EINEM EHEMALIGEN KLIENTEN	[keine Angabe]	[keine Angabe]	**[Ja: 8,6 % ; Anm. d. A.]** **Niemals: 89,1 %** Selten: 7,2 % Manchmal: 1,4 % ohne Angabe: 2,2 % *[USMW (Geschlechtsverkehr):* *Männlicher Therapeut::* *2,6 %* *Weibliche Therapeutin:* *0,3 %* *ohne Geschlechtsdifferenzierung.* *11,1%]*	[keine Angabe]

VI. Folgen aus sexuellen Kontakten zwischen Psychotherapeuten und Klienten

Da die Forderung nach einem sexuellen Abstinenzgebot auch mit negativen Folgen nach sexuellen Kontakten zwischen Psychotherapeuten und Klienten begründet wird, sind auch die hierzu einschlägigen Ergebnisse zu betrachten.

1. Positive Folgen

a) FBSÜP

Die ausführlichste Studie hierzu stellt der FBSÜP dar:Im Rahmen einer allgemeinen Frage 'War nach dem Vorfall Ihr Gesamtzustand im Vergleich zum Therapiebeginn alles in allem a) gebessert, b) gleichgeblieben, c) verschlechtert?' befanden 6,7 % eine Besserung (Antwort a) und 11,7 % blieben indifferent (Antwort b) [533].

Der FBSÜP sieht in jedem sexuellen Kontakt zwischen Psychotherapeut und Klient ein Trauma und konsequent eine positive Bewertung durch den Klienten als Folge einer für Traumapatienten typischen Unfähigkeit, „ihr Leiden im postexpositorischen Zeitraum (der Zeit nach dem traumatischen Vorfall) mit dem traumatogenen (= seelisch verletzenden) Situationsfaktoren in Verbindung zu bringen." [534] Gestützt wird diese Annahme auf signifikante Unterschiede in bestimmten Symptomen im Vergleich zwischen der Gruppe der 'Gebesserten und Gleichgebliebenen' und der Gruppe der 'Verschlechterten': So haben z. B. 70 % der ersteren 'Angst, verrückt zu werden' im Gegensatz zu nur 5 % der 'Verschlechterten', das Auftreten von neuen psychosomatischen Beschwerden (50 % zu 25 %) bzw. sexuellen Funktionsstörungen (20 % zu 10 %) ist bei der ersten Gruppe doppelt so hoch. [535] Die grundsätzliche, zumindest aber quantitative Aussagekraft dieser Vergleichsdaten ist begrenzt, wie der FBSÜP selber zugesteht [536], da es sich bei den Gebesserten um eine äußerst geringe (absolute) Fallzahl von 4 Probanden bzw. bei den Gleichgebliebenen um 7, also um eine Gesamtzahl von nur 11 Probanden handelt.

Zusätzlich haben 42,6 % der Frauen bestimmte positive Folgen angegeben. Dabei fallen vor allem ein gestärktes Selbstwertgefühl (relativ in der Gruppe mit positiven Folgen: 30,8 %, absolut im Verhältnis zur Grundgesamtheit aller Probanden: 13,1 %) und die Gewinnung von Erkenntnis z. B. der eigenen Abgrenzungsprobleme

---

[533] FBSÜP S. 91
[534] FBSÜP S. 93 f
[535] FBSÜP S. 94
[536] FBSÜP S. 93

oder der vorher nicht mehr bewußten Mißbrauchserfahrungen aus der Kindheit (relativ 26,9 %, absolut: 11,5 %) ins Gewicht. [537]

b) IRP-Untersuchung

Nach der IRP-Untersuchung haben „nicht einmal 20 %" [538] der Klienten die sexuellen Kontakte als 'beglückend oder befriedigend' empfunden, ohne daß dieses Ergebnis näher spezifiziert wurde.

c) Bewertung

Selbst bei Annahme der FBSÜP-Hypothese, daß es sich teilweise um ein bei Traumapatienten typisches 'Schisma' zwischen Ursache und Wirkung handelt, kann aufgrund der extrem kleinen Stichprobe aus der Vergleichsanalyse der Gruppen 'Gebesserte / Indifferente' zu 'Verschlechterte' auf eine zwangsläufige, ausschließliche Schädlichkeit von sexuellen Kontakten nicht automatisch geschlossen werden. Auch der FBSÜP geht nur von einer 'zusätzlichen Verschlechterung in aller Regel' aus bzw. daß sexuelle Kontakte zwischen Psychotherapeuten und Klienten „oft gefährliche Schäden verursachen". [539]

Der Annahme einer regelmäßigen Schädlichkeit kann angesichts des vergleichsweise hohen Prozentsatzes von 'Beglückten oder Befriedigten' von nicht ganz 20 % der IRP-Untersuchung (im Vergleich von 6,7 % 'Gebesserten' im FBSÜP) nicht ohne weiteres gefolgt werden. Der FBSÜP widerspricht sich insofern, indem er diese 'positiven' Daten negiert, obwohl er den Aussagewert der IRP-Untersuchungsdaten sonst für hoch einschätzt: „Wir gehen grundsätzlich davon aus, daß Ertels Ergebnisse keine „Luftblasen" sind, sondern angemessen berücksichtigt werden müssen." [540] Gleichermaßen empirisch unsicher ist auch die Gegenannahme, daß die nicht beantworteten Befragten automatisch zur

---

[537] FBSÜP S. 94 f
[538] petra 1990, 186
[539] FBSÜP S. 91
[540] FBSÜP S. 29

zufriedenen, schweigenden Mehrheit gehören, d. h. mit sexuellen Kontakten glücklich sind und daher an den Untersuchungen nicht teilnehmen [541].

Aus der Auswertung der empirischen Daten kann nur der Schluß gezogen werden, daß bis zu 20 % der Klienten sexuelle Kontakte mit ihren Psychotherapeuten subjektiv als überwiegend positiv bewerteten. Die Schlußfolgerung eines objektiv anzunehmenden, regelmäßigen Ausschlusses von überwiegend positiven Folgen ist aus den vorhandenen Daten nicht möglich.

d) Tabellarische Darstellung [542]

UNTERSUCHUNG	LIEBE UND SEX IN DER THERAPIE (I. VOGT)	SEX AUF DER COUCH (IRP)	LIEBE, EROTIK UND SEXUALITÄT IN DER THERAPIE (A. RETSCH)	SEXUELLE ÜBERGRIFFE IN PSYCHOTHERAPIE UND PSYCHIATRIE (IPT)
POSITIVE FOLGEN		< 20 % ('beglücken d' oder befriedigen d')		6,7 % 'Verbesserung des Gesamtzustandes [543] Im einzelnen [544] : Aufwertung: 3,8 % sich geliebt fühlen: 3,8 % Sexuelle Öffnung: 3,8 % Mehr Gefühlsreaktion: 15,4 % Gestärktes Selbstwertgefühl: 30,8 % gestärktes Körpergefühl: 3,8 % Scheidung / Trennung : 3,8 % Erkenntnis gewinnen: 26,9 % sonstiges : 7,7 %

---

[541] vgl. Blaser S. 24 f
[542] vgl. Fußnote 490
[543] FBSÜP S. 91
[544] Die folgenden Prozentzahlen beziehen sich auf das Verhältnis **innerhalb** der Probanden, die positive Folgen bejaht haben. Gemessen an der Grundgesamtheit handelt es sich hierbei um 57,4 % (35 Probanden); FBSÜP S. 94

2. Negative Folgen aus sexuellen Kontakten zwischen Psychotherapeuten und Klienten

a) Erläuterung

Negative Folgen wurden im FBSÜP und in der IRP-Untersuchung festgestellt.

Der FBSÜP unterscheidet zwischen dem erstmaligen (neuen) Auftreten und einer Verstärkung von Symptomen. Bei einem Vergleich der häufigsten Nennungen fällt folgende Symptomatik auf: Dreiviertel aller Probanden (74,5 %) erlebt eine Angst-Symptomatik, zwei Drittel (66 %) erfahren depressive Symptome verstärkt oder neu. Zwei von fünf Probanden (42,5 %) haben verstärkte oder neue psychosomatische Beschwerden oder Selbstzweifel (38,4 %). Jeder dritte Proband hat verstärkte oder neue Selbstmordgedanken (32,4 %), Mißtrauen (30,4 %) oder Beziehungsprobleme (30 %).

Bei einem Einzelvergleich der häufigsten Nennungen in den Sparten 'Symptomverstärkung' und 'Neusymptomatik' „ergibt sich nahezu dasselbe Syndrom mit nur leichten Schwerpunktverschiebungen".[545]

Angesichts dieser Ergebnisse ist das Auftreten eines Syndroms aus Angst- (74,5 %) und depressiver Symptomatik (66 %) auffällig. Allerdings erscheint die Allgemeingültigkeit dieser Ergebnisse fraglich: Die IRP-Untersuchung berichtet von einer Angst-Symptomatik von 20 %, ohne daß dabei deutlich wird, ob es sich dabei um ein Neuauftreten oder auch um eine Verstärkung handelt. Der FBSÜP berichtet von einem Neuauftritt von 29,2 %, wobei er in die zusätzlichen Sparten 'hypochondrische Angst' (4,2 %) und 'Angst, verrückt zu werden' (8,3 %) aufspaltet. Selbst bei einer 'Worst-Case-Interpretation' der Zahl aus der IRP-Untersuchung (20 %) im Sinne einer neuen Symptomatik bedeutet dies eine signifikante Differenz zu einer neuen Angst-Symptomatik des FBSÜP i. w. S. (41,7 %), aber auch zur Angst-Symptomatik i. e. S. (29,2 %).

---

[545] FBSÜP S. 97

Eine mögliche Ursache für diese häufigere Angabe von negativen Symptomen im FBSÜP könnte in der Verbindung der sexuellen Kontakte mit körperlicher Gewalt liegen: „In erstaunlich vielen Fällen ist es (im Vergleich zu den bisher vorliegenden Untersuchungen) im Zusammenhang mit dem Übergriff zur Anwendung körperlicher Gewalt gekommen." [546] Die Häufigkeit der verstärkten als auch der neu hinzu gekommenen Symptome war in den Fällen zusätzlicher Erfahrung von Gewaltanwendung signifikant erhöht [547]. Durch diese Verbindung sind die Häufigkeitsangaben des FBSÜP nicht unbesehen auf ‚einverständliche sexuelle Kontakte' übertragbar. Der FBSÜP schlägt selbst vor, die Ergebnisse des IRP 'angemessen zu berücksichtigen' [548]. Mangels linearer Abhängigkeit der Daten beider Studien kann eine prozentual errechnete Reduktion nicht vorgenommen werden. Eine quantitative Annäherung an die IRP-Ergebnisse erscheint sinnvoll. Doch belegen beide Studien belegen das Vorkommen schädlicher Folgen nach einverständlichen sexuellen Kontakten zwischen Psychotherapeuten und Klienten, ohne daß eine quantitative Häufigkeitsangabe möglich ist.

Bei der negativen Veränderung des Gefühlslebens der Klienten ist die Störung der Liebes- und Beziehungsfähigkeit, die oft mit Identitätsstörungen einhergeht, als Leitsymptom nach sexuellen Kontakten zwischen Psychotherapeuten und Klienten zu nennen [549]. Die Ursache sieht der FBSÜP in der Vermischung von Arbeits- und Übertragungsebenen bzw. dem Mißbrauch der künstlich geschaffenen Abhängigkeitsbeziehung [550]. Die große Intensität der mittels Erlebnisaktivierung hervorgerufenen Gefühle soll zu der hohen Intensität und Dauer der psychischen Verletzungsfolgen führen [551].

---

[546] FBSÜP S. 107 (Absolute Zahlen der Gewalt-Übergriff-Kombination wurden nicht genannt.)
[547] Verstärkte Symptome: p = 0,04. Durchschnittlich war mehr als ein Eingangssymptom zusätzlich verstärkt (FBSÜP S. 107). Neu hinzu gekommene Symptome: p = 0,038. Die Symptomfrequenz lag um mehr als das 1,5 fache über dem Vergleichswert(FBSÜP S. 108).
[548] FBSÜP S. 29
[549] FBSÜP S. 100 f
[550] FBSÜP S. 100 f; vgl. oben S. 26 ff
[551] FBSÜP S. 127

b) Tabellarische Darstellung [552]

(A) Therapieende nach sexuellen Kontakten

UNTERSUCHUNG	'LIEBE UND SEX IN DER THERAPIE' (Irmgard Vogt)	SEX AUF DER COUCH (Institut für Rationale Psychologie)	LIEBE, EROTIK UND SEXUALITÄT IN DER THERAPIE (Antina Retsch)	SEXUELLE ÜBERGRIFFE IN PSYCHOTHERAPIE UND PSYCHIATRIE (IPT)
THERAPIEENDE NACH SEXUELLEN KONTAKTEN		< 50 % sofortiger Abbruch von Therapie und Sex; ca. 20 % sexuelle Kontakte bis zum Ende der Therapie;		• Sofort, gleichzeitig: 24,5 % [CP: 24,5 %] • bis 2 Monaten: 22,6 % [CP: 47,2 %] • 2 bis 6 Monate: 15,1 % [CP: 62,3 %] • 6 bis 12 Monate: 9,4 % [CP: 71,7 %] • 1 bis 2 Jahre: 9,4 % [CP: 81,1 %] • 2 bis 5 Jahre: 5,7 % [CP: 86,8 %] • 5 bis 8 Jahre: 1,9 % [CP: 88,7 %] • mehr als 8 Jahre: 3,8 % [CP: 92,5 %] • sonstiges: 7,5 % [CP: 100 %] [553]

---

[552] vgl. Fußnote 490
[553] FBSÜP S. 32

(B) Folgen nach Aufnahme von sexuellen Kontakten zwischen Psychotherapeuten und Klienten

UNTER-SUCHUNG	LIEBE UND SEX IN DER THERAPIE (I. VOGT)	SEX AUF DER COUCH (IRP)	LIEBE, EROTIK UND SEXUALITÄT IN DER THERAPIE (A. RETSCH)	SEXUELLE ÜBERGRIFFE IN PSYCHO THERAPIE UND PSYCHIATRIE (I PT)	
				neue Symptome[554]	verstärkte Symptome[555]
ABHÄNGIKEIT				6,3 %	0 %
AMBIVALENZ				2,1 %	2 %
ANGST		20 %		29,2 %	35,3 %
ANGST, HYPOCHONDRISCHE				4,2 %	0 %
ANGST, VERRÜCKT ZU WERDEN				8,3 %	5,9 %
ARBEITSSTÖRUNGEN				6,3 %	7,8 %
BEZIEHUNGSPROLBLEME				10,4 %	19,6 %
DEPERSONALISIERUNG				2,1 %	0 %
DEPRESSIVE SYMPTOME				22,9 %	43,1 %
DEREALISIERUNG				2,1 %	2 %
EKELGEFÜHL		12 %			
GRENZSTÖRUNGEN				4,2 %	2 %
IDENTITÄTSSTÖRUNGEN				2,1 %	5,9 %

---

[554] Prozentualer Anteil einzelner Beschwerden, deren Symptome im Gegensatz zum Beginn der Behandlung neu gebildet haben [FBSÜP S. 96]

[555] Prozentualer Anteil einzelner Beschwerden, deren Symptome im Gegensatz zum Beginn der Behandlung verstärkt haben [FBSÜP S. 96]

UNTER-SUCHUNG	LIEBE UND SEX IN DER THERAPIE (I. VOGT)	SEX AUF DER COUCH (IRP)	LIEBE, EROTIK UND SEXUALITÄT IN DER THERAPIE (A. RETSCH)	SEXUELLE ÜBERGRIFFE IN PSYCHO THERAPIE UND PSYCHIATRIE (I PT)	
				neue Symptome [556]	verstärkte Symptome[557]
INTRUSIVE PHÄNOMENE				6,3 %	-
ISOLIERUNG UND EINSAMKEIT				10,4 %	17,6 %
LEEREGEFÜHLE				6,3 %	-
MIßTRAUEN				16,7 %	13,7 %
OHNMACHT				2,1 %	2 %
PSYCHOSOMATISCHE BESCHWERDEN				22,9 %	19,6 %
PSYCHOTISCHE REAKTIONEN				2,1 %	3,9 %
SCHAMGEFÜHL		28 %			
SCHLAFSTÖRUNGEN				16,7 %	7,8 %
SCHULDGEFÜHLE				8,3 %	3,9 %
SELBSTVERSTÜMMELUNG				2,1 %	-
SELBSTWERTPROBLEMATIK		24 %			
SELBSTZWEIFEL				18,8 %	19,6 %
SEXUELLE FUNKTIONSSTÖRUNGEN				8,3 %	17,6 %
SUCHTVERHALTEN				8,3 %	7,8 %

---

[556] Prozentualer Anteil einzelner Beschwerden, deren Symptome im Gegensatz zum Beginn der Behandlung neu gebildet haben [FBSÜP S. 96]
[557] Prozentualer Anteil einzelner Beschwerden, deren Symptome im Gegensatz zum Beginn der Behandlung verstärkt haben [FBSÜP S. 96]

UNTER-SUCHUNG	LIEBE UND SEX IN DER THERAPIE (I. VOGT)	SEX AUF DER COUCH (IRP)	LIEBE, EROTIK UND SEXUALITÄT IN DER THERAPIE (A. RETSCH)	SEXUELLE ÜBERGRIFFE IN PSYCHO THERAPIE UND PSYCHIATRIE (I PT)	
				neue Symptome[558]	verstärkte Symptome[559]
SUIZIDGEFÜHLE / -VERSUCH		Hinweis auf Existenz ohne Zahlenanga be		16,7 %	15,7 %
VERLETZLICHKEIT				10,4 %	2 %
WUT				4,2 %	2 %

VII. Gesamtbewertung der Ergebnisse

Die zwei großen Untersuchungen, die IRP-Untersuchung und der FBSÜP, kommen empirisch zu unterschiedlichen Ergebnissen. Die stark an dem Bezugspunkt 'Klient als Opfer' orientierte Interpretation des FBSÜP und die gleichzeitige positive Akzeptanz der (inhaltlich widersprüchlichen) IRP-Untersuchung verstärken den Eindruck einer Unsicherheit.

Das Ergebnis der IRP-Untersuchung zur Häufigkeit von sexuellen Kontakten zwischen Psychotherapeuten und Klienten liegt im internationalen Rahmen. Aufgrund der Direktbefragung von Klienten - im Gegensatz zum FBSÜP unabhängig davon, ob sie sexuelle Kontakte mit ihren mit Psychotherapeuten hatten, - liegen keine inhaltlichen Anhaltspunkte vor, die Daten zu den Kontaktfolgen zu verändern, also sowohl von sexuellen Kontakten zwischen Psychotherapeuten und Klienten mit positiven Ergebnissen als auch mit einem

---

[558] Prozentualer Anteil einzelner Beschwerden, deren Symptome im Gegensatz zum Beginn der Behandlung neu gebildet haben [FBSÜP S. 96]
[559] Prozentualer Anteil einzelner Beschwerden, deren Symptome im Gegensatz zum Beginn der Behandlung verstärkt haben [FBSÜP S. 96]

Angstsyndrom von ca. 20 % auszugehen. Die abweichenden, deutlich höheren (negativen) Syndromergebnisse des FBSÜP würden sich durch die Nichtteilnahme eines 'mit sexuellen Kontakten zufriedenen' Anteils an Klienten erklären lassen.

Diese höheren Zahlen können zum einen mit der (ethisch zwangsläufigen) Erhebungsmethodik erklärbar, ohne Vergleich durch eine Versuchsanordnung mit einer Gruppe (mit sexuellen Kontakten) und einer Kontrollgruppe ohne sexuelle Kontakte arbeiten zu müssen. Ein anderes Problem liegt in dem Untersuchungsfeld 'Psychotherapie' an sich: Die aufgezeigten signifikanten Folgesymptome sind gleichzeitig signifikante Eingangssymptome bei Beginn einer Psychotherapie. Damit muß sich - mangels empirisch verläßlicher, eindeutiger Zuweisung von sexuellen Kontakten zu den jeweiligen Folgesymptomen - die Frage stellen, ob tatsächlich eine Kausalität zwischen sexuellen Kontakten bzw. ihren psychischen Einwirkungen auf die Klienten und der psychischen bzw. psychosomatischen Symptomatik besteht. Denn es wäre genauso denkbar, daß diese typisch für den psychotherapeutischen Prozeß [560] sind und auch ohne die sexuellen Kontakte aufgetreten oder verstärkt worden wären. Dieser Ursachenzusammenhang ist aus juristischen [561] wie aus Eindeutigkeit fordernden seinswissenschaftlichen Gründen notwendig [562].

Als einzig sicheres, induktives Ergebnis kann nur angenommen werden, daß eine Wahrscheinlichkeit nach sexuellen Kontakten zwischen Psychotherapeuten und Klienten besteht, daß die betroffenen Klienten in zeitlicher Abfolge zu bestimmten psychischen oder psychosomatischen Folgesymptomen neigen, ohne daß sich der Grad der Wahrscheinlichkeit auf ein bestimmtes Intervall oder einen Fixpunkt eingrenzen läßt. Ein sicherer sollenswissenschaftlicher Schluß ausschließlich auf der Basis dieser empirischer Daten ist nicht möglich.

---

[560] bzw. in einer bestimmten Phase des therapeutischen Verlaufs
[561] vgl. S. 164 ff
[562] Blaser S. 25

E. Zusammenfassung der Gründe für eine sexuelle Abstinenz von Psychotherapeuten zu ihren Klienten

Aus den psychotherapeutischen Beurteilungsgrundlagen wurden rollenbedingte Beziehungsstrukturen und -prozesse beim Klienten deutlich, die durch sexuelle Kontakte mit dem Psychotherapeuten so gestört werden, daß ein zukünftiger Erfolg therapeutischer Einflüsse, d. h. eine sinnvolle Fortsetzung der Psychotherapie, unmöglich ist. Gleichzeitig kann der Klienten i. d. R. zwischen der realen Arbeitsbeziehung zu dem Therapeuten und der unbewußten Übertragungsbeziehung nicht differenzieren, so daß - ähnlich wie bei einem Kind nach sexuellem Mißbrauch durch die Eltern - eine tiefe Verwirrung und unentwirrbare Vermischung zwischen diesen Ebenen entsteht und ähnliche Grenzverletzungserfahrungen (Traumata) aus seiner (kindlichen) Vergangenheit statt korrigiert noch verstärkt werden.

Die in der Bundesrepublik Deutschland erhobenen empirischen Daten bestätigen, daß Grenzverletzungen in Form sexueller Kontakte zum Psychotherapeuten nicht selten sind. Leider sind aus ihnen keine sicheren Aussagen über Formen und Quantität schädlicher Folgen und Symptome nach den sexuellen Kontakten möglich, da alle angewandten Untersuchungsmethoden keinen direkten Vergleich von Klienten mit und ohne sexuellen Kontakten zu ihren Psychotherapeuten vorgenommen haben. Eine Untersuchungsanordnung, die diese Schlüsse eventuell möglich machen würde, mit dem Vergleich einer Gruppe mit sexuellen Kontakten zu einer vergleichbaren Kontrollgruppe ohne sexuelle Kontakte verbietet sich aus der potentiellen Gefahr schädlicher Versuchsfolgen aus ethischen Gründen [563]. Das vorliegende Datenmaterial hat jedoch ein (nicht quantifizierbares) Risiko des Auftretens schädlicher psychischer und psychosomatischer Symptome belegt und insofern der deduktiven Begründung eines sexuellen Abstinenzgebot für Psychotherapeuten zu ihren Klienten nicht widersprochen, auch wenn eine induktive Begründung des sexuellen Abstinenzgebotes aus den statistischen Daten nicht möglich ist. Der Wunsch nach empirischer Bestätigung ist gerade in der

---

[563] Zudem wäre es sehr schwierig, gerade unter Psychotherapieklienten Probanden zu finden, die nach objektiven Kriterien vergleichbar und dann in Versuchs- und Kontrollgruppe aufteilbar sind. Dieses wäre unbedingt notwendig, um sich nicht dem Vorwurf auszusetzen, Unvergleichbares verglichen zu haben.

heutigen wissenschafts- und empirieglaubigen Zeit sehr groß und verständlich, dennoch darf dieses Verlangen nicht dazu verleiten, bloße statistische Wahrscheinlichkeiten zu unbedingten Wahrheiten machen zu wollen [564]. Die hier getroffene Entscheidung für ein Verbot sexueller Kontakte von Psychotherapeuten zu ihren Klienten ist eine Wertentscheidung (zugunsten des Schutzes des Klienten vor einem Verletzungsrisiko und gegen die sexuelle Selbstbestimmungsfreiheit beider 'Partner'), dessen Verantwortung keine statistische Zahl abnehmen kann. Gleichzeitig befreit sie von der Abhängigkeit von Zahlenmaterial und erlaubt, schon einen einzigen Fall der Grenzverletzung als zuviel zu betrachten.

---

[564] Vgl. Blaser S. 24 f

Es ist Weisheit die Notwendigkeit zu erkennen,
auch wenn es denen wie Torheit vorkommen mag,
die sich an falsche Vorstellungen klammern.

Tolkien

2. Teil : Rechtliche Durchsetzungsmöglichkeiten des sexuellen Abstinenzgebotes

A. Einführung

Im ersten Teil wurde dargelegt, daß die Unterlassung von sexuellen Kontakten zwischen Psychotherapeuten und Klienten zum Schutze des Klienten notwendig ist. Die Kontrolle einer geforderten Verhaltensweise erfolgt in jeder Gemeinschaft durch die Reaktion auf abweichendes Verhalten, damit nicht grundlegende soziale Eckpfeiler ins Wanken geraten [565]. Es stellt sich die Frage, wie die bundesdeutsche Rechtsgemeinschaft im Interesse eines geordneten Zusammenlebens ein solches Gebot rechtlich durchsetzt.

In den einfachen Gesellschaftsformen z. B. Naturvölkern wie den Hochkulturen z. B. dem Römischen Reich wurden solche Konflikte aus Verletzungen von Individualrechtsgütern [566] auf der direkten Ebene zwischen den Parteien (Täter und Opfer) gelöst Eine Kriminalstrafe als öffentliches Unwerturteil war als Ausnahme bei einem gemeinschaftsschädlichen Bruch sozial anerkannter Normen (Verletzung von Rechtsgütern der Allgemeinheit) vorgesehen [567].

Zur Wiederherstellung sozialen Friedens findet sich das Primat direkter Konfliktlösung zwischen Täter und Opfer gegenüber dem (Um-) Weg über einen 'abstrakten Rechtsfrieden durch Sühne o. ä.' schon im Alten Testament, den jüdischen Wurzeln des Christentums, welches das soziokulturelle Umfeld der bundesdeutschen Rechtsgemeinschaft entscheidend geprägt hat: Das altisraelitische Bundesbuch [568] enthält Regelungen für Vermögens- und Sachbeschädigungen, die allein auf den materiellen Ausgleich des Schadens, den das Opfer erlitten hatte, zielen, ohne daß es auf die (immaterielle) Wiederherstellung einer heiligen Ordnung oder eines göttlichen Rechts i. S. einer Negation der Negation angekommen wäre [569]. In diesem Kontext erscheint die

---

[565] Rössner, Wiedergutmachen statt Übelvergelten, S. 7
[566] z. B. Körper, Eigentum, Vermögen
[567] Rössner, a. a. O., S. 8
[568] Exodus (2. Buch Moses) Kap. 21 - 23
[569] Koch, K., Vergeltungsdogma im Alten Testament, S. 1 ff

Auslegung von ‚Auge um Auge, Zahn um Zahn' durch Koch im Gegensatz zur Vergeltungstheorie glaubwürdiger und sachgerechter: Die Talionsformel [570] war keine Legitimation zur reaktiven Tötung, Körperverletzung o. ä., sondern ein quantitatives Richtmaß zur Bemessung des materiellen Schadensersatzes, welches das Ziel verfolgte, den Täter vor der eigendynamischen Tendenz der Gegenaggression des Opfers und seiner Angehörigen [571] in Form von astronomischen Forderungen zu schützen [572]. Dieses schon in der Antike praktizierte System wurde im Mittelalter zugunsten einer Wertung als nicht mehr privater, sondern öffentlicher Konflikt abgeschafft, um sowohl den Staat durch die Abschaffung der Bedrohung, welche durch die privaten ritterlichen Fehden für das Staatsgefüge ausging, als auch die symbolische Integrationskraft eines öffentlichen Strafrechts zu stärken [573].

In der Bundesrepublik Deutschland werden beide Formen der Konfliktregelung angewandt: Neben öffentlich-rechtlichen Formen der sozialen Kontrolle mittels hoheitlicher Einwirkung des Staates auf den Bürger, dem Strafrecht [574] bzw. einem berufsspezifischen (Disziplinar-) Recht [575], hat sich seit den 80er Jahren eine moderne Form der sozialen Reaktion [576] der direkten Konfliktbewältigung bzw. Wiedergutmachung entwickelt. Dieser sog. Täter-Opfer-Ausgleich (TOA) [577] besteht allerdings nicht neben der Kriminalstrafe, sondern ist gesetzessystematisch in das Strafrecht eingebettet [578].

Im folgenden wird dargestellt, ob diese rechtlichen Reaktionen im Rahmen der geltenden Rechtslage auch nach 'sexuellen Kontakten eines Psychotherapeuten zu seinen Klienten' zulässig sind und welche Reaktionsformen sich de lege ferenda anbieten.

---

[570] Auge um Auge, Zahn um Zahn
[571] Verwandte, Stammesangehörige u. ä.
[572] Koch, H., Jenseits der Strafe, S. 56 f
[573] Rössner S. 9
[574] Strafrechtliche Bestimmungen finden sich nicht nur im StGB, sondern auch im sog. Nebenstrafrecht, d. h. in Gesetzen aus anderen Bereichen der Rechtsordnung (vgl. Roxin, § 1 Rdnr. 7). Daher wären strafrechtliche Bestimmungen auch i. R. eines Psychotherapeuten-Gesetzes denkbar.
[575] Roxin AT § 1 Rdnr. 6
[576] Rieß laut Tagungsbericht vom 55. Deutschen Juristentag 1984 (NJW 1984, 2671)
[577] Im österreichischen Sprachraum als Außergerichtlicher Tatausgleich (ATA) bezeichnet.
[578] Im einzelnen s. S. 238 ff

B. Rechtliche Reaktionsmöglichkeiten nach geltendem Recht (de lege lata)

I.   Strafrechtliche Kontrolle

Im Rahmen der Frage nach möglicher strafrechtlicher Reaktion könnten einverständlich aufgenommene sexuelle Kontakte zwischen Psychotherapeuten und Klienten

- einen strafbaren Angriff gegen die sexuelle Selbstbestimmung des Klienten (13. Abschnitt des StGB),
- einen strafbaren Angriff gegen den Körper oder die Gesundheit des Klienten (17. Abschnitt des StGB),
- eine Beleidigung des Klienten (14. Abschnitt des StGB)

darstellen.

Eine Strafbarkeit wegen einer anderweitigen oder weitergehenden strafbaren Handlung z. B. ein sexuelles Gefügigmachen des Klienten   durch bewußte Drohung oder Gewaltanwendung, bleibt natürlich unbenommen, doch liegt dies außerhalb der Themenstellung der vorliegenden Arbeit

1. Straftaten gegen die sexuelle Selbstbestimmung (13. Abschnitt des StGB)

Das Machtungleichgewicht in einer Psychotherapie sowie die mit einer Psychotherapie verbundenen Vertrauens- und Übertragungsprozesse lassen auch bei einverständlichen sexuellen Kontakten zwischen Psychotherapeuten und Klienten an die Einschränkung der freien Willensentscheidung für oder gegen sexuelle Kontakte bzw. der bewußten und nicht manipulierten Sexualpartnerwahl denken. Diese sog. sexuelle Selbstbestimmung ist im StGB im 13. Abschnitt bei bestimmten Personengruppen oder in bestimmten Konstellationen geschützt, bei denen die Anwendbarkeit auf sexuelle Kontakte zwischen Psychotherapeuten und Klienten denkbar wäre.

Innerhalb dieses Abschnitts können die Delikte in verschiedene Teilgruppen [579] eingeteilt werden, von denen hier an die Ausnützung von Abhängigkeitsverhältnissen, aber auch Straftaten gegen die sexuelle Freiheit i. e. S. zu denken wäre.

Da in jeder Psychotherapie von einer intensiven psychischen Abhängigkeit ausgegangen werden kann [580], ist primär die Teilgruppe der Sexualstraftaten unter Ausnützung von Abhängigkeitsverhältnissen zu betrachten. Die hier zugehörigen Normen §§ 174 a I , 174 b StGB [581] sind allerdings auf klar definierte Abhängigkeitsverhältnisse anzuwenden, die offensichtlich bei einer Psychotherapie auch im funktionalen Sinne nicht vorliegen:

a) Sexueller Mißbrauch von Gefangenen, behördlich Verwahrten oder Kranken in Anstalten (§ 174 a StGB)

Gefangenschaft und Verwahrung auf behördliche Anweisung (§ 174 Abs. 1 StGB) scheiden offensichtlich von vornherein aus, ebenso eine Erfüllung nach Abs. 2 aus: Unabhängig von dem Streit, ob die Opfer krank oder hilfsbedürftig sein müssen [582], ist in jedem Fall eine stationäre Unterbringung i. S. einer Übernachtung in einer Anstalt für Kranke oder Hilfsbedürftige erforderlich. Daher ist eine ambulante (oder teilstationäre) Versorgung, wie bei psychotherapeutischen Behandlungsverhältnisse nicht ausreichend [583].

b) Sexueller Mißbrauch unter Ausnutzung einer Amtsstellung (§ 174 b StGB)

Gleichfalls liegt kein durch § 174 b StGB geschütztes Abhängigkeitsverhältnis vor, da der Psychotherapeut offensichtlich kein Amtsträger i. S. § 11 I Nr. 2 StGB ist, der zur Mitwirkung an einem Strafverfahren oder Verfahren zur Anordnung einer

---

[579] Kaiser, Kriminologie § 57, 1 (S. 455)
[580] s. S. 25 ff
[581] Kaiser ebd.; er faßt auch die §§ 174 I Nr. 2, 180 III StGB dazu, wobei er richtigerweise zugesteht, daß diese eher Jugendschutzdelikten zugeordnet werden müssen.
[582] BGH St 29, 15 f; Lackner § 174 a Rdnr. 7; LK-Laufhütte § 174 a Rdnr. 8; Schönke/Schröder-Lenckner § 174 a Rdnr. 8; ablehnend: SK-Horn § 174 a Rdnr. 14

freiheitsentziehenden Maßregel der Sicherung und Besserung (§ 61 Nr. 1 - 3 StGB) oder einer behördlichen Verwahrung berufen ist.

c) Sexueller Mißbrauch widerstandsunfähiger Personen (§ 179 StGB) [584]

Angesichts des intensiven Abhängigkeitsverhältnisses wäre aber die Erfüllung des Tatbestandes des 'sexuellen Mißbrauchs Widerstandsunfähiger' (§ 179 StGB) denkbar. Diese schützt das Rechtsgut der sexuellen Selbstbestimmung von den Personen, die sich eines Willens zum sexuellen Widerstand nicht bewußt sind (Abs. 1 Nr. 1) oder diesen körperlich nicht umsetzen können (Abs. 1 Nr. 2) [585].

(A) Psychische Widerstandsunfähigkeit (§ 179 I Nr. 1 StGB)

Zu dem geschützten Opferkreis gehören nach ganz herrschender Meinung nur Personen, die sich in einem Zustand befinden, der vom Gesetz in Anlehnung an § 20 StGB beschrieben wird [586].

(I) Psychische Störungen

Da aber in vereinzelten Fällen eine Grenzziehung schwierig sein dürfte und die Erfüllung des Tatbestandes Tatfrage ist, sind die Beeinträchtigungen im einzelnen zu betrachten:

(II) Krankhafte seelische Störungen

Hierunter ist nicht jede hochgradige psychische Abnormität zu verstehen, so daß z. B. Charaktereigenschaften, die aus einer hochabnormen Persönlichkeitsentwicklung herrühren, genauso wenig erfaßt sind wie das

---

[583] BGH St 29, 15 f;

[584] Die Norm wurde durch das 33. Strafrechtsänderungsgesetz (BT-Drs. 13/ 2463, 4543, 4939, 5011, 5871, 7324, 7663) geändert, welches am 05.07.1997 in Kraft getreten ist.

[585] BT-Drs. VI / 1522 S. 18; Dreher/Tröndle § 179 Rdnr. 1;

[586] SK-Horn § 179 Rdnr. 3; Schönke/Schröder-Lenckner § 179 Rdnr. 4. Trotz des gleichen Wortlauts werden wegen der unterschiedlichen Folgen beide Normen unterschiedlich interpretiert (vgl. LK-Laufhütte § 179 Entstehungsgeschichte vor Rdnr. 1).

prähomizidale Syndrom oder narzißtische Persönlichkeitsstörungen [587]. Es bedarf endo- oder exogener Psychosen [588], also psychischer Zustände mit strukturellem Wandel des Erlebens [589], in denen „der Kontakt mit der Wirklichkeit durch Symptome wie Wahnvorstellungen, Halluzinationen und bizarre Verhaltensweisen schwer gestört ist." [590]. Klienten mit einer solchen psychiatrischen Krankheit sind jedoch indiziert für psychiatrische und nicht psychotherapeutische Behandlung [591], so daß i. d. R. nicht von einer solchen Wahrnehmungs- und Willenssteuerungseinschränkung ausgegangen werden kann.

(III)   Tiefgreifende Bewußtseinsstörungen

Hierunter ist jede nicht krankhafte, „normalpsychologische" [592] Einengung des Bewußtseins zu verstehen [593].

Nach Auffassung des BGH „ kann der Verlust der Selbstbesinnung auf einem völligen Mangel des Selbstbewußtseins im Sinne des intellektuellen Wissens um das eigene Sein des Täters und über seine Beziehungen zur Umwelt beruhen. Jener Verlust kann in einer tiefgreifenden Störung des Gefühls- und Trieblebens, also des emotionalen Bereichs der menschlichen Persönlichkeit wurzeln. Auch dann liegt ein Fall der Bewußtseinsstörung im Sinne des § 51 StGB [alte Fassung; heute § 20 StGB; Anm. d. A.] vor. Dieser Begriff darf nicht dahin eingeengt werden, als umfasse er nur Fälle des Mangels der geistigen Orientiertheit eines Menschen. Auch im Bereich des Wollens kann es zu Erschütterungen und Störungen kommen, die den völligen Verlust der Fähigkeit zu kritischer, abwägender Besinnung zur Folge haben und in denen ein Mensch zu Kurzschlußhandlungen gelangt." [594]

Denkbar wäre mit einer Mindermeinung eine so geartete Beeinträchtigung der Einsichts- bzw. Steuerungsfähigkeit aufgrund gruppendynamischer Einflüsse

---

[587] Dreher/Tröndle § 20 Rdnr. 7
[588] LK-Jähnke § 20 Rdnr. 37 ff
[589] Pschyrembel S. 1264 Stichwort Psychose
[590] Kass et. al.; S. 420
[591] Brockhaus Bd. 17, S. 596 f, 600 (Psychose, Psychotherapie)
[592] Roxin AT § 20 Rdnr. 13
[593] Dreher/Tröndle § 20 Rdnr. 10, 10 a; Roxin a. a. O.
[594] BGH St 11, (20) 23 f

anzunehmen [595]. Grundsätzlich ist zuzustimmen, daß gruppendynamische Prozesse z. B. in einer Gruppentherapie, aber auch die in einer Einzeltherapie stattfindenden Prozesse, wie im 1. Teil ausführlich dargestellt wurde, die Einsichts- und Steuerungsfähigkeit des Klienten beeinflussen (können).

Doch muß die Bewußtseinsstörung nach dem Gesetzeswortlaut tiefgreifend sein, d. h. die Störung muß so intensiv sein, „daß das seelische Gefüge des Betroffenen zerstört ...ist." [596] Das Ziel ist, eine Gleichwertigkeit mit den drei anderen biologisch-psychologischen Merkmalen zu erreichen. Für die Überschreitung dieses hohen Einflußgrades durch Psychotherapie, daß eine Zerstörung des seelischen Gefüges erreicht wird und damit einer krankhaften seelischen Störung oder Schwachsinn äquivalent wäre, ist nicht auszugehen [597].

Allerdings ist eine tiefgreifende Bewußtseinsstörung unstreitig bei Hypnose gegeben. Sollten die sexuellen Kontakte in hypnotisiertem Zustand des Klienten, der in der Hypnotherapie, aber zur Unterstützung auch in anderen Therapieverfahren angewandt wird [598], stattgefunden haben, war eine Möglichkeit zur Willensbildung beim Klienten infolge seines hypnotisierten Zustandes ausgeschlossen. In diesem Fall kann ohne weiteres von dem Beruhen einer Widerstandsunfähigkeit durch eine tiefgreifende Bewußtseinsstörung ausgegangen werden [599].

(IV) Schwachsinn

Unter Schwachsinn i. S. der §§ 20, 179 StGB sind die schweren Folgen von Schwachsinn wie Imbezillität und Idiotie zu verstehen, für deren Vorliegen es selbst in Ausnahmefällen bei Klienten einer Psychotherapie keinen Anhaltspunkt gibt [600].

---

[595] Baumann / Weber AT § 25 III 2 b; LK-Jähnke § 20 Rdnr. 66; Roxin At § 20 Rdnr. 33 (Fn. 87 m. w. N.); Schönke/Schröder-Lenckner § 21 Rdnr. 10
[596] BT-Drs. V/4095, S. 11
[597] vgl. 1. Teil
[598] Fröhlich, S. 180 'Hypnose'
[599] Schönke/Schröder-Lenckner § 179 Rdnr. 6 m. w. N. ; LK-Laufhütte § 179 Rdnr. 8
[600] Dreher/Tröndle § 20 Rdnr. 11

(V)   Schwere andere seelische Störung [601]

Zu diesem höchst umstrittenen Bereich gehören Psychopathien, (auch sexuelle) Triebstörungen, Neurosen sowie andere durch seelische Fehlanlagen und Fehlentwicklungen bedingte Abweichungen [602]. Um den anderen in § 179 bzw. § 20 StGB genannten Störungen qualitativ äquivalent zu sein, müssen diese Störungen im Einzelfall schwer sein, d. h. die Beeinträchtigung des Persönlichkeitskerns des Klienten unter einem ganzheitlichen Blickwinkel den vergleichbaren Grad einer krankhaften seelischen Störung erreichen [603].

Da Neurosen im klassischen Indikationsbereich einer Psychotherapie liegen [604], ist diese grundsätzliche Anlage bei Klienten einer Psychotherapie am wahrscheinlichsten. Ob diese allerdings so schwer ist, daß der psychopathologische Störungsgrad erreicht wird, kann an dieser Stelle allgemein nicht entschieden werden, da notwendige anerkannte Beurteilungsmaßstäbe hier ebenso fehlen wie bei den - bei Psychotherapieklienten möglichen - Persönlichkeitsstörungen [605]. Daher kann eine Widerstandsunfähigkeit nur als Tatfrage im konkreten Strafverfahren unter dem Blickwinkel der „Gesamtwürdigung der Persönlichkeit und ihrer Entwicklung, des Gewichts der Störung und ihres Zusammenhangs mit der konkreten Tat sowie der aktuell wirkenden sonstigen (konstellativen) Faktoren" [606] beurteilt werden [607].

(B) Widerstandsunfähigkeit des Klienten

Sofern eine dieser eben genannten psychischen Störungen vorliegt, muß diese zu einer Widerstandsunfähigkeit des Klienten führen.

---

[601] Der Wortlaut lautete vor der Änderung durch das 33. StÄndG „schwere andere seelische Störung". Mit der Änderung 'Störung' sollte die fragwürdige und diskriminierende Formel 'Abartigkeit' eliminiert werden, ohne daß dabei eine inhaltliche Änderung vom Gesetzgeber beabsichtigt war (BT-Drs. 13 / 2463 S. 7).
[602] Lackner § 20 Rdnr. 11
[603] BGH NJW 1982, 2009; Lackner ebd.; Dreher/Tröndle § 20 Rdnr. 12; Roxin § 20 Rdnr. 23; LK-Jähnke § 20 Rdnr. 64
[604] Fröhlich S. 245 f 'Neurose'; s. a. LK-Jähnke § 20 Rdnr. 70 f
[605] Psychopathie, Charakterneurose, Kernneurose, abnorme Persönlichkeit; vgl. LK-Jähnke § 20 Rdnr. 67
[606] LK-Jähnke § 20 Rdnr. 68
[607] LK-Jähnke § 20 Rdnr. 68, 71

Dieser Zustand ist erst dann erreicht, wenn der Klient „infolge einer der genannten Störungen einen zur Abwehr ausreichenden Widerstandswillen nicht bilden, äußern oder betätigen kann" [608]. Fraglich ist, ob von einem so starken Einfluß auf die Willensbildung bei Klienten einer Psychotherapie – im Gegensatz zu psychiatrischen Patienten - ausgegangen werden kann.

(l) OLG Düsseldorf zu sexuellen Kontakten zwischen Psychotherapeuten und Klienten

Das OLG Düsseldorf hat einen Fall über sexuelle Kontakte zwischen Psychotherapeuten und Klienten [609] entschieden. Das Gericht nahm keine Widerstandsunfähigkeit an, obwohl die Klientin von dem psychiatrischen und psychologischen Gutachter sogar als abnorme Persönlichkeit eingeschätzt wurde.

Zu diesem Schluß kam der Gutachter aufgrund „individueller Besonderheiten, nämlich einer hysterischen Persönlichkeitsstrukturierung mit betonter Gefühlsansprechbarkeit, einer wechselnden Stimmungsabhängigkeit, suggestiver Beeinflussbarkeit im Wechsel mit selbstbewußtem Durchsetzungsanspruch bei häufig ambivalenter Gefühlslage und Neigung zu „unechtem" Gefühlsausdruck." [610] Trotz dieser 'seelischen Besonderheit bzw. Eigenart' war diese Diagnose für eine psychische Widerstandsunfähigkeit nicht ausreichend, da hierzu ein Zustand notwendig wäre, der den Klienten „für einen längerfristigen Zeitraum außer Stand setzen würde, einen „ausreichenden Widerstandswillen" zu äußern oder zu betätigen." [611]

Aus der Therapeut-Klient-Beziehung selbst ergibt sich hiernach kein völliger Bruch der Widerstandsfähigkeit mit der Folge der Unfähigkeit zur Bildung, Äußerung oder Betätigung eines ausreichenden Widerstandswillen. Zwar haben „nötigende Faktoren, suggestive Beeinflußbarkeit und eine besondere Hingabe der Antragstellerin [Klientin; Anm. d. A.] zu dem Beschuldigten [Psychotherapeuten; Anm. d. A.] , von dem eine erfolgversprechende Behandlung erwartet wurde, die

[608] LK-Laufhütte § 179 Rdnr. 8;
[609] OLG Düsseldorf Beschluß nach § 172 II StPO vom 14.11.1990; Az. 4 Ws 184 / 90 (unveröffentlicht)
[610] OLG Düsseldorf a. a. O. (S. 4)
[611] ebd.

Intensität ihrer Bindung verstärkt" [612], doch kann auch aus einer so gearteten Therapeut-Klient-Beziehung kein Abhängigkeitsverhältnis mit Widerstandsunfähigkeit geschlossen werden [613].

Zu dem gleichen Ergebnis kam die psychologische Sachverständige, obwohl sie bei der Probandin alle im 1. Teil dargestellten Risiken zur sexuellen Fremdbestimmung diagnostizierte: „Willensschwäche, Beeinflußbarkeit, Unsicherheit und Angst als Grundlage ihrer Duldung von und ihrer Mitwirkung bei den in Frage stehenden sexuellen Handlungen" [614]. Doch trotz dieser starken Einflußfaktoren war eine 'ausgesprochene Widerstandsunfähigkeit' i. S. § 179 I Nr. 1 StGB abzulehnen.

(II)   Vergleichbare Beziehungskonstellation zum BGH-Urteil 'Pubertäre Religionshinwendung'

Ein vergleichbarer Fall, bei dem ein katholischer Pfarrer mittels religiösem Druck und religiösen Illusionen sexuelle Handlungen an einem 13 bis 15jährigen bzw. 16jährigen Mädchen vornahm, wurde sinngemäß vom BGH entschieden [615]:

Gerade bez. der Machtunterlegenheit der Opfer zum Täter liegt eine vergleichbare Beziehungskonstellation vor: Der Pfarrer hat als Amtspriester nach römisch - katholischem Verständnis 'die heilige Macht' inne, die Gläubigen heranzubilden und zu leiten [616]. Somit hat er auch die Macht bzw. psychologische Lehrautorität, mit dem mythologischen Schreckensort der Hölle, indem 'die noch ausstehenden zeitlichen Sündenstrafen abgebüßt werden müssen' bzw. dem (Straf-) Verlust des 'Eingehens in die Herrlichkeit Gottes' drohen zu können [617], wenn er eine Unterlassung (z. B. sexuelle Handlung oder Duldung) als religiöse Sünde oder Fehltat darstellt: „Für den Fall, daß sie sich weigere oder von diesen Küssen Dritten etwas erzähle, drohte er [der Pfarrer; Anm. d. A.] ihr mit dem Fegefeuer."

---

[612] OLG Düsseldorf a. a. O. S. 5;
[613] Eine Widerstandsunfähigkeit wäre ausnahmsweise bei einer Abhängigkeit durch die Therapeut-Klient-Beziehung gegeben, wenn sie den (hier nicht vorliegenden) Grad einer Hörigkeit erreicht hätte, ohne daß dieser Begriff näher substantiiert wurde (vgl. OLG Düsseldorf a. a. O., S. 4 f).
[614] OLG Düsseldorf S. 5 f
[615] BGH NJW 86, 1053 = BGH St 33, 340
[616] Frieling, Priesteramt (römisch-katholische Kirche), S. 142
[617] Frieling, Fegefeuer, S. 95 f

[618] Diese Machtposition ist der eines Psychotherapeuten sehr ähnlich, der den Klienten mit dem (Straf-) Verlust von weiterer Therapie, die der Klient will oder benötigt, oder der Preisgabe der anvertrauten intimen Informationen unter Druck setzen kann.

Ebenso ist der mythische Hintergrund des Vertrauens in die Richtigkeit des Handelns verwandt: Ähnlich der aus einer (gerade psychischen) Heilbehandlung erwachsenden Abhängigkeit des Klienten von dem Wohlwollen des Psychotherapeuten, den er in seiner Vorstellung mit einer schier 'übermenschlichen Allmacht' ausstattet [619], ist der Priester schon nach dem mythologisch-religionsgeschichtlichen Priesterverständnis ein Mittler zwischen Gottheit und den Menschen [620]. Nach römisch-katholischer Auffassung hat er nicht nur Auslegungs- und Leitungsmacht über die Gläubigen, sondern „vollzieht in der Person Christi das eucharistische Opfer und bringt es im Namen des ganzen Volkes dar." [621] Entsprechend dieser religiösen Auffassung haben die zwei Mädchen dem Priester keinen Widerstand bei seinem sexuellen Ansinnen geleistet: „Manchmal reichte er ihr mit einem Zungenkuß die Hostie. Sie glaubte ihm, wenn er sagte, er sei der Heiland, und der Heiland wolle, was er von ihr verlange. Zugleich war sie ihm in jungmädchenhafter Schwärmerei zugeneigt. Dabei hielt er sie im Glauben, es sei der Heiland, mit dem sie die Zungenküsse austausche." [622] Diese 'pubertäre Religionshinwendung' hat die sexuelle Selbstbestimmung der Mädchen offensichtlich sehr beeinflußt, so daß sie sich sexuellen Handlungen hingegeben haben, in die sie sich mit dem Pfarrer ohne diese mythisch-religiöse Bedeutung kaum vorstellbar eingelassen hätten. Doch kommt es bei dem Tatbestandsmerkmal der 'Widerstandsfähigkeit durch psychische Störungen' nicht auf den (vermutlichen) Widerstandswillen des hypothetisch störungsfreien Opfers an [623], sondern allein ob die Möglichkeit zu einer anderen Entscheidung über das Sexualverhalten tatsächlich beseitigt worden ist [624]. Doch trotz dieser

---

[618] BGH St 33,341
[619] Ehlert-Balzer S. 324
[620] Frieling, Priesteramt (römisch-katholische Kirche), S. 142
[621] ebd.
[622] BGH St 33, 341 f
[623] Schönke/Schröder-Lenckner § 179 Rdnr. 6; Dreher/Tröndle § 179 Rdnr. 5;LK-Laufhütte § 179 Rdnr. 8; SK-Horn § 179 Rdnr. 4, 8 (, für den der entgegenstehende Wille eines hypothetisch defektfreien Opfers beim Mißbrauch und Ausnutzung beachtlich ist)
[624] Schönke/Schröder-Lenckner § 179 Rdnr. 6; SK-Horn § 179 Rdnr. 4; LK-Laufhütte § 179 Rdnr. 8; BGH NJW 1986, 77; BGH St 32, 183; Lackner § 179 Rdnr. 3

Machtkonstellation sowie einer 'pubertären Religionshinwendung', die die Mädchen zu so schwärmerhaften illusionären Verzerrung der Realität verleitet hatte, daß der Pfarrer einen derart starken Einfluß gewann, daß die Opfer auf seinen Wunsch hin in ein Kloster eintraten [625], sah der BGH darin keine krankhafte seelische Störung', die einer 'schweren anderen seelischen Störung' in puncto Unfähigkeit zur Willensbildung oder -ausübung äquivalent ist [626]. Die Erfüllung des Tatbestandes des § 179 StGB war folglich nicht gegeben.

Die dargestellte Vergleichbarkeit des Einflusses auf die (sexuelle) Selbstbestimmung von dieser konkreten Fallkonstellation mit dem abstrakten Fall eines einverständlichen sexuellen Kontaktes zwischen einem Psychotherapeuten und einem Klienten läßt auch bei sexuellen Kontakten zwischen Psychotherapeuten und Klienten auf eine fehlende 'schwere andere seelische Störung' schließen. Der BGH läßt zwar offen, ob eine Widerstandsunfähigkeit i. S. einer tatsächlichen psychischen Unmöglichkeit zu einer anderen sexuellen Entscheidung vorgelegen hat. Doch auch wenn der Täter (Psychotherapeut, Priester) eine Machtposition über Zuwendung oder Wegnahme von emotional wichtigen Beziehungen hat und die Opfer (Klienten) z. T. auch magische Erwartungen und Phantasien auf den Täter 'übertragen', so mag eine Willensbildung oder -betätigung gegen sexuelle Kontakte schwierig sein, aber nicht völlig beseitigt. Analog konnte auch die psychologische Sachverständige in dem o. g. Beschluß des OLG Düsseldorf keine andere Entscheidung treffen.

(III) LG Koblenz wegen sexueller Handlungen eines Facharztes für Neurologie und Psychiatrie

Ebenso hat das LG Koblenz entschieden, daß sexuelle Kontakte zwischen Psychotherapeuten und Klienten nur unter bestimmten Bedingungen als sexueller Mißbrauch Widerstandsunfähiger i. S. § 179 I StGB subsumiert werden können [627].

---

[625] BGH JR 1986, (514) 516
[626] BGH JR 1986, (514) 515
[627] LG Koblenz, Urteil vom 23.06.1993; Az. 103 Js 11427 / 86 - 13 Ns (unveröffentlicht)

Ein Facharzt für Psychiatrie und Neurologie hatte mehrfach Patientinnen, mit denen er psychotherapeutische Gespräche führte, im Rahmen einer angeblichen neurologischen Untersuchung im klitoralen und vaginalen Bereich manipuliert, wobei sich die Patientinnen gegen diesen Versuch einer sexuellen Stimulation nicht wehrten. Der Gutachter diagnostizierte bei der Patientin eine mittelschwere bis schwere depressive Verstimmung, die entweder als krankhafte seelische Störung oder als schwere andere seelische Abartigkeit einzustufen war [628]. Diese reaktive Depression allein hat die Widerstandsfähigkeit bereits erheblich, aber noch nicht vollständig vermindert. Erst die zusätzliche „besondere psychotherapeutische Situation mit einem nahtlosen Übergehen des Angeklagten von der neurologischen Untersuchung zur genitalen Manipulation" [629] beseitigte die Widerstandsfähigkeit vollständig [630]. Ein solches subtiles Vorgehen, indem eine scheinbar therapeutisch veranlaßte körperliche Berührung zu einer genitalen Manipulation 'ausgeweitet' wird, ist bei den meisten - nämlich nicht körperorientierten - Therapieformen mangels therapeutischem Körperkontakt nicht möglich. Allerdings wäre i. R. körperorientierter Therapieformen die Ausnutzung eines solchen Überraschungsmomentes denkbar, da auch dort die Klienten aufgrund der völlig unerwarteten Berührung im Genitalbereich wie gelähmt und unfähig sein könnten, ihre Bedürfnisse zu artikulieren. Eine Bejahung (im Einzelfall) erfordert mehr als eine 'Schreckstarre' durch diesen übergangslosen Wechsel von der therapeutischen Maßnahme zur genitalen Manipulation voraus, der manchmal einen affektiven Ausnahmezustand auslösen kann. Dies allein stellt noch keine tiefgreifende Bewußtseinsstörung dar, so daß es zusätzlich einer der vier in § 179 I Nr. 1 StGB genannten Indikationen bedarf [631].

---

[628] mit einhergehender Niedergedrücktheit und Hemmung, Schlaflosigkeit, Untergewicht, Angstattacken mit Todesangst (Landgericht Koblenz a. a. O., S. 24 ff)

[629] Landgericht Koblenz a. a. O., S. 26

[630] Ebenso bejahte das LG eine Widerstandsunfähigkeit bei einer Patientin, die im Alter von 9 bis 15 Jahre mehrfach von ihrem Vater und ihrem Bruder sexuell mißbraucht wurde und dadurch eine ganz erhebliche neurotische Störung hatte, die als schwere seelische Störung i. S. § 179 I Nr. 1, 1. Alternative StGB einzustufen war. In der genitalen Manipulation durch den Therapeuten sah sie eine Wiederholung der kindlichen Opferrolle und Wehrlosigkeit gegenüber sexuellen Übergriffen und verfiel in einen krankhaften Zustand der völligen Antriebs- und Teilnahmslosigkeit (psychogener Stupor). Durch diesen nahm sie zwar Empfindungen wahr, aber konnte sich sprachlich oder körperlich nicht wehren (vgl. Landgericht Koblenz a. a. O., S. 28 f). Inwieweit eine solche starke Schädigung ausnahmsweise bei Psychotherapieklienten vorliegt, ist im Einzelfall zu prüfen, wobei nicht übersehen werden darf, daß signifikant häufig Klienten, die in ihrer Kindheit sexuelle Mißbrauchserfahrungen machen mußten, sexuelle Kontakte mit ihren Therapeuten hatten (FBSÜP S. 58 f).

[631] Landgericht Koblenz a. a. O., S. 30; entsprechend konnten sexuelle Kontakte mit Patientinnen, bei denen eine solche 'Störung' nicht mit einer für eine Verurteilung ausreichenden Sicherheit festgestellt werden konnte, nicht unter § 179 I Nr. 1 StGB subsumiert werden.

(IV) **Hypersexualität als Widerstandsunfähigkeit gegenüber sexuellen Avancen durch den Psychotherapeuten**

Ebenso ist bei Klienten, die sich wegen Hypersexualität [632] in psychotherapeutischer Behandlung befinden, regelmäßig nur eine Beeinträchtigung der Widerstandsfähigkeit gegenüber eventuellen sexuellen Avancen des Psychotherapeuten anzunehmen, aber keine völlige Aufhebung, so daß sie zu einer Ablehnung von sexuellen Kontakten durchaus noch fähig sind [633]. Sollte die Hypersexualität allerdings ein Symptom einer organischen Hirnerkrankungen oder Psychose sein [634], so könnte eine Widerstandsunfähigkeit i. R. dieser krankhaften seelischen Störung, aber unabhängig von den Einflüssen der Psychotherapie, vorliegen [635].

(V) **Zusammenfassung**

Eine psychische Widerstandsunfähigkeit i. S. einer Unmöglichkeit der sexuellen Willensbildung oder -betätigung des Klienten gegenüber seinem Psychotherapeuten i. S. des § 179 StGB kann daher ohne besondere Umstände nicht angenommen werden. Ein anderes Ergebnis wäre auch erschreckend, da eine rechtliche Gleichstellung von Psychotherapieklienten mit Psychotikern u. ä. eine unerwünschte und unverständliche Entwertung und Pathologisierung bedeuten würde [636].

(C) **Körperliche Widerstandsunfähigkeit (§ 179 I Nr. 2 StGB)**

Bei sexuellen Kontakten zwischen Psychotherapeuten und Klienten findet auch die Alternative I Nr. 2 keine Anwendung, da körperliche Widerstandsunfähigkeit

---

[632] Sexualverhalten mit heftigem Drang nach sexueller Betätigung und Befriedigung, bei Frauen als Nymphomanie, bei Männern als Satyriasis oder Don-Juanismus bezeichnet (Pschyrembel S. 682 'Hypersexualität')
[633] BT-Drs. VI / 3521 S. 41 f; Dreher/Tröndle § 179 Rdnr. 5; LK-Hirsch § 223 Rdnr. 7; Schönke/Schröder-Lenckner § 179 Rdnr. 5
[634] Pschyrembel a. a. O.
[635] vgl. LK-Jähnke § 20 Rdnr. 37 ff
[636] Ehlert-Balzer S. 325; Schüller S. 189 ff

durch einen akuten oder chronischen körperlichen Defekt [637] wie z. B. Lähmung bei Klienten i. d. R. nicht gegeben ist [638].

d) Sexueller Mißbrauch von Schutzbefohlenen (§ 174 I Nr. 1, 2 StGB)

Ziel der Norm ist es, die ungestörte sexuelle Entwicklung von Kindern und Jugendlichen zu schützen [639]. Da auch Kinder [640] und Jugendliche [641] psychotherapeutisch behandelt werden, ist eine Erfüllung des Tatbestandes des 'Sexuellen Mißbrauchs von Schutzbefohlenen' i. S. § 174 I Nr. 1 oder 2 StGB denkbar.

Dazu müßte der Klient Schutzbefohlener des Psychotherapeuten sein, d. h. ihm zur Erziehung, Ausbildung oder zur Betreuung in der Lebensführung anvertraut sein.

Erziehung und Ausbildung scheidet bei einer Psychotherapie - unabhängig vom Setting - von vornherein aus, da Psychotherapie Besserung und Linderung von psychischen Störungen zum Ziel hat und nicht eine Verantwortung, Überwachung und Leitung der Lebensführung des Jugendlichen [642] oder einer Vermittlung von Fähigkeiten und Fertigkeiten zum Zweck einer Ausbildung [643].

Denkbar wäre eine Betreuung in der Lebensführung. Dann müßte der Psychotherapeut zumindest für eine gewisse Dauer auch für das geistig-sittliche Verhalten des minderjährigen Klienten (mit-) verantwortlich sein [644]. Eine Mindestdauer der psychotherapeutischen Behandlung ist für die Beurteilung irrelevant, da auch kurzfristige Obhutsverhältnisse ausreichen, sofern sie nicht einmalig sind wie z. B. bei einem Babysitter [645].

---

[637] SK-Horn § 179 Rdnr. 5
[638] In jenen Ausnahmefällen, in denen eine solche körperliche Widerstandsunfähigkeit doch vorliegt, ist diese zu prüfen. Eine Subsumtion unter denTatbestand würde dann unabhängig von der Psychotherapie erfolgen.
[639] Schönke/Schröder-Lenckner § 174 Rdnr. 1
[640] Shaffer, Seelische Gesundheit bei Kinern und Jugendlichen S. 248 f
[641] Kestenbaum / Trautman, Adoleszenz, S. 306 f
[642] Schönke/Schröder-Lenckner § 174 Rdnr. 6; LK-Laufhütte § 174 Rdnr. 6
[643] Schönke/Schröder-Lenckner § 174 Rdnr. 7; LK-Laufhütte § 174 Rdnr. 8
[644] Schönke/Schröder-Lenckner § 174 Rdnr. 8
[645] BGH St 17, 191; BGH NJW 1955, 1934; 1957, 1201;anders: LG Memmingen NJW 1951, 123 (einmaliger Arztbesuch ausreichend)

Entscheidend ist, daß der Betreuer in dieser Betreuungszeit für die gesamte Lebensführung, die geschützt und geleitet werden soll, mitverantwortlich ist, d. h. auf die gesamte körperliche, geistige und seelische Entwicklung einwirken bzw. diese leiten kann [646]. Ein Psychotherapeut soll den minderjährigen Klienten in seiner psychischen Entwicklung leiten und betreuen, so daß nach Auffassung des LG Memmingen ein Betreuungsverhältnis gegeben ist [647]. Zwar ist zuzustimmen, daß von einer psychotherapeutischen Behandlung eine psychische Einflußnahme ausgeht, doch bedarf es zu einer 'Betreuung in der Lebensführung' einer nicht nur partiellen Beeinflussung während einzelner oder weniger Behandlungsstunden pro Woche [648]. Ein Betreuungsverhältnis i. S. § 174 I Nr. 1, 2 StGB liegt mangels Verantwortlichkeit und Einwirkung auf die gesamte Lebensgestaltung in einem Psychotherapeut- Klient -Verhältnis nicht vor.

Sexuelle Kontakte zwischen Psychotherapeuten und minderjährigen Klienten erfüllen nicht den Tatbestand des § 174 I Nr. 1, 2 StGB.

e) Sexuelle Nötigung; Vergewaltigung (§ 177 StGB) [649]

Für die Erfüllung dieses Tatbestandes muß der Psychotherapeut auf die sexuelle Selbstbestimmung des Klienten
1. mit Gewalt,
2. durch Drohung mit gegenwärtiger Gefahr für Leib oder Leben oder
3. unter Ausnutzung einer Lage, in der das Opfer der Einwirkung des Täters schutzlos ausgeliefert ist,
eingewirkt haben.

Die ersten beiden Alternativen scheiden bei einverständlichen sexuellen Kontakten zwischen Psychotherapeuten und Klienten schon begrifflich aus, da bei den

---

[646] So z. B. bei einem Leiter eines Jugendheims gegeben (OLG Hamburg HESt 1, (56) 59); Feriengastschüler seinem Gastgeber während des Ferienaufenthaltes RG St 71, 362
[647] LG Memmingen NJW 1951, 123; das dort noch auf Ärzte beschränkte Betreuungsverhältnis ist im heutigen Sinne auf Psychotherapeuten auszuweiten, da das entscheidende Kriterium 'psychische Betreuung' auch hier erfüllt ist.
[648] OLG Frankfurt NJW 1952, 236; OLG München MDR 1951, (52) 53
[649] Die §§ 177, 178 StGB sind durch das 33. Strafrechtsänderungsgesetz (am 05.07.1997 in Kraft getreten) zu einem einheitlichen Tatbestand zusammengefaßt worden (vgl. Schönke/Schröder-Lenckner Vorbem. § 174 Rdnr. 3 b)

Klienten kein physischer oder psychischer Widerstand gebrochen wird. Es handelt sich um einen Vertrauensbruch, der aber nicht in den vom § 177 StGB erfaßten Tatbereich gehört [650]

Auch die dritte vom 33. StÄndG neu eingefügte Tatmittelalternative scheidet durch ihre Konnexität zu den ersten beiden ausgeschiedenen Alternativen aus: „Geschlossen werden sollen damit mögliche Strafbarkeitslücken in Fällen, in denen Frauen vor Schrecken starr oder aus Angst vor der Anwendung von Gewalt die sexuellen Handlungen des Täters über sich ergehen lassen und in denen das Vorliegen von Gewalt oder einer konkludenten Drohung mit Angriffen auf Leib und Leben zweifelhaft sein kann." [651] Die hier zu betrachtenden einverständlichen sexuellen Kontakte zwischen Psychotherapeuten und Klienten sind ohne nötigenden äußeren Druck zustande gekommen.

Denkbar wäre, die Ausnutzung einer schutzlosen Lage bei Klienten anzunehmen, die sexuellen Kontakten aus eingebildeter oder durch verbale Äußerungen seitens des Therapeuten geförderter Angst vor Abbruch der Psychotherapie zustimmen. Doch ist dies abzulehnen, da selbst wenn die Klienten subjektiv von einer Bedürftigkeit von dieser Psychotherapie ausgehen, kann in diesem Therapieverlust kein Äquivalent zu Gewalt oder Drohung mit gegenwärtiger Gefahr für Leib oder Leben gesehen werden.

f) Zusammenfassung

Bei einverständlichen sexuellen Kontakten zwischen Psychotherapeuten und Klienten ist keiner der strafrechlichen Tatbestände zum Schutze der sexuellen Selbstbestimmung erfüllt. Dies läßt sich durch das Ziel der großen Reform des Sexualstrafrechts durch das 4. StrRG vom 23.11.1973 erklären, die zum Ziel hatte, nicht mehr unmoralisches, sondern nur jenes Verhalten zu pönalisieren, welches elementare Interessen individueller Anderer oder der Gemeinschaft verletzt [652]. Durch die Eigenheit der Gefahr aus der Therapeut-Klient-Beziehung für die sexuelle Selbstbestimmung des Klienten erscheint es also nicht ungewöhnlich, daß

---

[650] Schüller S. 191 f
[651] Schönke/Schröder-Lenckner Vorbem. § 174 Rdnr. 3 b

sexuelle Kontakte zwischen Psychotherapeuten und Klienten nicht vom bestehenden Strafrecht erfaßt werden:

Die Verneinung des auf den ersten Blick am nächsten liegenden 'Sexuellen Mißbrauchs Widerstandsunfähiger' erweist sich als positve Wertung für Psychotherapieklienten i. S. einer wünschenswerten Abgrenzung zur Psychiatrie: Da § 179 StGB primär Patienten schützen will, „die dermaßen psychisch krank sind, daß sie praktisch gar nichts mehr von der Außenwelt mitbekommen" [653], stellt die Verneinung einer Gleichstellung eine auch rechtlich sichtbare Zäsur dar. Nur um einen Inkriminierungswillen gegenüber sexuell mißbrauchenden Psychotherapeuten durchzusetzen, kann man nicht den gesetzlich vorgegebenen Schwellenwert übergehen: Nach dem ganzen Erscheinungsbild des Einflusses eines Psychotherapeuten auf den Klienten sind Möglichkeiten der Manipulation denk- und sichtbar, aber es drängt sich eben nicht die Aufhebung der sexuellen Willensbildung und -betätigung auf [654]. Da Klienten bei einverständlichen sexuellen Kontakten mit ihren Psychotherapeuten naturgemäß keinen Widerstand gegen diese Sexualität haben, scheidet auch die Norm aus, die einen Widerstandsbruch bestraft (§ 177 StGB).

Jugendliche Klienten einer Psychotherapie werden strafrechtlich nicht vor sexuellen Kontakten zu ihren Psychotherapeuten geschützt, da die Spezialnorm nur für Schutzbefohlene gilt (§ 174 I Nr. 1, 2 StGB). Auch wenn eine gewisse psychologische Führung mit einer Psychotherapie verbunden ist, so stellt diese keine Betreuung in der Lebensführung dar.

---

[652] Schönke/Schröder-Lenckner Vorbem. § 174 Rdnr. 1
[653] Schüller S. 189
[654] LK-Jähnke § 20 Rdnr. 28, 33

2. Körperverletzung als Straftat gegen Körper oder Gesundheit des Klienten (§§ 223, 230 StGB) [655]

In den im 2. Teil genannten, empirischen Studien in der Bundesrepublik Deutschland wurden seitens der Klienten als signifikante (neue oder verstärkte) Folgen der sexuellen Kontakte mit ihren Psychotherapeuten Angst, (nicht näher spezifizierte) Depressionen, Selbstzweifel und suizidale Gedanken, Mißtrauen und Beziehungsprobleme sowie (nicht näher spezifizierte) psychosomatische Probleme angegeben [656]. Denkbar wäre daher, durch das Auftreten dieser Symptome sexuelle Kontakte zwischen Psychotherapeuten und Klienten unter den Tatbestand der Körperverletzung i. S. der §§ 223, 230 StGB zu subsumieren.

a) Probleme des objektiven Tatbestands

Dabei treten - unabhängig von den subjektiven (inneren) Tatbestandselementen der Motivation und dem Bewußtsein des Psychotherapeuten über die Folgen sexueller Kontakte - mehrere Probleme der äußeren Tatseite auf [657]:

Die §§ 223, 230 StGB erfassen zwei Tatmodalitäten [658], zum einen die körperliche Mißhandlung, zum anderen die Gesundheitsbeschädigung, mit denen das geschützte Rechtsgut erschöpfend beschrieben wird. [659] Durch diese gesetzgeberische Unterscheidung zwischen der Gesundheitsbeschädigungs-alternative, die auf die gesundheitlichen Folgen, also die Aus-wirkung beim Opfer abstellt, und der Mißhandlungsvariante, die (schwerpunktmäßig) auch auf die Behandlungsart durch den Täter, also die Art der Ein-wirkung, abstellt, bedarf es

---

[655] In den Bundestag wurden seitens der Fraktionen der CDU/CSU und F.D. P. (vgl. BT-Drs. 13/7163) und der Bundesregierung (vgl. Drucksache 163/97) ein Entwurf eines 6. Gesetzes zur Reform des Strafrechts (6. StRG) vom 11.03.1997 eingebracht. Eine Änderung des Wortlautes des jetzigen § 223 StGB ist - abgesehen von einer Strafrahmenerhöhung auf 5 Jahre nicht vorgesehen (BT-Drs. 13/7164, S. 5). Bezweckt wird eine Aufwertung des Rechtsgutes der körperlichen Unversehrtheit durch Kriminalisierung des Versuchs der einfachen Körperverletzung und der Harmonisierung des Strafrahmens mit denen des Eigentums- und Vermögensdelikten (BT-Drs. 13/7164, S. 19). Ein In-Kraft-treten dieses Gesetzes hätte auf die Gültigkeit dieser Ausführungen zum Tatbestand der Körperverletzung keinen Einfluß.
[656] s. S. 111 ff
[657] Die Trennung zwischen objektivem und subjektivem Tatbestand wird - wie in der deutschen Rechtswissenschaft allgemein durchgesetzt - als eine sinngebende Aufteilung zwischen äußeren und inneren Tatbestandsmerkmalen vorgenommen, sofern sie möglich ist und nicht sinnentleerende Wirkung zeitigt (vgl. Roxin, Strafrecht AT, § 10 Rdnr. 53).
[658] Schönke/Schröder-Eser §223 Rdnr. 2

im physisch-psychischen Grenzbereich einer strikten Unterscheidung zwischen physischer oder psychischer Ein- und Auswirkung, um ein Verhalten unter die jeweilige Tatbestandsalternative subsumieren zu können. [660] Daher ist zuerst festzustellen, worin und inwieweit physische oder psychische Ein- bzw. Auswirkungen bei sexuellen Kontakten zwischen Psychotherapeuten und Klienten vorliegen, um in einem weiteren Schritt die fraglichen Kombinationen subsumieren zu können.

(A) Einwirkungsart bei sexuellen Kontakten zwischen Psychotherapeuten und Klienten

(I) Physische oder psychische Einwirkung

Vorab muß bestimmt werden, ob bei sexuellen Kontakten zwischen Psychotherapeuten und Klienten der Angriff auf den Körper des Klienten (psychosomatische Störungen) mit physischen oder psychischen Mitteln erfolgt.

Augenscheinlich liegt eine physische Einwirkung vor, da es sich bei den sexuellen Handlungen wie z. B. Berührungen oder Vaginalverkehr um physische Kontakte handelt. Allerdings sind sexuelle Handlungen und Geschlechtsverkehr 'normalerweise' nicht traumatisch und führen für sich allein noch nicht zu den o. g. Folgen. Entsprechend ist nicht das sexuelle Moment der Beziehung mit dem Psychotherapeuten für den Klienten traumatisch und schädigend, sondern erst der durch die Aufnahme der sexuellen Kontakte durch die Klienten erlebte Bruch des therapeutischen Vertrauensverhältnisses [661]. Damit liegt phänomenologisch eine psychische Einwirkung (Bruch des psychischen Vertrauensverhältnisses) bei Gelegenheit eines physischen Kontaktes (sexuelle Handlung) vor.

---

[659] LK-Hirsch § 223 Rdnr. 4
[660] Maurach-Schroeder § 9 Rdnr. 2
[661] FBSÜP S. 116; Bossi S. 46; s. o. Kap. Arbeitsbündnis oder Zusammenfassung

Dennoch wäre denkbar, rechtlich auf die körperliche Berührung abzustellen, den psychischen Bruch als Auswirkung anzusehen und folglich sexuelle Kontakte von Psychotherapeuten zu ihren Klienten als physische Kontakte zu bewerten [662].

Damit würde allerdings nicht nur die grundsätzlich - auch bei sexuellen Kontakten zwischen Psychotherapeuten und Klienten - nicht traumatische, ergo nicht körperverletzende Wirkung von einverständlichen sexuellen Handlungen ignoriert werden. Eine andere Bewertung von einverständlicher Sexualiät würde die Akzeptanz von sozial akzeptierten oder gewünschten Handlungen pervertieren. Folglich mußte und muß der Versuch fehlschlagen, die Körperverletzung-Normen zum Auffangtatbestand sexueller Handlungen machen zu wollen: Die sozial nicht nur akzeptierten und zum Menschen (und dessen Überleben) gehörigen sexuellen Kontakte bewirken naturgemäß keine schädigende Körperverletzung. Ein Schutz schützenswerter Personengruppen vor sexuellen Kontakten kann also nur per Strafnormen geschehen, deren Rechtsgut die sexuelle Selbstbestimmung oder Entwicklung ist. Ein Umweg über die 'anormale Körperverletzung' muß zum Scheitern verurteilt sein, sofern an verfassungsrechtlichen Geboten wie dem Gesetzlichkeitsprinzip festgehalten werden möchte und muß.

Desweiteren würde bei einer solchen Sichtweise das eigentlich schädigende Einwirkungselement, die psychodynamische Zerstörung des Vertrauensverhältnisses beim Klienten, nicht exakt herausgelöst und eingeordnet werden: Bei einverständlichen sexuellen Kontakten liegt der 'schädigende Unterschied' von sexuellen Kontakten zwischen Psychotherapeuten und Klienten in der Funktion, die der Täter gegenüber dem Opfer wahrnimmt bzw. die ihm das Opfer durch seine psychischen Vorstellungen und Erwartungen als Klient gibt.

Der schädigende Akt ‚Bruch des vom Klienten in den Therapeuten gesetzten Vertrauens' der Distanzwahrung ist ein ausschließlich psychisches Mittel, da es auf der psychischen Ebene einwirkt. Die Unterscheidung zwischen physischer und psychischer Ein- und Auswirkung mag auf den ersten Blick sophistisch erscheinen.

---

[662] so wohl Maurach - Schroeder, a. a. O.;

Doch macht dies nicht nur die gesetzgeberische Wahl der Tatbestandsalternativen in § 223 StGB notwendig, zudem würden die sozial nicht nur anerkannte, sondern erwünschte Funktion einverständlicher Sexualität sowie das Gesetzlichkeitsprinzip und seine Auswirkungen auf die Rechtsgutbestimmung nicht ausreichend beachtet werden.

Diese Wertung für eine psychische Einwirkung wird durch die angegebenen Symptome in den empirischen Untersuchungen indirekt bestätigt: Die genannten Symptome sind entweder ausschließlich psychischer oder psychosomatischer Natur [663]. Die psychosomatischen Beschwerden entstehen durch die Wechselbeziehung zwischen Psyche und Körper[664], d. h. die körperlichen Symptome sind das Ergebnis psychologischer Faktoren [665]. Nach physischen Einwirkungen werden i. d. R. typische physische Verletzungen verursacht, so nach Sexualdelikten z. B. Verletzungen im Genital- und Analbereich [666]. Solche physischen Symptome wurden in den Studien von den Klienten nicht genannt, welches naturgemäß durch die Einverständlichkeit der Sexualkontakte verständlich erscheint. Insofern entfalten auch die genannten Symptome eine Indizwirkung, daß der verursachende Einfluß psychischer Natur war.

Das schädigende Einwirkungselement bei sexuellen Kontakten zwischen Psychotherapeuten und Klienten ist daher als ausschließlich psychischer Natur zu bestimmen und wirkt „nur" 'bei Gelegenheit' des physisch-sexuellen Kontaktes. Sexuelle Kontakte zwischen Psychotherapeuten und Klienten sind trotz körperlicher Berührung als psychische Einwirkungen auf den Klienten zu werten [667].

---

[663] s. S. 113 f
[664] Fröhlich, S. 277
[665] Kass et al., Handbuch der seelischen Gesundheit, S. 421
[666] Bange / Deegener, Sexueller Mißbrauch, S. 78
[667] Wie unten noch zu zeigen ist, führt auch eine anderslautende Entscheidung zu keiner Erfüllung des Tatbestandes, da es an der Kausalität zwischen Einwirkung und Auswirkung fehlt (s. S. 164 ff).

(B) Auswirkungen: Tatfolgen aus sexuellen Kontakten zwischen Psychotherapeuten und Klienten

In den dargestellten empirischen Studien wurden von den betroffenen Klienten als (schädliche) Folgen der sexuellen Kontakte diverse Symptome genannt [668]. Diese lassen sich in zwei Gruppen aufteilen: ‚Psychische Symptome' und ‚psychosomatische Symptome':

(I) Psychische Symptome

Angst, Mißtrauen, Depressionen sind ebenso wie Selbstwert- oder soziale Problematiken als psychische Symptome zu klassifizieren, die im Gegensatz zu physischen Symptomen stehen [669].

(II) Psychosomatische Symptome

Desweiteren wurden nicht näher spezifizierte ‚psychosomatische Probleme' als schädliche Folgen genannt. Problematisch ist, daß im FBSÜP die psychosomatischen Folgen nicht näher spezifiziert wurden [670]. Damit konnten die Probanden unter diesen Begriff alles fassen, was nach ihrer subjektiven, medizinischen Laiensicht in diesen schwer abgrenzbaren Bereich gehört [671]. Zudem erleben Patienten psychosomatische Veränderungen wesentlich intensiver als somatische Vorgänge [672]. Dadurch kann unter den dort genannten ‚psychosomatischen Folgen' nicht notwendig von einer diagnostizierbaren

---

[668] vgl. S. 114

[669] Sheehy / Cournos, Was sind psychische Störungen, S. 13 ff; Bange / Deegener, Sexueller Mißbrauch an Kindern, S. 82 ff

[670] Der Fragebogen des FBSÜP war bewußt mit offenen Fragen (ohne vorgegebene Beschwerdeliste) formuliert, damit die Befragten ihre 'subjektiven bzw. subjektiv empfundenen' Folgesymptome eintragen konnten (vgl. FBSÜP S. 96). Folglich können diese Symptomangaben weder qualitativ noch quantitativ im medizinisch-objektiven Sinne interpretiert werden. Hinzu kommt, daß der Begriff ‚Psychosomatik' (und die daraus abgeleiteten 'Krankheits'bilder) selbst schon unscharf ist, da er eine Zwitterstellung bzw. Vermittlungsaufgabe zwischen biotechnisch-schulmedizinischem Körperverständnis und spiritualistisch interpretierter Seelenauffassung wahrnimmt (vgl. Eser, Lexikon Medizin, Ethik, Recht, S. 855 ff, Stichwort 'Psychosomatik').

[671] Zur allgemeinen Definition von psychosomatischen Symptomen s. S. 84 f

[672] Uexküll / Wesiack, Theorie der Humanmedizin, S. 487 f

Symptomatik einer psychogenen Erkrankung [673] nach objektiven medizinischen Kriterien [674] ausgegangen werden. Für diese kritische Vorsicht spricht weiter, daß nur der FBSÜP psychosomatische Folgen festgestellt hat.

Wenn man die psychosomatischen Symptome nach psychodynamisch vergleichbarem 'sexuellen Mißbrauch an Kindern' [675] als Orientierungspunkt heranzieht, sind dort „...Kopf-, Hals-, Magen- und Unterleibsschmerzen ohne erkennbare organische Ursachen, ... Eßstörungen, Schlafstörungen, Erstickungsanfälle und Sprachstörungen" [676], aber ebenso Hauterkrankungen, Legasthenie, Asthma, Hormon- und Menstruationsstörungen genannt [677]. Daher ist die Möglichkeit nicht auszuschließen, daß manche Klienten ähnliche physische Symptome haben, die ein nicht nur unerhebliches, objektiv und nicht nur subjektiv feststellbares Ausmaß annehmen. Sie sind als Folgen aus den sexuellen Kontakten zwischen Psychotherapeuten und Klienten zumindest denkbar und somit in die Subsumtion miteinzubeziehen.

(C) Subsumtion unter den Tatbestand des § 223 StGB

Es ist zu untersuchen, inwieweit die bei sexuellen Kontakten zwischen Psychotherapeuten und Klienten festgestellte, psychische Einwirkung als auch die physischen und psychischen Auswirkungen den Tatbestand des § 223 StGB erfüllen.

Strittig ist, wie die beiden Tatbestandsalternativen der körperlichen Mißhandlung und der Gesundheitsbeschädigung zueinander stehen:Zum einen wird vertreten, daß sie Tatbestände darstellen, die alternierend unterschiedlichen Schutzgütern zugeordnet sind, wobei die Mißhandlungsvariante auf den Handlungsunwert, die zweite Tatbestandsalternative auf den Erfolgsunwert abhebt [678]. Dagegen sieht die herrschende Meinung [679] in den beiden Tatbestandsalternativen die

---

[673] Pschyrembel, S. 1264 Stichwort 'Psychosomatik'
[674] SK-Horn § 223 Rdnr. 9
[675] Wirtz (1989) Inzest und Tabu, S. 245 f; Bossi S. 45
[676] Bange / Deegener, S. 80
[677] Bange/Deegener S. 81
[678] Jerouschek JZ 1992, (227) 229;
[679] LK-Hirsch § 223 Rdnr. 4; Schönke/Schröder-Eser § 223 Rdnr. 1; Maurach-Schroeder § 9 Rdnr. 1; Dreher/Tröndle § 223 Rdnr. 2; Wessels BT / 1 Rdnr. 246

Körperverletzung ganzheitlich umfassend beschrieben [680]. Die Tatbestände stehen dabei nicht im Verhältnis zueinander wie zwei echte (sich gegenseitig ausschließende) Alternativen, „sondern im Verhältnis zweier sich schneidender Kreise" [681]. Die mögliche Tathandlung wird bei der Mißhandlung nur vom Standpunkt des Tätigkeitsaktes, bei der Subsumtion unter die Gesundheitsbeschädigung vom Standpunkt des Erfolges betrachtet [682]. Für eine jeweilige Exklusion durch alternierende Interpretation ist weder aus dem Wortlaut noch aus der Gesetzessystematik ein Anhaltspunkt zu ersehen, so daß der herrschenden Meinung zuzustimmen ist, daß die Mißhandlung nicht dort endet, wo die Gesundheitsbeschädigung beginnt [683]. Auch wenn in den meisten Fällen beide Tatbestandsalternativen erfüllt sind [684], sind grundsätzlich beide zu prüfen.

(I)   Körperliche Mißhandlung (1. Tatbestandsalternative des § 223 StGB)

(1)   Psychische Einwirkung als Tathandlung

Die körperliche Mißhandlung ist eine Beeinträchtigung des körperlichen Wohlbefindens eines anderen in mehr als nur unerheblichem Maße [685]. Dabei steht schwerpunktmäßig der Tätigkeitsaspekt (Einwirkung) im Vordergrund, auch wenn der Mißhandlungtatbestand nicht völlig losgelöst von den Tatfolgen (Auswirkung) betrachtet werden kann [686].

Folglich ist auch im psychischen Einwirkungs- und Verletzungsbereich zwischen einer psychischen Ein- und Auswirkung zu unterscheiden. Dabei ist festzustellen, daß in der Literatur in den seltensten Fällen zwischen Ein- und Auswirkung sauber unterschieden wird, obwohl dies im physisch-psychischen Grenzbereich sowohl zur Differenzierung zwischen den beiden Tatbestandsalternativen als auch zur Subsumtion unumgänglich ist. Beispielhaft wird von psychischer Einwirkung z. B.

---

[680] LK-Hirsch § 223 Rdnr. 4
[681] Hirsch ZStW 83 (1971), 142
[682] Insofern gehen beide Meinungen konform.
[683] LK-Hirsch § 223 Rdnr. 4
[684] Hirsch ZStW 83 (1971), 142
[685] BGH St 14, 269; 25, 277; Schönke/Schröder-Eser §223 Rdnr. 3; LK-Hirsch § 223 Rdnr. 6 m. w. N.; SK-Horn § 223 Rdnr. 4
[686] LK-Hirsch § 223 Rdnr. 4

Schreck oder Angst gesprochen, obwohl dies Tatfolgen (Auswirkungen) sind, statt auf den Einwirkungsvorgang 'Erschrecken' durch den Täter abzustellen [687].

Grundsätzlich ist der Auffassung zuzustimmen, daß eine psychische Einwirkung vom Tatbestand des § 223 StGB überhaupt nur erfaßt wird, wenn der Angriff sich gegen das geschützte Rechtsgut 'Körperliches Wohl' richtet [688]. Wie bei der Betrachtung der erfolgsorientierten Tatbestandsalternative noch darzustellen ist, ergibt sich aus der historischen und systematischen Auslegung, daß der Gesetzgeber mit dieser Norm nur Verletzungen schützen wollte, die einen physischen Bezug haben [689].

Da bei der Mißhandlungsvariante der Handlungsunwert im Vordergrund steht, kommt es primär auf die Art der Handlung (Einwirkung) an. Entsprechend des von ihm vertretenen somatologischen Krankheitsbegriffes [690] interpretiert auch Hirsch die notwendige Einwirkung im physischen Sinne: „ ... Diejenige Verfahrensweise gegen einen anderen, die nur zu einer „Folter seines Geistes" führt, ohne daß sie gleichzeitig zu einer Mißhandlung für den Körper wird..." z. B. seelischer Schmerz, seelisches Leid oder Schreck, bezeichnet er als psychische Mißhandlung, „... die für sich allein mangels Einwirkung auf den Körper..." für eine Bejahung der Mißhandlungsvariante ausscheidet [691]. Erst bei einer gleichzeitigen „Reizung der die sinnlichen Eindrücke vermittelnden Empfindungsnerven des Zentralnervensystems" bejaht er bei den eben zitierten Beispielen eine körperliche Mißhandlung, denn diese „scheiden für sich allein mangels Einwirkung auf den Körper aus." [692]. Obwohl die genannten Symptome Auswirkungen sind, ist Hirsch wohl so zu verstehen, daß er mit der herrschenden Meinung [693] die Auffassung teilt, daß eine psychische Einwirkung für die Mißhandlungsvariante ausreicht, sofern die Auswirkungen körperlicher Natur sind, und die genannten psychischen Auswirkungen mangels vorheriger physischer Einwirkung ausscheiden. Allerdings beachten diese Auffassungen nicht ausreichend den weiteren Zusatz 'körperlich' bei der Tätigkeitsvariante im

---

[687] so z. B. LK-Hirsch § 223 Rdnr. 8
[688] Schönke/Schröder-Eser §223 Rdnr. 1; Jerouschek JZ 1992, (227) 229
[689] s. S. 156 ff
[690] LK-Hirsch § 223 Rdnr. 14
[691] LK-Hirsch § 223 Rdnr. 8
[692] ebd.

Gegensatz zur 'erfolgsorientierten' Variante 'Gesundheitsbeschädigung': Diese weitere Addition in dem XVII. Abschnitt des StGB 'Körperverletzung' sowie innerhalb der Norm '§ 223 Körperverletzung' gerade bei der Tatbestandsalternative, die die Art der Tätigkeit in den Vordergrund stellt, läßt nur den Schluß zu, daß über den allgemeinen Gedanken einer Körperverletzung (Erfolg) hinaus auch die Angriffsart (Einwirkung) körperlich sein muß. Ansonsten wäre der ausdrückliche Zusatz nur bei der Mißhandlungsvariante sinnentleert.

Das gleiche Verständnis von Mißhandlung hatte auch das Bayrische Strafgesetzbuch von 1813, welches das StGB von 1871 in seinem juristischen Gehalt wesentlich beeinflußte [694]: „Auch im 'Grundtatbestand' der 'einfachen' Körperverletzung, der im Dritten Buch des Bayerischen Strafgesetzbuchs als Vergehen geregelt ist (1. Titel, 1. Kapitel: „Von Vergehen an der Person", Art. 367), wird die 'Mißhandlung' eindeutig nur als körperliche begriffen." [695]

Eine psychische Mißhandlung (d. h. eine psychische Einwirkung) wird aufgrund der klaren gesetzlichern Weisung von der Mißhandlungsvariante des § 223 StGB de lege lata nicht erfaßt, auch wenn dies rechtspolitisch mancherorts wünschenswert erscheint. Die Mißhandlungsvariante ist daher - wie schon die frühere BGH-Rechtsprechung erkannt hatte – diesbezüglich restriktiv auszulegen: „Der Begriff der Mißhandlung ...setzt... nicht nur eine *Einwirkung auf den Körper* des Verletzten voraus, die dessen körperliches Wohlbefinden mehr als bloß unerheblich beeinträchtigt, sondern schließt ... außerdem das Erfordernis einer üblen, unangemessenen Einwirkung ein." [696]

(2) Sozialwidrigkeit der Tathandlung

Aufgrund des Fehlens tatbestandlich notwendiger physischer Einwirkung kann dahingestellt bleiben, ob sexuelle Kontakte zwischen Psychotherapeuten und Klienten aufgrund der therapeutischen Beziehung und einem daraus abgeleiteten,

---

[693] LK-Hirsch § 223 Rdnr. 8 ; Maurach-Schroder § 9 Rdnr. 2; Dreher/Tröndle § 223 Rdnr. 4 ; Krey BT 1 Rdnr. 190 ff; Horn-SK § 223 Rdnr. 9
[694] Roxin AT § 4 Rdnr. 1
[695] Küper, Das Verbrechen am Seelenleben (1991), S. 73
[696] BGH St 14, 269; die Kursivmarkierung erfolgte zur besseren Darstellung durch den Autor.

aber nicht kodifizierten Abstinenzgebot eine solche üble unangemessene Behandlung darstellen [697].

Nicht nur, daß die Erforderlichkeit einer solchen Grenze generell von Horn bestritten wird, der eine Mißhandlung schon unabhängig von einer sozialwidrigen [698] oder (auch fahrlässigen) Art der Behandlung behauptet bei allen „...Einwirkungen auf den Körper eines anderen Menschen, die als nicht gänzlich unerheblich angesehen werden müssen" [699]. Damit entfernt sich Horn vom Mißhandlungsbegriff jedoch allzuweit, denn eine *quantitativ große* Heftigkeit der einwirkenden Handlung z. B. bei einem Autounfall mit hoher Geschwindigkeit ersetzt nicht die negative Handlungs*qualität* [1], die das Präfix 'miß' eindeutig verlangt.

Doch auch unter der hypothetischen Annahme einer nachteiligen Körper*ein*wirkung bei sexuellen Kontakten zwischen Psychotherapeuten und Klienten fehlen für eine üble unangemessene, aber eben trotzdem *körperliche* Behandlung [700] vergleichbare Indizien wie objektivierte Böswilligkeit oder Rohheit des Therapeuten [701] oder ein offensichtlicher Verstoß gegen gegen gesetzliche Bestimmungen und rechtmäßige Vorschriften, so fehlt es an einer Mißhandlung [702]. Das nicht in einem formellen oder materiellen Gesetz kodifizierte und auch bisher - mit der Ausnahme der psychoanalytischen Kreise - wenig und sehr spät in Fachkreisen publizierte und diskutierte sexuelle Abstinenzgebot kann daher weder in seinen Grenzen noch in seiner Rechtfertigung als solches als gesellschaftich anerkannt gewertet werden, als daß ein Verstoß dagegen als 'sozialwidriges Verhalten' klassifizierbar wäre. Auch das Gesamtbild eines einverständlichen sozialen Kontaktes oder Geschlechtsverkehrs widerspricht dem Gedanken einer Mißhandlung bzw. einer üblen, unangemessenen Behandlung, dessen Bewertung sich selbst bei einer dortigen Infektion mit einer Geschlechtskrankheit nicht ändert [703]. Nicht nur, daß der von Horn vorgeschlagene Ansatzpunkt der bewußten

---

[697] Maurach-Schroeder § 9 Rdnr. 3; LK-Hirsch § 223 Rdnr. 6 m. w. N.
[698] BGH St 14, 269
[699] Horn-SK § 223 Rdnr. 8
[700] auch wenn sie wie hier keine Schmerzen verursachen (vgl. BGH 25, 278)
[701] Maurach-Schroeder § 9 Rdnr. 3
[702] BGH 14, 269 271
[703] LK-Hirsch § 223 Rdnr. 6.

Ehrverletzung [704] in unzulässiger Weise die Rechtsgutgrenze zwischen Beleidigungs- und Körperverletzungsdelikten verwischen würde [705]. Entsprechend dem noch darzulegenden Ergebnis, daß sexuelle Kontakte zwischen Psychotherapeuten und Klienten keine Beleidigung darstellen [706], würde dies zudem auch zu einer Verneinung der Mißhandlungsvariante führen.

(3) Erheblichkeitsgrenze

Ebenso kann dahinstehen, inwieweit das körperliche Wohlbefinden, welches nicht ganz unerheblich gestört sein muß [707] bei den angegebenen psychosomatischen Beschwerden das quantitative Ausmaß dieser Erheblichkeitsgrenze erreicht hat: Denn Krey kritisiert die von Hirsch genannten Beispiele der schweren Alteration oder Kollaps [1] bzw. die Anforderungen an psycho-vegetative Störungen [708] als zu restriktiv und will nicht nur ganz vorübergehende vegetative Fehlregulationen wie nervöse Herz- und Magenbeschwerden ebenso wie nicht unerhebliche Schlafstörungen als ausreichend ansehen [709], ohne allerdings dabei eine genaue Differenzierungsgrenze anzugeben. Dies würde bei den hier nur subjektiv festgestellten und nicht genau umrissenen psychosomatischen Beschwerden zu Abgrenzungsproblemen führen und wohl im Einzelfall nur als Tatfrage lösbar sein. Horn will diese Erheblichkeitsgrenze völlig aufheben, sofern die körperlichen Einwirkungen (üble unangemessene Behandlung) sozialwidrig ist [710]. Unabhängig davon, daß sexuelle Kontakte zwischen Psychotherapeuten und Klienten nicht sozialwidrig sind, wäre der für eine Mißhandlung notwendigen Folgenqualität nicht genüge getan [711].

---

[704] Horn-SK § 223 Rdnr. 7
[705] vgl. LK-Hirsch § 223 Rdnr. 6; Maurach-Schroeder § 9 Rdnr. 4
[706] s. S. 176 ff
[707] Dreher/Tröndle § 223 Rdnr. 5; Maurach-Schroder § 9 Rdnr. 4; Schönke/Schröder-Eser §223 Rdnr. 4 a; Krey BT 1 Rdnr. 190 f; LK-Hirsch § 223 Rdnr. 9
[708] Staatsanwaltschaft Hannover NStZ 1987, 175
[709] Krey BT 1 Rdnr. 192
[710] Horn-SK § 223 Rdnr. 8
[711] LK-Hirsch § 223 Rdnr. 9 m. w. N.

(4)   Ergebnis

Da die Einwirkung bei sexuellen Kontakten zwischen Psychotherapeuten und Klienten ausschließlich psychischer Natur ist, scheidet die Erfüllung der 1. Tatbestandsalternative des § 223 StGB aus. Zu einem anderen Ergebnis kann man auch nicht gelangen, wenn man Mißhandlung als „Beeinträchtigung des körperbezogenen Selbstbestimmungsrechts" interpretiert [712]. Jerouschek bezieht sich dabei auf die von Horn vorgenommene Definition der Beeinträchtigung der „Freiheit von unmittelbaren Einwirkungen Dritter auf die Leiblichkeit" [713]. Auch wenn nach dieser Auffassung kein Unwohlsein des Opfers erforderlich ist, so bedarf es dennoch einer (hier nicht gegebenen) körperlichen Einwirkung [714]. Da dieses notwendige Eingangsmerkmal nicht vorliegt, kommt es an dieser Stelle nicht auf diese Auswirkungsalternative an.

(II)   Gesundheitsbeschädigung (2. Tatbestandsalternative des § 223 StGB)

Auf der anderen Seite bedeutet dies nicht, daß die bei den sexuellen Kontakten zwischen Psychotherapeuten und Klienten ausschließlich vorliegenden, psychischen Einwirkungen grundsätzlich nicht vom Tatbestand der § 223 StGB erfaßt werden, sondern im Rahmen der 2. Tatbestandsalternative, die auf die Tatfolge der 'Gesundheitsbeschädigung' abstellt, erneut geprüft werden müssen.

Unter Gesundheitsbeschädigung wird allgemein jedes Hervorrufen oder Steigern eines - wenn auch nur vorübergehenden - pathologischen Zustandes verstanden, d. h . Gesundheit wird unter der Annahme eines dualistischen Systems durch den Gegenpol 'Krankheit' definiert [715].

---

[712] Jerouschek JZ 1992, 229
[713] Jerouschek a. a. O.; SK-Horn § 223 Rdnr. 5
[714] SK-Horn § 223 Rdnr. 5, 9
[715] RG St 19, 226 (227); BGH St 36, 1(6); 36, 262 (265); NJW 60,2253; NStZ 88,25; OLG Düsseldorf MedR 84, 29; Arzt/Weber BT LH 1 Rdnr. 269; Dreher/Tröndle § 223 Rdnr. 6; Krey BT 1 Rdnr. 194; Küper BT S. 105; Lackner § 223 Rdnr. 5; LK-Hirsch § 223 Rdnr. 11; Maurach-Schroeder § 9 Rdnr. 5; Schönke/Schröder-Eser § 223 Rdnr. 5 ; SK-Horn § 223 Rdnr. 18 ff (der allerdings vom antagonistischen Standpunkt der Gesundheit ausgeht, d. h. eine nicht ganz unerhebliche Verschlechterung des jeweiligen Gesundheitszustandes fordert); Wessels BT 1 Rdnr. 249;

(1) Rechtliche Bestimmung des Gesundheitsbegriffes

Dabei besteht Streit, ob diese sich körperlich auswirken müssen, also einen physischen Niederschlag zeitigen müssen oder ob Ein- und Auswirkungen ausschließlich psychischer Natur ausreichend sind.

(a) Inklusion ausschließlich psychischer Störungen

Einen extremen Standpunkt vertritt Wolfslast, die die Gesundheitsbeschädigung im Lichte einer modernen psychosomatischen Auffassung von Krankheit bzw. der Untrennbarkeit von physischen - weiter gehend [716] als die 'körperliche' Mißhandlung - auch bei ausschließlich psychischen Störungen gegeben sieht. [717] Indiz für diese Auffassung könnte das Weglassen des Merkmals 'körperlich' im Vergleich zur Mißhandlungsalternative sein.

(b) Somatologischer Gesundheitsbegriff

Dagegen wendet die wohl herrschende Meinung [718] den somatologischen Krankheitsbegriff auch für diese 2. Tatbestandsalternative an. Sie stellt auf die nachteilige Beeinflussung des Normalzustands der körperlichen Funktionen ab [719], so daß psychische Beeinträchtigungen eines Niederschlages auf der somatischen Ebene z. B. in Form neurologischer Symptome bedürfen, um als strafrechtlich relevante Gesundheitsbeschädigung gewertet werden zu können [720] bzw. durch eine somatische Objektivierung von bloßem seelischem Unwohlsein oder Niedergeschlagenheit differenziert werden zu können [721].

---

[716] In dem Bild der zwei sich schneidenden Kreise entspräche dies somit der Nicht-Schnittmenge im Kreis 'Gesundheitsbeschädigung'.

[717] Wolfslast S. 19; so auch AG Hamburg NJW 1989, 2071; Krey BT 1 Rdnr. 195; Schönke/Schröder-Eser § 223 Rdnr. 6 m. w. N. ; Haft Strafrecht BT, S. 102; Wolfslast S. 19

[718] BGH bei Dallinger, MDR 1975, 323; BGH St 36,(1) 6; BGH NJW 1989, 783; OLG Düsseldorf NJW 1991, 2919; Dreher/Tröndle § 223 Rdnr. 6; Krey BT 1 Rdnr. 194; Lackner, 19. Aufl. § 223 Anm. 3; LK-Hirsch § 223 Rdnr. 11; Schönke/Schröder-Eser § 223 Rdnr. 5; Blei BT I S. 54 (Nr. 78), der in BT 11. Aufl. § 12 III noch eine andere Ansicht vertrat; Wessels BT / 1 Rdnr. 237

[719] BGH NJW 1989,781; LK-Hirsch § 223 Rdnr. 11; Maurach-Schroeder § 9 I Rdnr. 5

[720] LK-Hirsch § 223 Rdnr. 14

[721] SK-Horn § 223 Rdnr. 23

(aa) Erfordernis physisch vergleichbarer Pathologie

Ein Großteil der Vertreter dieser Auffassung lassen dabei aber nicht jedes psychische Problem mit physischem Niederschlag ausreichen, sondern fordern die Erreichung eines Mindestgrades einer pathologischen Beeinträchtigung, um dem Ausmaß eines somatisch-pathologischen Zustandes äquivalent zu sein [722]. Medizinisch und in der strafprozessualen Praxis taucht bei dieser Ansicht das Problem der Schwellenbestimmung zum Pathologischen auf, die sich auf der psychischen Ebene genauso schwierig gestaltet wie auf der somatischen: „In sämtlichen medizinischen Fachbereichen ist der Punkt, an dem 'Krankheit' beginnt, häufig unklar und hängt oft eher von der Häufung vieler hartnäckiger Symptome als dem Auftreten einer einzelnen Schwierigkeit ab. Eine leichte Abweichung von der Norm beim Blutbild oder auf einer Röntgen-Aufnahme reicht oft nicht aus, um eine körperliche Krankheit zu diagnostizieren ...Ebenso rechtfertigen z. B. eine einwöchige Niedergeschlagenheit oder Schwierigkeiten, über den Tod eines geliebten Menschen hinwegzukommen, für sich genommen noch nicht die Diagnose einer Major Depression." [723] Dies bedeutet, daß - analog der somatischen Ebene - zwischen Auffälligkeiten bzw. bloßen Normabweichungen, die als Lebens- oder emotionale Probleme zwar belastend sind, aber noch keine psychiatrische Diagnose rechtfertigen, und psychischen Störungen mit Krankheitswert andererseits unterschieden werden muß [724]. So tauchen auch bei „normalen Menschen" [725] plötzliche Angstattacken, übermäßige Wutanfälle, Gefühle der Unwirklichkeit oder schweren Niedergeschlagenheit bei bestimmten Situationen und Erfahrungen auf, ohne daß gleich eine psychische Störung [726] und nicht bloß ein emotionales Problem zu diagnostizieren wäre. Die Grenze ist individuell verschieden, da Gefühls- und Gedankenwelt bzw. entsprechendes Verhaltensrepertoire individuell verschieden sind. Somit bedarf es im konkreten Einzelfall einer umfassenden Differentialdiagnose: „Um das

---

[722] BGH NJW 1960, 2253; Schönke/Schröder-Eser §223 Rdnr. 6 ; Wolfslast (S. 20 f), die zwar grundsätzlich alle psychischen Gesundheitsschäden unter die Rechtsgutverletzung faßt, aber - analog den somatischen Verletzungen - eine qualitative Schranke 'mehr als unerheblich' setzt.

[723] Sheehy / Cournos; Was sind psychische Störungen, S. 10

[724] ebd.

[725] Dieser - von den Übersetzern von Sheehy / Cournos gewählte - Ausdruck erscheint zumindest unglücklich, wenn nicht bedenklich. Die Formulierung 'gesund oder fähig, sein psychisches Gleichgewicht wiederzufinden' erscheint einem aufgeklärten Menschenbild angepaßter.

[726] i. S. einer Psychopathologie

Vorliegen einer psychischen Störung zu konstatieren, müssen die Symptome und Symptomkomplexe hinsichtlich der Beeinträchtigung, die sie verursachen, ihres Schwere- und Belastungsgrades, ihrer Hartnäckigkeit und ihrer Dauer bewertet werden."[727] Diese Bestimmung würde eine umfangreiche psychiatrische und somit äußerst belastende Untersuchung ausgerechnet des Tatopfers, also hier des geschädigten Klienten, erfordern, um zu einer strafprozessual verwertbaren Rechtsgutverletzung gelangen zu können. Doch selbst bei objektiver medizinischer Konstatierung einer psychopathologischen Störung würde eine Bejahung innerhalb des undurchsichtigen Graubereichs zwischen psychischen Problemen und psychopathologischen Störungen durch den in-dubio-pro-reo-Grundsatz last but not least ein 'Revisionseinfallstor' der (Straf-) Verteidigung darstellen und damit faktisch für eine Verurteilung des Täters unbrauchbar, da im Zweifel ein bloßes psychisches Problem anzunehmen ist.[728]

(c) Grammatische Auslegung

Die grammatische Auslegung fragt nach dem Wortsinn [729], den der 'Sprachgebrauch der Rechtsgemeinschaft ' [730] für den fraglichen Begriff verwendet. Diese Auslegungsmethode ist hier wenig hilfreich, da Gesundheit „... nicht nur ein Begriff der Medizin [ist], sondern macht ebenso ein Thema der Künste, der Philosophie und Theologie aus."[731] Schon allein dadurch ist ein völlig ausufernder Raum für Interpretationen gegeben, da fraglich ist, ob von einem (medizin-) philosophisch-theoretischen Ansatz, von einem pragmatischen Forschungsansatz o. ä. ausgegangen werden soll. So ist der (medizin-) philosophische Ansatz eines Krankheit-Gesundheit-Dualismus, auf dessen Basis z.

---

[727] Sheehy / Cournos, S. 12. Wolfslast begründet aber gerade ihre rechtliche Extension des Gesundheitsbegriffes auf ausschließlich psychische Ein- und Auswirkungen gerade auf dem Gegenteil dieser medizinischen Erkenntnisse: „Psychische Gesundheitsschäden können also ebenso wie körperliche festgestellt und genau bezeichnet werden. Das heißt, daß eine qualitative Gewichtung vorgenommen wird, daß also 'bloße seelische Beeinträchtigungen' wie etwa Traurigkeit, Ärger oder Schrecken unterschieden werden können von psychischen Beeinträchtigungen von Krankheitswert." (S. 20)
[728] Das Gesetzlichkeitsprinzip des Art. 103 II GG verlangt für die Verurteilung den Nachweis der Erfüllung aller Tatbestandsmerkmale, d. h. wie hier vorliegend, mögliche, aber ungewisse, im Zweifel gebliebene Umstände dürfen nicht zu Lasten des angeklagten Psychotherapeuten hergeleitet werden (BGH NStZ 1987, 474; Dreher/Tröndle § 1 Rdnr. 14). Entsprechend muß gemäß § 261 StPO i. V. m. Art. 6 II MRK der Grundsatz 'in dubio pro reo iucandum' beachtet werden, d. h. der Zweifel an der Erfüllung auch nur eines Tatbestandsmerkmales muß zum Freispruch führen (BVerfG NJW 1988, 477; Schönke/Schröder-Eser § 1 Rdnr. 58).
[729] Engisch, Einführung in juristisches Denken, S. 77 f
[730] Zippelius, Einführung in die Methodenlehre, S. 58
[731] Engelhardt, Gesundheit, S. 408

B. die herrschende Meinung Gesundheit definiert, das Ergebnis moderner medizinischer Theorie. Die frühere Medizin sah in der Gesundheit einen eigenen positiven Gehalt und mehr als nur das Fehlen von Krankheit. Sie nahm einen weiteren Zwischenbereich an, den sie als 'neutralitas' bezeichnete [732]. Die Begriffsbestimmung ist nicht nur ein (inter-) disziplinär-theoretisches Problem: Die Standortfrage wird durch zunehmende Forschungserkenntnisse um den psychosomatischen Einfluß der individuellen Wirklichkeit (Psyche) auf den Körper bzw. den umgekehrten, somatopsychischen Einfluß des Körpers auf die Seele erschwert, die eine scharfe Grenzziehung zwischen Körper und Seele nicht mehr zulassen [733]. Dies erfordert ein ganzheitliches Denken der 'Medizin 2000' und daraus resultierend des Gesundheitsbegriffes[734]: „Faßt man alle außerschulischen Bestrebungen und Methoden zusammen, so spricht man gerne von einer holistischen Medizin und artikuliert damit das Bestreben, neben einer Offenheit für die Methodenvielfalt vor allem den ganzen Menschen als eine leib-seelische Einheit nicht aus dem   Auge zu verlieren." [735] Demnach kann bei einer zeitgemäßen grammatischen Auslegung des Wortsinnes von 'Gesundheit' nicht nur mehr von einer (klassisch) schulmedizinischen Sichtweise ausgegangen werden, die das psychische Wohlbefinden hiervon exkludiert.

In diesem Sinne hat die Weltgesundheitsorganisation WHO [736] 1948 Gesundheit sehr expansiv als „Zustand vollständigen körperlichen, geistigen und sozialen Wohlbefindens und nicht nur das Freisein von Krankheit und Gebrechen" definiert [737]. Diese Auffassung von Gesundheit, die den Zusammenhang zwischen Gesundheit und der allgemeinen sozialen Entwicklung bzw. den Einfluß des sozialen Umfeldes auf das Individuum erkennt, ist jedoch harter Kritik ausgesetzt [738]: Die Beschreibung eines 'Zustandes vollständigen sozialen Wohlbefindens' soll unerfüllbare Ansprüche im Menschen wecken [739]. Hierbei ist sehr gut die Abhängigkeit des Gesundheitsbegriffes von dem philosophischen Standpunkt zu erkennen: Das Argument des unerfüllbaren Anspruches kann nur dann ziehen, wenn von der - vorausgesetzten und daher unausgesprochenen - Ansicht von

---

[732] Engelhardt, S. 411
[733] Uexküll, Theorie der Humanmedizin, S. 494 f
[734] Schipperges, Medizin an der Jahrtausendwende, S. 58; so auch Wolfslast, S. 13
[735] Dethlefsen / Dahlke, Krankheit als Weg, S. 14
[736] World Health Organization
[737] zitiert nach: Engelhardt, Gesundheit, S. 411 f
[738] Borgers / Niehoff, Weltgesundheitslage, S. 88

Gesundheit als erreichbarer Ist-Zustand in großem (gesellschaftlichen) Ausmasse ausgegangen wird. Wird dagegen Gesundheit als ideales Ziel oder wertneutrale Beschreibung von Individuen angesehen, kann die Definition nicht überzogen sein. Zum anderen ist die WHO-Definition dem Vorwurf ausgesetzt, daß sie einen Idealzustand zur Norm erhebt, ohne dabei die modernen Veränderungen, also die aktuellen Sozial- und Gesundheitsstrukturen in den westlichen Industrienationen zu beachten: die Verschiebung der Bevölkerungspyramide durch eine überproportional starke Zunahme der älteren Bevölkerung, die altersbedingt chronisch-degenerative Leiden haben, sowie das große Ausmaß von chronischen (Zivilisations-) Erkrankungen wie z. B. Allergien, kardiovaskuläre Erkrankungen, Krebs sowie alle Formen des Suchtverhaltens auch bei Jüngeren [740]. Diese Fakten zwingen „mit der Krankheit leben zu lernen" [741], d. h. eine Gesundheitsdefinition zu finden, die große Bevölkerungsanteile nicht zu Kranken stigmatisiert [742]. Es erscheint folglich eine Anpassung des Gesundheitsbegriffs geboten: „Wir haben es vielfach mit nur noch bedingt Gesunden zu tun, die neue Konzepte einer Gesundheitstheorie und Gesundheitsplanung erforderlich machen." [743] Um diese Kritik an der WHO-Definition zu integrieren, „wird überwiegend unter Gesundheit das Freisein von (vorübergehenden) Krankheiten verstanden, welche die physischen Funktionen (Kraft, Ausdauer, Beweglichkeit) und psychische Befindlichkeit beeinträchtigen; Voraussetzung der Gesundheit ist dementsprechend, daß die Körper- und Organfunktionen sowie die psychischen und geistigen Reaktionen nicht wesentlich von der Durchschnittsnorm des betreffenden Lebensalters abweichen. ... Die Grenzen jeder allgemeinen Definition liegen allerdings darin, daß Gesundheit in relativer Unabhängigkeit vom medizinischen Befund als subjektives Lebensgefühl des einzelnen Menschen wechselnden Einflüssen und unterschiedlichen Wertvorstellungen unterworfen ist." [744] Auch wenn die WHO-Festlegung eine Art kodifizierter Ansatzpunkt bietet und zudem für eine Auslegung i. R. der Körperverletzungssnormen geeignet erscheint, da sie hinreichend den medizinischen Status quo des Tatopfers umfaßt als auch Einflüsse auf das soziale Wohlbefinden ausscheidet, die zwar einen Idealzustand 'Gesundheit' beeinträchtigen, aber im Lichte der Ultima-ratio-

---

[739] Brockhaus, Bd. 8, Schlüsselbegriff ' Gesundheit', S. 439
[740] Brockhaus, Bd. 8, Schlüsselbegriff ' Gesundheit', S. 439; Schipperges, passim
[741] Schipperges, S. 48
[742] ebd.
[743] Schipperges, S. 48

Beschränkung von Strafrecht nicht ausreichend auf das betroffene Schutzgut einwirken; sie kann jedoch nicht mehr als i. R. der grammatischen Auslegung die äußersten Auslegungsgrenzen festlegen [745]. Durch die prinzipielle Abhängigkeit der Definition vom philosophischen Standpunkt und der damit verbundenen Weite des lexikalischen Wortsinnes kann dieser nur indizielle Bedeutung gegenüber dem kontextuellen Wortsinn haben [746]. Es bedarf innerhalb dieser grammatischen Grenzen die Ausfüllung des Gesundheitsbegriffes durch weitere Auslegungsmethoden.

(d) Einfluß einer historischen und systematischen Auslegung

Für die weitere Auslegung bei einer solchen Mehrdeutigkeit des Begriffes ist die Entstehungsgeschichte der Norm (historische Auslegung) zu berücksichtigen [747]. Dabei ist strittig, inwieweit auf die Kenntnis und den Willen des historischen Gesetzgebers abzustellen ist.

(aa) Subjektive Auslegungsmethode

Die subjektive Auslegungstheorie versucht sich in den historischen Gesetzgeber hineinzuversetzen und zu ermitteln, wie er den auslegungsbedürftigen Begriff verstanden hat [748]:

Das StGB von 1871 ging im wesentlichen auf das preußische StGB von 1851 zurück, zu dem die Entwicklungsarbeiten schon 1826 begonnen hatten und welches in seinen Grundzügen auf dem Bayerischen Strafgesetzbuch von 1813 beruht [749]. Das Weltbild jener Zeit, welches fast alle bedeutenden deutschen Mediziner des 19. Jahrhunderts vertraten, war seit der Jahrhundertwende vom 18. zum 19. Jahrhundert einem maschinistisch-mechanistischen Denken unterworfen, welches alle menschlichen Vorgänge nicht mehr einseitig psychologisch-

---

[744] Brockhaus, Bd. 8, Schlüsselbegriff ' Gesundheit', S. 439 f
[745] Wessels AT S. 11
[746] Velten / Mertens; ARSP 90, 516 f
[747] Wessels AT § 2 II S. 11
[748] Engisch, S. 81, 88
[749] Roxin, § 4 Rdnr. 1; Dreher/Tröndle Einleitung Rdnr. 1

moralistisch begriff [750], sondern stattdessen im physiologischen Sinne auf physikalische und chemische Prozesse reduzierte [751]. Entsprechend waren psychologische Prozesse gesehen „in engster physiologischer Abhängigkeit von gewissen körperlichen Vorgängen. Die psychischen Erscheinungen sind nichts als Funktionen des Gehirns; psychische Störungen sind diffuse Erkrankungen der Hirnrinde." [752]

Dies darf aber nicht zur Annahme verleiten, daß der historische Gesetzgeber keine psychologischen Einwirkungen und Folgen kannte oder sie negierte. Feuerbach [753], der Verfasser der Grundlage des StGB, des Bayerischen Strafgesetzbuchs von 1813 [754] schlug z. B. in seinem Lehrbuch des peinlichen Rechts psychologische Zwänge zur Erreichung staatlicher Ziele sogar explizit vor: „§ 11. Physischer Zwang reicht aber nicht hin zur Verhinderung der Rechtsverletzung überhaupt. ... § 12. Sollen daher Rechtsverletzungen überhaupt verhindert werden, so muss neben dem psychischen Zwange noch ein anderer bestehen ... Ein solcher Zwang kann nur ein psychologischer sein." [755]

Dieses Bewußtsein für Medizin und Psychologie in der Strafrechtslehre Mitte des 19. Jahrhunderts wird auch in dem Vorwort des späteren Herausgebers des Feuerbach'schen Lehrbuchs, Mittermaier, deutlich, der dort die Ziele und Forderungen an ein Strafrechtslehrbuch formulierte: „ <IV.> Soll ein Lehrbuch des peinlichen Rechts allen Forderungen entsprechen, so muss...<V.> ... 8) jede Streitfrage ... nach dem Einfluss der gerichtsärztlichen und psychologischen Forschungen wenigstens so angedeutet werden, dass es, wenn der Grundsatz richtig aufgestellt ist, leicht wird, die Streitfrage gehörig zu entscheiden. ... <VI.> ... Auf diese Art enthält meine gegenwärtige Bearbeitung, ... , die Andeutung der wichtigsten Streitfragen (vorzüglich mit Beziehung auf die Fortschritte der gerichtlichen Medicin und Psychologie)..." [756]. So war die Unterscheidung zwischen physischem, psychischem und psychologischem Zwang resp. Ein- und Auswirkungen dem Umfeld des historischen Strafgesetzgebers ebenso bekannt,

---

[750] Schmidt, Verbrechen an dem Seelenleben des Menschen, Der Gerichtssaal Bd. 42, S. 60
[751] Uexküll, Psychosomatik (1989), S. 853 f
[752] Kraepelin, Psychiatrie, S. 2
[753] Paul Johann Anselm Feuerbach (1775 - 1833)
[754] Roxin, § 4 Rdnr. 1; Dreher/Tröndle Einleitung Rdnr. 1
[755] Feuerbach, Lehrbuch des Peinlichen Rechts, S. 35
[756] Mittermaier, Vorwort des Herausgebers (1847), S. 30 f

wie die Möglichkeit eines Angriffes auf die Psyche. Dennoch wollte der historische Gesetzgeber des Strafgesetzbuchs von 1871 ebenso wie die zeitgenössische Strafrechtswissenschaft keine Angriffe auf die Psyche als eigenen Straftatbestand bzw. Rechtsgut zulassen, wie der zeitgenössische Jurist Richard Schmidt 1889 beklagt [757]. Er berichtet, daß in der 'Bundescommission zur Berathung des Strafgesetzbuchs' zwar der Zustand einer 'effectiven Geisteszerrüttung' einer Gesundheitsbeschädigung zugeordnet wurde, aber weder 'sonstige psychische Störungen' noch eine 'Verhinderung der geistigen Entwicklung' in Betracht gezogen wurden [758]. „Das Reichsstrafgesetzbuch stellt jede Gesundheitsbeschädigung, also nicht nur die mechanische Einwirkung auf den Körper, unter den Gesammtbegriff der Körperverletzung und erkennt somit psychische Störungen nur als physiologische Beschädigungen des Menschen an." [759] In dieser Systematik sieht er eine Inkonsequenz des Gesetzgebers, da i. R. eines physiologischen Verständnisses eigentlich jede psychische Störung einen pathophysiologischen Niederschlag hätte und damit eine physische Gesundheitsbeschädigung wäre [760]. Küper kritisiert dieses von Schmidt behauptete, physiologische Verständnis des Reichsstrafgesetzbuch als historisch und systematisch nicht belegt [761], wobei er schon außer Acht läßt, daß diese Interpretation dem zeitgenössischen maschinistisch-mechanistischen Weltbild des 19. Jahrhunderts entsprach. Küper bestreitet zudem die Beschränkung auf die Körpersphäre, indem er sich auf die Aussage von Schwarzes, eines Mitglieds der Bundeskommission [762], beruft, der daraufhinweist, daß ein 'Verbrechen der Geisteszerrüttung' nicht ausdrücklich normiert wurde, „weil der nicht auf körperliche Verletzungen beschränkte Begriff „Gesundheitsbeschädigung" insoweit ausreiche." [763] Dabei beachtet er aber nicht ausreichend den logisch-systematischen Gesetzeszusammenhang [764]: Beide Tatbestandsalternativen werden unter dem Oberbegriff 'Körperverletzung' zusammengefaßt, den das Gesetz sowohl in der Überschrift des § 223 StGB als auch in der Systematik durch den

---

[757] Schmidt bezeichnet sie als 'Verbrechen an den Seelenleben des Menschen'. Darunter fallen s. E. 'Verbrechen gegen die Geisteskräfte', Schädigende Angriffe auf die Gemütsverfassung sowie alle Einflüsse auf die sittliche Entwicklung eines Menschen; vgl. Schmidt S. 57 f
[758] Schmidt, Richard S. 61
[759] Schmidt S. 61
[760] ebd.
[761] Küper S. 244
[762] zur Beratung des StGB von 1871
[763] Küper (1991), Fußnote 451; S. 235
[764] Engisch, S. 79

Abschnittstitel '17. Abschnitt. Körperverletzung ' verwendet [765] [766]. Küper gesteht zu, daß die systematische Zuordnung zur 'Körperverletzung' eine mißverständliche Interpretation i. S. einer physiologischen Gesundheitsbestimmung zuläßt [767]. Doch übersieht er, daß es sich nicht um ein Mißverständnis, sondern um eine klare systematische (Zu-) Weisung innerhalb eines mehrdeutigen Begriffes handelt.

Es ist von einem Willen des historischen Gesetzgebers zur Pönalisierung nur von physischen Gesundheitsbeeinträchtigungen auszugehen, „da dem Begriffe der Gesundheitsbeschädigung schon durch die Subsumierung unter den Begriff der Körperverletzung die Bezugnahme auf das Physisch-Erkennbare anhaftet." [768]

(bb) Objektive Auslegungsmethode

Die objektive Auslegungstheorie hält „den davon unabhängigen objektiven und sich ggf. wandelnden Sinn des Gesetzes für maßgebend" [769], das Gesetz ist „lebendig sich entwickelnder Geist, der mit den Lebensverhältnissen fortschreiten und ihnen sinnvoll angepaßt weitergelten will." [770] Dies würde bedeuten, daß sich durch moderne holistische Medizintheorien sowie neuere psychosomatische und somatopsychische Forschungserkenntnisse die Zusammenhänge „in einer Weise geändert [haben], daß sie über die Normsituation hinausgehen, die der historische Gesetzgeber vor Augen hatte" [771]. Nach dieser Auffassung müßte die Freiheit vor Gesundheitsbeeinträchtigung auch auf den psychischen Bereich ausgedehnt werden [772].

---

[765] LK-Hirsch § 223 Rdnr. 14; Schmidt, R. S. 61
[766] Zu einem anderen Ergebnis führt auch nicht der Gesundheitsbegriff des § 223 b 'Mißhandlung von Schutzbefohlenen'. Denn entweder wird die Norm als Qualifikation des § 223 StGB angesehen (Dreher/Tröndle § 223 b Rdnr. 1 m. w. N.) , mit der Folge, daß die Gesundheitsbeschädigung genauso restriktiv ohne psychische Verletzungen auszulegen ist (Dreher/Tröndle § 223 b Rdnr. 10). Das gleiche Resultat wird erreicht durch die Ansicht, daß es sich bei § 223 b um eine Spezialvorschrift für den besonders geschützten Personenkreis der Pflegebedürftigen handelt, „die nur deshalb in den 17. Abschnitt eingeordnet ist, weil ihre hauptsächliche Begehungsform in einer Körperverletzung besteht." (LK-Hirsch vor § 223 Rdnr. 2; so auch Wolfslast S. 15 - 19, insbes. S. 18 f). Durch diese Sonderstellung lassen sich keine rechtslogischen Rückschlüsse auf die allgemeinen Körperverletzung-Normen ziehen, so daß die hier angenommene Inklusion von psychischen Störungen bei Gesundheitsbeschädigungen keine Relevanz für die Auslegung des § 223 StGB hat (vgl. Hirsch a. a. O.; Wolfslast a. a. O.).
[767] Küper (1991) S. 244
[768] Schmidt S. 61
[769] Roxin, AT § 5 Rdnr. 32
[770] BGH St 10, 159
[771] Wolfslast S. 13
[772] ebd.

(cc) Subjektiv-objektive Methode

Auch wenn ein Schutz vor psychischer Beeinträchtigung wünschenswert ist, dürfen die von dem verfassungsrechtlich verankerten Gesetzlichkeitsprinzip [773] gesetzten Auslegungsgrenzen nicht überschritten werden. Eine reine objektive Auslegungsmethode im Strafrecht - völlig losgelöst von den Vorstellungen des historischen Gesetzgebers - würde sich von der Legislativweisung in unzulässiger Weise entfernen. Es ist daher einer Kombination aus subjektiven und objektiven Auslegungskriterien der Vorzug zu geben. Dabei kommt es nicht auf die konkreten, tatsächlichen und bewußten Vorstellungen der am historischen Gesetzgebungsverfahren Beteiligten an, sondern es ist ihre rechtspolitische Wertentscheidung zu beachten [774]: „Kein Gesetz verträgt eine starre Begrenzung seiner Anwendbarkeit auf solche Fälle, die der vom Gesetzgeber ins Auge gefaßten Ausgangslage entsprechen; denn es ist nicht toter Buchstabe, ..., der mit den Lebensverhältnissen ... sinnvoll angepaßt weitergelten will, solange dies nicht die Form sprengt, in die er gegossen ist" [775]. Auslegungskriterium innerhalb der 'gegossenen Form' soll dabei der Sinn und Zweck des Gesetzes sein [776].

Denkbar wäre, den Sinn der Vorschrift in einem ganzheitlichen d. h. auch psychischen Gesundheitsschutz zu sehen. Denn das Gesundheitsverständnis des historischen Gesetzgebers war von dem eingangs genannten, physiologischen Verständnis aller Vorgänge im Menschen geprägt. Folglich wäre das somatologische Argument des Fehlens einer expliziten Aufnahme psychischer Störungen hinfällig, da eine psychische Störung schon damals als eine Erkrankung der Hirnrinde erkannt war und damit als physische Verletzung der Gesundheitsbeschädigung unterfallen könnte [777]. Demnach wäre die 'rechtspolitische Gußform des historischen Gesetzgebers' ein umfassender (auch psychischer) Gesundheitsschutz, der nur durch sein medizinisch-psychologisches Verständnis nach außen physisch geprägt war. Bildlich gesprochen würde das Dunkel des durch das maschinistisch-mechanistischen Weltbild geprägten, einseitig physiologischen Verständnisses durch die jüngeren Erkenntnisse und das moderne

---

[773] 'nullum crimen sine lege '; Art. 103 II GG, gleichlautend mit § 1 StGB:
[774] Roxin, a. a. O.
[775] BGH St 10, 159 f; so auch BGHSt 1, 1; RGSt 12, 371f
[776] BGH St 10, 160
[777] Schmidt S. 60 f

Verständnis psychosomatischer Zusammenhänge erhellt. Die Folge ist ein Sichtbarwerden der bislang hinter einem neuropathologischen Filter versteckten Psyche als notwendiger Teil eines ganzheitlichen Gesundheitsbegriffes.

Dagegen spricht der Bericht Schmidts über die Auffassung der Strafgesetzgebung sowie sein Bericht über die gesetzesberatende 'Bundescommission', die psychische Störungen bis auf eine 'effektive Geistesverwirrung' bewußt exkludierte. Durch diese eindeutige Exklusion psychischer Störungen in Kenntnis auch psychischer Ein- und Auswirkungen hat der historische Gesetzgeber eine rechtspolitische Wertentscheidung 'in Metall gegossen', über die hinaus kein Auslegungsspielraum für eine Ausweitung auch auf psychische Verletzungen besteht. Eine dennoch von der Jurisdiktion oder Jurisprudenz vorgenommene Inklusion würde eine - verfassungsrechtlich verbotene - Analogie zum Schließen einer Gesetzeslücke darstellen, die ausschließlich Aufgabe der Legislative ist. [778] Es liegt auch keine modifizierende oder klarstellende Weisung des modernen Gesetzgebers vor, der sich mit der Norm im Rahmen des Verbrechensbekämpfungsgesetzes vom 28.10.1994 [779] beschäftigte und dabei den Wortlaut der Norm in puncto Tatopfer [780] änderte. Er hat weder den Wortlaut des geschützten Rechtsgutes, noch die systematische Zuordnung d. h. den zur Norm gehörigen Oberbegriff 'Körperverletzung' bzw. Abschnittstitel verändert oder erweitert, noch wurde die psychische Verletzung expressis verbis hinzugefügt. Da eine inhaltliche Änderung nicht vorgesehen war [781], ist von einer Fortsetzung der Weisung des historischen Gesetzgebers auszugehen. [782]

---

[778] Sollte dieser schon seit Bestehen des Strafrechts höchst umstrittenen Entscheidung (vgl. Küper (1191) Fußnoten 451 und 452 m. w. N.) nicht gefolgt werden, würden psychische Störungen von einer Gesundheitsbeschädigung i. S. des § 223 StGB umfaßt. Dies würde am negativen Ergebnis für die hier zu prüfenden sexuellen Kontakten zwischen Psychotherapeuten und Klienten nichts ändern: Es bedürfte - wie der nachfolgend geprüften psychosomatischen Beschwerden - zur Erfüllung des Tatbestandes der Körperverletzung eines Kausalitätsnachweises zwischen sexuellen Kontakten und den psychischen Störungen. Wie dort ausführlich dargelegt (vgl. S. 164), trotz des Erfordernisses, nur eine von mehreren Ursachen i. S. einer 'conditio sine qua non' zu sein (so schon Schmidt S. 64 f), ist dieser mangels Uneinsichtigkeit der Kausalität und Individualität psychischer Prozesse nicht eindeutig zu führen.
[779] BGBl. (1994) Bd. I 3186; in Kraft getreten am 1.12.1994
[780] von 'anderen Menschen' in 'andere Person'
[781] BT-Drs. 12 / 6853
[782] In der Begründung zum Gesetzentwurf zum 6. StrRG wird als Folge der Strafrahmenerhöhung bzw. Pönalisierung des Versuchs der einfachen Körperverletzung die „damit verbundene Aufwertung des Rechtsguts der körperlichen Unversehrtheit" genannt (BT-Drs. 13 / 7164, S. 19). Sollte dieser Entwurf Gesetzeskraft erlangen, könnte darin ein Indiz für eine legislative Beschränkung des Tatbestands der Körperverletzung auf körperliche Auswirkungen darstellen.

(e) Teleologische Interpretation

Denkbar wäre, diese Begrenzung auf den physischen Bezugspunkt aufgrund des Wunsches nach der besonderen Schutzfunktion des § 223 StGB und einem objektiven Sinn und Zweck der Norm nach umfassenden Gesundheitsschutz (objektiv-teleologische Auslegung [783]) zu überspringen bzw. zu ignorieren. Eine solche teleologische Extension unter Mißachtung der historischen Gußform bzw. des eindeutigen systematischen Zusammenhangs geht über das der Auslegung zur Verfügung stehende Maß hinaus: „Er [Larenz als Vertreter dieser Auslegungsmethode; Anm. d. A.] setzt stillschweigend die Prämisse, daß Berechtigung nur dem von ihm definierten (positiven) Zweck der fraglichen Vorschrift zukomme, nicht aber der Grenze, die sie selbst der Zweckverfolgung zieht. Das müßte er indes erst einmal beweisen. Die teleologische Auslegung zeigt sich also schlechthin untauglich, das jeweilige Auslegungs- oder Ausdehnungsproblem schlüssig zu lösen. Denn auch die Begrenzung, sie mag uns gefallen oder nicht, hat ja jedenfalls einen Zweck, eben den, der Verfolgung des "eigentlichen" Gesetzeszwecks eine Schranke zu ziehen, so daß sich jedesmal zwangsläufig ein teleologisches Patt ergibt. " [784] Die teleologisch Auslegungsmethode kann die - mittels systematischer sowie subjektiv-objektiver Auslegung des Willens des historischen Gesetzgebers ermittelte - Begrenzung auf physische Verletzungen nicht überwinden.

Der Gesundheitsbegriff des § 223 StGB umfaßt daher in verfassungskonformer Auslegung nur physische Auswirkungen, aber keine ausschließlich psychischen Störungen unabhängig von ihrem Auswirkungsgrad. Die psychischen Störungen nach sexuellen Kontakten zwischen Psychotherapeuten und Klienten können folglich nicht den Tatbestand der Gesundheitsbeschädigung erfüllen.

(2) Gesundheitsbeschädigung

Im Gegensatz dazu könnten sich die psychosomatischen Beschwerden als physische Symptome und pathophysiologischen Prozesse darstellen. Zwar hat in

---

[783] Wessels, Strafrecht AT § 2 II 2
[784] Herzberg , Kritik der teleologischen Gesetzesauslegung , NJW 90, 2525 (2526); vgl. auch Engisch S. 74 f

einer neueren Entscheidung der 6. Zivilsenat des BGH [785] psychosomatische Störungen eines Geschädigten ohne nähere Begründung im Rahmen einer deliktsrechtlichen Prüfung nicht als Gesundheitsverletzung i. R. der §§ 823, 847 BGB anerkannt. Doch kann daraus kein Rückschluß auf die Subsumtion i. R. der §§ 223 ff StGB gezogen werden, insbesondere, da das Gericht diese erstaunliche Auffassung nicht begründet hat, was Taupitz zurecht kritisiert [786]. Zudem liegt kein Anhaltspunkt vor, die o. g. psychosomatischen Beschwerden (der Kinder nach erfahrenem sexuellem Mißbrauch) anders als andere physische Verletzungen zu bewerten.

Bei Klienten mit psychosomatischen Beschwerden nach sexuellen Kontakten zwischen Psychotherapeuten und Klienten ist von einem tatbestandlichen Gesundheitsschaden auszugehen.

(a) Erheblichkeit

Auch bei der 2. Tatbestandsalternative muß eine nicht ganz unerhebliche Verschlechterung des Gesundheitszustandes vorliegen [787]. Auch wenn eine solche Schwelle aus der Sicht eines objektiven Betrachters unter indizieller Berücksichtigung subjektiver Empfindungen des Klienten [788] zu ziehen ist, ist eine abstrakte Beantwortung im schon generell diffusen und im FBSÜP zudem nicht weiter spezifizierten, psychosomatischen Beschwerdebereich äußerst schwierig und muß als Tatfrage geprüft werden, inwieweit sie mit den genannten Beispielen einer Ansteckung mit Schnupfen oder leichten Kopfschmerzen in Folge übemäßiger Lärmentwicklung [789] oder Parästhesien, Hautreizungen, kurzzeitiger Schlaflosigkeit, erhöhter Herztätigkeit mit Schweißausbruch [790] vergleichbar sind. Dabei ist der Schwellenwert außer Acht zu lassen, wenn sich solche Beschwerden summieren und längere Zeit wiederholen [791].

---

[785] BGH NJW 1994, 127
[786] Taupitz, Deliktsrechtlicher Schutz des menschlichen Körpers ; NJW 95, 748
[787] LK-Hirsch § 223 Rdnr. 15 m. w. N. ; Maurach-Schroeder § 9 Rdnr. 5; SK-Horn § 223 Rdnr. 18
[788] Schönke/Schröder-Eser § 223 Rdnr. 4 a; OLG Düsseldorf NJW 1991, (2918) 2919
[789] LK-Hirsch § 223 Rdnr. 15
[790] SK-Horn § 223 Rdnr. 20
[791] BGH bei Dallinger MDR 75, 723; SK-Horn § 223 Rdnr. 20

(III)   Kausalität und Zurechnung

Bei den Körperverletzungsdelikten (§§ 223 ff. StGB) handelt es sich um sog. Erfolgsdelikte, d. h. zwischen dem tatbestandlichen und gedanklich abgrenzbaren Erfolg des pathophysiologischen Zustandes und der Tathandlung der Beschädigung liegt ein zeitlicher und räumlicher Abstand [792], der durch einen ursächlichen Zusammenhang überbrückt wird. Entsprechend bedarf es zur Erfüllung dieser Tatbestände der Bejahung einer Kausalität zwischen Tathandlung und Erfolg. Bei sexuellen Kontakten zwischen Psychotherapeuten und Klienten muß somit für die Erfüllung des Tatbestandes der Körperverletzung eine Kausalität zwischen dem sexuellen Kontakt und den psychosomatischen Beschwerden nachgewiesen werden [793].

(1)   Meinungsstreit

Nach welchen Kriterien diese Kausalität angenommen wird, ist sehr umstritten.

Die herrschende Meinung und insbesondere die höchstrichterliche Rechtsprechung urteilt nach der conditio sine qua non-Formel der Äquivalenztheorie, d. h. jede Handlung ist kausal, die nicht hinweggedacht werden kann, ohne daß der konkret eingetretene Erfolg entfiele [794]. Da in der Gegenwart alle Bedingungen als gleichwertig (äquivalent) angesehen werden [795], ist die damit verbundene große Reichweite der Erfolgszurechnung einer der Hauptansatzpunkte der Kritik an dieser Theorie. Zwar besteht Streit, ob haftungsbeschränkende Korrekturen schon auf der Kausalitätsebene oder erst in einem weiteren Schritt z. B. durch modifizierende objektive Zurechnungslehren vorgenommen werden können [796]. Doch für all diese Theorien ist eine nach der Äquivalenztheorie

---

[792] Roxin § 10 Rdnr. 102
[793] Baumann/ Weber § 14 Rdnr. 1 f; Wessels AT § 1II 2 a (S. 5); Otto AT S. 40; Haft AT S. 295; Kühl AT § 4 Rdnr. 1 f; Dreher/Tröndle vor 13 Rdnr. 15
[794] RG St 44, 244;75, 374; BGH St 1, 332 f ;2, 20 (24); 7, 112(114); 31, 96 (98); BGH NJW 93, 1723; Jescheck § 28 II; LK-Jescheck vor § 13 Rdnr. 55; Schönke/Schröder-Lenckner vor § 13 Rdnr. 73 ff; Kühl § 4 Rdnr. 7
[795] Maurach/Zipf § 18 I Rdnr. 7
[796] Maurach/Zipf a. a. O.

gegebene Kausalität Ausgangspunkt bzw. unabdingbare Voraussetzung [797], so daß es sinnvoll ist, eine Kausalität nach dieser Theorie vorweg zu prüfen.

(2) Kausalität der sexuellen Kontakte für die psychosomatischen Beschwerden

Nach der conditio sine qua non - Formel kommt es „...also allein darauf an festzustellen, ob zwischen dem konkreten Erfolg und der Handlung des Täters Kausalität besteht, ob dieser zeitlich, örtlich und in der Art und Weise seiner Herstellung bestimmte Erfolg auf die Handlung des Täters zurückzuführen ist." [798] Dabei ist es ausreichend, wenn die Täterhandlung den Erfolgseintritt auch nur beschleunigt [799] oder intensiviert hat [800]. Im Falle der sexuellen Kontakte zwischen Psychotherapeuten und Klienten ist nicht augenscheinlich, ob diese hinweggedacht werden können, ohne daß die psychosomatischen Beschwerden entfielen.

(a) Problem der Undurchsichtigkeit von Herkunft und Verlauf psychosomatischer Störungen

Psychosomatik als Krankheitslehre ist nicht nur umstritten, sondern von ihrem Forschungsfeld auch schwer zu fassen: „Erkrankungen des >Organs< individuelle Wirklichkeit und ihre Wechselwirkungen zum Körper sind Gegenstand der psychosomatischen Medizin. Da die Veränderungen dieses Organs nicht direkt beobachtet werden können, hat sie viel größere Schwierigkeiten, die Vorgänge zu erfassen, und zu beschreiben, was sich bei Erkrankungen des Organs in der individuellen Wirklichkeit abspielt." [801] Dies liegt daran, daß die beteiligte Psyche und die auf sie einwirkenden oder von ihr ausgehenden psychischen Prozesse nicht mit naturgesetzlichen Formeln und mathematischer Logik zu berechnen sind. Bei psychosomatischen Störungen [802] besteht kein naturwissenschaftlicher Nachweis i.

---

[797] Baumann/Weber § 14 Rdnr. 9;
[798] Baumann/Weber § 14 Rdnr. 11
[799] BGH NStZ 1985, 26 (27); StV 1986, 59
[800] Baumann/Weber § 14 Rdnr. 28
[801] Uexküll / Wesiack, S. 487
[802] Ebenso bei psychischen Beschwerden

S. eines Reiz-Reaktion-Schemas, ob und inwieweit ein bestimmter psychischer Einfluß zu bestimmten psychosomatischen Störungen führt oder führen kann.

(b) Nachweis eines rechtlich relevanten statt konkreten Erfolges

Man kann mit einer Mindermeinung die Kausalitätsanforderung insofern herabsetzen, als daß kein konkreter Erfolgsnachweis (für die tatsächlich aufgetretene psychosomatische Störung z. B. Kopf- oder Magenschmerzen) gefordert ist, sondern nur ein rechtlich relevanter Erfolg in Form einer nachteiligen Veränderung eines gegebenen Rechtsgutsobjekts [803]. Doch auch diese großzügigere Auslegung führt hier nicht zu dem gewünschten äquivalenten Kausalzusammenhang, da durch die Undurchsichtigkeit und Individualität psychischer Prozesse generell kein Nachweis für die 'psychischer Reiz - irgendeine psychosomatische Reaktion' zu führen ist.

(3) Strafrechtliche Kausalität nach Erfahrungswissen

Ein solches Nichtwissen wird auf der juristischen Ebene mit Beweislastregeln gelöst. Im zivilrechtlichen Haftungsbereich kann – abweichend vom allgemeinen Grundsatz der materiellen Beweislast des Anspruchstellers - dem Psychotherapeuten (als Anspruchsgegner) die Pflicht zur Exkulpation auferlegt werden, wenn ein grober Behandlungsfehler und damit arzthaftungsrechtliche Beweislastumkehr angenommen wird [804]. Im sozialen Entschädigungsrecht wird eine hierfür ausreichende Kausalität in Betracht gezogen, „wenn die herrschende Lehrmeinung in der medizinischen Wissenschaft die Belastung allgemein für geeignet hält, bestimmte Krankheiten hervorzurufen." [805] Dies ist hier nicht der Fall, da gerade die Erklärungsversuche für den psychosomatischen

---

[803] Baumann/Weber a. a. O.; ablehnend: Volk NStZ 1996, 110

[804] Kniesel nimmt einen solchen groben Behandlungsfehler bei sexuellen Kontakten an und begründet dies mit dem Standes- und Berufsrecht der Psychologen (S. 48 f). Da es z. Z. (Stand: 1.1.1998) keine gesetzliche Grundlage für ein Standesrecht gibt, begründet sie ihre Auffassung auf eine lex ferenda. Dies stellt keine ausreichende „Gesetzesgrundlage" dar, um ein Abweichen von der materiellen Beweislast rechtfertigen zu können. Zum anderen hat sie entweder Psychologen und Psychotherapeuten verwechselt oder nicht beachtet, daß ein großer Teil der praktizierenden Psychotherapeuten weder Arzt noch Psychologe ist. Selbst im Falle des Erlasses der (im Entwurf befindlichen) lex ferenda, die eine Verkammerung incl. Standesrecht vorsieht, würde dies nur für diesen Teil der Psychotherapeuten gelten. Für nicht-psychologische Psychotherapeuten und ähnlich gelagerte Beziehungsstrukturen (vgl. S. 77 ff) unterliegen auch dann nicht einem Standes- oder Berufsrecht, welches den Maßstab und die Basis für die Annahme eines groben Behandlungsfehlers bilden würde.

[805] BSG MDR 1996, (505) 506

166

Symptombereich heute noch höchst umstritten und abhängig von dem jeweils vertretenen medizintheoretischen Dogma sind [806].

Im Strafrecht sind die Anforderungen an eine Beweislast aufgrund seines Schuld- und Sühneprinzips und seiner einschneidenderen Rechtsfolgen noch strenger: Der Täter muß alle Tatbestandsmerkmale, also i. R. der Körperverletzung auch den ursächlichen Zusammenhang, erfüllen. Bestehen Zweifel an einem belastenden Umstand, hat er den Tatbestand materiell-rechtlich nicht erfüllt und ist strafprozessual freizusprechen [807]. Dennoch ist der Strafrichter nicht völlig auf den aktuellen Stand der Naturwissenschaften und entsprechend sicherer Beweismethoden angewiesen, sondern hat durch den juristischen Wahrheitsbegriff einen gewissen Spiel- und Freiraum, wie er zu seiner Überzeugung gelangt [808]. So ist in Fällen, in denen die naturwissenschaftliche Analyse und Kenntnis nicht exakt feststellen kann, warum eine bestimmte Ursache eine bestimmte Folge hat, eine Überzeugungsbildung durch Anscheinsbeweis auch im Strafrecht zulässig: „Es genügt vielmehr ein mit den Mitteln des Strafverfahrens gewonnenes, nach der Lebenserfahrung ausreichendes Maß an Sicherheit, daß keinen vernünftigen Zweifel bestehen läßt." [809] Diese Konstruktion ist im Hinblick auf den In-dubio-pro-reo-Grundsatz im Strafrecht aber nur bei typischen Geschehensabläufen ausreichend [810]: „Freilich müssen dort, wo sich die Ursächlichkeit nicht auf diese [eindeutig naturwissenschaftliche; Anm. d. A.] Weise darlegen läßt, alle anderen in Betracht kommenden Schadensursachen aufgrund einer rechtsfehlerfreien Beweiswürdigung ausgeschlossen werden können." [811]

Da die auf die Psyche einwirkenden Faktoren nicht zu durchschauen sind [812], können weder (therapie-) exogene Faktoren [813] noch therapie-endogene Faktoren [814] eindeutig als Ursache für Verstärkung oder Neuentwicklung eines psychischen Prozesses oder einer Somatisierung identifiziert werden. Es fehlt an der

---

[806] Uexküll (1989) S. 854 ff
[807] Montenbruck, In dubio pro reo; S. 187
[808] Volk NStZ 1996, (105) 106
[809] Holzschutzmittel-Fall BGH MDR 1995, 1153; Maurach / Zipf § 18 I Rdnr. 6
[810] Volk NStZ 1996, (105) 107
[811] Lederspray-Fall BGH St 37, (106) 112
[812] Wolfslast S. 171 f
[813] z. B. Ärger oder sexuelle Probleme mit dem oder den Sexualpartnern, übertragungs- oder narzißtisch bedingte Komplikationen mit Vorgesetzten oder Kollegen u. a.
[814] z. B. sexuelle Kontakte mit dem Psychotherapeuten, prozeßbedingte Übertragungen u. a.

(unbeachtlichen) Kenntnis über die genauen Abläufe genauso wie an der notwendig sichereren Erkenntnis des Zusammenhanges.

Im Falle dieses Fehlens der naturgesetzlichen causa efficiens kann die strafrechtliche Kausalität durch empirische Erfahrung auf der Basis verwertbarer statistischer Erfahrungswerte fingiert werden [815]. Im Falle der sexuellen Kontakte zwischen Psychotherapeuten und Klienten tritt das Problem auf, daß sich Versuchsanordnungen mit Gruppen mit sexuellen Kontakten und Kontrollgruppen ohne sexuelle Kontakte aus ethischen Gründen verständlicherweise verbieten [816]. Damit können mangels Vergleiches mit einer Kontrollgruppe ohne sexuelle Kontakte keine Wahrscheinlichkeitsaussagen über das Auftreten der Symptomatik nach einem sexuellen Kontakt getroffen werden. Eine Fiktion der strafrechtlichen Kausalität via empirischer Erfahrung ist mangels verwertbarem Material nicht möglich.

Zum gleichen Ergebnis kommt man bei einem Vergleich mit ähnlich gelagerten sexuellen Mißbrauchsfällen von Kindern: In mehreren Erfahrungsberichten und Fallstudien zum sexuellen Mißbrauch von Kindern sind körperliche und psychosomatische Auffälligkeiten wie Hauterkrankungen, Legasthenie, Asthma, Hormon- und Menstruationsstörungen festgestellt worden. Bange / Deegener bewerteten diese Symptome nicht als typische psychosomatische Symptome, sondern konnten diese „nur kurz aufzählen", da es keine Kontrollstudie für eines dieser Symptome gibt, in der untersucht worden ist, „wie oft sie bei sexuell mißbrauchten Kindern auftreten und ob die Opfer sexueller Gewalt häufiger unter ihnen leiden als ihre nicht mißbrauchten Altersgenossen." [817] Ohne ein solches Verfahren kann nur von der eventuellen Möglichkeit des Auftretens dieser Symptome gesprochen werden. Aussagen über die statistische Wahrscheinlichkeit gehäufter Verursachung bestimmter Symptome sind nicht möglich, für die Annahme eines Kausalzusammenhangs bleiben mehr als 'berechtigte Zweifel'.

---

[815] Maurach/Zipf § 18 Rdnr. 6; dagegen Tiedemann, derweitergehend auch bei der Feststellung einer generellen statistischen Kausalität zumindest im Rahmen einer strafprozessualen Anklage den Nachweis einer konkreten Kausalität für die angeklagten Taten verlangt (Tiedemann NJW 1990, (2051) 2052).
[816] FBSÜP S. 13
[817] Bange / Deegener S. 81

Entsprechend können bei seelischen Einwirkungen auch „medizinische Gutachten im Einzelfall regelmäßig nichts Überzeugendes zur Ursachenfrage aussagen" [818]. Dies gilt auch für die mancherorts positiven Kausalitätsaussagen der als Gutachter bestellten Psychiater und Psychologen: „Daß diese Äußerungen aber nur Lehrmeinungen oder private Meinungen waren, zeigt sich daran, daß die Gutachter außerordentlich oft zu gegensätzlichen Ergebnissen kamen, die auch durch weitere Gutachten nicht miteinander in Einklang gebracht werden konnten. Wenn sich nach einem seelisch belastenden Vorgang ein Dauerleiden einstellt, läßt sich offenbar nicht überzeugend klären, ob und nach welchem psychischen Mechanismus dieser Vorgang das Dauerleiden herbeigeführt hat oder ob und in welchem Umfang schon eine Anlage von Krankheitswert vorhanden war. Das gilt auch für die Auswirkungen von Sexualdelikten." [819] Dies gilt verstärkt für den hier betroffenen Opferkreis der Psychotherapie-Klienten, die wegen psychischen Problemen und / oder psychosomatischen Beschwerden eine Psychotherapie begonnen haben. Selbst bei einer äußerlich scheinbar guten Ausgangsverfassung können aktuelle äußere Gefühlsreize eine (bis dahin nicht sichtbare) psychische Anlage aktivieren, die eine psychosomatische Reaktion auslöst [820], ohne daß die sexuellen Kontakte mit dem Psychotherapeuten einen Einfluß darauf gehabt haben.

(4) Kongruenz der signifikanten Initialsymptomatik mit der signifikanten Folgesymptomatik

Diese vermehrte Anfälligkeit bzw. Anlage von Psychotherapie-Klienten für gerade die typischen Folgesymptome wird anhand der Ergebnisse im FBSÜP belegt: Auffälligerweise sind nicht nur alle Symptome, die von Klienten nach den sexuellen Kontakten bzw. nach Abschluß der Behandlung mit diesem Psychotherapeuten angegeben wurden, auch bei Beginn einer Psychotherapie oftmals vorhanden, sondern sind auch Leitsymptome, d. h. am häufigsten angegeben worden. So haben von den im FBSÜP befragten Klienten - vor Beginn

---

[818] BSG MDR 1996, 506 (Urteil vom 18.10.95 - Az 9/9a RVg 4/92)
[819] BSG a. a. O.
[820] Bodenburg S. 28 ff

der Psychotherapie mit dem Ersttherapeuten, d. h. ohne sexuelle Kontakte mit dem Psychotherapeuten (!) -

49,2 %	Depressive Symptome
42,6 %	Angst
31,1 %	Beziehungsprobleme
21,3 %	Sexuelle Funktionsstörungen
19,7 %	Selbstzweifel

als die (fünf häufgsten) **psychischen Eingangssymptome** angegeben [821].

Das gleiche gilt für den hier fraglichen Bereich der psychosomatischen Symptome: 32,8 % der Klienten hatten vor der Psychotherapie **psychosomatischen Beschwerden** [822]. Dies bedeutet natürlich nicht, daß sexuelle Kontakte zwischen Psychotherapeuten und Klienten diese Symptome nicht verursachen können. Dies bedeutet nur: Wir wissen nicht, ob diese Beschwerden sich auch ohne die sexuellen Kontakte mit dem Psychotherapeuten entwickelt hätten.

Damit scheidet auch ein „Irgendwie"-Beweis der Kausalität aus: In diesen Fällen ist der Täter für alle in Frage kommenden Ursachen verantwortlich, bzw. nicht beherrschbare oder nicht vorwerfbare Ursachen sind ausgeschlossen und es bleibt lediglich offen, welche konkrete Ursache im konkreten Fall vorliegt [823]. Es kann überhaupt nicht ausgeschlossen werden, ob und inwiefern der Klient auch i. R. eines Therapieverlaufs ohne sexuelle Kontakte die fraglichen Symptome entwickelt hätte, mit anderen Worten, nicht beherrschbare Ursachen können nicht ausgeschlossen werden.

(5)   Ergebnis

Für die psychosomatische Beschwerden beim Klienten nach sexuellen Kontakten mit seinem Psychotherapeuten bedeutet dies, daß aufgrund eigener und undurchsichtiger Gesetzmäßigkeit der Psyche, psychischer Prozesse und der sie

---

[821]   FBSÜP S. 96
[822]   ebd.

beeinflussenden exogenen Faktoren sowie der daraus resultierenden Unmöglichkeit des eindeutigen Kausalitätsnachweises zwischen 'sexueller Handlung' und dem 'psychosomatischen Erfolg' der Tatbestand der Gesundheitsbeschädigung durch sexuelle Kontakte zwischen Psychotherapeuten und Klienten als nicht erfüllt anzusehen ist [824].

(IV) Einverständnis

Mangels kausaler Körperverletzungshandlung resp. Erfüllung des Tatbestandes stellt sich bei sexuellen Kontakten zwischen Psychotherapeuten und Klienten nicht die Frage, ob in dem freiwilligen Eingehen in die sexuellen Kontakte auch ein mögliches (konkludentes) Einverständnis oder eine Einwilligung in die Körperverletzung liegen müßte.

Es sei angemerkt, daß für ein Einverständnis in eine Körperverletzung der Klient überhaupt um das, worin er einwilligt, also das Auftreten oder die Verstärkung der psychosomatischen Beschwerden als Folge der sexuellen Kontakte mit seinem Psychotherapeuten wissen oder diese zumindest konkret für möglich halten müßte [825]. Der Gedanke, daß eine Person (resp. der Klient) von einer solchen Symptomatik als Folge sexueller Kontakte ausgeht oder für möglich hält, erscheint lebensfremd. Auch aus den Vorstellungen der Klienten, wie sie sich in den empirischen Untersuchungen dargestellt haben, ergibt sich hierfür kein Anhaltspunkt.

(V) Mittelbare Täterschaft

Auch die Annahme einer Körperverletzung in mittelbarer Täterschaft mangels Kausalität scheidet von vornherein aus: Dazu müßte der Klient seine Gesundheit selbst durch die sexuellen Kontakte mit seinem Psychotherapeuten schädigen,

---

[823] Volk NStZ 1996, 107
[824] Wolfslast S. 172
[825] SK-Horn § 223 Rdnr. 22

wobei der Psychotherapeut die Beschädigung beherrschte [826] bzw. das Gesundheitsrisiko der psychosomatischen Schäden durch die sexuellen Kontakte kraft überlegenen Sachwissens besser erfaßte [827]. Doch auch diese Frage nach der Täterschaft, wer den Klienten verletzt, setzt die (hier nicht zu beweisende bzw. nicht eindeutig kausale) Tat, durch die die Körperverletzung bewirkt wurde, voraus.

(VI) Psychotherapie als Körperverletzung durch Heileingriff

Denkbar wäre, sexuelle Kontakte zwischen Psychotherapeuten und Klienten im Rahmen der Prüfung des von Rechtsprechung und Literatur gesondert behandelten, ärztlichen Heileingriffs zu prüfen.

(1) Ärztlicher Heileingriff

Dazu müßte die Tathandlung einen (ärztlichen) Heileingriff darstellen. Strittig ist, welche ärztlichen Maßnahmen neben operativen Eingriffen und medikamentösen Behandlungen dazu gehören [828]. Doch schon begrifflich muß in jedem Fall eine Behandlung zu Heilzwecken vorgenommen worden sein [829]. Wenn der Therapeut nicht ausdrücklich die sexuellen Kontakte in den Kontext eines heilenden Einflusses rückt, besteht kein Anhaltspunkt, daß die sexuellen Kontakte nicht aus emotionalen oder sexuellen Bedürfnissen oder Interessen des Therapeuten aufgenommen wurden. Sexuelle Kontakte zwischen Psychotherapeuten und Klienten stellen in diesen Fällen keinen Heileingriff dar.

(2) Sexualtherapie nach Masters und Johnson

Im Gegensatz dazu stehen Psychotherapie-Konzepte, die sexuelle Kontakte als therapeutisches Mittel einsetzen. Diese sog. Sexualtherapien fallen nicht in den

---

[826] Krey BT 1 Rdnr. 199, 206 f
[827] SK-Horn § 223 Rdnr. 22; BGH St 32, 265; 36, 17
[828] Schönke/Schröder-Eser §223 Rdnr. 28 m. w. N.

Bereich der 'sexuellen Kontakte zwischen Psychotherapeuten und Klienten' in dem hier verwendeten Sinne, da die sexuellen Kontakte von vornherein und offenkundig nicht aus sexuellem Interesse, sondern gezielt zu Heilzwecken aufgenommen werden.

Bei der Sexualtherapie nach Masters und Johnson handelt es sich um angstreduzierende Verhaltenstherapien nach einer von den prominenten amerikanischen Sexualwissenschaftlern, dem Gynäkologen William H. Masters und der Psychologin Virginia E. Johnson, entwickelten Methode. Ziel ist die Beseitigung psychisch bedingter Sexualstörungen [830]. Die - hauptsächlich für Paare gedachten - Methode besteht in einer Exploration [831] durch einen jeweils gleichgeschlechtlichen Therapeuten und einem Training sexuellen Verhaltens und Technik durch ein gemischtes Therapeutenpaar z. B. in Form von Sensibilisierungsübungen (sensate focus) [832] mit dem eigenen Partner; sofern der Klient keinen Partner hat, übt der Klient die sexuellen Techniken mit einem sog. 'Sexualsurrogat' ein [833], dessen Arbeit unter der Kontrolle eines Supervisors steht [834]. Durch diese personelle Verschiedenheit zwischen Sexualsurrogat und Psychotherapeuten liegen bei sexuellen Kontakten in dieser Sexualtherapie keine sexuellen Kontakte **mit** dem Psychotherapeuten, sondern mit dem eigenen Partner oder einem Sexualsurrogat **unter Anleitung eines** Psychotherapeuten vor. Nicht nur formal liegen daher keine sexuellen Kontakte zwischen Psychotherapeuten und Klienten vor, sondern es ist auch in psychodynamischer Hinsicht ist eine Sexualtherapie nicht mit einer anderen Psychotherapie zu vergleichen: Die Beseitigung sexueller Dysfunktionen durch Erlernen von sexuellen Verhaltensweisen, Einstellungen und Techniken steht im Vordergrund. Der Klient weiß nicht nur schon vor Aufnahme der Sexualtherapie, daß er Sex mit einem fremden Partner hat, der noch dazu nicht identisch mit dem Therapeuten ist, sondern er will geradezu eine solche sexuelle Therapie. Ein sexueller Kontakt mit diesem Surrogat ist daher nicht als ein Fall von sexuellen Kontakten zwischen Psychotherapeuten und Klienten zu werten.

---

[829] Voll, Einwilligung im Arztrecht, S. 13 ; SK-Horn § 223 Anhang E vor Rdnr. 31, Rdnr. 32;
[830] Becker, Sexuelle Probleme und Funktionsstörungen, S. 178 ff
[831] Untersuchung mit Hilfe psychologischer Untersuchungstechniken
[832] Becker S. 182 ff
[833] Masters / Johnson, Principles of the new sex therapy, S. 548 ff
[834] Bach / Molter, Psychoboom, S. 119

b) Versuchte Körperverletzung bei 'böswilligen' Psychotherapeuten

Denkbar wäre, daß manche Psychotherapeuten aufgrund von Literaturkenntnissen z. B. des FBSÜP um die Möglichkeit von psychosomatischen Störungen bei Klienten nach sexuellen Kontakten mit ihren Psychotherapeuten gehört bzw. gewußt haben, die sexuellen Kontakte als taugliches Mittel für die Verursachung von psychosomaitschen Beschwerden gehalten haben, und trotzdem sexuelle Kontakte mit ihren Klienten eingehen. Grundsätzlich würde eine solche Billigung oder einverständliche Inkaufnahme des Auftretens einer solchen Symptomatik bei sexuellen Kontakten mit seinen eigenen Klienten den subjektiven Tatbestand der Gesundheitsbeschädigung nach § 223 StGB in Form des Eventualvorsatzes [835] erfüllen [836]. Da mangels Kausalität der objektive Tatbestand aus rechtlichen Gründen nicht vollständig verwirklicht werden kann, obwohl der Psychotherapeut den Tatentschluß zu einer Körperverletzung durch die Aufnahme der sexuellen Kontakten ausgeführt hat, würde ein sog. untauglicher Versuch vorliegen [837]. Die grundsätzliche Strafbarkeit eines solchen untauglichen Versuchs nach §§ 22, 23 III ist heute allgemein anerkannt [838]. Allerdings ist der Versuch einer einfachen Körperverletzung nach § 223 StGB nicht strafbar, so daß ein Psychotherapeut mit diesem Wissen und Wollen sich nicht für die in Kauf genommenen psychosomatische Störungen strafrechtlich verantworten muß.

c) Zusammenfassung

Die Prüfung des Tatbestandes der Körperverletzung hat nach Normen de lege lata zu erfolgen, unabhängig davon, wie rechtspolitisch sinnvoll oder wünschenswert [839] eine Pönalisierung eines bestimmten Verhaltens angesehen wird. Eine saubere Trennung zwischen Körper und Seele ist äußerst schwierig, insbesondere durch den gegenseitigen somatopsychischen und psychosomatischen Einfluß und ihre

---

[835] RG St 76, 115; BGH St 36, 1; 21, 283; Maurach/Zipf § 22 Rdnr. 36; Wessels AT S. 67 (§ 7 II 3); zu weiteren Theorien bzw. Streitstand vgl. Dreher/Tröndle § 15 Rdnr. 9 ff

[836] Dolus eventualis wäre hier ausreichend (Dreher/Tröndle § 15 Rdnr. 5; § 223 Rdnr. 17)

[837] Wessels AT S. 187 f (§ 14 III 1.)

[838] Entscheidend ist hierbei im Gegensatz zum straflosen Wahnverbrechen , ob der Psychotherapeut das Tatmittel der sexuellen Kontakte mit seinem Klienten für tauglich hält, psychosomatische Störungen zu verursachen. Vgl. BGH St 3, 248; 4, 199; Lackner § 22 Rdnr. 12; LK-Vogler § 22 Rdnr. 133 ff; Schönke/Schröder-Eser § 22 Rdnr. 60 ff; Wessels AT § 14 III 1;

[839] vgl. Jerouschek JZ 1992, (227) 230

Wechselwirkungen. Diese psychologisch-medizinischen Vorgaben ändern nichts an den strafrechtlichen 'Vorgaben', die durch das Gesetzlichkeitsprinzip nicht nach persönlichem gusto und Strafbedürfnis beliebig geändert werden dürfen. Trotz dieser schwierigen Scheidbarkeit ist aus der Annahme bzw. Erkenntnis des (Grenz-) Vertrauenbruches als eigentlich traumatisches Element - und nicht der sexuelle Kontakt als solches [840] - eine ausschließlich psychische Einwirkung als mögliche Ursache für genannte Folgen auszumachen. Folglich ist aus den genannten Gesetzesauslegungsmöglichkeiten die ausschließlich körperlich orientierte Tatbestandsvariante (Mißhandlungsvariante) auszuscheiden, ohne daß grundsätzlich ein Strafbedürfnis unbefriedigt bleiben müßte, denn das Rechtsgut wird umfassend erst durch beide Tatbestandsalternativen geschützt, die in den Randbereichen allein und nicht kumulativ als Schnittmenge bestimmte Handlungen oder Erfolge erfassen. So besteht schon rechtspolitisch keine Notwendigkeit, im Namen des Rechtsgutschutzes eine psychische Verletzung um jeden Preis in beide Alternativen zu pressen.

Bei der Gesundheitsbeschädigung ist nicht jede Anpassung an moderne medizinisch-psychologische Erkenntnisse und Lehrmeinungen möglich: Die durch das Gesetzlichkeitsprinzip vorgegebene 'Gußform des historischen Gesetzgebers' ist zu beachten, die nach dieser Auslegung eine ausschließlich psychische Ein- und Auswirkung ausschließt. Die daraus resultierende Suche nach körperlichen Auswirkungen mag zwar augenscheinlich 'gekünstelt' erscheinen [841], doch darf dabei nicht vergessen werden, daß diese erst durch den künstlichen Versuch verursacht sind, den Tatbestand innerhalb des verfassungsrechtlich vorgegebenen Auslegungsspielraums soweit wie möglich zu erweitern. Eine Beseitigung dieser 'legislativen Hürde' kann sicher nicht aus pragmatischen Erwägungen einfach durch Jurisdiktion oder Jurisprudenz stattfinden, sondern bedarf der Tätigkeit der zuständigen Legislative, die aber eine solche Erweiterung bei ihrer Beschäftigung mit dieser Norm i. R. des Verbrechensbekämpfungsgesetzes im Jahre 1994 nicht vorgenommen hat.

Letztendlich wären also nur die in wenigen Fällen genannten, psychosomatischen Störungen als Rechtsgutverletzung denkbar. Doch auch diese können nicht zu

---

[840] s. S. 140, vgl. Fußnote 661
[841] Haft AT, S. 110

einer strafrechtlichen Tatbestandserfüllung führen, da es eines Kausalitätsbeweises zwischen dem Eingriff (Vertrauensbruch) und dem tatbestandlichen Erfolges der psychosomatischen Störungen bedarf. Dieser ist nicht zu führen, da psychosomatische Störungen in ihrer Ursache unklar sind und individuell verlaufen, so daß eine kausale Zuweisung zu einem bestimmten Verhalten (sexuellen Kontakten) genauso wenig möglich ist. Dies bedeutet, daß die sexuellen Kontakte nicht einmal eine (generalisierend) weite ‚conditio sine qua non' darstellen, so daß der für die Körperverletzung als Erfolgsdelikt notwendige Kausalzusammenhang nicht gegeben ist.

Sexuelle Kontakte zwischen Psychotherapeuten und Klienten erfüllen daher nicht den Tatbestand der Körperverletzung nach §§ 223, 230 StGB.

3. Beleidigung des Klienten (§ 185 StGB)

Indem ein Psychotherapeut sexuelle Kontakte zu seinem Klienten aufnimmt, wäre es denkbar, daß er als professioneller Heiler mit dieser Grenzüberschreitung und Mißachtung der Klientenrolle die Ehre seines Klienten verletzt. Nach allgemeiner Meinung wird das Rechtsgut der Ehre durch § 185 StGB geschützt, ohne daß darüber Einigkeit besteht, was unter diesem Begriff zu verstehen ist [842]. Hier wäre eine Tatbestandserfüllung mittels 'Sexualbeleidigung' oder 'Beleidigung auf sexueller Grundlage' denkbar, „in denen das „beleidigende" Verhalten des Täters mehr oder weniger einen sexuellen Bezug aufweist." [843]

a) Meinungsstreit

(A) § 185 StGB als Auffangtatbestand für sexuelles Fehlverhalten

Die frühere Rechtsprechung hat bei einem - dem Sexualbereich zuzurechnenden, aber nach den einschlägigen Normen der §§ 174 StGB (z. B. aufgrund deren

---

[842] z. B. Schönke/Schröder-Lenckner Vorbem § 185 ff Rdnr. 1; BGH St 1, 289; 36, (145) 148; LK-Herdegen (10. Aufl.) vor § 185 Rdnr. 1)
[843] Ignor, Der Straftatbestand der Beleidigung, S. 47

Strafbarkeitsschwelle liegendes) nicht tatbestandsmäßiges - Verhalten eine Beleidigung nach § 185 StGB bejaht, ohne eine Ehrverletzung explizit zu prüfen, [844]: „Bei der Würdigung der Frage, ob die Christel D. [die 16jährige Frau, mit der der Angeklagte sexuellen Kontakt hatte; Anm. d. A.] durch den Geschlechtsverkehr beleidigt worden ist, ist zu beachten, daß geschlechtliche Beziehungen eines Mannes zu einem unreifen Mädchen in der Regel einen Angriff auf dessen Geschlechtsehre enthalten." [845] Sexuelle Handlungen wurden hiernach auch ohne nähere Begründung wegen der »Mißachtung der Persönlichkeit« als Beleidigung bewertet [846]. Der BGH weicht damit von der normativen Notwendigkeit einer beleidigenden Äußerung ab und sieht allein in dem 'unsittlichen' bzw. 'unzüchtigen Verhalten' das Beleidigende, ohne dies jedoch näher zu definieren. Nach dieser - wohl überholten - Auffassung wäre eine Bejahung des § 185 StGB denkbar, wenn die - durch die psychotherapeutischen Prozesse beeinflusste - sexuelle Willensbildung mit der Reife resp. der Unerfahrenheit einer 16jährigen Frau in puncto Verantwortlichkeit gegenüber der Geschlechtsehre des Sexualpartners gleichgesetzt würde. Aber selbst unter der Annahme einer solchen Vergleichbarkeit übersieht diese Auffassung, daß der Sexualtäter, um zu dem gewünschten Ziel der sexuellen Kontakte zu kommen, gerade durch die Wahl seiner Methode 'Ausnutzen eines Abhängigkeitsverhältnisses' „die sittliche Integrität des Opfers positiv in Rechnung stellt" [847] und damit nicht von einer Ehrherabsetzung ausgeht. Würde man dieser Rechtsprechung folgen, hätte man erreicht, daß ein spezialgesetzlich strafloses Verhalten „quasi durch die Hintertür dennoch als Sexualbeleidigung bestraft werden darf." [848]

(B) Herrschende Lehre

In dieser judikativen Schließung einer Strafrechtslücke für sexuelle Angriffe sieht das überwiegende Schrifttum eine unzulässige Ausweitung der Beleidigungsnorm als Auffangtatbestand für Sexualdelikte [849]: „Er [ein solcher strafrechtlicher Schutz;

---

[844] BGH St 5, 362; 8, 357; 7,256; 17,1
[845] BGH St 5, 362
[846] BGHSt 5,143,146; 9,17,18
[847] Kiehl NJW 1989, (3003) 3005
[848] Ritze, JZ 1980, 92
[849] Hirsch, a. a. O. S. 61 ff

Anm. d. A.] bedeutet verfassungsrechtlich ein gegen das Gewaltenteilungsprinzip verstoßendes Desavouieren gesetzgeberischer Entscheidungen und methodisch einen Mißbrauch des § 185. Dieser Tatbestand wird durch solche Rechtsprechung nicht „präzisiert", sondern der Beliebigkeit richterlicher Wertungen anheimgegeben." [850] Nichtzuletzt sind die Fälle, in denen eine Bestrafung nach einem Sexualdelikt aufgrund des in-dubio-pro-reo-Grundsatzes an Beweisnot scheiterte und bei denen auf den Beleidigungstatbestand als Verdachtsstrafnorm zurückgegriffen wurde, rechtsstaatlich im Hinblick auf das Gesetzlichkeitsprinzip äußerst bedenklich. [851] Diese Kritik ist um so mehr nach 1975 berechtigt, da die Reform des Sexualstrafrechts [852] - durch die verfassungsrechtlich sachlich zuständige Legislative - zu einer Liberalisierung, also einer restriktiveren Handhabung des strafrechtlichen Instrumentariums führte, und somit eine gegenläufige Tendenz zur richterrechtlichen Ausweitung gebot. Die herrschende Lehre [853] postuliert daher - im Gegensatz zu dieser reichsgerichtlichen [854] und frühen BGH-Rechtsprechung - eine notwendige Differenzierung zwischen Scham- und Ehrverletzung: Weder die Erfüllung eines Sexualdelikts noch eine andere, sozialethisch mißbilligte sexualbezogene Verhaltensform stellt per se oder regelmäßig einen Ehrangriff dar, sondern es bedarf eines nach den Gesamtumständen zu beurteilenden, über das mißbilligte Sexualverhalten hinausgehenden, Angriffes auf die Ehre des Betroffenen.

(C) Altenpflegerin-Urteil des OLG Zweibrücken

Eine scheinbare Annahme dieser Kritik und Wendepunkt in der ober- und höchstgerichtlichen Rechtsprechung stellte das Altenpflegerin-Urteil des OLG Zweibrücken [855] dar: Dieses fordert selbst bei einer 'Beeinträchtigung differenzierter ethisch-moralischer Gefühle und Wertvorstellungen' und dadurch verursachten Kränkung des Tatopfers, daß der Täter gleichzeitig den Betroffenen in seinem inneren Wert oder seiner Selbstachtung oder seiner sozialen

---

[850] Ignor, S. 66
[851] Hillenkamp. JR 1987, 128; Arzt, JuS 1982, 726.
[852] 4. StrRG v. 23. 11. 1973, BGBl I, 1725
[853] Arzt JuS 1982, 726; Hillenkamp JR 87, 126; Hirsch, Ehre und Beleidigung S. 61 ff, Sick JZ 1991, 332 f
Schönke/Schröder-Lenckner § 185 Rdnr. 4; Kniesel, Rechtsprobleme beim Bruch des psychotherapeutischen Abstinenzgebots, S. 56 f; Maurach-Schroeder § 17 Rdnr. 22; Dreher/Tröndle § 185 Rdnr. 9 a; Lackner § 185 Rdnr. 6
[854] RGSt 45, 344; 60, 34; 71, 349
[855] OLG Zweibrücken NJW 1986, 2960

Wertschätzung mindert. Danach bedeuten sexualbezogene Handlungen, mit denen der Täter die Personenwürde, die allgemeinen Persönlichkeitsrechte und selbst die Freiheit der sexuellen Selbstbestimmung mißachtet, Eingriffe, die die Persönlichkeit eines anderen berühren oder verletzen. Diese sind aber nicht ohne weiteres, sondern als „Sexual"-Beleidigung nur dann strafrechtlich erheblich, wenn der Täter die Ehre seines Opfers verletzt, mithin seine Mißachtung durch Äußerung eines Ehrenmangels kundgibt." [856] Ein solcher - selbständiger - Ehrangriff liegt nach Auffassung des Gerichts vor, wenn der Täter durch sein Verhalten dem Tatopfer eigene Verfügungsrechte abspricht, ihm signalisiert, daß es auf die aktive Beteiligung seiner eigenen persönlichen Empfindung im Sexualbereich nicht ankommt oder diese für gleichgültig erachtet werden könne . Eine solche Erniedrigung zum reinen Sexualobjekt liegt z. B. auch in einer Behandlung wie eine Prostituierte, d. h. in der Annahme, daß die Frau sich 'undifferenziert und primitiv zu jedweden sexuellen Praktiken bereitfände'. [857]

(D) Die 'Meinungsvielfalt' der BGH-Strafsenate

(I) 3. BGH-Strafsenat

Auch der 3. Strafsenat des BGH sah sich zu einer ersten Einschränkung der automatischen Annahme einer Sexualbeleidigung veranlaßt: „Das 4. StrRG hat infolge der gewandelten Auffassung über die Strafwürdigkeit sexueller Verhaltensweisen und neuer Erkenntnisse über die Sozialschädlichkeit solcher Handlungen die Grenze zwischen strafbarem und straffreiem Tun neu gezogen." [858] Zwar unterstellt auch der 3. Senat in dieser Entscheidung die durch eine sexuelle Handlung regelmäßig verletzte Geschlechtsehre [859], postuliert für eine Beleidigung zusätzlich 'besondere Begleitumstände, unter denen die sexuellen Handlungen angebahnt oder vorgenommen werden'. Er fordert eine Art und Weise der Vornahme durch den Täter, die trotz des Einverständnisses des Tatopfers die sexuelle Handlung als einen Angriff auf dessen Ehre erscheinen lassen, und die im Einzelfall festzustellen ist. [860] Diese besonderen Umstände liegen vor, wenn der

[856] OLG Zweibrücken NJW 1986, 2961
[857] OLG Zweibrücken a. a. O.
[858] BGH NJW 1986, 2442
[859] Allerdings ohne diese näher zu definieren.
[860] BGH NJW 1986, 2442 f

Täter durch sein (Sexual-) Verhalten dem Tatopfer gegenüber konkludent eine soziale Mißachtung zum Ausdruck bringt, z. B. er sie behandelt, wie wenn diese eine Prostituierte wäre.

(II)   4. BGH-Strafsenat

Der 4. Strafsenat des BGH hat in einer späteren Entscheidung [861] eine Beleidigung bejaht, da der Täter sich durch Abtastung von fremden Mädchen gegen deren Willen sexuell stimuliert hat. Hierin liegt eine 'Mißachtung der Persönlichkeit der Mädchen und ein Angriff auf deren Geschlechtsehre', weil der Täter die Tatopfer „...gegen ihren Willen durch entwürdigende körperliche Untersuchungen zum Objekt seiner - aus seiner Sicht - sexualbezogenen Handlungen gemacht und dadurch ihren sozialen Achtungsanspruch [...] vorsätzlich verletzt hat." [862] Der 4. Senat sieht sich dabei ausdrücklich nicht im Widerspruch zu der eben genannten Entscheidung des 3. Senates, da die hier vorliegende - durch die sexuelle Handlung erfolgte - Verletzung des 'sozialen Achtungsanspruchs' einen eigenen Handlungsunwert darstellt, der mit dem 'Erscheinungsbild eines Sexualdelikts nicht notwendig verbunden' ist. [863]

Ignor sieht hierin richtigerweise eine zu vage Formulierung bzw. Gegenbewegung zur Entscheidung des 3. Senats [864]. Auch wenn eine nähere Beschreibung wünschenswert gewesen wäre, gehen beide Entscheidungen dahingehend konform, daß eine Beleidigung erst durch den Angriff auf den sozialen Achtungsanspruch, der durch eine erniedrigende Behandlung des Tatopfers als bloßes Sexualobjekt ohne Rücksicht auf dessen Willen geschieht, zu bejahen ist. Bei näherem Hinsehen erscheint § 185 StGB nach Auffassung des 4. Senats wieder zum Auffangtatbestand bei sexuellen Angriffen zu werden, denn eine Verletzung der sozialen Achtung, die weder allgemeingültig begrifflich festgelegt ist noch in der Entscheidung selbst definiert wurde, ist immer Bestandteil eines ungewollten Angriffs auf die sexuelle Selbstbestimmung. Die typischen Begleiterscheinungen von sexuellen Angriffen wurden vom 4. Senat im Rahmen des unbestimmten Begriffs der 'Verletzung der

---

[861] vom 15.10.1987, BGH St 35, 76
[862] BGH St 35, 76 f
[863] ebd.
[864] Ignor, S. 64

sozialen Achtung' zu einem (beleidigungsrelevanten) Ehrangriff - vom 3. Senat als 'besondere Umstände' postuliert' - umgemünzt' [865].

(III)   2. Strafsenat des BGH

Eine wichtige Entscheidung im Rahmen strafrechtlicher Betrachtung von sexuellen Kontakten zwischen Psychotherapeuten und Klienten stellt das nachfolgende Urteil des 2. Strafsenats des BGH [866], auch wenn bei dieser ähnlich gelagerten Konstellation Arzt - Patient kein Einverständnis vorlag: Ein Arzt hatte mit einer Patientin in seiner Praxis geschlafen, obwohl diese ihm (mit Worten) zu verstehen gegeben hatte, daß sie keinen Geschlechtsverkehr wünsche. Die Vorinstanz [867] verurteilte den Angeklagten wegen tätlicher Beleidigung , denn „...der Angeklagte habe durch sein Vorgehen, zu dem ihm die Frau keinerlei Anlaß gegeben habe, zum Ausdruck gebracht, daß er seine Patientin als eine Person einschätze, an der er diese sexuelle Belästigung, mit der die Frau, wie er gewußt habe, nicht einverstanden gewesen sei, ohne weiteres vornehmen könne. Das sei eine deutliche Kundgebung der Mißachtung der Frau und damit ein vorsätzlicher Angriff auf ihre Geschlechtsehre." [868] Der 2. Senat lehnt eine automatische Bejahung der Beleidigung bei ungewollten sexuellen Kontakten mit der Begründung ab, daß das Gesetz für die Verletzung der unterschiedlichen Individualrechtsgüter in verschiedenen Abschnitten des Strafgesetzbuch eine differenzierte Regelung trifft. [869] Mit dem Hinweis auf die Neuregelung durch das 4. Gesetz zur Reform des Strafrechts und dem damit verbundenen gesetzgeberischen Gebot einer neuen Fragestellung, ob und unter welchen Voraussetzungen sexuelle Handlungen als Beleidigung zu bewerten sind. [870] In ausdrücklicher Ablehnung einer 'Lückenbüßerrolle' des § 185 StGB sieht der 2. Senat den Tatbestand nur dann als erfüllt an, wenn der Täter durch sein Verhalten zum Ausdruck bringt, der Betroffene weise einen seine Ehre mindernden Mangel auf. Eine solche Kundgabe der Ehrverletzung ist in einer sexuellen Handlung allein nicht regelmäßig zu sehen,

---

[865] Kiehl, Das Ende der 'kleinen Sexualdelikte'?, NJW 89, 3003
[866] BGH St 36, 145
[867] LG Hanau
[868] BGH St 36, 145
[869] BGH St 36, 148 f
[870] BGH St 36, 149 f

sondern bedarf eines zusätzlichen, nach den gesamten Umständen als ein - von ihm gewolltes - das Opfer herabsetzenden Verhalten[871].

Diese Entscheidung ist interessant, da bei dem Tatopfer nicht nur eine Beeinflussung der sexuellen Selbstbestimmung durch psychotherapeutische Prozesse vorlag, sondern zudem eine kaum vorhandene psychische Widerstandsfähigkeit [872], die ein Ausmaß erreichte, daß sich - nach Auffassung des BGH - der Vorinstanz die Frage nach einer Widerstandsunfähigkeit i. S. § 179 StGB hätte aufdrängen müssen [873]. Eine solch gravierende Beeinträchtigung der Widerstandsunfähigkeit ist durch die Prozesse einer Psychotherapie unstreitig nicht regelmäßig gegeben. Doch in konsequenter Anwendung des systematischen Rechtsgutgedankens stellt auch eine Ausnutzung von fehlendem oder (strafrechtlich nicht verfolgbar) schwachem Widerstand gegen sexuelle Handlungen nicht per se einen eigenständigen Ehrangriff dar, der für die Erfüllung des Beleidigungstatbestandes unumgänglich notwendig ist: Obwohl der Arzt „seine Patientin (zutreffend) als psychisch kaum widerstandsfähig, der Situation nicht gewachsen sowie vor Schreck und Erstaunen als zu einer Gegenwehr nicht fähig einschätzte und dies ausnutzte, [...] weder die genannte zutreffende Bewertung der Frau, noch die Ausnutzung ihrer Schwäche ist als Beleidigung zu werten." [874]

Kiehl nennt diese Entscheidung den „Wendepunkt der Rechtsprechung auf dem ihr offenbar beschwerlichen Weg zu einer klaren, rechtsgutorientierten Abgrenzung des Beleidigungstatbestandes - insonderheit der sogenannten Sexualbeleidigung - von den Sexualdelikten". [875] Obwohl das Urteil eine Kontraposition zu den bisherigen, gerade jüngsten Entscheidungen des BGH zur Sexualbeleidigung darstellt, scheint sie doch nicht mehr als ein Kontrapunkt des 2. BGH-Strafsenats zu sein, wie auch Kiehl - im inhaltlichen Widerspruch zur vorgenannten Wertung - selbst zugeben muß:

---

[871] BGH St 36, 149 f
[872] Hier lag eine zoesthetische Schizophrenie mit einem wahnhaften Zwang, aufgrund vermeintlicher Luftnot dringend ärztlicher Behandlung zu bedürfen, vor.
[873] BGH St 36, 146 f
[874] BGH St 36, 151
[875] Kiehl, NJW 1989, 3003

(IV)   1. Strafsenat des BGH

Drei Monate nach dieser Entscheidung fällte der 1. BGH-Senat ein Urteil, welches
sich expressis verbis „in vorgeblichem Einklang mit den Kriterien des 2.
Strafsenats" [876] befindet, oder besser befinden möchte, aber inhaltlich von der
Rechtsauslegung her „... diese Rechtsprechung im Grunde konterkariert." Es
nimmt eine Sexualbeleidigung, also „eine Ehrverletzung in der Form einer
Mißachtung der Geschlechtsehre' bei einem Verhalten an, bei dem der Täter „das
Mädchen hartnäckig verfolgte, mit Nötigungsmitteln gegen es vorging und unter
Mißachtung seines entgegenstehenden und klar geäußerten Willens" [877] zur
Duldung von sexuellen Handlungen zwang. Dabei gibt dieser Senat unumwunden
zu, daß es sich bei § 185 StGB um einen immer vorliegenden Auffangtatbestand
handelt, der bei bestimmten sexuellem Fehlverhalten eben deshalb noch nicht
einmal begründet werden muß: „Es bedarf deshalb keiner näheren Erörterung, ob
sexualbezogene Handlungen, die gegen den Willen eines Jugendlichen
vorgenommen werden, als solche bereits einen eigenen, unter § 185 StGB zu
subsumierenden Handlungsunwert enthalten." [878]

b) Bewertung der BGH-Rechtsprechung

Im Rahmen einer verfassungskonformen Auslegung gibt es für die Auslegung i. S.
des 4. und 1. Strafsenats keinen Spielraum: Die eindeutige legislative Weisung, die
durch den   Verfassungsgrundsatz der Gewaltenteilung [879] von der Jurisdiktion
unbedingt zu beachten ist,   verbietet durch die systematische Zuweisung eines
eigenen Rechtsguts im 14. Abschnitt 'Beleidigung' die §§ 185 ff StGB als
Auffangtatbestand für sexuelle (Fehl-) Verhaltensweisen [880] zu verwenden, ohne daß
das eigenständige und unabhängige Rechtsgut dieser Normen, die Ehre, verletzt
wurde. Das Rechtsgut der sexuellen Selbstbestimmung ist im vorherigen 13.
Abschnitt abschließend geregelt. Diese weite Auslegung läuft zudem der neueren

---

[876] Kiehl, NJW 1989, 3005
[877] BGH NJW 1989, 3029 (Urteil v. 25.7.1989 - 1 StR 95/89 (Vorinstanz: LG Landshut)
[878] ebd.
[879] Art. 20 III GG

183

legislativen weiteren Liberalisierung des Sexualstrafrechts durch den modernen Gesetzgeber im 4. StrRG zuwider.

c) Anwendung auf sexuelle Kontakte zwischen Psychotherapeuten und Klienten

Daher ist kein Raum für eine Bejahung des § 185 StGB bei sexuellen Kontakten zwischen Psychotherapeuten und Klienten, nur weil in der psychotherapeutischen Beziehungskonstellation ein asymmetrischen Beziehungsverhältnis vorliegt bzw. eine Einwilligung zu sexuellen Kontakten vom Klienten aus seiner schwächeren Position gegeben wird.

Für eine Bejahung des § 185 StGB muß in den sexuellen Kontakten eine eigenständige Ehrverletzung liegen. Nach der hier gefolgten normativ-faktischen Ehrtheorie [881] liegt diese vor bei einer „Äußerung von Mißachtung oder Nichtachtung in dem spezifischen Sinn, daß dem Betroffenen der sittliche, personale oder soziale Geltungswert durch das Zuschreiben negativer Qualitäten ganz oder teilweise abgesprochen, ihm m. a. W. [mit anderen Worten; Anm. des Autors] also seine Minderwertigkeit bzw. Unzulänglichkeit unter einem dieser drei Aspekte attestiert wird.“ [882]

Sexuelle Kontakte zwischen Psychotherapeuten und Klienten sind keine Äußerungen in Wort, Schrift, Bild, Gesten, so daß eine Beleidigung in Form einer nicht-tätlichen Kundgabe von vornherein ausscheidet. Eine tätliche Beleidigung liegt in „einer unmittelbar gegen den Körper gerichteten Einwirkung, die nach ihrem objektiven Sinn eine besondere Mißachtung des Geltungswerts des Betroffenen ausdrückt“ [883]. Bei letzteren besteht das strafprozessuale Problem, daß eine Ehrverletzung zweifelsfrei nur aus der sexuellen Handlung zu bestimmen ist. Weil

---

[880] Keinen Einfluß auf diese Entscheidung hat die „Quantität" des Fehlverhaltens, d. h. ob der Fehlverhaltensgrad die Schwelle der Normen im speziellen 13. Abschnitt überschritten hat. Denn hier geht es um ein ("qualitativ") anderes Rechtsgut .

[881] Nach dieser - von der wohl herrschenden Meinung vertretenen - Lehre ist die Ehre als komplexes Rechtsgut nach dem personalen und sozialen Wert zu bestimmen. § 185 StGB schützt den Teil der inneren Ehre, also der Würde und des inneren Wert eines Menschen; vgl. BGH (Großer Senat) St 11, (67) 70 f; Dreher/Tröndle § 185 Rdnr. 2; Otto, FS-Schwinge, S. 75 f, 79; Schönke/Schröder-Lenckner Vorbem. §§ 185 ff Rdnr. 1m. w. N.

[882] Schönke/Schröder-Lenckner § 185 Rdnr. 2, m. w. N.

[883] Schönke/Schröder-Lenckner § 185 Rdnr. 18

hieran äußerst schwierige bis unmöglich zu erfüllende strafprozessuale Hürden in Form von Schutzrechten geknüpft sind, darf nicht versucht werden, bei ethisch zweifelhaftem Verhalten eine Verurteilung um jeden Preis, also auch um den der Umgehung bzw. Außerachtlassung verfassungs- und menschenrechtlicher Normen, zu erreichen: „Daß verbale oder gestische Sexualbeleidigungen den Tatbestand des § 185 StGB ad hoc erfüllen, tätliche dagegen nur schwerlich, liegt letztlich daran, daß inhaltlich bestimmte Werturteile ihrer Natur nach durch praktisches Verhalten nicht adäquat auszudrücken und deshalb so schwer nachweisbar sind. Und dann muß es dabei bleiben: In dubio pro reo." [884]

Ein Psychotherapeut, der die Abhängigkeit des Klienten von sich oder dessen erotische Übertragung auf ihn bewußt und gewollt zur Befriedigung eigener sexueller Wünsche ausnutzt, greift die sexuelle Selbstbestimmung des Klienten an. Aber aus diesem 'bloßen' sexuellen Kontakt schon objektiv eine Mißachtung der Ehre des Klienten i. S. der §§ 185 StGB, also eine persönliche oder soziale Abwertung des Klienten zu sehen, dafür gibt es im Lichte einer verfassungsrechtlich gebotenen, rechtsgutorientierten Auffassung keinen Anhaltspunkt.

Auch ein Ausweichen [885] auf die unbestimmt uferlose und nicht dem Gesetz entnommene Formel der 'besonderen Umstände des Einzelfalls' wird dieser gesetzgeberischen Entscheidung zugunsten einer Einschränkung nicht gerecht, da hiermit unendlicher Raum für judikative (Moral-) Entscheidungen zur Verfügung stünde: „Wo fände sich nicht ein 'besonderer Umstand'?" [886].

Selbst wenn der Klient, der eigentlich Tatopfer ist, bei Bekanntwerden der sexuellen Kontakte in seinem Sozialumfeld als 'Gespiele bzw. Gespielin' oder 'Kurtisane' des Psychotherapeuten o. ä. abgewertet würde, müßte eine Bejahung der Beleidigung am subjektiven Tatbestand scheitern: Unabhängig davon, ob eine solche 'soziale Position' nach heutigen objektiven Wert- und Moralvorstellungen überhaupt noch eine Kränkung darstellen würde, müßte dem Therapeuten aufgrund des notwendigen (Eventual-) Vorsatzes (§§ 185, 15 StGB) ein solches Bewußtsein nachgewiesen werden [887]. Desweiteren müßte der Psychotherapeut eine solche

---

[884] Kiehl NJW 1989, 3005
[885] z. B. des 4. und 1. Strafsenates
[886] LK-Herdegen § 185 Rdnr. 31
[887] Schönke/Schröder-Lenckner § 185 Rdnr. 14

soziale Abwertung gewollt oder zumindest gebilligt haben. Hiervon kann regelmäßig nicht ausgegangen werden.

Möglich wäre beim Vorliegen bestimmter psychisch negativer Folgen [888], also einer psychischen Verletzung des Klienten durch die sexuellen Kontakte mit seinem Psychotherapeuten, an eine Ehrverletzung zu denken. In diesem Fall müßte Ehre mit Psyche gleichgesetzt werden oder zumindest Bestandteil der Psyche sein. Der Begriff 'Psyche' - und die daraus folgend psychische Verletzung - sind aufgrund ihrer immateriellen und daher grenzlosen Natur schwer zu definieren und somit sowohl in naturwissenschaftlich bzw. psychologisch-medizinischen Hinsicht als auch im Rahmen juristischer 'Verwertung der Ergebnisse' kaum zu fassen: „Die Schwierigkeit gerade der psychologischen Diagnostik liegt - wie einleuchtend ist - in der rationalen Erfahrbarkeit und Quantifizierbarkeit der menschlichen Psyche." [889] Doch unabhängig von der fehlenden exakten 'Kartographierbarkeit' ist die innere Ehre, also das eigene Ehrgefühl und -bewußtsein, eine Form des psychischen Erlebens resp. ein Teil der Psyche [890], d. h. eine (innere) Ehrverletzung ist immer auch eine Verletzung der Psyche. Aber auch das sexuelle Erleben eines gewollten oder ungewollten sexuellen Kontaktes ist Bestandteil der Psyche [891].

Insofern schützen im Rahmen der Rechtsgutauffassung die §§ 185 StGB zwar von einer psychischen Verletzung, aber nicht vor jeder, sondern nur vor derjenigen, die gegen den Teilbereich des Ehrgefühls gerichtet ist. § 185 StGB ist lex specialis [892] zum Schutz dieses bestimmten Teils der menschlichen Psyche. Mangels Angriff auf das Ehrgefühl bei sexuellen Kontakten zwischen Psychotherapeuten und Klienten ist dieser Tatbestand nicht erfüllt.

Ein solches 'straf-recht-liches' Ergebnis wird in bestimmten Kreisen in polemischer Weise als Angriffsmittel bzw. als 'Beweis' einer vermeintlich frauenfeindlichen Legislative und Justiz verwendet : „Nun könnte frau der Auffassung sein, daß jede sexuelle Handlung für die mißbrauchte Frau auch eine Beleidigung darstellt, da der mißbrauchende Therapeut eindeutig die Ehre der Frau

---

[888] vgl. S. 111 ff
[889] Dickmeis, Die kinderpsychologische Begutachtung im familiengerichtlichen Verfahren; NJW 1983, 2054; so auch Großfeld, Zeichen und Bilder im Recht, NJW 1994, 1911; siehe auch oben S. 140 ff, 165 ff
[890] Wolfslast, S. 33
[891] Wolfslast S. 32

mißachtet. Weit gefehlt ! Sexuelle Handlungen stellen nach den Buchstaben des Gesetzes nur dann eine Beleidigung dar, wenn < besondere Umstände > einen selbständigen beleidigenden Charakter erkennen lassen. Das bedeutet, daß ein über die Ehrverletzung hinausgehender Anspruch auf die Geschlechtsehre vorliegen muß." [893] Unabhängig von der irreführenden Darstellung der Rechtslage [894] erwecken solche polemisierenden Veröffentlichungen den fälschlichen Eindruck, daß das StGB bei jedem Verhalten eingreifen muß, welches Schmerzen in zwischenmenschlichen Beziehungen oder Kontakten auslöst, also bei jedem Verhalten, bei dem sich ein anderer als 'Opfer' fühlt. In den Fällen unterhalb der Schwelle strafrechtlicher Relevanz wird dem Strafgesetzgeber und der Justiz unverhältnismäßig und sachfremd eine Unterlassung vorgeworfen: „Gesetzgebung und Rechtsprechung schützen wie auch bei allen anderen Sexualdelikten den Täter." [895] Dabei wird außer Acht gelassen, daß strafrechtliche und strafprozessuale Schutzrechte des Angeklagten nicht nur das gute Ergebnis eines langen historischen Prozesses nach vielen Irrungen der Justiz sind, sondern Prinzipien wie 'nulla poena sine lege' mit Menschenrechtsrang [896], die Täter wie Opfer gleichermaßen vor staatlicher Verfolgung ohne gesetzliche Grundlage schützen. Auch wenn aus der subjektiven Sicht eines Opfers, welches viel Leid erfahren hat, ein bestimmtes Verhalten 'von einer rechtsgutgelösten Betrachtungsweise' als strafwürdig empfunden wird, sind das Primat der Legislative ebenso wie Schutzrechte von Beschuldigten und Angeklagten unbedingt zu wahren [897].

4. Zusammenfassung

Einverständliche sexuelle Kontakte zwischen Psychotherapeuten und Klienten sind nach geltendem Strafrecht nicht strafbar: Im Bereich der Sexualdelikte scheitern die Tatbestände des § 179 StGB an der regelmäßig fehlenden, pathologisch bedingten Widerstandsunfähigkeit, der sexuelle Mißbrauch von Schutzbefohlenen (§ 174 I Nr. 1, 2 StGB) an einem Anvertrautsein zur Betreuung

---

[892] Wolfslast S. 33
[893] Rechtsanwältin Schüller, Sexueller Mißbrauch in der Psychotherapie - Rechtslage S. 193
[894] Die 'Buchstaben des Gesetzes' sprechen gerade nicht von besonderen Umständen, dafür muß aber eine Ehrverletzung vorliegen.
[895] Schüller, S. 189
[896] Art. 11 Abs. 2 MRK
[897] Hillenkamp, JR 1987, 127

des (jugendlichen) Klienten. Weitere Normen sind schon begrifflich auszuscheiden. Die Mißhandlungsvariante der Körperverletzung (§§ 223, 230 StGB) ist mangels körperlicher Einwirkung nicht gegeben. Die Variante der Gesundheitsbeschädigung scheitert an der nicht nachzuweisenden Kausalität zwischen sexuellem Kontakt und pathologischen Symptomen. Eine Beleidigung (§ 185 StGB) ist abzulehnen, da in den sexuellen Kontakten zwischen Psychotherapeuten und Klienten selbst keine eigenständigen Ehrverletzung zum Ausdruck kommt.

II. Berufsspezifische Disziplinarmaßnahmen

1. Gesetzeslage

Eine weitere Form hoheitlicher sozialer Kontrolle sind Disziplinarmaßnahmen, die dem Funktionieren u. a. besonders wichtiger Berufsstände (Ärzte, Anwälte u. a.) dienen, und jeweils unterschiedlich geregelt sind [898] . Für Psychotherapeuten hat der Gesetzgeber bisher - im Gegensatz zu anderen Heilberufen wie Ärzten oder Apothekern - noch keine Berufskammern mit entsprechender öffentlich-rechtlicher Regelung der Berufspflichten eingerichtet [899]. Zwar ergeben sich diese Berufspflichten - wie bei den Ärzten - auch aus dem allgemeinen Recht, dem Grundgesetz, dem BGB bzw. dem StGB. Doch sind auch dort keine spezifischen Bestimmungen zu finden, so sexuelle Kontakte zwischen Psychotherapeuten und Klienten keinen berufsrechtlichen bzw. disziplinarrechtlichen Gesetzen unterworfen sind.

---

[898] Roxin AT § 2 Rdnr. 43
[899] Auch in den Entwürfen zum 'Gesetz über die Berufe des Psychologischen Psychotherapeuten und des Kinder- und Jugendlichenpsychotherapeuten und zur Änderung des Fünften Buches Sozialgesetzbuch' (s. oben S. 13 ff) ist bis jetzt keine Regelung für alle Berufsformen des Psychotherapeuten (u. a. dem Heilpraktiker-Psychotherapeut) vorgesehen, so daß voraussichtlich dieses Gesetz keine analoge Regelung der Berufspflichten zum ärztlichen Standesrecht darstellen wird.

2. Sexuelles Abstinenzgebot in den Satzungen der psychotherapeutischen Verbände

In der Bundesrepublik Deutschland gibt es verschiedene Berufsfachverbände, deren Mitglieder sich freiwillig (im Sinne eines privatrechtlichen Vertrages) zusammengeschlossen haben. Im Rahmen dieser Mitgliedschaft haben sie sich den jeweilig erlassenen Berufsordnungen, die teilweise Berufspflichten und disziplinarische Maßnahmen regeln, unterworfen. Sofern diese Ordnungen sexuelle Kontakte zwischen Psychotherapeuten und Klienten betreffen, werden sie im folgenden dargestellt [900].

a) Darstellung der einschlägigen Regelungen in den Berufsordnungen

(A) BDP (Berufsverband Deutscher Psychologinnen und Psychologen e. V.)

Der Berufsverband Deutscher Psychologinnen und Psychologen e. V. ' ist ein berufsständischer Zusammenschluß von Psychologen, dessen Mitglieder sich im Rahmen einer Delegiertenkonferenz mit Wirkung vom 1.4.1986 die nachfolgende Berufsordnung gegeben haben. Diese verbietet sexuelle Kontakte zwischen heilkundlich tätigen Psychologen und Klienten, indem sie diese für 'unzulässig' erachtet:

„III. Stellung zu Klienten/Patienten
....
3. Wahrung der Unabhängigkeit
Der heilkundliche tätige Psychologe darf keine persönliche Bindung zu seinen Patienten eingehen, z. B. sind sexuelle Beziehungen zu Patienten unzulässig."

---

[900] Die beschränkte Auswahl der Berufsverbände erfolgte letztendlich durch diese selbst, da von 20 angeschriebenen Organisationen nur die dargestellten Verbände eine Antwort oder Berufsordnung dem Autor zukommen liessen.

(B) DGVT ('Deutsche Gesellschaft für Verhaltenstherapie e. V.')

Ein Zusammenschluß der Therapeuten der verhaltenstherpeutischen Schule ist die 'Deutsche Gesellschaft für Verhaltenstherapie e. V.' (DGVT). Deren Mitglieder haben auf einer Mitgliederversammlung am 28.02.1996 'Ethische Rahmenrichtlinien der DGVT und deren Kommentare' verabschiedet. Dort heißt es in dem Kapitel 'Beziehung':

„Die Beziehung im psychosozialen Handeln ist eine Wechselbeziehung, in der die besondere Verantwortung der AnbieterInnen darin liegt, daß Elemente wie „Rolle, Auftrag, Gestaltung" ständig reflektiert werden sollten.
Kommentar:

• AnbieterInnen nehmen unterschiedliche Rollen ein, z. B. als PartnerInnen beim Aushandeln des Vertrages, als HelferInnen oder BegleiterInnen bie Krisen.

Im Prozeß der Therapie oder Beratung können Abhängigkeiten entstehen. Die Beziehung sollte auf jeden Fall reflektiert und der Supervision zugänglich gemacht werden. Entstandene Abhängigkeiten dürfen nicht in Ausnützung des Machtgefälles mißbraucht werden. Sexuelle Übergriffe von Therapeuten und Beratern sind immer ein solcher Mißbrauch."

(C) DVG ('Deutsche Vereinigung für Gestalttherapie' e. V.)

Die Mitglieder der 'Deutsche Vereinigung für Gestalttherapie' (DVG) haben am 15.04.1994 die 'Regeln und Verfahrensweisen' mit sofortiger Rechtskraft beschlossen, die ihre Ethik- und Schlichtungskommission entwickelt hat. Den darin enthaltenen Regeln, die hauptsächlich Exekutiv- und Untersuchungsbefugnisse bestimmter Gremien enthalten, ist ein Leitziel vorangestellt:

„Teil I. Ziele und Befugnisse der Kommission
　　1. Ziele

Die grundlegenden Ziele der Ethikkommission bestehen darin, DVG-Mitglieder auf ethisches Verhalten zu verpflichten, DVG-Mitglieder über die ethischen Leitlinien aufzuklären, die Öffentlichkeit vor schädlichem Verhalten zu schützen und die DVG dabei zu unterstützen, die Ziele, die sie sich in ihrer Satzung gestellt hat, zu erreichen." [901]

Dieses ethische Verhalten soll in eigenen 'Ethikleitlinien' ihren Ausdruck finden. Seit 1991 wird im Rahmen der Mitgliederversammlungen des DVG über die Festlegung eines unethischen 'sexuellen Übergriffes in Psychotherapie' bzw. seiner verbandsinternen, nichtstrafrechtlichen Sanktionierung diskutiert, ohne daß sich die Mitglieder über ein Ergebnis einigen konnten. Die Anrichtung großen Schadens bei Klienten durch sexuelle Übergriffe ist allerdings unumstritten, eine strafrechtliche Regelung von sexuellen Übergriffen in der Therapie wird befürwortet, ohne daß dieser Terminus aber näher erklärt wurde [902].

(D) Gesellschaft für Tiefenpsychologische Körpertherapie e. V. (GTK)

Die Mitglieder der Gesellschaft für Tiefenpsychologische Körpertherapie e. V. (GTK) haben am 17.05.1996 in Bad Honnef eine Berufsordnung beschlossen. Dort heißt es :

„III. Stellung zu Klienten

...

2. Körperkontakt in der therapeutischen Beziehung

Körperlicher Kontakt und Nähe zwischen dem Tiefenpsychologischen Körpertherapeuten und seinem Klienten sind wesentlicher Bestandteil der Tiefenpsychologischen Körpertherapie. Sie dienen dem psychologisch-therapeutischen Ziel und sind allein auf die Bedürfnisse des Klienten ausgerichtet. Da die therapeutische Beziehung vor allem symbolischer Natur ist, sind private Kontakte zwischen dem Tiefenpsychologischen Körpertherapeuten und seinem

---

[901] Regeln und Verfahrensweisen der Deutschen Vereinigung für Gestalttherapie (DVG), Version 28.02.94
[902] Brief der Ethik- und Schlichtungskommission an den Autor vom September 1996

Klienten zugunsten die Therapieprozesses im allgemeinen soviel wie möglich einzuschränken.

Jede Art von sexuellen Kontakten zwischen Therapeut und Klient, auch wenn die Initiative dazu vom Klienten ausgeht, ist sowohl während als auch nach Abschluß des Therapieprozesses aus ethischen und therapeutischen Gründen untersagt.
...

X. Verstöße

Unabhängig von einer gerichtlichen Ahndung werden Verstöße gegen die obenstehenden Richtlinien durch das Ehrengericht der GTK e. V. verfolgt. Näheres regelt die Schieds- und Ehrengerichtsordnung."

(E) Europäischer Verband für Psychotherapie (EAP)

Der Europäische Verband für Psychotherapie (EAP)[903] ist ein Dachverband aus nationalen EAP-Gesellschaften und anderen EAP-Mitgliedsorganisationen. Alle Mitglieder sind verpflichtet, die seit 1995 geltenden 'Ethischen Richtlinien' zu befolgen[904]. Dort heißt es unter Punkt '5. Aufklärungs- und Sorgfaltspflicht':

„ ... PsychotherapeutInnen haben die Verpflichtung, verantwortlich mit dem besonderen Vertrauens- und Abhängigkeitsverhältnis in der psychotherapeutischen Beziehung umzugehen. Mißbrauch dieses Vertrauensverhältnisses liegt dann vor, wenn PsychotherapeutInnen ihre Aufgabe und Verantwortung gegenüber Patienten untreu werden, um ihre persönlichen, z. B. sexuellen, emotionalen, sozialen oder wirtschaftlichen Interessen zu befriedigen. Jede Form des Machtmißbrauchs stellt einen Verstoß gegen die berufsethischen psychotherapiespezifischen Richtlinien dar. Die Verantwortung dafür liegt ausschließlich bei den PsychotherapeutInnen. Mangelnde Verantwortung im Umgang mit dem Vertrauens- und Abhängigkeitsverhältnis in der Psychotherapie ist ein schwerwiegender Behandlungsfehler."

---

[903] EAP: European Association of Psychotherapy (Mitglied im World Council for Psychotherapy); Sitz in Wien
[904] Punkt '1.Geltung' der Ethischen Richtlinien

3. Bewertung bez. rechtlicher Umsetzung des sexuellen Abstinenzgebotes

In den Standpunkten der Berufsverbände werden sexuelle Kontakte in unterschiedlicher Weise abgelehnt, wobei die Unschärfe der meisten Formulierungen zum Staunen oder kritischen Hinterfragen der Motivationen Anlaß gibt: Der gestalttherapeutische Dachverband DVG erkennt zwar den möglichen Schaden bei sexuellen Übergriffen und befürwortet eine strafrechtliche Regelung, kann aber noch keinen Kompromiß bzw. rechtliche Formel zwischen akzeptablem körperlichen Kontakt und sexuellem Übergriff finden. Der DGVT lehnt zwar expressis verbis sexuelle Übergriffe ab, aber auch ohne den Begriff näher zu definieren. Der EAP lehnt ein Verhalten ab, wenn es der Befriedigung sexueller Interessen des Therapeuten dient; auch wenn die Verantwortung des Verhältnisses ausschließlich dem Psychotherapeuten zugewiesen wird, erscheint doch die Exkulpation einer Initiierung durch den Klienten und des sexuellen Agierens ausschließlich zum Wohle desselben möglich. Optimal der Notwendigkeit eines umfassenden sexuellen Abstinenzgebotes angepaßt erscheint die Formulierung der GTK, die keinen Übergriff verlangt, sondern sexuelle Kontakte unabhängig von der Initiative und dem Andauern der psychotherapeutischen Behandlung verbietet. Die Einschränkung der Regelung des BDP auf den heilkundlich tätigen Psychologen erscheint angesichts der oben dargestellten Gleichstellung von psychologischen Beratern u. a. nicht sachgerecht.

4. Bewertung bez. Geeignetheit als soziale Reaktion

Die meisten Berufsverbände haben in ihren Regelungen eine Ehrengerichtsbarkeit aufgenommen, die Disziplinarmaßnahmen bis zur Möglichkeit eines Ausschlusses im Falle eines von der Berufsregelung 'abweichenden Verhaltens' beinhalten. Doch handelt es sich um keine gesellschaftlichen Reaktionen bzw. der bundesdeutschen Rechtsgemeinschaft, sondern 'nur' die eines (Berufs-) Vereins, dessen Wirkung auf dieses relative Mitgliedschaftsverhältnis beschränkt ist. Sexuelle Kontakte eines Psychotherapeuten zu seinen Klienten könnten z. B. auch nach der stärksten Sanktion eines Vereinsausschlusses ohne weitere Reaktionen jederzeit fortgesetzt oder aufgenommen werden. Diese Berufsregelungen in Form einer Verbandsregel sind somit nicht nur als Reaktionsform wenig tauglich.

III. Direkte Wiedergutmachung zwischen Täter und Opfer

Die Alternative einer Wiedergutmachung durch direkte Auseinandersetzung zwischen Täter und Opfer ist durch den sog. Täter-Opfer-Ausgleich (TOA) gegeben. Durch seine Kodifizierung im § 46 a StGB setzt er die Erfüllung einer strafbaren Handlung voraus [905]. Da ein Psychotherapeut nach geltender Rechtslage keinen Straftatbestand erfüllt, ist durch die bundesdeutsche Gesetzessystematik eine soziale Kontrolle mittels Wiedergutmachung (TOA) nicht möglich [906].

IV. Zusammenfassung

Nach der geltenden Rechtslage gibt es keine rechtliche Handhabe zur sozialen Kontrolle des Erfordernisses einer sexuellen Abstinenz des Psychotherapeuten zu seinen Klienten, da diese Handlungen weder strafbar sind [907] noch eine Schadenswiedergutmachung in Form des TOA durch dessen Akzessorietät zur Erfüllung eines Straftatbestandes besteht. Zwar gibt es seit einigen Jahren Berufsordnungen mit eigener Jurisdiktion in psychotherapeutischen

---

[905] Während dem Abilitionismus und der kritischen Kriminologie nahestehende Ansätze das Strafrecht grundsätzlich zu Gunsten zivilrechtlicher und direkter Täter-Opfer-Konfliktregelungen verdrängen wollen (Hanak (1980) S. 5; Lamnek, Neue Theorien abweichenden Verhaltens, S. 59 f), wurde der TOA schon vor der Kodifizierung im Strafrecht mehrheitlich als Teil der (opferbezogenen) Strafrechtspflege angesehen (Dünkel / Rössner, Täter-Opfer-Ausgleich in der Bundesrepublik Deutschland, S. 845 f). Näheres s. S. 238 ff

[906] Denkbar wäre noch eine Schadenswiedergutmachung auf zivilrechtlichem Wege durch Forderung eines angemessenen Schmerzensgeldes nach § 847 I BGB i. V. mit § 823 I BGB, da dieser immaterieller Schadensersatz der Wiedergutmachungs- und Genugtuungsfunktion dient (Kniesel, Rechtsprobleme beim Bruch des psychotherapeutischen Abstinenzgebots; S. 60 f, 80 f: Sie begründet allerdings den Anspruch auch auf § 823 II i. V. mit §§ 223 oder 230 StGB (Kniesel S. 56, 60 f, 80 f.). Diese Anspruchsbegründung muß nach der hier gefolgten Ansicht der Nichterfüllung der §§ 223, 230 StGB ausscheiden. Das gleiche gilt für zivilrechtliche Ansprüche auf Ersatz der Kosten für eine erforderliche Folgetherapie (vgl. Kniesel S. 51 ff), sofern sie auf der gleichen Anspruchsgrundlage basieren. Diese zivilrechtlichen Ansprüche des Klienten sind i. R. der deutschen Rechtssystematik durch die fakultative Zweigleisigkeit von Zivil- und Strafrecht nicht als soziale Reaktionsformen auf deviantes Verhalten einzuordnen, obwohl dies – statt Strafverfahren – schon unter Rechtsfriedensaspekten zu begründen wäre.

[907] Nach dem Grundsatz 'Nulla poena sine lege praevia' besteht auch ein Rückwirkungsverbot (Art. 103 II GG, § 1 StGB), so daß auch der Erlaß eines entsprechenden Strafgesetzes an der fehlenden strafrechtlichen Reaktionsmöglichkeit für vormals aufgenommene sexuelle Kontakte zwischen Psychotherapeuten und Klienten nichts ändern würde.

Berufsverbänden, doch entfalten diese nur Wirkungen innerhalb dieses zivilrechtlichen Vertragsverhältnisses. Eine allgemeingültige gesetzliche Regelung beruflicher Pflichten von Psychotherapeuten und der disziplinarischen Sanktionierung von Verstößen gegen dieselben besteht nicht.

C. Rechtliche Durchsetzungsmöglichkeiten de lege ferenda

I. Einführung

Seitens der politischen Gremien besteht die Absicht, eine soziale Kontrolle des sexuellen Abstinenzgebotes mit der 'schärfsten Waffe', dem Strafrecht auszuüben. Zu diesem Zweck wurden zwei Gesetzesinitiativen zur Einführung einer entsprechenden lex specialis (§ 174 c StGB-E) in den Deutschen Bundestag eingebracht. Nach einer solchen strafrechtlichen Inkriminierung wäre eine direkte Schadenswiedergutmachung zwischen Täter und Opfer durch den Täter-Opfer-Ausgleich möglich. Als dritte Lösung de lege ferenda bietet sich der Erlaß gesetzlicher Bestimmungen zur Schaffung einer Psychotherapeuten-Kammer mit entsprechender Standes- und Ehrengerichtsbarkeit an.

II. Strafrechtliche Kriminalisierung

1. Grundsätzliche Fragen

Mit der Einführung einer Strafe für ein bestimmtes Verhalten werden herkömmlich verschiedene Strafziele bezweckt[908]:
Die absolute Straftheorie sieht im irdischen Recht den Ausdruck überirdischen Rechts bzw. den Inbegriff der sittlichen Idee. Ein Bruch irdischen Rechts als Bruch göttlichen Rechts verlangt einen Schuldausgleich durch Vergeltung resp. Übelzufügung, um dem Täter Gerechtigkeit widerfahren zu lassen[909].

---

[908] Diese haben in den gesetzlichen Strafbemessungsregeln Eingang gefunden in § 46 I 1, 2 StGB.
[909] Jescheck AT S. 70; Roxin § 3 Rdnr. 2 ff; s. a. S. 234

195

Die relativen Straftheorien wollen dagegen, nicht mit Blick auf die Vergangenheit, sondern in die Zukunft, mit der Strafe künftigen Straftaten vorbeugen, wobei sich die gewünschte Prävention speziell gegen den Täter (Spezialprävention) [910] oder gegen die Allgemeinheit in Form der Abschreckung (Generalprävention) richten kann. Letztere kann unter zwei Aspekten gesehen werden, dem negativen Aspekt der Abschreckung sowie dem positiven Aspekt der Erhaltung und Stärkung des Vertrauens in die Unverbrüchlichkeit der Rechtsordnung [911].

2. Strafbarkeit mittels der vorgelegten Gesetzentwürfe zu einer lex specialis

Da sexuelle Kontakte zwischen Psychotherapeuten und Klienten nach geltendem Strafrecht nicht strafbar sind, haben sowohl Bundesrat als auch Bundesregierung einen Gesetzentwurf zur Einführung einer lex specialis mit dem Ziel der Pönalisierung sexueller Kontakte zwischen Psychotherapeuten und Klienten in den Deutschen Bundestag zur Beschlußfassung eingebracht. Diese Gesetzentwürfe werden auf ihre Geeignetheit geprüft, ob sie den vorab gewonnenen psychotherapeutischen Erkenntnissen und Anforderungen für ein sexuelles Abstinenzgebot genügen. Im Anschluß daran wird ein eigener Formulierungsvorschlag entwickelt.

a) Entwurf des Bundesrates vom 14.08.95 (§ 174 c StGB)

Der Bundesrat hat am 24.08.95 einen Gesetzentwurf zur Änderung des Strafgesetzbuchs (StrÄndG) eingebracht [912].

---

[910] Roxin § 3 Rdnr. 11 ff
[911] Roxin § 3 Rdnr. 21 ff, 26 . Die Ziele und Wirkungen der positiven Generalprävention können wiederum in einen sozialpädagogischen Lerneffekt der Einübung in Rechstreue, dem Vertrauenseffekt des Bürgers angesichts der Durchsetzungskraft des Rechts und dem Befriedigungseffekt nach Erledigung des Konflikts durch Sanktionierung der Tat (Roxin § 3 Rdnr. 27).
[912] BT-Drs. 13/2203

Darin wird folgende Regelung vorgeschlagen [913]:

§ 174 c Sexueller Mißbrauch in der Therapie

(1) Wer ein Behandlungsverhältnis, das der Erkennung, Heilung oder Linderung körperlicher oder seelischer Leiden dient, dadurch ausnutzt, daß er sexuelle Handlungen an der behandelten Person vornimmt oder von dieser Person an sich vornehmen läßt, wird mit Freiheitsstrafe bis zu fünf Jahren oder mit Geldstrafe bestraft.

(2) Der Versuch ist strafbar.

(B) Begründung

Zielsetzung des Gesetzentwurfs ist es, dem besonderen Unrechtsgehalt eines sexuellen Mißbrauchs der psychischen Abhängigkeit, die durch ein Behandlungsverhältnis mit Ärzten oder vergleichbaren Berufsgruppen entsteht, Rechnung tragen zu wollen [914].

Eine grundsätzliche Strafwürdigkeit soll sich aus der Dunkelziffer von ca. 600 „Betroffenen" pro Jahr ergeben, so daß nicht nur von Einzelfällen des „gravierenden Mißbrauchs eines Arzt-Patientinnen-Verhältnisses" ausgegangen werden kann, die allein „möglicherweise" noch keinen Anlaß für eine Pönalisierung geben würden. Zudem wurde die Pönalisierung damit gerechtfertigt, daß die große Anzahl von Betroffenen aufzeigt, daß die 'Androhung lediglich standesrechtlicher oder verwaltungsrechtlicher Konsequenzen' nicht zur Prävention vor sexuellem Mißbrauch ausreicht [915].
Der betroffene Täterkreis soll nicht nur Therapeuten von psychotherapeutischen, sondern von allen Verhältnissen zur Behandlung körperlicher oder seelischer

---

[913] BT-Drs. 13/2203 S. 3 , Art. 1
[914] BT-Drs. 13 / 2203 S. 1
[915] BT-Drs. 13/2203 S. 4; Anlage 1, A.

Leiden umfassen. Ziel ist es, mögliche Strafbarkeitslücken, die durch die Nennung spezifischer Berufsbezeichnungen entstehen könnten, zu vermeiden und daher auch 'Außenseiter' und 'Scharlatane' zu erfassen. Explizit werden in der Begründung über Arzt-Patient-Beziehungen auch Psychotherapien genannt.[916]

Das Behandlungsverhältnis wird aus der Sicht des Patienten bestimmt, um Behauptungen einer falschen Vorspiegelung von Therapie, ohne daß hierzu Können oder Wille vorhanden war, und einer damit verbundenen Entzug aus der Strafbarkeit nach dieser Norm, die Basis entziehen zu können.[917]

Tathandlung soll ein bewußtes Zunutzemachen der Überlegenheit sein, die einem Therapeuten aus einem Behandlungsverhältnis erwächst[918].

Die Ausgestaltung als Offizialdelikt wurde in Anlehnung an die vergleichbaren Delikte der §§ 174a, 174 b StGB[919] durch das öffentliche Interesse an einem funktionierenden Gesundheitswesen sowie zum Schutze des Klienten (Patienten) vor schädlicher Einflußnahme durch den Therapeuten vorgenommen. Eine Versuchsstrafbarkeit ergab sich aus den einschlägigen Parallelvorschriften[920].

(C) Ablehnende Stellungnahme der Bundesregierung

Trotz des grundsätzlichen Einverständnisses in die Notwendigkeit einer Reformierung des strafrechtlichen Schutzes von Frauen (!) vor sexuellen Übergriffen in Behandlungsverhältnissen lehnt die Bundesregierung eine so weite Gesetzesformulierung ab. Zum einen sieht sie Handlungsbedarf nur für den 'psychotherapeutischen und vergleichbaren' Behandlungsbereich, zum anderen kritisiert sie das Tatbestandsmerkmal 'Ausnutzen' als nicht zutreffende Formulierung der strafwürdigen Handlung.[921]

---

[916] BT-Drs. 13/2203, S. 4, Anlage 1, B
[917] ebd.
[918] BT-Drs. 13/2203, S. 4 f
[919] § 174 a StGB : Sexueller Mißbrauch von Gefangenen, behördlich Verwahrten oder Kranken in Anstalten;
§ 174 b StGB: Sexueller Mißbrauch unter Ausnutzung einer Amtsstellung
[920] BT-Drs. 13/2203, S. 5
[921] BT-Drs. 13/2203 S. 6 Anlage 2

b) Entwurf der Bundesregierung vom 21.07.1997 (§ 174 c StGB-E) [922]

In ihrer ablehnenden Stellungnahme zum Entwurf des Bundesrates hat die Bundesregierung einen eigenen Gesetzentwurf angekündigt, der ihrer Kritik Rechnung trägt [923]. Diesen 'Entwurf eines Strafrechtsänderungsgesetzes - § 174 c StGB (...StrÄndG)' hat sie am 21.07.97 in den Bundestag eingebracht [924].

(A) Gesetzestext

Der vorgeschlagene Gesetzestext umfaßt die Änderung der §§ 174 a, 179 StGB [925] sowie die Neufassung eines § 174 c StGB. Letzterer lautet:

§ 174 c Sexueller Mißbrauch unter Ausnutzung eines Beratungs-, Behandlungs- oder Betreuungsverhältnisses

(1) Wer sexuelle Handlungen an einer Person, die ihm wegen einer geistigen oder seelischen Krankheit oder Behinderung einschließlich einer Suchtkrankheit zur Beratung, Behandlung oder Betreuung anvertraut ist, unter Mißbrauch des Beratungs-, Behandlungs- oder Betreuungsverhältnisses vornimmt oder an sich von ihr vornehmen läßt, wird mit Freiheitsstrafe bis zu fünf Jahren oder mit Geldstrafe bestraft.

(2) Ebenso wird bestraft, wer sexuelle Handlungen an einer Person, die ihm zur psychotherapeutischen Behandlung anvertraut ist, unter Mißachtung des Behandlungsverhältnisses vornimmt oder an sich vornehmen läßt.

(3) Der Versuch ist strafbar.

---

[922] [Dieser Entwurf wurde mit gleichem Wortlaut durch das Sechste Gesetz zur Reform des Strafrechts (6. StrRG) vom 26.01.1998 in das Strafgesetzbuch eingefügt und trat am 01.04.1998 in Kraft; BGBl. I S. 164]

[923] BT-Drs. 13/2203 S. 6 Anlage 2

[924] BT-Drs. 13/8267

[925] Für die Beurteilung einer lex specialis für sexuelle Kontakte zwischen Psychotherapeuten und Klienten sind die Normen irrelevant. Während die Modifizierung des § 174 a StGB nur eine sprachliche Modernisierung ohne inhaltliche Änderung des Regelungsinhaltes bezweckt (vgl. BT-Drs. 13/8267, S. 6 B.), strebt die Änderung des § 179 I Nr. 1 StGB eine am Behindertenrecht orientierte, sprachliche Modifizierung im Sinne der 'political correctness' an, um mögliche Diskriminierungen von Behinderten durch den Wortlaut zu verhindern, doch ohne eine wesentliche sachliche Änderung im Regelungsinhalt zu bezwecken (vgl. BT-Drs. 13/8267 S. 8).

(B) Begründung in dem Gesetzenwurf

Zielsetzung des § 174 c StGB soll die Verbesserung des strafrechtlichen Schutzes von Menschen sein, die geistig oder seelisch krank oder behindert oder in psychotherapeutischer Behandlung sind, und die durch ihre damit verbundene psychische Abhängigkeit sehr leicht Opfer sexueller Übergriffe werden können. Diese Abhängigkeit wird gefördert durch die Notwendigkeit des Klienten, sich zu seinem eigenem Vorteil dem Berater oder Therapeuten anzuvertrauen. Körperliche Formen von Therapie erleichtern eine Ausnutzung dieser Abhängigkeit, da sie damit Gelegenheit zu körperlichen und zugleich sexuell intendierten Handlungen geben, und die Opfer durch ihre Abhängigkeit, Behinderung oder falsche Einschätzung der Lage gar nicht oder zu spät Widerstand zeigen [926].

Die Notwendigkeit einer neu zu fassenden Norm soll sich aus der fehlenden bisherigen Strafbarkeit von sexuellen Kontakten mit Psychotherapie-Klienten ergeben [927]. Bewußt wurde dabei in Absatz 1 die Behandlung körperlicher Leiden exkludiert, da es regelmäßig an einer gleichwertigen Einschränkung der freien (sexuellen) Selbstbestimmung fehlen soll [928].

'Anvertraut sein 'i. S. des Gesetzes soll ein rein faktisch gegebenes Obhutsverhältnis auch nur vorübergehender Natur sein, wobei dieses ebenso durch eine fremdbestimmte Überantwortung begründet sein kann wie eine eigenständig aufgenommene Beratung, Behandlung oder Betreuung [929]. Auf eine Aufzählung spezifischer Berufsgruppen wurde angesichts der sehr großen Palette an Berufsqualifikationen in diesem Berufsfeld zur Vermeidung von Strafbarkeitslücken bewußt verzichtet.

Die Sonderregelung für psychotherapeutische Behandlungsverhältnisse will eine mögliche Strafbarkeitslücke schließen: Obwohl eine psychotherapeutische Behandlung durchaus schon unter den Absatz 1 zu fassen wäre, will der Absatz 2 mögliche Zweifel an der Strafbarkeit mangels Vorliegen des dortigen

---

[926] BT-Drs. 13/8267 S. 4 f
[927] a. a. O. S. 5
[928] a. a. O. S. 6
[929] a. a. O. S. 6 f. Als Beispiel wurde hier auch der Busfahrer genannt, der eine geistig behinderte Person von der Behindertenwerkstatt nach Hause fährt.

Tatbestandsmerkmal der seelischen Krankheit oder Behinderung in einer Psychotherapie beseitigen. Eine Strafwürdigkeit soll sich - trotz „nur leichterer oder vorübergehender Beeinträchtigungen der seelischen Befindlichkeit" [930] aus dem Bruch des dem Therapeuten entgegengebrachten Vertrauens und der damit verbundenen Preisgabe von 'inneren Schutz- und Abwehrmechanismen' ergeben [931].

Die Formulierung 'unter Mißbrauch des Behandlungsverhältnisses' wurde ähnlich zu § 174 a StGB 'unter Mißbrauch seiner Stellung' gewählt, um für das Opfer belastende und schwierig zu erbringende Nachweise für eine konkrete Ausnutzung einer konkret zur Tatzeit vorliegenden Abhängigkeit [932] nicht erbringen zu müssen. Somit ist das Ausnutzen der durch das Vertrauen aus dem Behandlungsverhältnis sich ergebenden Gelegenheit ausreichend. Für den Mißbrauch soll eine Zustimmung des Opfers ebenso wie ein außerhalb der Behandlung liegender Tatort oder Tatzeit oder eine pro forma Beendigung der Behandlung zur Aufnahme der sexuellen Kontakte unschädlich sein [933].

Ein Abweichen von der in §§ 174a, 174 b StGB gewählten Ausgestaltung als Offizialdelikt soll trotz dem damit verbundenen Risiko der Preisgabe intimer Informationen durch das Opfer nicht geboten sein. Die Deliktsform 'Antragsdelikt' mit der Folge einer Antragsfrist für das Opfer von 3 Monaten (§ 77 b StGB) würde aufgrund typischer Deliktsfolgen einer häufig sehr späten Bildung eines Erkenntnisses und strafprozessualen Abwehrwillens zur unerwünschten Straflosigkeit führen. Einer Kombinationslösung würde angesichts oft schwerwiegender Folgen als auch der Häufigkeit von Wiederholungstätern zur steten Bejahung des öffentlichen Interesses führen [934].

---

[930] a. a. O. S. 7
[931] ebd.
[932] so z. B. in § 174 I Nr. 2 StGB
[933] BT-Drs. 13/8267 S. 7
[934] a. a. O. S. 7 f

(c) Stellungnahme des Bundesrates und Gegenäußerung der Bundesregierung

Bezüglich der Neufassung zu § 174 c StGB hat der Bundesrat zu dem Entwurf der Bundesregierung Stellung genommen [935], worauf die Bundesregierung eine Gegenäußerung formuliert hat.

Der Bundesrat fordert die Streichung der Wörter 'geistigen oder seelischen', da gerade bei Außenseitermethoden auch eine Behandlung körperlicher Leiden zu einer engen psychischen Abhängigkeit führen kann und eine Inklusion somit geboten erscheint [936]. Die Bundesregierung sieht dagegen anhand der heutigen Erkenntnisse das geltende Strafrecht für solche Vertrauenverhältnisse als ausreichend an [937].

Der Bundesrat fordert zu den Verhältnissen der Beratung, Behandlung und Betreuung noch die Hinzunahme von 'Untersuchungen', um auch ausschließlich diagnostische Maßnahmen mitaufzunehmen [938]. Die Bundesregierung sieht dies als überflüssig an, da sie den Begriff der Behandlung nach dem Gesundheitsrecht interpretiert, wonach Untersuchungen hiervon schon umfaßt sind [939].

Außerdem fordert der Bundesrat angesichts des § 177 StGB, der für eine sexuelle Nötigung Gesunder eine Mindestfreiheitsstrafe von 1 Jahr vorsieht [940] sowie des Entwurfs zum 6. StrRG mit dem dort vorgesehenen § 176 a StGB, der für schwere sexuellen Mißbrauch von Kindern das gleiche Strafmaß vorsieht [941], eine Korrektur des Strafrahmens [942]. Die Bundesregierung sieht dies als Aufgabe innerhalb der Beratungen zum Entwurf des 6. StrRG an [943].

---

[935] Beschlußfassung des Bundesrates am 06.06.1997
[936] a. a. O. S. 9
[937] a. a. O. (Anlage 3) S. 11
[938] a. a. O. S. 10
[939] a. a. O. S. 11
[940] § 177 I StGB
[941] § 176 a I gem. Entwurf zum 6. StrRG (BT-Drs. 13/7164 S. 4)
[942] BT-Drs. 13/8267 S. 10
[943] a. a. O. S. 11

c) Bewertung der Gesetzentwürfe

(A) Systematische Einordnung

Die von beiden Gesetzentwürfen vorgeschlagene systematische Einordnung einer lex specialis für sexuelle Kontakte zwischen Psychotherapeuten und Klienten innerhalb des 13. Abschnitts des StGB 'Straftaten gegen die sexuelle Selbstbestimmung' durch einen § 174 c StGB erscheint sinnvoll.

Es wäre auch eine Einordnung nach § 182 StGB 'Sexueller Mißbrauch von Jugendlichen' als neuzufassender § 182 a StGB denkbar, da dort sexuelle Handlungen u. a. unter Ausnutzung einer Zwangslage (Abs. 1 Nr. 1, 2) pönalisiert sind. Dem vom FBSÜP [944] hierfür vorgetragenen Argument entwicklungspsychologischer Vergleichbarkeit mit Kindern und Jugendlichen kann nicht gefolgt werden, denn nur der sexuelle Mißbrauch von Jugendlichen wird unter § 182 StGB kriminalisiert. Dagegen wird der sexuelle Mißbrauch von Kindern von § 176 StGB [945] bestraft, der durch die Vergleichbarkeit mit 'kindlicher Sprachverwirrung' [946] auch näher liegen würde.

Folglich erscheint die von den Gesetzentwürfen vorgenommene Einordnung unter § 174 c StGB - unmittelbar vor dem sexuellen Mißbrauch von Kindern - besser geeignet. Entscheidendes Argument ist weiter die Zugehörigkeit zu den §§ 174 a, 174b StGB, denn diese Normen pönalisieren gleichfalls einen sexuellen Mißbrauch aus einer Machtstellung [947] (§ 174 a I StGB) bzw. einer hieraus abgeleiteten Abhängigkeit (§ 174 b I StGB).

---

[944] FBSÜP S. 149
[945] Das gleiche gilt für den Entwurf des 6. StrRG, der nach § 176 noch zwei weitere Sexualstraftaten mit Kindern als Opfer einfügen will: '§ 176 a Schwerer sexueller Mißbrauch von Kindern' sowie '§ 176 b Sexueller Mißbrauch von Kindern mit Todesfolge' (vgl. BT-Drs. 13/7164 S. 4 f)
[946] vgl. Fußnoten 238 und 239
[947] - wenn auch dort aus hoheitsrechtlicher Befugnis erwachsenden -

(B) Regelungsinhalt

(I) Täter

(1) Zu schützende Beziehungen

(a) Geschützter Personenkreis in den Gesetzesvorschlägen

Die Gesetzentwürfe unterscheiden sich in puncto der zu regelnden Beziehungsverhältnisse wesentlich:
Während der Bundesratsentwurf auch Klienten von Behandlungsverhältnissen, die körperliche Leiden betreffen, schützen will, erklärt der Regierungsentwurf explizit Klienten einer Psychotherapie und weitergehend Klienten in Beratungs-, Behandlungs- und Betreuungs-verhältnissen zu dem zu schützenden Personenkreis, letztere allerdings nur unter der sehr restriktiven Indikation einer seelischen oder geistigen *Krankheit oder Behinderung*.

Beide Regelungen erscheinen angesichts der Erkenntnisse in den vorherigen Kapiteln weder ausreichend noch dienlich: Sie sind sich zwar einig, daß Klienten einer Psychotherapie geschützt werden müssen, aber ohne zu definieren, was hierunter zu verstehen ist oder wieweit der strafrechtliche Schutz gehen soll.

(b) Definition von psychotherapeutischer Behandlung i. S. der Norm

(aa) Definition von Psychotherapie i. e. S.

Die aktuelle Gesetzeslage beinhaltet keine Definition von 'Psychotherapie'. Die einzige rechtliche Regelung, die auf die Ausübung einer psychotherapeutischen Tätigkeit Einfluß hat, ist das HeilpraktG, welches nur für die Ausübung der Psychotherapie, sofern diese der Heilung oder Linderung von Krankheiten dient, Anwendung findet. Eine Begriffsbestimmung läßt sich daraus nicht ableiten [948].

---

[948] s. S. 12 f

Zwar gibt das (noch zu erlassende) Psychotherapeutengesetz eine Definition, doch ist auch diese von dem berufskundlichen Gesetzeszweck bestimmt, so daß wissenschaftlich nicht anerkannte Verfahren sowie psychologische Tätigkeiten zur Überwindung sozialer Konflikte u. ä. nicht erfaßt werden [949].

Um einen möglichst umfassenden Schutz eines Klienten vor Vertrauensbruch in einer psychotherapeutischen Abhängigkeitsbeziehung, die durch die in allen Therapieformen unabhängig von Therapieschule oder Status des Therapeuten vorkommenden sog. unspezifischen Wirkfaktoren entsteht [950], gewährleisten zu können, müssen alle Psychotherapie-Formen von einer Strafrechtsnorm zum Schutz der sexuellen Selbstbestimmung von Psychotherapie-Klienten erfaßt werden. Dies kann nur durch eine möglichst weitgehende Fachdefinition geschehen, wie sie auf S. 20 vorgenommen wurde.

Das Vorliegen muß - entsprechend dem opferschutzorientierten Gesetzeszweck - aus der Sicht des Klienten beurteilt werden [951]: Sollte ein Psychotherapeut eine 'Psychotherapie' oder eine bestimmte Psychotherapieform z. B. 'Psychoanalyse, Verhaltenstherapie, Hypnotherapie' u. v. a. nach außen [952] oder gegenüber einem Klienten eine 'Behandlung zur Besserung oder Linderung der psychischen Probleme' anbieten, obwohl er dazu nicht befähigt oder willens ist, so ändert dies nichts an dem Vertrauen und den Abhängigkeitsprozessen des Klienten gegenüber diesem „Therapeuten". Die Erfüllung des Tatbestandsmerkmals 'Psychotherapie' ist folglich aufgrund des Klientenschutzes auch bei einer bloßen Firmierung gegeben.

(bb) **Psychotherapie im funktionalen Sinne**

Der Schutz muß ebenso für psychotherapeutische Behandlungen im **funktionalen** Sinne bestehen, d. h. für alle asymmetrischen Beziehungsstrukturen, bei denen ein Helfer auf professioneller Basis einem Hilfesuchenden Hilfe bei der Besserung oder Beseitigung bei dessen psychischen Problemen i. w. S. anbietet oder leistet

---

[949] s. S. 16 ff
[950] s. S. 22 ff
[951] so auch BT-Drs. 13 / 2203 S. 4
[952] z. B. durch Türschild, Anzeige in einschlägigen Medien o. ä.

und damit einer besondere Vertrauensbeziehung aufbaut [953]. Diese Argumente wurden zur Begründung der Pönalisierung von sexuellen Kontakten mit Psychotherapie-Klienten auch von beiden Gesetzentwürfen angeführt [954], so daß wohl auch im Geiste dieser Gesetzentwürfe von dem Bedürfnis einer Erweiterung des Begriffes 'psychotherapeutische Behandlung' zum Schutze aller gleichermaßen betroffener Klienten ausgegangen werden kann.

Folglich sind Beziehungen von **Geistlichen im Rahmen der Seelsorge** sowie von **Sozialarbeitern und Vertrauenslehrern**, sofern sie eine nicht nur einmalige Beratung / Hilfestellung zur Lösung psychischer Probleme des Hilfesuchenden vornehmen, in den Psychotherapiebegriff miteinzubeziehen [955].

Entsprechend ist im Rahmen dieses funktionalen Psychotherapiebegriffes kein Raum für eine bewußte Exklusion von **organmedizinischen Behandlern** wie Ärzten oder Heilpraktikern. Der diesbezügliche Streit zwischen dem Regierungsentwurf und der Stellungnahme des Bundesrates bzw. Gegenäußerung der Bundesregierung wird auf dem falschen Feld ausgefochten, da sie über die In- oder Exklusion von Behandlung eines körperlichen Leidens oder Behinderung streiten [956]. Da beide Entwürfe die Strafbarkeit des sexuellen Mißbrauchs in einer Psychotherapie mit dem Vertrauensbruch in einer psychischen Abhängigkeitsbeziehung begründen, muß richtigerweise jedes Beratungs- oder Behandlungsverhältnis an diesem Kriterium beurteilt werden. Wie schon ausführlich aufgezeigt [957], zeigt sich auch bei organmedizinischen Behandlern eine zunehmende Tendenz, Krankheiten psychosomatisch zu interpretieren und mit psychologischen Beratungs- und / oder psychotherapeutischen Behandlungsmethoden zu therapieren. Sofern organmedizinische Nicht-Fachärzte für Psychotherapie oder Heilpraktiker nicht nur einmalig (psychotherapeutisch bzw. psychologisch interpretierend) beratende Gespräche zur Heilung oder Besserung der somatischen oder psychosomatischen oder psychischen Symptomatik einsetzen, liegt aus der Sicht des Klienten ein gleichgelagertes

---

[953] Damit sind natürlich auch typische Folge- oder Nebenerscheinungen verbunden, wie z. B. therapiebedingte erotische Übertragungsliebe auf den Therapeuten i. w. S. oder die Methode einer induzierten Regression; vgl. . S. 36 ff sowie Fußnote 288.
[954] BT-Drs. 13 / 2203 S. 4 f; BT-Drs. 13 / 8267 S. 7
[955] s. S. 91
[956] vgl. BT-Drs. 13/2203 S. 4 Anlage1; BT-Drs. 13/8267 S. 6, 9f (Anlage 2), 11 (Anlage 3)
[957] s. S. 84 f, 143 f, 153 f

Vertrauens- und Abhängigkeitsverhältnis zu einem professionellen Helfer vor und damit funktionale Psychotherapie vor.

(cc) Psychologische Beratung

Dies gilt gleichermaßen für (psychologische) Beratungen:

Oftmals wird tatsächlich geleistete Psychotherapie dem Klienten intern z. B. in einem Vorgespräch angeboten, aber aus berufsrechtlichen Gründen nach außen hin als '(Lebens-, Partnerschafts-, Trennungs-) Beratung' oder 'psychologische Beratung' firmiert [958]. Zudem ist 'psychologische Beratung' im Lichte der für die sexuelle Selbstbestimmung relevanten Vergleichsparameter nicht von Psychotherapie zu trennen [959], so daß ein gesetzlicher Schutz des sexuellen Selbstbestimmungsrechtes für Psychotherapie-Klienten auch diesen Personenkreis umfassen muß.

Damit stellt sich nicht das Problem, daß ein Psychotherapeut, der Beratung und Psychotherapie gleichzeitig anbietet [960], sich berufen kann, nur sanktionsfreie Beratung geleistet zu haben bzw. deshalb in einem Strafprozeß durch den in-dubio-pro-reo-Grundsatz freigesprochen werden zu müssen [961]. Nicht nur, daß die Firmierung keinen Einfluß auf die faktische Abhängigkeit in einer solchen Vertrauensbeziehung hat, im Hinblick auf den Schutz des Klienten muß eine Gesetzesinitiative immer zu seinen Gunsten die größere Schutzmöglichkeit, ergo die belastendere Beziehung annehmen. [962]

Auszuscheiden sind dagegen psychologisch intendierte **'Beratungen' aus dem sozial-familiären Umfeld** des Betroffenen [963], da es für die typische Machtverschiebung und dem einseitigen Abhängigkeitsverhältnis des

---

[958] vgl. Fußnote 392
[959] s. S. 70 ff
[960] vgl. S. 75 und Fußnote 393
[961] vgl. Fußnote 728
[962] Die Ausführungen des Regierungsentwurfs bez. Beratung seelisch oder geistig Behinderter sind unabhängig von psychologischen Beratungen / Psychotherapie intendiert (vgl. BT-Drs. 13/8267 S. 4 f) und daher nicht Gegenstand der vorliegenden Arbeit.
[963] s. S. 78

professionellen Helferstatus für psychische Probleme bedarf [964]. Allerdings ist im Rahmen der Beratung oder Psychotherapie durch professionelle Beratungsinstitutionen ein ehren- oder nebenamtlicher Status des individuellen Beraters / Therapeuten ohne Belang, da dies keinen Einfluß auf Bedürftigkeit und Abhängigkeit des Klienten hat.

(2) Formulierungsvorschlag

Um den eben dargestellten, komplexen Psychotherapiebegriff für den Geltungsbereich des § 174 c StGB erfassen zu können, bedarf es einer Legaldefinition in der Norm. Ohne diese könnte es zu ungewollten Mißinterpretationen oder Strafbarkeitslücken kommen, da eine solche expansive Auslegung zwar aus dem Schutzzweck der sexuellen Selbstbestimmung des betroffenen Klienten ableitbar ist, aber sich nicht selbst aus dem Wortlaut 'Psychotherapie' oder 'psychotherapeutische Behandlung' versteht.

„Psychotherapeutische Behandlungen i. S. dieses Gesetzes sind auch nicht nur einmalige, beruflich veranlaßte (psychologische) Beratungen insbesondere durch Seelsorger, organmedizinischen Behandlern, Vertrauenlehrern und Sozialpädagogen."

(II) Beziehung zum Täter

(1) 'Anvertraut sein' laut Regierungsentwurf

Der vom Regierungsentwurf gewählte Begriff zur Beschreibung des Täterkreises 'zur psychotherapeutischen Behandlung anvertraut' ist mißglückt:
Die Formulierung 'anvertraut' ist sowohl bei Kindern oder Jugendlichen (z. B. in § 174 I Nr. 1, 2 StGB) als auch bei zu betreuenden geistig oder seelisch Behinderten oder Suchtkranken [965] nachvollziehbar (§ 174 c I StGB-E), wie schon aus der

---

[964] s. S. 24 ff, 72 ff
[965] z. B. während diese stoned oder auf Entzug und damit äußerst leicht beeinflußbar sind

grammatikalischen Wortbedeutung 'vertrauensvoll der Obhut eines anderen übergeben'[966] ersichtlich ist.

Lenckner interpretiert wortlautgetreu 'jemandem anvertrauen', daß die Begründung des Verhältnisses die Übergabe oder zumindest Billigung durch eine verantwortliche Person voraussetzt [967]. Diese Interpretation hätte zur Folge, daß sexuelle Kontakte in den meisten Psychotherapien durch eine solche Formulierung nicht geschützt wären.

Die herrschende Meinung [968] stellt dagegen nicht auf die Begründung i. S. des 'jemandem Anvertrauens' ab, sondern auf den Ist-Zustand des 'Anvertraut sein': Die Begründung des Obhutsverhältnisses durch den Schützling selbst, ein 'Sich anvertrauen', ist entgegen dem Wortlaut irrelevant. Es kommt allein auf ein „ gewissermaßen in die Hand und deshalb in die Hut gegeben"[969], also den tatsächlichen Bestand eines Über- und Unterordnungsverhältnisses an: „Zwar ist für das Entstehen eines Betreuungsverhältnisses nicht entscheidend, wie und von wem der Betreuer bestellt worden ist. Das kann auch stillschweigend und durch den Minderjährigen selbst geschehen, wie es unter Umständen auch genügt, daß der Täter den Pflichtenkreis tatsächlich übernimmt ... Doch erfordert - in gleicher Weise wie der Begriff des Obhutsverhältnisses - ein Anvertrautsein, daß zwischen Täter und Opfer besondere und engere Beziehungen bestehen, die zu einer gewissen Abhängigkeit des jungen Menschen führen." [970]

Im Hinblick auf den Schutzzweck der Bewahrung des noch unerfahrenen [971] Schützlings ist der herrschenden Meinung zuzustimmen, daß das zu mindernde Risiko in der vertrauensvollen Abhängigkeit liegt, die in dem Sichanvertrauen durch den Jugendlichen bzw. Klienten begründet ist, unabhängig ob das Verhältnis durch Fremd- oder Eigenbegründung zustande kam.

---

966 Duden Etymologie, S. 753 'trauen'
967 Schönke/Schröder-Lenckner § 174 Rdnr. 9
968 BGH St 1, 292; 4, 212; 17, (191) 193; 21, 196; 33, (340) 344 f; Dreher/Tröndle § 174 Rdnr. 2; LK-Laufhütte § 174 Rdnr. 12
969 BGH St 21, (196) 200
970 BGH St 33, (340) 344 f
971 beim Jugendlichen bez. Lebenserfahrung, beim Klienten einer Psychotherapie bez. der psychodynamischen Einflüsse z. B. der Symmetrisierung und erotischen Übertragung auf sein Erleben und Handeln

Im Sinne dieser Auslegung sind auch diejenigen Verhältnisse vom Tatbestand erfaßt, in denen der Täter ein solches (psychotherapeutisches Behandlungs-) Verhältnis nur vortäuscht: Ein Anvertrauen i. S. 'Sichanvertrauen' wird von dem inneren Vorspiegelungswillen des Therapeuten nicht beeinflußt [972].

(2) Eigener Formulierungsvorschlag

Trotz der grundsätzlichen Anwendbarkeit der Formulierung 'anvertraut sein' für Psychotherapie oder psychologische Beratung ist von ihrer Verwendung abzuraten: Zum einen besteht eine unerwünschte Mehrdeutigkeit in der Auslegung, da das Merkmal nur i. S. eines 'Sichanvertrauens' und nicht - entsprechend dem Wortlaut 'jemandem anvertraut' - i. S. 'von jemandem anvertraut' den Gesetzeszweck erfüllt.

Zum anderen bedarf es zur Erfüllung des Tatbestandes eines Nachweises dieses Anvertrautseins. Um die dafür notwendige 'gewisse Abhängigkeit und Obhut zwischen Psychotherapeuten und Klienten' [973] beweisen zu können, bedürfte es eines für das Opfer (Klienten) belastenden Nachweises durch Zeugenaussagen und Befragungen. Dies wiederum läuft der Absicht des Regierungsentwurfs zuwider [974].

Da ein sexuelles Abstinenzgebot für alle Psychotherapieformen zu fordern ist, ist die expansive Formulierung 'psychotherapeutisches Behandlungsverhältnis' zulässig und angebracht: Sie erfaßt den Bestand einer psychotherapeutischen Behandlung im weiten, also funktionalen Sinne, ohne daß weitere Nachweise über die Vertrauens- oder Abhängigkeitsbeziehung durch belastende Opferbefragungen notwendig wären.

Um auch vorgetäuschte Behandlungsabsichten erfassen zu können, erscheint die zusätzliche Formulierung 'zu ihm' geboten, damit deutlich wird, daß es auf ein 'psychotherapeutisches Behandlungsverhältnis' aus der Perspektive des Klienten ankommt.

---

[972] SK-Horn § 174 Rdnr. 3; anders dagegen Maurach-Schroeder, der auf den 'eindeutigen Wortlaut des Tatbestands' wohl i. S. eines 'jemandem anvertrauen' abstellt (vgl. Maurach-Schroeder § 17 Rdnr. 42).
[973] vgl. Fußnote 970
[974] BT-Drs. 13 / 8267 S. 7

Der Formulierungsvorschlag lautet daher:

„Wer Personen, die zu ihm in einem psychotherapeutischen Behandlungsverhältnis stehen, ..."

(III)   Tathandlung

(1)   Mißbrauch

(a)   Gesetzentwurfsformulierungen

Der Bundesratsentwurf sieht als Tathandlung **ein bewußtes Ausnutzen** (ähnlich dem von §§ 239a I , 243 I Nr. 6 StGB verwendeten Begriff) **des Behandlungsverhältnisses**, d. h. daßder Therapeut sich seine besondere Position des Überlegenen und Agierenden gegenüber dem hilfesuchenden Klienten zur Vornahme der sexuellen Handlungen bewußt zunutze macht[975].

Der Regierungsentwurf formuliert dagegen als Tathandlung sexuelle Handlungen mit einer Person 'unter **Mißbrauch des Behandlungsverhältnisses**' (§ 174 c II StGB-E). Darunter versteht er das bewußte Ausnutzen der Gelegenheit, die sich dem Therapeuten durch die mittels Psychotherapie oder psychologischen Beratung aufgebauten Vertrauensstellung bietet, zu sexuellen Handlungen mit dem Klienten unter Verletzung der mit dem Behandlungsverhältnis verbundenen Pflichten[976].

(b)   Entwicklung eines sachgerechten Mißbrauchbegriffs

Das Gesetzesmerkmal 'Mißbrauch' stellt im Sexualstrafrecht unterschiedliche (steigende) Anforderungen, die sich aus dem jeweilig zugeordneten 'Objekt' ergeben: Mißbrauch einer Stellung (§ 174 a I StGB), Mißbrauch einer Abhängigkeit (§§ 174 I Nr. 2, 174 b, 180 III StGB) sowie Mißbrauch von

---

[975] BT-Drs. 13/2203 S. 4 f
[976] BT-Drs. 13/8267 S. 7

Menschen (§§ 174 a II, 179 StGB) und dessen Funktion die Korrektur besonderer Fälle menschlicher Beziehungen ist [977].

Der Regierungsentwurf wählte die am weitesten gehende Alternative des Mißbrauchs einer (Vertrauens-) Stellung in der Absicht, eine schwierige - und das Opfer in einem Strafprozeß sehr belastende - Feststellung der Abhängigkeit des Klienten vom Psychotherapeuten zur konkreten Tatzeit umgehen zu können [978]. Dieses anzustrebende Ziel ist bei der Verwendung dieser Tatbestandsformulierung erreicht, wie aus der Auslegung des einzigen weiteren Gebrauchs in der lex latae [979] deutlich wird:

Für den Mißbrauch einer Stellung bedarf es keiner konkreten Feststellung der Abhängigkeit des Opfers vom Täter oder des Einsatzes mit der Machtposition verbundener Druckmittel [980]. Durch die intensive Abhängigkeit stellt jeder sexuelle Kontakt eine illegitime Wahrnehmung einer Gelegenheit, die das geschützte Vertrauensverhältnis mit sich bringt [981], dar. Nur extreme Ausnahmefälle [982], bei denen „die Abhängigkeit völlig in den Hintergrund tritt und die Tathandlung auch bei Berücksichtigung des mitgeschützten Allgemeininteresses ... keinen sozialethischen Tadel verdient" [983], werden ausgeschieden.

Nicht nur, daß für die vom Regierungsentwurf gewünschten Voraussetzungen das (formal) richtige Tatbestandsmerkmal gefunden wurde, auch inhaltlich ist dieser Prämisse zuzustimmen: Die Verwendung von auf o. g. Skala höheren Mißbrauchsformen erscheint für den psychotherapeutischen Anwendungsbereich gänzlich ungeeignet: Das Tatbestandsmerkmal 'Mißbrauch der mit dem psychotherapeutischen Behandlungsverhältnis verbundenen Abhängigkeit' [984]

---

[977] Maurach-Schroeder § 17 Rdnr. 35
[978] BT-Drs. 13 / 8267 S. 7
[979] § 174 a I Nr. 2 StGB
[980] BGH St 2, 93; 8, (24) 26 [mit Verweis auf gefestigte Rechtsprechung RGSt 77, 314; BGHSt 2,93, 95; OLG Hamm HESt 1, 292 sowie auf RG in DR 1940, 1513 Nr. 1; BGH in NJW 1951, 530 Nr. 20; 1951, 726 Nr. 25) ; 28, (365) 366 f]; Lackner § 174 a Rdnr. 4; Dreher/Tröndle § 174 a Rdnr. 4; Schönke/Schröder-Lenckner § 174 a Rdnr. 6; LK-Laufhütte § 174 Rdnr. 16, § 174 a Rdnr. 14; SK-Horn § 174 a Rdnr. 7
[981] BT-Drs. VI / 3521 S. 26
[982] z. B. der Täter war mit dem Opfer schon vor dem Abhängigkeitsverhältnis verlobt oder verheiratet. Strittig ist dagegen, ob auch die Entstehung einer echten Liebesbeziehung auszuscheiden ist (Schönke/Schröder-Lenckner § 174 a Rdnr. 6) oder der Betreuer bis zur Beendigung de Abhängigkeitsverhältnisses warten muß (Dreher/Tröndle § 174 a Rdnr. 4)
[983] Lackner § 174 a Rdnr. 4;
[984] vgl. §§ 174I Nr. 2; 174 b, 180 III StGB

erfordert die Ausnutzung der aus der Macht- und Vertrauensstellung gegenüber dem Klienten basierende innere Abhängigkeit durch den Psychotherapeuten: Psychotherapeut und Klient müssen sich beide des Zusammenhangs zwischen Abhängigkeitsverhältnis und den sexuellen Kontakten bewußt gewesen sein, der Psychotherapeut muß für den Klienten versteckt oder offen erkennbar seine Machtüberlegenheit für das Zustandekommen der sexuellen Kontakte deutlich gemacht haben [985]. Dies allein hat schon den Nachteil, daß der strafprozessuale Nachweis dieser Abhängigkeit und dessen Ausnutzen in einem Prozeß für den eventuell schon geschädigten Klienten zu äußerst belastenden Zeugenaussagen und (Kreuz-) Verhören führen würde [986].

Zudem fallen sexuelle Kontakte, die auf der ausschließlich (sexuell motivierten) Initiative des Klienten beruhen, mangels eines Bewußtseins des Zusammenhangs zwischen Sexualität und Machtposition nicht unter dieses Merkmal [987]. Damit würde die Gefahr bestehen, daß solche (therapiebedingten) sexuellen Kontakte strafrechtlich nicht verfolgbar sind, da die von Klienten initiierten sexuellen Kontakte mit ihren Psychotherapeuten vordergründig ausschließlich aus sexuellen Motiven und erst hintergründig aber durch Symmetrisierungsbestrebungen oder erotischen Übertragungen motiviert sind [988]. In jedem Fall müßte - strafprozessual sehr schwierig, wenn nicht unmöglich - einem Psychotherapeuten die Kenntnis des Zusammenhanges zwischen seiner Machtstellung und den sexuellen Handlungen trotz äußerlich anderem Verhalten des Klienten nachgewiesen werden.
Eine Tatbestandsformulierung 'unter Mißbrauch der Abhängigkeit' muß daher für sexuelle Kontakte zwischen Psychotherapeuten und Klienten ausscheiden.

Gleiches gilt für die Formulierung 'Mißbrauch unter Ausnutzung des psychotherapeutischen Behandlungsverhältnisses', wie sie der Bundesratsentwurf vorschlägt [989]. Denn hierbei handelt es sich um das bewußte Zunutzemachen der Besonderheit des therapeutischen Behandlungsverhältnis [990], was gleichbedeutend

---

[985] BGH St 28, (365) 367 ; NStZ 1982, 329; NStZ 1991, 81; Schönke/Schröder-Lenckner § 174 Rdnr. 14; Dreher/Tröndle § 174 Rdnr. 12; Lackner § 174 Rdnr. 9
[986] s. a. BT-Drs. 13 / 8267 S. 7
[987] BGH St 28, (365) 367 f; LK-Laufhütte § 174 Rdnr. 16; Schönke/Schröder-Lenckner § 174 Rdnr. 14; SK-Horn § 174 Rdnr. 17; Lackner § 174 Rdnr. 9
[988] s. Kap. 'Initiierung durch den Klienten' S. 35 ff
[989] BT-Drs. 13 / 2203 S. 3 (Art. 1 § 174 c I)
[990] BT-Drs. 13 / 2203 S. 5

mit dem Ausnutzen der Abhängigkeit aus diesem Behandlungsverhältnis [991] und daher aus den eben genannten Gründen ungeeignet ist.

(c) Tatort und Tatzeit

Da die Gefahr für einen Mißbrauch in der psychischen Abhängigkeit des Klienten zum Therapeuten liegt, sind grundsätzlich Tatort und Tatzeit, d. h. wo die konkreten sexuellen Handlungen vorgenommen wurden, irrelevant, d. h. nicht an den örtlichen oder zeitlichen Rahmen konkreter Behandlungs- oder Beratungstermine gebunden [992].

(d) Nachwirkungen des psychotherapeutischen Behandlungsverhältnisses (Posttherapeutische Abstinenz)

Die persönliche Vertrauens- und Beziehungsebene mit der damit verbundenen, einseitigen Abhängigkeit verschwindet naturgemäß nicht einfach durch die faktische Beendigung der psychologischen Beratungs- oder Psychotherapietermine, sondern kann erst im Laufe eines individuell unterschiedlichen Zeitraums langsam gelöst werden [993]. Im Rahmen des FBSÜP beurteilte empirische Daten aus den USA scheinen dies partiell zu bestätigen, da keine geringeren Folgeschäden bei - nach Beendigung der Therapie aufgenommenen - sexuellen Kontakten zwischen Psychotherapeuten und Klienten festgestellt wurden [994].

Psychotherapeuten mit sexuellen Kontakten zu ihren Klienten neigen häufig dazu, diese Tatsache zu ignorieren, indem sie ein formales Ende des Behandlungsverhältnisses herbeiführen, um sexuelle Kontakte nicht mehr zu Personen aufzunehmen, die 'in einem Behandlungsverhältnis' zu ihnen stehen [995]. Nach Auswertung verschiedener Studien in den USA kritisierte Bossi das Ergebnis,

---

[991] Dies wird auch durch den Vergleich von Überschrift und Inhalt von § 174 b I StGB deutlich: Die Gesetzesüberschrift 'sexueller Mißbrauch unter Ausnutzung einer Amtsstellung' wurde inhaltlich mit 'Mißbrauch der durch das Verfahren begründeten Abhängigkeit' umgesetzt.
[992] BT-Drs. 13 / 8267 S. 7; vgl. auch Schönke/Schröder-Lenckner § 174 a Rdnr. 6; Dreher/Tröndle § 174 a Rdnr. 2 m. w. N.
[993] FBSÜP S. 112
[994] FBSÜP ebd.
[995] Bossi S. 57 f; FBSÜP S. 112 f

daß die meisten sexuelle Kontakte schon 6 Monate nach Beendigung der Therapie aufgenommen wurden [996]; nach ihrer Ansicht darf es niemals zu sexuellen Kontakten zwischen Psychotherapeuten und Klienten kommen, „denn der Therapeut hat sich auch nach Ende der Therapie zur Verfügung zu halten, falls der ehemalige Patient erneut seiner Hilfe bedarf." [997] Auch wenn es nach der hier vertretenen Meinung nicht auf ein 'ewiglich währendes Arbeitsbündnis' ankommt, ist grundsätzlich diesem Ansatz zuzustimmen, wie aus dem psychodynamisch vergleichbaren Inzestvergehen [998] deutlich wird: „Vater- und Tochter-Inzest wird nicht legitimer, ein Jahr nachdem die Tochter das Haus verlassen hat." [999] Der FBSÜP erkennt dies wohl an, schlägt aber - inkonsequent mit dem Gebot zur strafrechtlichen Beschränkung auf einen minimal und zweifelsfrei notwendigen Rahmen begründet - einen kurzen Zeitraum von nur einem Jahr vor [1000]. Dies ist umso erstaunlicher, da er - im Gegensatz zu sonstiger klientenschutzorientierter Weise - im gleichen Abschnitt feststellt, daß in den seltensten Fällen „die Abhängigkeitsbeziehung bzw. der innere Ablösungsprozeß vom Therapeuten im allgemeinen nach einem Jahr abgeschlossen sei." [1001] Auch wenn das Strafrecht die letzte Maßnahme zur Regelung sozialer Konflikte darstellt, so erscheint es unsinnig, eine Norm aufgrund der intensiven psychischen Abhängigkeit einzuführen, aber diese dann ausdrücklich zu ignorieren. Geeigneter zum Kompromiß zwischen lebenslänglicher Abstinenz und 'strafrechtlicher Maßhaltung' erscheint dagegen ein Zeitraum von zwei Jahren, wie er von der amerikanischen psychologischen Vereinigung in den neuesten berufsethischen Normen festgelegt wurde [1002].

Diese Pflicht zur posttherapeutischen Abstinenz versteht sich nicht von selbst aus dem Wortlaut des psychotherapeutischen Behandlungsverhältnisses. Daher bedarf es der entsprechenden Formulierungszusatzes:

„die zu ihm in einem psychotherapeutischen Behandlungsverhältnis stehen **oder in den letzten zwei Jahren standen**"

---

[996] Bossi S. 58
[997] Bossi S. 58 f, Fußnote 8
[998] s. S. 32 und 51
[999] Holroyd / Brodsky nach der Übersetzung von Bossi (S. 59, Fußnote 8)
[1000] FBSÜP S. 148 f
[1001] FBSÜP S. 148
[1002] Rules of the American Psychological Association (APA)

(2) Sexuelle Handlungen

Uneinigkeit besteht für den Begriff der sexuellen Handlung. Die sog. Begriffsbestimmung [1003] in § 184 c Nr. 1 StGB bringt keine Definition der sexuellen Handlung, sondern setzt diese voraus und beschränkt diese im Hinblick auf das Rechtsgut auf diejenigen von einiger Erheblichkeit[1004]. Auch in den Begründungen zu beiden Gesetzentwürfen wurde keine Stellungnahme zum Inhalt der sexuellen Handlungen abgegeben.

(a) Grundsätzliche Positionen
(aa) Objektiver Sexualbezug

Die herrschende Meinung orientiert sich am Sprachgebrauch und bewertet eine Handlung aus der objektiven Perspektive als sexuell, wenn sie nach ihrem äußeren Erscheinungsbild für das allgemeine Verständnis einen Sexualbezug aufweist [1005].

Damit ist eine nicht-sexuelle, scherzhafte oder wissenschaftliche oder sexualpädagogische Intention bei einer äußerlich sexuellen Handlung unbeachtlich. Dies ist i. R. einer Psychotherapie von Vorteil, da der Klient vor jeglicher Sexualisierung der Therapeut-Klient-Beziehung geschützt werden soll [1006].

Danach sind alle nach dem äußeren Erscheinungsbild neutralen Verhaltensweisen trotz vorhandener sexueller Gesinnung oder Tendenzen des Täters keine sexuelle Handlung [1007]. Eine solche, auf psychotherapeutische Behandlungen übertragene, Auffassung würde zu dem unbefriedigenden Ergebnis führen, daß ein vom Psychotherapeuten sexuell intendiertes und vom Klienten so empfundenes, aber -

---

[1003] so die Normüberschrift
[1004] LK-Laufhütte § 184 c Rdnr. 4
[1005] BGH St 29,338; NStZ 1983, 167; NStZ 1985, 24; NJW 1992, 325; OLG Köln NJW 1974, 830; Dreher/Tröndle § 184 c Rdnr. 3 f; LK-Laufhütte § 184 c Rdnr. 6; Maurach-Schroeder § 17 Rdnr. 30; SK-Horn § 184 c Rdnr. 2 f
[1006] s. S. 58 ff
[1007] SK-Horn § 184 c Rdnr. 2

objektiv gesehen - neutrales Verhalten wie 'ein durch das Haar Streichen' bei der Verabschiedung des Klienten keine sexuelle Handlung darstellen würde [1008].

Diese ausschließlich objektive Auslegung begründet ihren Verzicht auf eine subjektive sexuelle Intention mit der - durch die Sexualstrafrechtsreform 1973 vollzogene - Formulierungsänderung der früheren 'unzüchtige Handlung' [1009], die „innerlich von einer wollüstigen Absicht des Täters durchdrungen sein" [1010] mußte. Durch die - in den dort ebenfalls neugefaßten §§ 174 II, 176 V StGB - zusätzlich geforderte Absicht sieht sie im Umkehrschluß in allen anderen Verwendungen der 'sexuellen Handlung' keine Erforderlichkeit dieses subjektiven Merkmals [1011].

Diesem Argument widerspricht Lenckner zurecht, da in §§ 174 II, 176 V StGB nur Vorgänge exkludiert werden sollen, die sich objektiv vor den Augen des Opfers abspielen, in die es aber nicht miteinbezogen ist, ohne daß hierfür Rückschlüsse auf die Definition der sexuellen Handlung als solches ableitbar wären [1012].

(bb) Notwendige Differenzierung bei ambivalenten Verhaltensweisen

Zustimmend ist grundsätzlich vom äußeren Erscheinungsbild auszugehen, doch führt diese Auffassung bei äußerlich ambivalenten Handlungen wie z. B. Schläge auf den Körper nicht zu einer Differenzierung.

In jenen Fällen ist dem Vorschlag von Lenckner zu folgen, daß es grundsätzlich bei der Differenzierung ambivalenter Verhaltensweisen zur Bejahung einer sexuellen Handlung der Motivation des Täters bedarf, eigene oder fremde sexuelle Wünsche zu erregen oder zu befriedigen [1013].

(cc) Abweichende Meinungen

[1008] Horn a. a. O. . Als neutral ist ein solches Verhalten z. B. nach einer anstrengenden oder schmerzhaften Sitzung zu werten, wenn es zur Aufmunterung oder Bestärkung dient. Letztendlich kann dieses Beispiel aber dahinstehen, da eine solche Handlung wohl als nicht erheblich i. S. § 184 c Nr. 1 StGB anzusehen wäre; vgl. unten S. 222
[1009] Maurach-Schroeder § 17 Rdnr. 30
[1010] RG St 28, (77) 80
[1011] Maurach-Schroeder § 17 Rdnr. 30
[1012] Schönke/Schröder-Lenckner § 184 c Rdnr. 7

Abzulehnen ist dagegen die opferperspektivische Entweder-Oder-Lösung von Maurach-Schroeder, der unabhängig vom äußeren Erscheinungsbild eine sexuelle Handlung bejaht, wenn sie vom Opfer subjektiv als sexualbezogen angesehen wird [1014]. Dies ist gerade im psychotherapeutischen Bereich völlig unbrauchbar, da die Möglichkeit besteht, daß der Klient neutrale Äußerungen und Handlungen des Psychotherapeuten sexuell interpretiert, da seine Wahrnehmung therapiebedingt phasenweise durch erotische Übertragungen oder Projektionen eigener sexueller Wünsche getrübt oder besser 'sexuell gefärbt' ist [1015]. Diese Auslegung würde jegliche Psychotherapie ad absurdum führen.

Ebenso abzulehnen ist die Ansicht von Lackner, der die täterperspektivische Entweder-Oder-Lösung vertritt: In Anlehnung an die gesetzgeberischen Beratungen zum 4. StrRG [1016] sieht er eine sexuelle Handlung entweder bei einem objektiven Erscheinungsbild oder bei sexueller Absicht des Täters als gegeben an [1017]. Das normative Gebot zur Einschränkung des damit aufgespannten, sehr weiten Anwendungsbereichs löst er mittels der Erheblichkeitsschranke des § 184 c Nr. 1 StGB [1018]. Die Annahme einer sexuellen Handlung ohne jeglichen objektiven Bezug würde jedoch nicht nur vom allgemeinen (Sprach-) Verständnis völlig losgelöst sein. Innere Gedanken, die keine äußere Wirkung entfalten, sind 'frei' und als nicht pönalisierungswürdig anzusehen [1019].

(b) Körperberührungen bei medizinischen oder psychotherapeutischen Handlungen

Um schädlichen Einflüssen des Strafrechts auf Medizin und Psychotherapie durch Veranlassung zu übervorsichtigem Verhalten oder gar Verzicht auf bestimmte indizierte Maßnahmen vorzubeugen, ist bei Berührungen von Patienten /

[1013] Schönke/Schröder-Lenckner § 184 c Rdnr. 9
[1014] Maurach-Schroeder § 17 Rdnr. 31
[1015] s. S. 36 ff
[1016] vgl. Prot. 6, S. 2007 f
[1017] Lackner § 184 c Rdnr. 3
[1018] ebd.; vgl. unten S. 222
[1019] LK-Laufhütte § 184 c Rdnr. 6

Klienten i. R. einer medizinischen oder psychotherapeutischen Untersuchung oder Therapie nach dem Ob und Wie der Maßnahme zu differenzieren:

(aa) Bündelung von therapeutischen und sexuellen Motiven

Ist z. B. ein Streicheln von Rücken oder Beinen i. R. einer Körpertherapie als therapeutische Maßnahme indiziert und lege artis vorgenommen worden, kann es auf dazutretende sexuelle Lustvorstellugen als Begleiterscheinung nicht ankommen. Eine quasi nur **mitschwingende, sexuelle Tendenz** beim Therapeuten, eine sog. Motivbündelung [1020] von therapeutischen und sexuellen Motiven, bei der korrekten Ausführung der indizierten Maßnahme macht eine Handlung nicht zu einer sexuellen Handlung [1021]: „Die innere Tatseite der unzüchtigen Handlung wird nicht dadurch begründet, daß der Täter bei seinem Tun wollüstige Gedanken gehabt oder Sinnenlust empfunden hat, sondern nur dadurch, daß diese bewußterweise für ihn Antrieb seines Handelns waren." [1022]

(bb) Schwerpunktmäßige oder ausschließliche sexuelle Intention bei der Vornahme der Maßnahme

Dabei hat der BGH jedoch offen gelassen, wie zu urteilen wäre, wenn der Therapeut bei einer ordnungsgemäß vorgenommenen Untersuchung ausschließlich oder schwerpunktmäßig von sexuellen **Absichten** geleitet sein würde. Davon abgesehen, daß in diesen Fällen eine Durchführung der Maßnahme lege artis aufgrund der damit verbundenen sexuellen Erregung kaum vorstellbar ist, muß hier durch die überschießende Innentendenz zugunsten einer sexuellen Handlung

---

[1020] BGH St 13,(138) 140
[1021] OLG Hamm NJW 1977, 1499; LK-Laufhütte § 184 c Rdnr. 6; SK-Horn § 184 c Rdnr. 7; Schönke/Schröder-Lenckner § 184 c Rdnr. 10; zu beachten ist, daß diese Auffassung nur bei Handlungen zum Tragen kommt, die nach ihrem äußeren Erscheinungsbild nicht für
[1022] BGH St 13,(138) 142

theoretisch gewertet werden [1023], doch dürfte dies praktisch kaum verwertbar sein [1024].

Insgesamt erscheint diese Auffassung ein gelungener Kompromiß, da sie Psychotherapien mit Körperkontakt nicht unnötig einschränkt, indem sie genügend Raum für Körperkontakte i. R. einer lege artis Praxis dieser Therapieform zuläßt [1025] und gleichzeitig dem Zweck der Norm 'Schutz vor unsachgemäßer i. S. zur Befriedigung sexueller Absichten des Therapeuten mißbrauchter Psychotherapie' genügend Geltung verschafft.

(3)   Sexuelle Handlungen an einer Person

Grundsätzlich differenziert das Sexualstrafrecht nach körperlichen Berührungen i. w. S. zwischen sexuellen Handlungen **an** dem Opfer bzw. des Opfers an dem Täter oder einem Dritten und **vor** dem Opfer bzw. des Opfers vor dem Täter oder einem Dritten, die je nach Tatbestand alternativ oder kumulativ unter Strafe stehen [1026].

(a) Ausschluß sexuell intendierter Verbaläußerungen

Beide Gesetzentwürfe sehen nur eine Strafbarkeit der erstgenannten sexuellen Handlungen mit körperlicher Berührung vor. Dagegen wird gerade aus psychologischen Kreisen die Forderung erhoben, ein sexuelles Abstinenzgebot auch auf Sexualisierung der Gespräche und Verbalerotik auszuweiten [1027]. Nicht nur, daß eine Pönalisierung von sexuellen 'Äußerungen' ein strafrechtliches Novum darstellen würde [1028], es würde die destruktive Tendenz auslösen, daß

[1023] Lackner § 184 c Rdnr. 2; Schönke/Schröder-Lenckner § 184 c Rdnr. 9;

[1024] Da in den seltensten Fällen Videoaufnahmen von solchen Maßnahmen vorliegen oder der Täter sich gegenüber Dritten mit einer solchen Tat 'brüstet', müßte sich die Anklage bzw. ein Urteil auf die Zeugenaussage des Klienten stützen. Gerade im ambivalenten Verhaltensbereich würde - angesichts der Möglichkeit einer erotischen Übertragungsliebe des Klienten auf den Therapeuten und einer entsprechend gefärbten Wahrnehmung - ein Nachweis für eine sexuelle **Absicht** kaum zu erbringen sein, so daß i. d. R. in-dubio-pro-reo für den Psychotherapeuten zu entscheiden sein wird (vgl. Fußnote 728).

[1025] s. S. 58 f; vgl. Fußnote 310

[1026] Maurach-Schroeder § 17 Rdnr. 26

[1027] s. S. 58

[1028] Die auf den ersten Blick ähnliche Norm des § 176 V Nr. 3 StGB, die 'entsprechende Reden' pönalisiert, erfaßt keine Verbalerotik, selbst grob sexuelle Äußerungen sind nicht ausreichend (vgl. BGH St 29, 29; BGH NJW 1991,

kaum ein Therapeut sich traut, das in einer Psychotherapie notwendige Thema Sexualität anzusprechen [1029], um sich damit keinem Verdacht einer strafrechtlich verfolgbaren Verbalsexualisierung der Psychotherapie auszusetzen.

Letztendlich würde mangels eindeutiger Kriterien zur Differenzierung zwischen sexuellen und (noch) therapeutischen Intentionen [1030] eine strafrechtliche Verurteilung - wie bei anderen ambivalenten Verhaltensweisen - an dem in-dubio-pro-reo-Grundsatz scheitern [1031]. Daher ist dem FBSÜP zuzustimmen, der seine **Strafbarkeits**forderung auf sexuelle Handlungen beschränkt hat [1032].

(b) Erfaßte Handlungen an einer Person

Sexuelle Handlungen an einer Person sind körperliche Kontakte mit der in der Norm angegebenen Person [1033], d. h. gemäß den Gesetzentwürfen zwischen Psychotherapeuten und Klienten.

Die körperliche Berührung kann mittels eines Gegenstandes auch an der Kleidung geschehen, ebenso wie eine Ejakulation des Therapeuten auf die Kleidung des Klienten [1034] ausreichend ist [1035].

Dagegen scheidet ein sexuell intendiertes Photographieren auch des (teilweise) nackten Klienten oder seiner primären oder sekundären Genitalien z. B. zu angeblichen Vergleichsanalysen des therapeutischen Verlaufs mangels körperlichen Kontaktes aus [1036].

3162), sondern nur diejenigen Reden, die nach Art und Intensität mit pornographischem Material vergleichbar sind (LK-Laufhütte § 176 Rdnr. 21).

[1029] Dieses Szenario wurde von Blaser schon ohne strafrechtliche Pönalisierung aufgezeigt (vgl. Fußnote 332); s. S. 63

[1030] vgl. Fußnote 315

[1031] SK-Horn § 184 c Rdnr. 2

[1032] vgl. Fußnote 323

[1033] BT-Drs. VI / 1552 S. 15

[1034] Sofern das Ejakulat nicht die Kleidung oder den Klienten selbst bespritzt, handelt es sich um eine sexuelle Handlung **vor** dem Klienten, die nach den Gesetzentwürfen nicht pönalisierbar ist.

[1035] BGH NStZ 1992, 433 (die Kleidung differenzierend); LK-Laufhütte § 184 c Rdnr. 16; Maurach-Schroeder § 17 Rdnr. 26;Schönke/Schröder-Lenckner § 184 c Rdnr. 18; SK-Horn § 184 c Rdnr. 6

[1036] SK-Horn § 184 c Rdnr. 6;

(4) Erheblichkeitsklausel (§ 184 c Nr. 1 StGB)

§ 184 c Nr. 1 StGB schränkt sexuelle Handlungen i. S. des StGB dahingehend ein, daß diese im Hinblick auf das jeweils geschützte Rechtsgut von einiger Erheblichkeit sein müssen. Diese Erheblichkeitsklausel hat zwei zu beachtende Komponenten:

(a) Relative Komponente

Im Rahmen der relativen Komponente der Erheblichkeitsklausel ist eine sexuelle Handlung in Relation zu den in § 174 c StGB-E geschützten Rechtsgütern zu bestimmen [1037].

(aa) Geschützte Rechtsgüter des § 174 c StGB-E

Rechtsgüter sind - unabhängig von dem dogmatischen Streit um eine allgemeine Rechtsgutdefinition [1038] - bestimmte ideelle Werte, die als Lebensgüter des einzelnen (Individualrechtsgüter) wegen ihrer besonderen Wichtigkeit und sozialen Bedeutung (strafrechtlichen) Rechtsschutz genießen [1039].

§ 174 c soll nach den Gesetzentwürfen in den 13. Abschnitt des StGB eingeordnet werden, daher erscheint auf den ersten Blick das Rechtsgut dieses Abschnitts, die Freiheit der sexuellen Selbstbestimmung im negativen Sinne, d. h. vor sexuellen Handlungen, das primäre Rechtsgut zu sein [1040]. Dafür könnte auch sprechen, daß in den Begründungen zu den Gesetzentwürfen Ziel des § 174 c StGB-E der Schutz 'vor der Überlegenheit des Angehörigen eines Heilberufes' [1041] bzw. der daraus erwachsenden 'starken psychischen Abhängigkeit' [1042] und einer daraus erwachsenden Gefahr vor sexuellem Mißbrauch genannt wird.

[1037] Schönke/Schröder-Lenckner § 184 c Rdnr. 16
[1038] vgl. Roxin AT § 2 Rdnr. 5 ff
[1039] Wessels AT § 1 I 2, S. 2
[1040] Maurach-Schroeder § 18 Rdnr. 6, § 17 Rdnr. 16
[1041] BT-Drs. 13 / 2203 S. 4
[1042] BT-Drs. 13 / 8267 S. 4 f

Jedoch werden in den unterschiedlichen Normen des 13. Abschnitts zugleich weitere Rechtsgüter geschützt [1043].

So entnahm Dreher/Tröndle aus den gesetzgeberischen Beratungen zum §§ 174 a StGB [1044], daß jene Norm über die sexuelle Freiheit der Abhängigen hinaus auch das 'Vertrauen der Allgemeinheit in die Integrität der Betreuer' schützen soll [1045], ebenso wie § 174 b StGB das 'Vertrauen der Allgemeinheit in die Integrität der in Betracht kommenden Behörden' [1046]. Es wäre grundsätzlich denkbar, daß der § 174 c StGB-E über die sexuelle Selbstbestimmung der Psychotherapie-Klienten hinaus auch das Vertrauen der Allgemeinheit in die Integrität der Psychotherapeuten schützen soll. Davon abgesehen, daß die Existenz eines Vertrauens der Allgemeinheit in die Integrität dieser Institutionen fraglich ist [1047], ist ein solches Vertrauen eine Nebenwirkung, die in jeder Strafnorm ruht. Folglich ist es ohne spezielle Funktion [1048], eine Auslegung als weiteres Rechtsgut ist daher nicht nur überflüssig, sondern auch irreführend [1049].

§ 174 a StGB schützt ein weiteres Rechtsgut, die störungsfreie Funktion der Anstalten im Interesse der Insassen [1050].

Maurach-Schroeder lehnt dies für die §§ 174 a, 174 b StGB mit dem Argument ab, „angesichts der tatbestandlichen Erfordernisse („unter Mißbrauch seiner Stellung" bzw. „der Abhängigkeit") kommen sie nicht zum Tragen" [1051]. Dabei übersieht er die Tragweite der vom Gesetzgeber in den beiden Normen bewußt unterschiedlich gewählten Formulierungen [1052]:
In der Verwendung der Tatbestandsformulierung 'Mißbrauch der Stellung' statt 'Mißbrauch der Abhängigkeit' kommt der gesetzgeberische Wille zum Ausdruck, sexuelle Kontakte zwischen Insassen und Amtspersonen **generell** zu pönalisieren, d. h. nicht nur die sexuelle Freiheit des einzelnen zu schützen, sondern generell

---

[1043] Dreher/Tröndle vor § 174 Rdnr. 3; LK-Laufhütte § 184 c Rdnr. 11; SK-Horn § 184 c Rdnr. 10
[1044] Prot. 6, S. 1342 f
[1045] Dreher/Tröndle § 174 a Rdnr. 1; kritisch SK-Horn § 174 a Rdnr. 2
[1046] Dreher/Tröndle § 174 b Rdnr. 1 mit Verweis auf Prot. 6, S. 1372
[1047] SK-Horn § 174 a Rdnr. 2
[1048] SK-Horn ebd.
[1049] Maurach-Schroeder (8. Aufl.) § 19 Rdnr. 3
[1050] Dreher/Tröndle § 174 a Rdnr. 1; Lackner § 174 a Rdnr. 1; SK-Horn ebd.
[1051] Maurach-Schroeder (8. Aufl.) § 19 Rdnr. 3
[1052] BT-Drs. VI / 3521 S. 25 ff

Sexualität aus Verwahrverhältnissen herauszuhalten [1053]. Damit trifft er die Wertung, das Rechtsgut der 'Sexualfreiheit des Verwahrverhältnisses' als mindestens gleichwertigen, wenn nicht sogar vorrangigen Gesetzeszweck anzusehen [1054]

Diese Auslegung ist auf § 174 c StGB-E zu übertragen: Auch dort wurde bewußt die Formulierung 'Mißbrauch der Stellung' statt 'Mißbrauch der Abhängigkeit' gewählt, um **generell** sexuelle Kontakte zwischen Psychotherapeuten und Klienten verbieten zu können [1055]. Für diese Gewichtung spielt - analog der Argumentation bei § 174 a StGB [1056] - eine Rolle, daß nach sexuellen Kontakten der Zweck der Psychotherapie als Ganzes gefährdet ist, da eine weitere, erfolgreiche Fortsetzung mangels Vertrauens nicht mehr möglich ist [1057].

Horn hat bei § 174 a StGB zwar Bedenken gegen diese Gewichtung, da die Sexualfreiheit des dortigen Anwendungsbereich des Verwahrverhältnises auch durch Disziplinarvorschriften und den 29. Abschnitt des StGB 'Straftaten im Amt' bereits hinreichend geschützt ist; dennoch schließt er sich letztendlich aufgrund der Formulierung 'Mißbrauch der Stellung' dieser Rechtsgutauffassung an [1058]. Folglich spricht im Umkehrschluß dieser Wegfall des Zweifelarguments bzw. die fehlende anderweitige Sanktionierung eines Verstosses gegen das sexuelle Abstinenzgebot [1059] für die Annahme der Eigenständigkeit des Rechtsgutes 'Freiheit der Psychotherapie vor sexuellen Störungen' bei § 174 c StGB-E.

[1053] LK-Laufhütte § 174 a Rdnr. 14; Schönke/Schröder-Lenckner § 174 a Rdnr. 1
[1054] Dreher/Tröndle § 174 a Rdnr. 1, 4; Schönke/Schröder-Lenckner § 174 a Rdnr. 1, 6. Horn sieht die Ansicht, daß eine Norm mehrere Rechtsgüter schützten kann, sehr kritisch folglich muß ist die Störungsfreiheit der Verwahrverhältnisse als einziges Rechtsgut angesehen werden (vgl. SK-Horn § 174 a Rdnr. 2, 7, § 184 c Rdnr. 10)
[1055] BT-Drs. 13 / 8267 S. 5, 7
[1056] Schönke/Schröder-Lenckner § 174 a Rdnr. 1
[1057] s. S. **Fehler! Textmarke nicht definiert.** f
[1058] SK-Horn § 174 a Rdnr. 2
[1059] Die fehlende Existenz z. B. einer Psychotherapeuten-Kammer als Körperschaft des öffentlichen Rechts mit entsprechender Befugnis zur Standesgerichtsbarkeit oder einer vergleichbaren Institution mit Disziplinargewalt können die einschlägigen Verbandsorganisationen nicht ersetzen, da ihre Sanktions- oder Disziplinarregeln nur zivilrechtlichen Charakter und Konsequenzen haben, ohne daß dies eine Auswirkung auf eine generelle Tätigkeit des Psychotherapeuten hätte. Vgl. S. 189 ff

(b) Quantitative Komponente

In Bezug auf diese Rechtsgüter ist nun zu prüfen, inwieweit bez. Art, Intensität, Dauer und dem Handlungs- und Beziehungsrahmen zwischen Täter und Opfer das Rechtsgut mit einiger Erheblichkeit tangiert wird [1060].

Ist das Rechtsgut der 'sexuellen Selbstbestimmung von Klienten' betroffen, ist aufgrund der Beschränkung ihrer Abwehrfähigkeit [1061], von einer niedrigeren Erheblichkeitsschwelle auszugehen als vergleichsweise bei Handlungen (z. B. i. R. des § 177 StGB) gegenüber Personen, die sich gegen sexuelle Zudringlichkeiten wehren können [1062]. Dabei ist nach dem objektiven Gewicht der Handlung zu werten, damit nicht eine subjektiv verharmlosende Einschätzung durch den Klienten [1063] des objektiv gravierenden Traumas durch die sexuellen Kontakte zur Straflosigkeit führt [1064].

Im Hinblick auf das Ziel 'Freiheit der Psychotherapie vor sexuellen Störungen' und der Vermeidung der möglicherweise auftretenden, schwerwiegenden Folgen [1065] gibt der Handlungsrahmen der Psychotherapie und die daraus entstandene Therapeut-Klient-Beziehung mit einer einseitigen psychischen Abhängigkeit eine äußerst niedrige Erheblichkeitsschwelle vor [1066].

Da in Relation zu beiden Rechtsgüter eine quantitativ niedrige Erheblichkeit ausreichend ist, überschreiten die am wenigsten invasiven Handlungen 'Zungenkuß' und 'Streicheln und / oder Liebkosen am ganzen Körper' die Schwelle einer kurzen oder aus anderen Gründen unbedeutenden Berührung [1067]: Für diese Gewichtung als primäres Ziel spricht auch der eigentlich traumatische Akt: Denn nicht den sexuellen Kontakt selbst, sondern den darin innewohnenden

---

[1060] BGH NStZ 1985, 24 f; 1992, 432 f; Dreher/Tröndle § 184 c Rdnr. 5; Lackner § 184 c Rdnr. 5; Schönke/Schröder-Lenckner § 184 c Rdnr. 15 a

[1061] vgl. BT-Drs. 13 / 2203 S. 4; 13 / 2203 S. 5

[1062] LK-Laufhütte § 184 c Rdnr. 12. Noch weitergehend, aber im Ergebnis hier folgend, Horn, der eine Verletzung der sexuellen Selbstbestimmung nur bei defektfreier Einwilligung oder fehlendem Bewußtsein eine „quantitative" Unerheblichkeit annehmen will (SK-Horn § 184 c Rdnr. 16).

[1063] z. B. bedingt durch traumatogene Verdrängungen bzw. biographisch bedingte Unfähigkeit des Klienten, die Ängste und Verletzungen (hier durch den sexuellen Kontakt bzw. des Vertrauensbruches) zu fühlen.

[1064] Dies würde zudem einen Anreiz für einen Psychotherapeuten darstellen, vorzugsweise Klienten mit einer entsprechenden Anlage zu sexuellen Kontakten zu verführen. Vgl. LK-Laufhütte § 184 c Rdnr. 12

[1065] BT-Drs. 13 / 2203 S. 4; BT-Drs. 13 / 8267 S. 5

[1066] Dreher/Tröndle § 174 a Rdnr. 3; § 174 b Rdnr. 3; Maurach-Schroeder (8. Aufl.) § 19 Rdnr. 11

[1067] BGH StV 1983, 415; LK-Laufhütte § 184 c Rdnr. 10

intensiven Vertrauensbruch empfinden die Klienten als die verletzende Ursache [1068]. Daher führt jede eindeutig sexuelle - und nicht mehr mit Empathie oder väterlicher / mütterlicher Zuneigung o. ä. erklärbare - Handlung wie ein Zungenkuß oder ein Streicheln oder Liebkosen nicht nur im Gesicht, sondern am ganzen Körper, zu den Folgen, die durch die Norm verhindert werden sollten.

Die weitergehenden Handlungen wie Petting, Oral- oder Geschlechtsverkehr bzw. S/M-Praktiken verstehen sich von selbst 'von noch größerer Erheblichkeit'.

(5)   Sexualität mit Dritten

Beide Gesetzentwürfe haben eine **Strafbarkeit an einem Dritten** ausgeschieden. Dieser Entscheidung ist zuzustimmen, da das Abhängigkeitsverhältnis nur zwischen Psychotherapeuten und Klienten persönlich und somit nur in diesem persönlichen Verhältnis zwischen Täter und Opfer eine sexuelle Mißbrauchsgefahr gegeben ist.

Zugleich sind damit sexuelle Kontakte mit einem dritten 'Sexualsurrogat' innerhalb einer Sexualtherapie nach Masters und Johnson zulässig [1069]. Auch dieses Ergebnis erscheint sachgerecht: Die Existenz von Sexualtherapien zur Lösung oder Linderung sexueller Probleme bzw. zum Erlernen sexuellen Verhaltens muß grundsätzlich möglich und zulässig sein, da der wegen sexueller Probleme hilfesuchende Klient ohne mitgebrachten Partner nicht nur schon vor Aufnahme der Therapie um die sexuellen Kontakte mit einem Dritten weiß, sondern gerade mittels dieser Therapieform seine Probleme lösen will. Ob diese Methode zum Erfolg führt oder ob aus moralischer oder religiöser Sicht sexuelle Kontakte mit einem unbekannten 'Sexualsurrogat' abzulehnen sind, kann und darf nicht Argument zur Beurteilung sein. Einzig und allein die vorgenannten Gründe z. B. der persönlichen psychischen Abhängigkeit rechtfertigen die Pönalisierung. Da zu dem Dritten aber keine persönliche psychische Abhängigkeit und Machtunterlegenheit besteht, ist das Erlernen körperlicher Sensitivität und

---

[1068] s. S. 140, vgl. Fußnote 661
[1069] vgl. zu dieser Sexualtherapie S. 172 f

Sensibilität für einen Sexualpartner sowie das Erlernen sexueller Techniken anhand und mittels dieses Dritten auch i. R. einer (Sexual-) Therapie davon nicht erfaßt und aus diesen Gründen nicht pönalisierbar [1070]: „Denn das Strafgesetz hat nicht die Aufgabe, auf geschlechtlichem Gebiet einen moralischen Standard des erwachsenen Bürgers durchzusetzen, sondern es hat die Sozialordnung vor Störungen und groben Belästigungen zu schützen." [1071]

(6) Einwilligung

Ein vom FBSÜP vorgeschlagener Gesetzentwurf [1072] fügt die weitere Tatbestandsformel „in eine solche Vornahme [sexuelle Handlungen; Anm. d. A.] einwilligt" ein, um eine Einwilligung des Klienten in sexuelle Handlungen auszuschließen.

Der Regierungsentwurf sieht eine Einwilligung als unbeachtlich an, „denn wegen der Eigenart der tatbestandlich eingegrenzten Verhältnisse kann das Opfer regelmäßig nicht frei über sexuelle Kontakte zu der Autoritätsperson entscheiden." [1073] Fraglich erscheint, wie diese Begründung zu interpretieren ist:

(aa) Regelmäßig fehlende Einwilligung durch den Klienten

Die Begründung kann zum einen i. S. einer regelmäßig durch die psychische Abhängigkeit nicht defektfrei vorliegenden Einwilligung [1074] interpretiert werden.

[1070] FBSÜP S. 150 f
[1071] BGH St 23, (40) 43 f
[1072] FBSÜP S. 149 f
[1073] BT-Drs. 13 / 8267 S. 7
[1074] In der Diktion der überlieferten Meinung, dessen systematische Aufteilung zwischen tatbestandlichem Einverständnis und rechtfertigender Einwilligung zunehmender Kritik ausgesetzt ist (vgl. Roxin AT § 13 Rdnr. 11), wird hier von einer Einwilligung auszugehen sein: Ein Einverständnis kommt nur bei Delikten in Betracht, in denen sich die Tatbestandshandlung gerade gegen den Willen des Verletzten richtet oder gerade ohne die Zustimmung des Betroffenen vorgenommen wird z. B. in §§ 123, 177, 240, 242 StGB (Jescheck AT § 34 I 1 b (S. 334); Roxin AT § 13 Rdnr. 2; Schönke/Schröder-Lenckner Vorbem §§ 32 ff Rdnr. 30; Wessels AT § 9 I (S. 104)). In den Tatbeständen ist die dort genannte Tathandlung mit Zustimmung des Betroffenen kein üblicher ‚Vorgang des Soziallebens', sondern „unabhängig vom Willen des Betroffenen ein eigenes Gewicht erhält" (Jescheck a. a. O. S. 335). Sexuelle Kontakte zwischen Psychotherapeuten und Klienten richten sich aber nicht spezifisch gegen den Willen des Klienten, sondern nutzen dessen Willensbeeinflußbarkeit nur aus. Ebenso sind sexuelle Kontakte mit Klienten nicht als sozial normaler Vorgang anzusehen.

Da die Einwilligung nicht gesetzlich geregelt ist, besteht grundsätzlich große Uneinigkeit sowohl über die systematische Einordnung [1075] als auch ihre Voraussetzungen [1076]. Auf das Vorliegen einer defektfreien Einwilligung kann es nach der gesetzgeberischen Intention aber nicht ankommen: Dies würde nämlich bedeuten, daß in einem Strafprozeß der Nachweis der defekten Einwilligung erbracht werden müßte. Auch wenn man zugunsten des Tatopfers Beweiserleichterungen annähme, würde dieses Tatbestandsmerkmal jeden Strafverteidiger mehr als nur motivieren, eine sachdienliche Zeugenaussage des Opfers resp. Klienten herbei- und durchzuführen: Dort müßte der Klient über seine Abhängigkeit vom Therapeuten [1077], seine sexuellen Vorstellungen und seine Motivationen für die Einwilligung oder Initiierung der sexuellen Kontakte aussagen, um feststellen zu können, inwieweit nicht ausnahmsweise doch eine defektfreie Einwilligung vorgelegen hat. Nicht nur eine defektfreie Einwilligung, sondern auch festgestellte oder nicht auszuräumende Zweifel an einem Defekt der Einwilligung würden mittels des In-dubio-pro-reo-Grundsatzes die Verurteilung des Psychotherapeuten verhindern [1078]. Eine solche Auslegung würde dem angestrebten Normzweck einer Pönalisierung durch die Notwendigkeit der gerade zu vermeidenden Zeugenaussage des Klienten und die unsichere

---

[1075] Die herrschende Meinung (Dreher/Tröndle vor § 32 Rdnr. 3 b;Jescheck AT § 34 I 3; Schönke/Schröder-Lenckner Vorbem §§ 32 ff Rdnr. 33; Wessels AT § 9 I 2) sieht in der Einwilligung einen Rechtfertigungsgrund: Sie beruft sich dabei auf den Wortlaut des § 226 a StGB : „Wer eine Körperverletzung mit Einwilligung des Verletzten vornimmt, handelt nur dann rechtswidrig, ..." und sieht in der Einwilligung einen durch das Selbstbestimmungsrecht legitimierten Verzicht auf Rechtsschutz (Schönke/Schröder-Lenckner Vorbem §§ 32 ff Rdnr. 33; Wessels AT S. 106). Die Gegenmeinung (Roxin AT § 13 Rdnr. 12 ff; Schmidhäuser 8/123 ff) bezieht sich auf den Zweck der Rechtsgüter: „Wenn Rechtsgüter der freien Entfaltung des einzelnen dienen ..., kann keine Rechtsgutverletzung vorliegen, wenn eine Handlung auf einer Disposition des Rechtsgutträgers beruht, die seine freie Entfaltung nicht beeinträchtigt, sondern im Gegenteil deren Ausdruck ist." (Roxin § 13 Rdnr. 12)
[1076] Wessels AT § 9 I 2; Dreher/Tröndle Vor § 32 Rdnr. 3 b
[1077] Festzustellen ist, ob die psychische Abhängigkeit des Klienten von seinem Psychotherapeuten einen wesentlichen Willensmangel verursacht hat, so daß diese nicht freiwillig und ernsthaft gegeben wurde (Schönke/Schröder-Lenckner Vorbem §§ 32 ff Rdnr. 46; Wessels AT § 9 I 2 d S. 107). Auch die Rechtsprechung (RG St 77, (17) 20, BGH St 4, 88; OLG Hamm DAR 1972, 77) setzt entsprechendes Bewußtsein über die Konsequenzen der (auch konkludenten) Zustimmung voraus: „Eine rechtswirksame Einwilligung könnte nur dann angenommen werden, wenn sie mit vollem Verständnis der Sachlage erteilt worden ist, wenn D. [der Klient; Anm. d. A.] namentlich eine zutreffende Vorstellung vom voraussichtlichen Verlauf und den möglichen Folgen des zu erwartenden tätlichen Angriffs hatte. Erforderlich ist vor allem, daß er bei seiner Herausforderung die nötige Urteilskraft und Gemütsruhe besaß, um die Tragweite seiner Erklärung zu erkennen und das Für und Wider verständig gegeneinander abzuwägen." (BGH St 4, (88) 90) Aber auch wenn kaum vorstellbar ist, daß ein Klient sich über die Tragweite seiner Einwilligung, also dem Vertrauensbruch (s. S. 140) oder dem damit verbundenen zwangsläufigen Ende der Psychotherapie oder den möglichen psychischen oder psychosomatischen Folgen (s. S. 111 f) klar ist, trotzdem in sexuelle Kontakte mit seinem Psychotherapeuten einwilligt, ist dies nicht von vornherein völlig auszuschließen.
[1078] vgl. Fußnote 728. Eine Entscheidung bez. des systematischen Standorts der Einwilligung ist hier nicht relevant, da beide Auffassungen nicht zur Verurteilung führen, denn das Unrecht einerTat erfordert sowohl tatbestandliches wie rechtswidriges Handeln (Wessels AT § 5 I).

Verurteilungswahrscheinlichkeit diametral zuwiderlaufen und ist daher unumgänglich abzulehnen.

(bb) Fehlende Disponibilität für den Klienten

Möglich wäre auch, die Begründung dahingehend zu interpretieren, daß das Rechtsgut in § 174 c StGB-E für den Klienten wegen der Eigenart der Therapeut-Klient-Beziehung nicht disponibel ist [1079]. Diese Auslegung entspricht der eindeutig größeren Gewichtung des Rechtsgutes 'Freiheit der Psychotherapie vor sexuellen Störungen' gegenüber dem Individualrechtsgut der 'sexuellen Selbstbestimmung des Klienten' in § 174 c StGB-E [1080]. Gleichzeitig ergänzt sie die eben genannte Einwilligungsauslegung, da die alleinige Dispositionsfähigkeit eines Rechtsgutes erst den Anwendungsbereich für eine Einwilligung aufspannt [1081].

Grundsätzlich ist eine fehlende Disponibilität des Betroffenen über ein Rechtsgut immer dann anzunehmen, wenn das Rechtsgut dem Schutz der Allgemeinheit dient [1082] oder bei einem Individualrechtsgut, wenn zugleich fundamentale öffentliche Interesse mitberührt werden [1083].

Uneinigkeit über die Behandlung besteht bei dem Zusammentreffen von mehreren Rechtsgütern in einer Norm: Die herrschende Meinung [1084] entscheidet nach der Alternativitätstheorie, d. h. es ist ausreichend, wenn einer der Schutzzwecke verletzt ist bzw. von der Einwilligung nicht erfaßt wird. Nach Maurach-Zipf [1085] soll dagegen die in der Norm getroffene höhere Gewichtung den Ausschlag geben. Im Ergebnis kann dieser Streit offen bleiben, da hier der Schutz der Allgemeinheit den individuellen Rechtsschutzaspekt überwiegt, so daß die nur bez. des

---

[1079] Roxin § 13 Rdnr. 34
[1080] s. S. 222 f
[1081] Maurach/ Zipf § 17 Rdnr. 42 Schönke/Schröder-Lenckner Vorbem §§ 32 Rdnr. 35 a; Wessels AT Rdnr.
[1082] BGH St 6, (232) 234; 23, (260) 264; Haft AT S. 104 f; Jescheck AT § 34 II 3; Maurach/ Zipf § 17 Rdnr. 43; Roxin AT § 13 Rdnr. 31; Wessels AT § 9 I 2 a
[1083] Wessels AT § 9 I 2 a
[1084] BGH St 5, (66) 68; 9, 242; Dreher/Tröndle § 164 Rdnr. 1; LK 10-Herdegen § 164 Rdnr. 2; Schönke/Schröder-Lenckner § 164 Rdnr. 1
[1085] Maurach/ Zipf § 17 Rdnr. 44 ff

unterlegenen Individualrechtsgutes gegebene Einwilligung die Anwendung des §
174 c StGB-E nach allen Auffassungen nicht ausschließt [1086].

Somit führen beide Auslegungen der Gesetzesbegründungen zum gleichen
Ergebnis, daß eine eventuelle - auch defektfreie - Zustimmung des Klienten oder
eine Initiierung des sexuellen Kontaktes durch ihn unbeachtlich ist und daher keine
tatbestandsausschließenden oder rechtfertigenden Wirkungen entfalten kann [1087].

(7) Vorsatz

Beide Gesetzentwürfe verlangen vorsätzliches Handeln [1088], wobei - wie bei der
vergleichbaren Strafbarkeit des Mißbrauchs einer Stellung in § 174 a I StGB - ein
bedingter Vorsatz bez. aller Tatbestandsmerkmale - insbesondere der Umstände
des Mißbrauchs [1089] und der sexuellen Handlungen [1090] als ausreichend anzusehen
ist [1091].

(8) Ausgestaltung als Offizialdelikt

Beide Gesetzentwürfe sehen eine Ausgestaltung als Offizialdelikt vor:
Der Bundesratsentwurf will damit eine mögliche Einflußnahme des
Psychotherapeuten auf das Strafverfahren verhindern [1092] und dem hohen

---

[1086] Auch Roxin kommt zum gleichen Ergebnis der Unbeachtlichkeit der Einwilligung: Er sieht das Problem des
Zusammentreffens verschiedener Rechtsgüter als Problem des Besonderen Teils, welches dort auch zu lösen ist
(Roxin AT § 13 Rdnr. 32). So entscheidet er i. R. des § 315 c StGB zwar zugunsten der Kumulationstheorie, d. h. die
Verletzung beider Normen muß gegeben sein; in diesen Fällen würde eine defektfreie Einwilligung die Erfüllung des
Tatbestandes ausschließen (Rdnr. 32 f). Doch im Bereich des sexuellen Mißbrauchs (§§ 174 - 176, 179 StGB) ist
„eine Einwilligung unbeachtlich, weil der Gesetzgeber ihm im Wege einer unwiderleglichen Vermutung die Fähigkeit
zur freien und verantwortlichen Entscheidung von vornherein abspricht." (Rdnr. 34)
[1087] BGH St 2, 93; Lackner § 174 Rdnr. 1; LK-Laufhütte § 174 a Rdnr. 14; SK-Horn § 174 a Rdnr. 5;
Schönke/Schröder-Lenckner § 174 a Rdnr. 6
[1088] gemäß § 15 StGB
[1089] Da das Tatbestandsmerkmal 'unter Mißbrauch des psychotherapeutischen Behandlungsverhältnisses' lautet,
bedarf es nur, daß der Psychotherapeut es für möglich hält, daß die Person, zu der er die sexuellen Kontakte
aufnimmt, in einem psychotherapeutischen Behandlungsverhältnis zu ihm steht (SK-Horn § 174 a Rdnr. 8). Auf ein
Wollensmoment z. B. i. S. einer billigenden Inkaufnahme ist sinnentleert, da das psychotherapeutische
Behandlungsverhältnis besteht oder nicht (vgl. SK-Horn § 174 a Rdnr. 8).
[1090] s. S. 216 f
[1091] Dreher/Tröndle § 174 a Rdnr. 9, § 174 Rdnr. 15; Lackner § 174 a Rdnr. 11; LK-Laufhütte § 174 a Rdnr. 17;
Schönke/Schröder-Lenckner § 174 a Rdnr. 11;
[1092] Da der Klient von dem Psychotherapeuten psychisch abhängig ist, kann der Psychotherapeut sehr leicht Druck
auf diesen ausüben, so daß dieser einen Strafantrag nicht stellt und zurücknimmt (§ 77 d I 1 StGB).

Stellenwert eines funktionierenden Gesundheitswesens Rechnung tragen. Ein Antragsdelikt im Vergleich zu den Offizialdelikten §§ 174, 174 a, 174 b StGB würde ein 'Sexualtatbestand zweiter Klasse' darstellen [1093].

Auch der Regierungsentwurf [1094] will den vergleichbaren Vorschriften der §§ 174 a, 174 b StGB folgen: In den zwei anderen Alternativen, dem Antragsdelikt oder der Mischung zwischen Antrag- und Offizialdelikt, sieht er keine sachgerechte Lösungsmöglichkeit:

Die Ausgestaltung als Antragsdelikt muß an dem Fristerfordernis des § 77 b StGB scheitern: Dieser gibt vor, daß der Klient [1095] innerhalb von drei Monaten einen Strafantrag stellen muß (§ 77 I 1 , II 1 StGB). Da die Norm nicht dem Schutz der Gesundheit dient, beginnt die Frist nicht erst bei Auftreten des Erfolgs z. B. in Form später auftretender psychosomatischer Folgen zu laufen [1096], sondern ab Kenntnis des Klienten von der Tat , d. h. der Tatbestandsverwirklichung der sexuellen Handlung [1097] und der Person des Täters (§ 77 b II 1 StGB). I. d. R. wird den Klienten nach sexuellen Kontakten mit ihren Psychotherapeuten erst sehr viel später der Mißbrauch bewußt und sie werden z. T. erst nach vielen Jahren psychisch fähig, sich gegen den Therapeuten (auch mit rechtlichen Mitteln) zu wehren [1098]. Eine Dreimonatsfrist würde folglich eine Strafverfolgung in den meisten Fällen von vornherein verhindern [1099].

Eine Mischung zwischen Antrags- und Offizialdelikt [1100] ist ebenfalls wenig zweckmäßig: Bei dieser Form ist eine Handlung grundsätzlich nur auf Antrag verfolgbar, aber auch ohne Strafantrag möglich, wenn die Staatsanwaltschaft wegen des besonderen öffentlichen Interesses an der Strafverfolgung ein Einschreiten von Amts wegen für geboten hält. Der Regierungsentwurf lehnt diese Lösung als wenig sinnvoll ab, da durch häufig vorliegende schwerwiegende Folgen und große

---

[1093] BT-Drs. 13 / 2203 S. 5
[1094] BT-Drs. 13 / 8267 S. 7 f
[1095] Als Verletzter ist er antragsberechtigt gem. § 77 I StGB .
[1096] RG St 61, 303
[1097] Dreher/Tröndle § 77 b Rdnr. 4
[1098] FBSÜP S. 147, BT-Drs. 13 / 8267 S. 8
[1099] BT-Drs. 13 / 8267 S. 8
[1100] so z. B. bei §§ 183 II, 232 u . a. (vgl. Dreher/Tröndle § 77 b Rdnr. 3 m. w. N.)

Anzahl an Wiederholungstätern kaum Anwendungsfälle ohne besonderes öffentliches Interesse denkbar wären [1101].

Obwohl die Tatsache der oft schwerwiegenden Folgen empirisch nicht gesichert erscheint [1102], ist angesichts einer geschätzten Anzahl von Wiederholungstätern von 50 % innerhalb der Gesamttäterschaft, die wiederum 80 % der betroffenen Klienten zu verantworten haben [1103], zumindest von einer sehr großen Anzahl an 'Offizialangelegenheiten' auszugehen [1104].

Der Ablehnung dieser Alternativen wird nicht nur aus den dort angeführten Gründen zugestimmt, es besteht zudem kein Raum für solche Erwägungen: Da die Norm der generellen 'Freiheit der psychotherapeutischen Behandlungsverhältnisse vor sexuellen Störungen' dient, hat der Wille des verletzten Klienten [1105] schon auf der materiellen Strafbarkeitsebene keine Wirksamkeit entfaltet. Eine Disponibilität über dieses Allgemeinrechtsgut muß auch auf der prozessualen Strafbarkeitsebene in den Händen der Allgemeinheit, also außerhalb des Machtbereichs des Einzelnen liegen, so daß die Offizialdeliktslösung als einzig sachgerechte Lösung übrigbleibt.

(9)   Versuch

Beide Entwürfe sehen richtigerweise eine Strafbarkeit des Versuchs in Übereinstimmung mit den einschlägigen Parallelvorschriften vor [1106]. Die Notwendigkeit expliziter Formulierung ergibt sich aus der - durch das vorgeschlagene Strafmaß vorgegebenen - Einordnung als Vergehenstatbestand (§ 12 II, I StGB).

[1101] BT-Drs. 13 / 8267 S. 8

[1102] s. S. 111 ff

[1103] s. FBSÜP S. 83: Es handelt sich um eine persönliche Schätzung des Psychologen G. R. Schoener, einem Leiter des 1974 in Minneapolis (USA) gegründeten Walk-In-Counseling Center (WICC), welches Beratung und Unterstützung für Institutionen und Klienten anbietet, die sexuelle Kontakte mit früheren oder gegenwärtigen Psychotherapeuten gehabt haben.

[1104] Insofern ist an dieser Stelle schon ebenso die Möglichkeit eines eingeschränkten Widerspruchsrechtes, wie es in § 177 V StGB Eingang gefunden hat, als unzweckmäßig abzulehnen, da auch dort das besondere öffentliche Interesse den Widerspruch unwirksam macht (vgl.Schönke/Schröder-Lenckner Vorbem §§ 174 Rdnr. 3b).

[1105] mittels gegebener Einwilligung oder Initiierung des sexuellen Kontaktes; vgl. S. 227 f

[1106] Bundesratsentwurf in Abs. 2 (vgl. BT-Drs. 13 / 2203 S. 5); Regierungsentwurf in Abs. 3 (vgl. BT-Drs. 13 / 8267 S. 8).

(10) Rechtsfolgen der Tat

(a) Hauptstrafen

Beide Gesetzentwürfe sehen als Hauptstrafen Freiheitsstrafe bis zu 5 Jahren oder Geldstrafe vor; diese Höhe ist mit der in den einschlägigen vergleichbaren Parallelvorschriften §§ 174 I, 174 a I, II, 174 b I StGB identisch.

(b) Berufsverbot

Das Rechtsfolgensystem des Strafgesetzbuchs folgt dem System der Zweispurigkeit, so daß neben den Strafen auch Maßregeln der Besserung und Sicherung (§§ 61 ff StGB) verhängt werden können [1107]. Da kriminologisch von einer hohen Anzahl von Wiederholungstätern auszugehen ist [1108] und sexuelle Kontakte zwischen Psychotherapeuten und Klienten von der Ausübung des psychotherapeutischen Berufes abhängen, erscheint unter dem Aspekt einer zukünftigen Tatvermeidung[1109] durch diesen Täter ein Berufsverbot sinnvoll.

Die Verhängung dieser Maßregel der Besserung und Sicherung [1110] gemäß § 70 I 1 StGB steht im Ermessen des Gerichts [1111], wenn es eine künftige Gefährlichkeit des Psychotherapeuten prognostiziert [1112]. Als formelle Voraussetzung muß eine Anlaßtat im Beruf vorliegen [1113], d. h. die Tat 'sexuelle Kontakte' muß rechtswidrig unter Mißbrauch des Berufes oder unter grober Verletzung der mit ihnen verbundenen Pflichten begangen worden sein.

(aa) Grobe Verletzung der Berufspflichten

[1107] Dreher/Tröndle Vor § 61 Rdnr. 1, Vor § 38 Rdnr. 1; Lackner Vor § 38 Rdnr. 1
[1108] vgl. FBSÜP S. 67 ff
[1109] vgl. § 46 I 2 StGB
[1110] vgl. § 61 Nr. 6 StGB
[1111] Dreher/Tröndle § 70 Rdnr. 8 f; Schönke/ Schröder-Stree § 70 Rdnr. 14 ff; LK-Hanack § 70 Rdnr. 75 ff;
[1112] Bei einer Gesamtwürdigung von Täter (Psychotherapeut) und Tat (sexuelle Kontakte mit Klienten) muß die Gefahr erkennbar sein, daß der Psychotherapeut bei weiterer Ausübung des psychotherapeutischen Berufes -zum Schutze der Klienten im Einzelfall möglicherweise auch des Berufszweiges '(psychologische) Beratung' (vgl. Schönke/ Schröder-Stree § 70 Rdnr. 15) - erhebliche rechtswidrige Taten unter Mißbrauch des psychotherapeutischen Berufe oder unter grober Verletzung der einschlägigen Berufspflichten begehen wird, vgl. Schönke/ Schröder-Stree § 70 Rdnr. 9 ff; LK-Hanack § 70 Rdnr. 34 ff.

Eine grobe Verletzung der psychotherapeutischen Pflichten setzt eine Mißachtung eben dieser speziellen Berufspflichten voraus, die dem Psychotherapeuten bei der Ausübung seines Berufes auferlegt sind [1114]. Die z. Z. noch fehlende berufsrechtliche Regelung für Psychotherapeuten ist unschädlich, da die Pflichten sich aus der herkömmlichen Berufsausübung ergeben können, d. h. sie einen regelmäßigen Ausfluß aus der Ausübung von Psychotherapie darstellen [1115]. Angesichts der streitigen Auffassungen innerhalb der psychotherapeutischen Schulen über das Ob und Wie eines sexuellen Abstinenzgebotes erscheint es zweifelhaft, ob von einer allgemein anerkannten und typischen Berufspflicht ausgegangen werden kann. Da das Berufsverbot nach § 70 StGB jedoch erst nach der Strafbarkeit von sexuellen Kontakten zwischen Psychotherapeuten und Klienten, also Erlaß des § 174 c StGB-E verhängbar ist, beruht die Pflicht nicht nur auf Herkommen, sondern auf Gesetz.

Durch die nicht bloß berufsrechtliche, sondern strafrechtliche Verankerung bringt der Gesetzgeber gleichzeitig zum Ausdruck, daß es sich um eine wichtige, in jedem Fall zu beachtende Pflicht handelt, deren Verletzung als besonders gravierend und grob zu werten ist [1116]. So hat der BGH bei sexuellen Kontakten eines Ausbilders zu einem Auszubildenden eine grobe Pflichtverletzung bejaht, da die Ausbildung eine spezifische Berufspflicht ist [1117]. Vergleichbar kann hier die Aufrechterhaltung des - für den Erfolg des psychotherapeutischen Behandlungsverhältnisses notwendigen - Vertrauens, welches durch die sexuelle Grenzverletzung gebrochen wird, als spezifische Berufspflicht angenommen werden.

Da Psychotherapie Teil der allgemeinen Gesundheitsversorgung ist und aus dem psychotherapeutischen Behandlungsverhältnis eine besondere Verletzlichkeit des Klienten resultiert, erfordert der Beruf des Psychotherapeuten besondere Zuverlässigkeit gegenüber dem Klienten und erhöhte Sorgfalt, keinen Schaden bei

---

[1113] LK-Hanack § 70 Rdnr. 7
[1114] LK-Hanack § 70 Rdnr. 23
[1115] LK-Hanack § 70 Rdnr. 26 f;
[1116] LK-Hanack § 70 Rdnr. 25; Schönke/ Schröder-Stree § 70 Rdnr. 7
[1117] BGH bei Herlan MDR 1954 , 529

dem Klienten anzurichten. Demnach wäre auch eine Bewertung der sexuellen Kontakte als weniger schwerwiegender Verstoß unschädlich[1118].

Das LG Koblenz hat sexuelle Kontakte in Form klitoraler und vaginaler Berührungen eines (auch psychotherapeutisch tätigen) Arztes nicht nur zu widerstandsunfähigen, sondern bereits zu gesunden Patienten als grobe Pflichtverletzung i. S. von § 70 StGB bewertet, da der Genitalbereich von Patienten für jeden Arzt mit Ausnahme eines Gynäkologen tabu ist [1119]. Richtigerweise wird man dies als rechtliches Minus erst recht bei nicht körperliche Leiden heilenden Psychotherapeuten unabhängig von einer Körperorientierung des psycho-therapeutischen Konzepts ansehen müssen.

Grundsätzlich wäre eine fahrlässige Pflichtverletzung ausreichend. Doch da diese gemäß § 174 c StGB-E i. V. mit § 15 StGB nicht strafbewehrt ist, muß der Psychotherapeut diese vorsätzlich begangen haben [1120].

(bb) Mißbrauch des Berufes

Sexuelle Kontakte zwischen Psychotherapeuten und Klienten unter Mißbrauch des psychotherapeutischen Berufes setzen voraus, daß der Psychotherapeut unter bewußter Mißachtung der ihm gerade durch seinen psychotherapeutischen Beruf gestellten Aufgaben seine Tätigkeit ausnutzt, um einen diesen Aufgaben zuwiderlaufenden Zweck zu verfolgen [1121]. Unabhängig von dem individuell vertretenen psychotherapeutischen Konzept sind sexuelle Kontakte in der Psychotherapie spätestens ab ihrer Pönalisierung als Mißachtung wichtiger Berufspflichten zu einem zweckwidrigen Vertrauensbruch und als Inkaufnahme der Möglichkeit therapiewidriger Schädigung des Klienten anzusehen.

Die sexuellen Kontakte (als strafbare Handlung nach § 174 c StGB-E) dürfen nicht nur durch die äußere Möglichkeit oder aus Anlaß der Ausübung der

---

[1118] BGH bei Dallinger MDR 1953, 19; OLG Hamburg 1955, 1568; Dreher/Tröndle § 70 Rdnr. 4; Schönke/ Schröder-Stree § 70 Rdnr. 7
[1119] Landgericht Koblenz a. a. O., S. 45 f
[1120] Dreher/Tröndle § 70 Rdnr. 4; LK-Hanack § 70 Rdnr. 24; Schönke/ Schröder-Stree § 70 Rdnr. 7
[1121] RG St 68, (397) 398 f; BGH St 22, (144) 146, NStZ 1988, 176, NJW 1989, (3231) 3232; OLG Hamburg NJW 1955, 1568; LK-Hanack § 70 Rdnr. 20; Schönke/ Schröder-Stree § 70 Rdnr. 6

Psychotherapie zustandekommen gekommen sein [1122]. So hat der BGH in Fortsetzung der reichsgerichtlichen und seiner Rechtsprechung entschieden, daß Betrugshandlungen eines Arztes unter Ausnutzung des zwischen Arzt und Patienten bestehenden Vertrauensverhältnisses kein Mißbrauch des Berufes darstellt, sondern erst „wenn die Tat in einem inneren Zusammenhang mit der Berufsausübung steht, die Unzuverlässigkeit des Täters gerade in seinem Berufe erkennbar macht und deshalb Anlaß gibt, die Allgemeinheit vor den mit der weiteren Berufsausübung des Täters drohenden Gefahren zu schützen" [1123]. Zwar liegt auch bei sexuellen Kontakten zwischen Psychotherapeuten und Klienten ein Vertrauensbruch vor, aber dieser unterscheidet sich von dem vorgenannten Fall: Das sexuelle Abstinenzgebot ist geschaffen worden, um Klienten spezifisch vor einer Sexualisierung der Psychotherapie bzw. einem Vertrauensbruch zu schützen. Die Straftat 'sexuelle Kontakte' steht daher - anders als in dem o. g. Fall - in spezifischer Beziehung zur Ausübung des psychotherapeutischen Berufes [1124].

Der innere Zusammenhang ergibt sich hier aus der besonderen Berufspflichtverletzung nach der 2. Alternative des § 70 I 1 StGB [1125]: Eine Verletzung der Berufspflicht 'sexuelle Abstinenz zu den Klienten' ist nach ihrer Pönalisierung als Symptom für die Unzuverlässigkeit des Psychotherapeuten in beruflichen Angelegenheiten anzusehen.

Der Mißbrauch muß vorsätzlich vorgenommen worden sein, d. h. der Psychotherapeut muß bewußt und planmäßig die durch die Psychotherapie gegebenen Möglichkeiten zu den sachfremden sexuellen Kontakten ausgenutzt haben [1126].

(c) Täter-Opfer-Ausgleich

Denkbar wäre auch ein TOA gemäß § 46 a StGB.[1127]

[1122] RG St 68, 398; BGH NJW 1983, 2099; Schönke/ Schröder-Stree ebd.;
[1123] BGH NJW 1983, 2099
[1124] ebd.
[1125] Beide Alternativen 'Mißbrauch' und 'grobe Pflichtverletzung' überschneiden sich daher häufig; vgl. LK-Hanack § 70 Rdnr. 17, 21.
[1126] RG St 68, (397) 398 f; BGH St 22, (144) 146, NJW 1983, 2099, NJW 1989, (3231) 3232; OLG Hamburg NJW 1955, 1568; Dreher/Tröndle § 70 Rdnr. 3; Lackner § 70 Rdnr. 3; LK-Hanack § 70 Rdnr. 20;
[1127] Ausführlich dazu: S. 238 ff

3. Eigener Gesetzesvorschlag

Entsprechend der o. g. Kritik an den Gesetzesvorschlägen von Bundesregierung und Bundesrat wird nachfolgender Gesetzesvorschlag zum Zwecke eines umfassenden Schutzes von Klienten einer Psychotherapie im funktionalen Sinne gemacht:

(1) Wer an Personen, die zu ihm in einem psychotherapeutischen Behandlungsverhältnis stehen oder in den letzten zwei Jahren standen, unter Mißbrauch des psychotherapeutischen Behandlungsverhältnisses sexuelle Handlungen vornimmt oder an sich vornehmen läßt, wird mit Freiheitsstrafe bis zu 5 Jahren oder Geldstrafe bestraft. ..."

(2) Psychotherapeutische Behandlungen im Sinne des Gesetzes sind insbesondere beruflich veranlaßte, nicht nur einmalige Behandlungen oder Beratungen zur Besserung oder Linderung seelischer Probleme.

(3) Der Versuch ist strafbar.

III.   Disziplinarrechtliche Regelung ('Kammerlösung')

Denkbar wäre - analog zu den Regelungen für den Heilberuf der Ärzte - der Erlaß von gesetzlichen Normen, die eine sog. „Psychotherapeuten-Kammer" als Körperschaft des öffentlichen Rechts zum Inhalt hat [1128]. Nach dem Vorbild anderer Heilberufskammern hätte diese Kammer eine Satzungskompetenz (z. B. für Berufspflichten) und Jurisdiktion. Alle Psychotherapeuten [1129] wären Zwangsmitglieder und einer Standesgerichtsbarkeit unterworfen. Eine solche Gerichtsbarkeit würde eine psychotherapeutische Fachkompetenz der ehrenamtlichen Richter mitbringen, die gerade in dem optisch und rational wenig

---

[1128] Der BDP hat Vorschläge zur Verkammerung der Psychotherapeuten veröffentlicht: Die jeweiligen länderrechtlichen Kammerregelungen für Heilberufe (exemplarisch: Sachsen-Anhalt: Gesetz über die Kammern für Heilberufe vom 13.07.1994 i. d. F. vom 09.07.1996 (GVBl. 25 S. 220) sollen als weitere Berufsvertretung für Psychologische . Psychotherapeuten und Kinder- und Jugendlichenpsychotherapeuten eine Psychotherapeutenkammer aufnehmen. Diese Formulierung bzw. Eingrenzung innerhalb des Berufsfeldes ‚Psychotherapeuten' entspricht dem 'Psychotherapeuten-Gesetz' ; vgl. S. 13 ff.

[1129] in der Begrenzung des Psychotherapeuten-Gesetzes; vgl. S. 13 ff.

einsichtigen und ohne psychologische Kenntnisse schwer verständlichen Gebiet der Psychodynamik von (unschätzbaren) Vorteil wäre.

Die Weitläufigkeit des Psychotherapiebegriffes wirft große pragmatische Probleme auf: Es ist fraglich, ob eine umfassende Zwangsverkammerung, wie sie alternativ zum strafrechtlichen für einen gleichwertigen Schutz des Klienten vor sexuellen Kontakten mit seinem Psychotherapeuten erforderlich wäre, die auch Therapieformen außerhalb der klassischen Psychotherapiekonzepte z. B. Kunst-, Musik-, Tanztherapie, NLP u. ä. erfaßt, möglich wäre [1130]. Selbst im günstigsten Falle einer Zugehörigkeit aller Psychotherapiekonzepte im weitesten Sinne entstünde im Hinblick auf den umfassenden Schutz der Klienten einer Psychotherapie im *funktionalen* Sinne eine Regelungs- und Kontrollücke: Psychologische Beratungen und professionell geleistete Psychotherapie im funktionalen Sinne stellen keine formale Psychotherapie dar und wären damit nicht einer Zwangsmitgliedschaft zu einer Psychotherapeuten-Kammer unterworfen sind. Eine soziale Kontrolle des sexuellen Abstinenzgebotes mittels berufsständischer Regelungen und Sanktionen ist folglich im psychotherapeutischen Behandlungsfeld praktisch nicht möglich [1131].

Daher kann dahinstehen, ob ein Verzicht auf strafrechtlichen Schutz des Klienten vor dem Risiko gravierender Folgen wie Suizidgefühle oder -versuche, psychosomatische Störungen oder Depressionen nach sexuellen Kontakten mit dem Psychotherapeuten zugunsten einer berufsständischen Sanktionierung einen Verstoß gegen die staatliche Schutzpflicht (Untermaßverbot) darstellen würde [1132].

IV. Täter-Opfer-Ausgleich (TOA)

Alternativ zu den Lösungen einer hoheitlich verhängten, tat- und opferunbezogenen Strafe durch den Staat bietet sich eine

---

[1130] So schon begrenzt der konkrete Vorschlag des BDP, vgl. Fußnote 1128
[1131] Ähnlich Ehlert-Balzer (S. 328 f), der in einer Kammerlösung zudem die Gefahr berufsständischer Verwicklungen sieht, da er - empirisch bestätigbar - die Mehrheit der Täter im älteren, erfahreneren und etablierten Therapeutenkreis sieht: „Gerade gegen solche Kollegen wird aber aus naheliegenden Gründen standes- oder berufsrechtlich nur sehr ungern und eher halbherzig vorgegangen." (S. 328)
[1132] Ein Pönalisierungsgebot für den Gesetzgeber im Bereich der §§ 218 ff StGB bejaht das BVerfG (NJW 1993, 1751), eine grundsätzliche Pflicht ablehnend Roxin (AT § 2 Rdnr. 26 f).

Schadenswiedergutmachung in Form des TOA an, der sich ursprünglich als eine Form der Mediation, also einer außer(straf)gerichtlichen Konfliktbewältigung, versteht [1133]. Ziel des TOAs ist es, einen tatbezogenen materiellen Ausgleich für die Primärschäden beim Opfer oder dessen Vermögen sowie einen verfahrensbezogenen Ausgleich [1134] zu schaffen [1135]. Anders formuliert, mit der Einführung des TOA in das StGB soll das Tatopfer bzw. dessen Rechtsstellung durch größere Ergebnis- und Verfahrensgerechtigkeit aufgewertet werden [1136]

1. Kodifizierung im Strafrechtssystem

Im (Erwachsenen-) Strafrecht ist der TOA seit 1994 durch den § 46 a StGB kodifiziert [1137]. Damit ist neben dem bisherigen zweispurigen System aus tat- und schuldvergeltender Strafe [1138] und 'behandlungsideologischem' [1139] Maßregelvollzug eine 'dritte Spur' hinzugekommen, die den Konflikt im Interesse des Opfers, der Gesellschaft und des Täters mittels Wiedergutmachung löst [1140].

2. Primat der 'dritten Spur'

Dieser dritten Spur ist im Vergleich zu den beiden älteren aus mehrfachen Gründen grundsätzlich der Vorzug zu geben:

a) Übermaßverbot

Aus dem grundlegenden Staatsprinzip der Bundesrepublik Deutschland 'Rechtsstaatlichkeit' [1141] leitet sich der verfassungsrechtliche Grundsatz der

---

[1133] Walter et al. S. 202
[1134] vgl. S. 242
[1135] Rössner (1984) S. 1
[1136] Kilchling, Aktuelle Perspektiven, S. 309
[1137] Eingefügt durch das Verbrechensbekämpfungsgesetz vom 28.10.1994 (BGBl. I S. 3196); Inkraftgetreten am 01.12.1994
[1138] vgl. § 46 I 1 StGB
[1139] Walter et al. S. 203
[1140] Rössner (1990) S. 29 ff, 32
[1141] vgl. Art. 20 III, 28 I 1 GG

Verhältnismäßigkeit ab, der auch für den Gesetzgeber gilt [1142]. Aufgrund dieses Übermaßverbotes darf das schärfste Instrument staatlicher Reglementierung, das Strafrecht, nur dort eingesetzt werden, wo weniger invasive Maßnahmen zum Schutze der angestrebten Ziele versagen: Innerhalb des sozialethisch abzulehnenden Verhaltensspektrums hat Strafrecht aus dem verfassungsrechtlichen Übermaßgebot heraus die Funktion einer „bloßen" 'ultima ratio der Sozialpolitik' i. S. eines subsidiären Rechtsgüterschutzes [1143].

Ist bei einem Konfliktfall ein TOA möglich, muß aus diesem verfassungsrechtlichen Übermaßverbot das Strafrechtsfolgensystem aus Strafen und Maßregeln aufgrund seines größeren Eingriffs zurückstehen.

b) Korrektur der Neutralisierung von intrapsychischen Dissonanzen (sozialpsychologischer Ansatz)

Ebenso bringt der TOA wertvolle Vorteile im Rahmen der Kriminalitätstheorie, daß ein Täter Strafrechtsnormen zwar internalisiert und akzeptiert haben kann, er aber auftretende kognitive Dissonanzen zwischen diesen und seinem Wunsch nach normbrechenden (delinquenten) Verhalten mittels bestimmter 'Rechtfertigungstechniken' neutralisiert, indem er eine Tatverantwortung auf das Tatopfer verschiebt und damit 'freie Hand' für beliebige Opferverletzungen hat [1144]: „Die eigene Verantwortung wird abgelehnt und dem Opfer zugeschoben, das Unrecht der Tat wird negiert, der Schaden bagatellisiert und schließlich wird das Opfer als Person selbst abgelehnt oder entpersonalisiert, da es minderwertig sei und das Unrecht verdient habe, denn es treffe keinen Falschen." [1145]

Ein durchgeführter TOA wirkt quasi repolarisierend auf die Neutralisierung des Täters: Durch eine unmittelbare persönliche Konfrontation mit dem Opfer kann dieses nicht mehr entpersonalisiert betrachtet werden, sondern muß als betroffene Persönlichkeit wahrgenommen werden, so daß eine intrapsychische Neutralisierung von Schuldgefühlen sich wesentlich schwieriger für den Täter

---

[1142] Roxin AT § 2 Rdnr. 28; BVerfG NJW 1992, 2947ff, 2956
[1143] BVerfG NJW 1993, (1751) 1754; Roxin ebd.; Walter et al. S. 202, Wessels S. 3
[1144] Rössner (1990) S. 22 f
[1145] Rössner (1990) S. 23

gestaltet als gegenüber der unpersönlichen funktionalen Institution des Strafrichters. Indem das Opfer ihm seine Handlung und die Tatfolgen aus der Opferperspektive erzählt, ist der vorherige Lösungsversuch des 'kriminellen Paradoxons' durch Bagatellisierung der Folgen oder Verdrängung kaum aufrecht gangbar. Durch die die ausgelöste innere Betroffenheit und der Chance, mittels des TOA eine rechtskonforme Identität durch eigene Wiedergutmachungsinitiativen aufzubauen, ist in späteren kriminellen Reizsituationen eine Verdrängung der Persönlichkeit des Opfers schwieriger und ein delinquentes Verhalten würde die aufgebaute Identität schädigen; insofern ist von einer spezialpräventiven Wirkung des TOA auszugehen[1146].

Im Hinblick auf die viktimologischen Forderungen wirkt der TOA auch positiv auf das Opfer: Es wird aus seiner passiven (Zeugen-) Rolle als Werkzeug zur Täterüberführung im unpersönlichen Strafverfahren herausgeführt zu einem mitbestimmenden, für das Ergebnis des TOA mit Verantwortung tragenden Subjekt, so daß - soziologisch gesehen - dem Opfer durch den TOA soziale Autonomie zur Konfliktlösung wiedergegeben wird [1147]. Zugleich ändern sich i. d. R. seine Einstellungen zum Täter: Durch das persönliche Aufeinandertreffen auf gleicher Ebene vor dem Mediator und der Darstellung des Täters über seine Motive und die auslösenden Situationen kann das Opfer den Täter als Menschen wahrnehmen. Das vorher durch eigene Ängste oder Wut irrational wahrgenommene 'überdimensional böse Täterbild' bekommt ein realeres Gesicht, so daß sich mitunter Verständnis für den Täter entwickeln kann. Hierin liegt gleichzeitig der sozialpsychologische Ansatzpunkt für eine wünschenswerte Verringerung des Strafbedürfnisses in der Bevölkerung, da in einem erfolgreichen TOA menschliches Verständnis und der primäre Wunsch nach Herstellung eines status quo ante zusammenfallen [1148]. Auf diese Weise stellt das Strafrecht nicht nur einen wenig faßbaren, abstrakten Rechtsfrieden innerhalb der Gesamtrechtsordnung her, sondern strebt einen konkreten sozialen Frieden unter Menschen, der durch die Straftat ebenfalls ... gestört wurde" [1149] an.

[1146] Rössner (1990) S. 23, 31 f
[1147] Walter et al. S. 202 f
[1148] Rössner (1990) S. 23 f
[1149] Rössner (1984) S. 5

3. Voraussetzungen für die Anwendbarkeit in den Fällen sexueller Kontakte zwischen Psychotherapeuten und Klienten

Grundsätzlich ist ein TOA für jedes Delikt unabhängig von der Schwere der Rechtsgutverletzung möglich [1150], wobei der Wortlaut des § 46 a StGB die Fälle der Nr. 1 auf immaterielle Folgen einer Straftat, die Fälle der Nr. 2 auf den materiellen Schadensersatz einschränkt. Entscheidend ist - wie bei allen anderen mediativen Verfahren - die Freiwilligkeit und Bereitschaft der beteiligten Täter und Opfer.

Die persönlichen Motivationen für den mediativen Weg sind sehr unterschiedlich: Verarbeitung immaterieller Schädigungen und Reduzierung von Ängsten z. B. vor Rachegefühlen oder Tatwiederholung; Möglichkeit des Opfers, die Wut auf den Täter herauszulassen; Möglichkeit für das Opfer zu erfahren, welche Motive und Situationen den Täter zur Tat veranlaßt haben, genauso wie für den Täter, diese erläutern zu können; Vermeidung eines komplizierten Zivilprozesses und der damit verbundenen Unsicherheit der Vollstreckbarkeit des Titels [1151]. Verbitterung oder Verdrängung des Wunsches, nichts mehr mit der 'Sache' zu tun haben zu wollen und die Durchsetzung von Ansprüchen dem Rechtsanwalt zu überlassen, stehen auf der Opferseite dem - notwendig freiwilligen - TOA ebenso entgegen wie durch die Tat verursachte, tiefe psychische Verletzungen, die sehr lange Zeit brauchen, um heilen zu können [1152].

Da nach sexuellen Kontakten zwischen Psychotherapeuten und Klienten z. T. gravierende und langjährige Folgen auftreten, ist unklar, ob die betroffenen Klienten sich auf einen TOA einlassen können oder diesen wünschen [1153].

[1150] Dreher/Tröndle § 46 a Rdnr. 3, Detter NStZ 1996, 184. - Ein Schwerpunkt liegt bei den Körperverletzungs- und Eigentumsdelikten (Walter et al. S. 206). Das Reutlinger Projekt 'Handschlag' hat bei einem breiten Spektrum von Straftaten einen TOA durchgeführt, u. a. auch bei vergleichbaren Delikten wie Körperverletzung und sexueller Beleidigung (Kuhn / Rössner, Konstruktive Tatverarbeitung, ZRP 1987, (267) 269).

[1151] Walter et al. S. 203 f, 206 f

[1152] Walter et al. a. a. O. - Die empirischen Daten bez. der grundsätzlichen Akzeptanz des TOA sind vielfältig und unterschiedlich: Z. B. das Projekt 'Handschlag' in Reutlingen konnte 70 % der Fällen von Jugendlichen und Heranwachsenden erfolgreich (bez. des gelungenen Kommunikationsprozesses zwischen Täter und Opfer und bez. einer staatsanwaltschaftlichen oder richterlichen Einstellung nach dem JGG) abschließen (Kuhn / Rössner ZRP 1987, 269 m. w. N.). Kilchling berichtet in seiner Zusammenfassung verschiedener Studien zum TOA im Erwachsenenstrafrecht von deutlich geringeren Akzeptanzen, jeweils abhängig, ob es sich um Eigentums- oder Körperverletzungsdelikte handelte und ob eine persönliche Begegnung (nur 34 % der Opfer) erforderlich war (Kilchling NStZ 1996, (309) 316 m. w. N.).

[1153] Ein Indiz für diese Problematik zeigt Kilchling auf, der auf die große Skepsis der Opfer bei sog. Vorbeziehungsfällen, bei denen Täter und Opfer sich schon vor der Tat kannten und die größte Ablehnung einer persönlichen Begegnung bei Opfern eines Kontakt- bzw. Gewaltdelikts verweist (Kilchling NStZ 1996, 316). Zwar

Gleichzeitig eröffnet der TOA ihnen die Möglichkeit, den Schmerz und die Wut über den erlittenen Vertrauensbruch von Angesicht zu Angesicht in einer nicht mehr unterlegenen, sondern gleichberechtigten Sphäre vor dem vermittelnden Mediator äußern zu können und zu einem Ausgleich zu gelangen, der den Konflikt nicht weiter schwelen läßt. Hierin liegt u. a. die Aufgabe des verfahrensbezogenen Ausgleichs, indem er versucht die sog. Sekundärschäden zu vermeiden, d. h. weitere psychischen, sozialen und finanziellen Beeinträchtigungen beim Klienten, wie sie ansonsten durch belastende Befragungen u. ä. im anonymen und wenig auf die Opfer bezogenen Ermittlungs- und Strafverfahren auftreten können [1154].

Bez. des tatbezogenen Ausgleichs hat der BGH in einer Entscheidung über ein Sexualdelikt der schweren Vergewaltigung festgestellt, daß ein bloßer Versuch des Täters, sich zu entschuldigen, und eine Kreditaufnahme zur Zahlung von Schmerzensgeld an das Opfer 'mit Sicherheit' keine ausreichende Schadenswiedergutmachung nach § 46 a Nr. 2 StGB darstellt [1155]. Schon unter dem materiellen Aspekt des tatbezogenen Ausgleichs muß der Täter einen über berechtigte zivilrechtliche Schadensersatz- und Schmerzensgeldsforderungen hinausgehenden Betrag an das Opfer zahlen [1156]. Für einen TOA nach einer Erfüllung des (noch zu erlassenden) § 174 c StGB bedarf es unter dem Gesichtspunkt des tatbezogenen Ausgleichs der Zahlung einer Summe, die größer ist als sämtliche Kosten einer (notwendigen) medizinischen und / oder psychotherapeutischen Behandlung (z. B. Folgetherapie) zuzüglich eines angemessenen Schmerzensgeldes [1157].

Diese Wiedergutmachungsleistungen müssen immer auf der Basis umfassender Ausgleichsbemühungen erfolgen, d. h. ein einseitiges Bestreben (z. B. um in den „Genuß" der Folgen des § 46 a StGB zu kommen) ohne den Versuch der

---

handelt es sich bei diesen Parametern um Komponenten von sexuellen Kontakten zwischen Psychotherapeuten und Klienten. Doch bleibt eine Prognose einschlägigen Studien der Zukunft vorbehalten, insbesondere da zwischen dem Täter (Psychotherapeuten) und dem Opfer (Klienten) i. d. R. eine längere und / oder gefühlsintensive Beziehung bestanden hat, die Prognosen aufgrund der genannten Delikte sehr unsicher macht.

[1154] Rössner (1984) S. 1. Es ist anzunehmen, daß durch die intensive persönliche Beziehung zwischen Täter und Opfer bzw. der (eventuell noch andauernden, psychischen) Abhängigkeit die Anwesenheit eines dritten (Mediators) während der persönlichen Vermittlungsgespräche nicht nur förderlich, sondern geboten ist, damit diese erneuten persönlichen Kontakte nicht zu einer Retraumatisierung oder Verstärkung o. ä. führen, sondern eventuell helfen, mögliche Widerstände des Opfers abzubauen.

[1155] BGH NStZ 1995, 492

[1156] Detter, Strafzumessungs- und Maßregelrecht, S. 184

[1157] vgl. Rössner (1984) S. 1; zur Höhe in solchen Fällen vgl. Kniesel S. 60 f

Einbeziehung des Opfers ist nicht ausreichend [1158]. In diesem Konstitutivum liegt nach Wulf das größte Hindernis in der Praxis, d. h. es mangelt oftmals an der „Bereitschaft mancher Straffälliger zum materiellen oder immateriellen Ausgleich" [1159]. Wenn nach sexuellen Kontakten zwischen Psychotherapeuten und Klienten der Psychotherapeut versucht, in einen Dialog mit dem Klienten zur Wiedergutmachung des Vertrauensbruches und der daraus entstandenen materiellen und immateriellen Schäden zu treten, ist der grundsätzlichen Anwendung der Regelungen aus § 46 a StGB nichts entgegen zu setzen.

Natürlich besteht keine Pflicht für einen Klienten, an einem solchen TOA-Verfahren teilzunehmen, denn wie jedes Mediationsverfahren steht auch diese strafrechtliche Ausführung unter dem Grundsatz der Freiwilligkeit; eine solche Weigerung ist unter dem Aspekt der Furcht vor Retraumatisierung bzw. der emotionalen Unfähigkeit einer gleichberechtigten Auseinandersetzung durchaus verständlich.

4. Praktische Einsatzmöglichkeiten

Der TOA ist in den verschiedenen Stadien des Strafverfahrens möglich: So kommt eine Einstellung während des Ermittlungsverfahrens [1160] ebenso in Betracht wie in den nachfolgenden Verfahrensabschnitten [1161]. Diese Diversion kann daher zu einer wünschenswerten Beseitigung des Strafanspruches im Bereich der kleinen und mittleren Kriminalität führen [1162] und macht damit die Alternativität des TOA zum Strafrecht besonders deutlich[1163]. Ein durchgeführter TOA kann genauso im Rahmen einer förmlichen Strafbemessung [1164] berücksichtigt werden wie in verschiedenen Aussetzungsverfahren [1165].

[1158] Detter NStZ 1996, 184
[1159] Wulf, Die am TOA unmittelbar Beteiligten, S. 11
[1160] § 153 a StPO
[1161] § 153 a II StPO
[1162] Dünkel/ Rössner S. 846
[1163] Walter et al. S. 204 f
[1164] Sog. Nachtatverhalten: §§ 46 a, 46 II letzter Absatz StGB; § 153 b StPO
[1165] §§ 56 b II Nr. 1, 57 III , 59 a II Nr. 1 StGB; s. a. Walter et al. S. 204 f

D. Zusammenfassung und Bewertung

Ausgehend von der im 1. Teil dieser Arbeit begründeten Notwendigkeit eines sexuellen Abstinenzgebotes für Psychotherapeuten zu ihren Klienten, sind seitens der bundesdeutschen Rechtsgemeinschaft soziale Reaktionen in Form rechtlicher Normen notwendig, um die Einhaltung des Gebotes sicherzustellen bzw. zu kontrollieren. Die Rechtslage de lege lata sieht keine 'sozialen Reaktionen' durch den Staat wie strafrechtliche Verfolgbarkeit oder Wiedergutmachung vor, lediglich innerhalb freiwilliger vereinsrechtlicher Regelungen von Berufsverbänden sind Sanktionen möglich. Die 'vierte Gewalt' bzw. publizistische Öffentlichkeit hat in ihrer Kontroll- und Beobachtungsfunktion des politischen und sozialen Geschehens auf diese Vakuum hingewiesen. Die politischen Gremien haben hierauf reagiert und zwei Gesetzentwürfe zur strafrechtlichen Pönalisierung von Verstössen gegen das sexuelle Abstinenzgebot von Psychotherapeuten eingebracht haben, die sich noch im Beratungsstadium befinden.

Grundsätzlich ist Vorsicht angebracht, Verstösse gegen abzulehnendes Verhalten mit der schärfsten Waffe einer Rechtsgemeinschaft, der Kriminalstrafe, zu ahnden, da innerhalb des Sanktionskataloges für sozialethisch abzulehnende Verhaltenweisen dem Strafrecht aufgrund des verfassungsrechtlichen Verhältnismäßigkeits-Grundsatzes nur die Funktion einer 'ultima ratio der Sozialpolitik' i. S. eines subsidiären Rechtsgüterschutzes zukommt [1166]. Gerade im Sexualbereich darf daher nicht jegliches unmoralisches oder sittlich anstößiges Verhalten strafbewehrt werden. Der Gesetzgeber muß abwägen, „ob und inwieweit der Erlaß von Strafvorschriften wegen der sozialschädlichen Wirkung des Verhaltens notwendig und als Schutzmaßnahme geeignet ist." [1167] Bei einer solchen Beurteilung darf nicht vergessen werden, daß es sich um die zentrale (rechts-) philosophische bzw. gesellschaftspolitische Fragestellung handelt, ob sexuelle Kontakte zwischen Psychotherapeuten und Klienten noch eine sittlich legitime Form freier menschlicher Selbstbestimmung darstellen. Die Antwort auf diese Frage ist eine Wertung und somit außerhalb rational-wissenschaftlicher Entscheidung, sie kann und darf innerhalb einer Gesellschaft daher nur kontrovers

---

[1166] BVerfG NJW 1993, (1751) 1754; Roxin ebd.; Walter et al. S. 202, Wessels S. 3
[1167] Wessels S. 3.

diskutiert werden [1168]. Da sich hier für ein Verbot sexueller Kontakte ausgesprochen wurde, muß die letztendliche Bewertung für eine Position innerhalb des Sanktionierungsspektrums in verfassungsrechtlich gebotener, größtmöglicher Toleranz des berechtigten anderen Standpunktes ausfallen. Diese Haltung fällt der gesetzgeberischen Weisung einer Einführung direkter Konfliktregelung zwischen Täter und Opfer nur als Rechtsfolge einer Straftat [1169] zum Opfer. Im Bauch des trojanischen Pferdes [1170] 'TOA' wird durch dessen gesetzessystematische Ansiedelung als ‚strafrechtliche Sanktion' die Kriminalisierung erst eingeführt wird, anstatt - wie ursprünglich geplant - nicht-strafrechtliche Wege zu wagen. Somit ist innerhalb der sozialen Kontrollmöglichkeiten de lege ferenda direkte Wiedergutmachung sinnvoll, aber eben erst nach der Pönalisierung. Eine Kammerlösung nach dem Vorbild des vergleichbaren Berufes der Ärzteschaft ist zur Durchsetzung eines sexuellen Abstinenzgebotes i. R. von Psychotherapie im funktionalen Sinne nicht geeignet.

Zusätzlich zur formal-systematischen Notwendigkeit spricht für eine Pönalisierung das Risiko einer schweren Verletzung des Klienten als Folge der sexuellen Kontakte: Zwar kann der häufig vorgetragenen Annahme, daß sexuelle Kontakte zwischen Psychotherapeuten und Klienten „in der Regel gravierende und nicht selten verheerende Folgen haben, wobei neben direkt sexuellen Problemen vor allem eine depressive Symptomatik mit erhöhter Selbstmordgefahr vorherrscht" [1171], aufgrund der zugrundegelegten Methoden der empirischen Studien nicht quantitativ gefolgt werden. Doch auch wenn dieses Risiko nicht sicher quantifizierbar ist, belegt die Empirie das tatsächliche Auftreten solcher gravierender Symptome. Unabhängig von dem Methodikstreit über die Aussagekraft und Allgemeingültigkeit ist bereits ein einziger Fall zuviel [1172]. Sofern eine Pönalisierung auch tatsächlich - und nicht nur theoretisch - eine positive bzw. generalpräventive Wirkung auf die Psychotherapeuten hat, würde schon dieser 'eine Fall ' die Einführung der Strafbarkeit rechtfertigen.

[1168] Hoerster JuS 1983, 93,95 JZ 1982, 265ff; Ignor S. 46
[1169] § 46 a StGB
[1170] vgl. Pfeiffer ZRP 1992, 338 ff, der dieses Bild umgekehrt interpretiert (a. a. O. S. 343)
[1171] Ehlert-Balzer S. 328
[1172] Blaser S. 24 f

Die damit praktisch verbundene Anonymisierung und Objektivierung im üblichen Strafverfahren drängt zum einen das Opfer erneut in die Wiederholung der Opferrolle in Form passiver Bedeutungs- [1173] und Bezugslosigkeit. Zum anderen wird dem Täter die Möglichkeit genommen, wirkliche Reue und Wiedergutmachung zu zeigen, er bekommt die unumkehrbare Rolle des 'Bösen' auferlegt. Folglich ist einer direkten Konfliktschlichtung in Form des TOA als dritter Spur der unbedingte Vorzug zu geben, wenn die Voraussetzungen wie insbesondere Einsicht und Bereitschaft bei Täter und Opfer im konkreten Fall vorliegen. Damit wird nicht nur durch das verfassungsrechtliche Gebot des Übermaßverbotes beachtet, sondern Opfer wie Täter als verantwortungsfähige und -bewußte Menschen behandelt und die Chance erhöht, einen tatsächlichen sozialen, und nicht nur in seiner Existenz streitigen immateriellen Rechtsfrieden herzustellen. Nur in den Fällen der Uneinsichtigkeit bzw. Unwilligkeit des Täters ist aus spezialpräventiven Gründen eine Strafe entsprechend dem klassischen 'zweispurigen System ' begründet. Dagegen kann und darf es auf die Begründung einer Strafe i. S. der Vergeltungs- oder Sühnetheorie [1174] nicht ankommen: Nach dieser Theorie ist Recht Ausdruck irdischer Verwirklichung der Gerechtigkeit [1175], dessen Bruch immer auch eine Verletzung göttlichen Rechts darstellt. Durch eine Vergeltung in Form der Zufügung der gleichen Tat mit umgekehrtem Vorzeichen soll das Unrecht quasi neutralisiert werden. Diese Vorstellung mit ihren 'geheimen sakralen Beständen' ist nicht nur einer heutigen (säkularisierten) Sichtweise nicht mehr zugänglich [1176], sondern als Ausdruck christlich-religiöser Strafvorstellungen mit der säkularen Vorgabe der Verfassung zur Rechtfertigung eines solch gravierenden Eingriffs wie der Freiheitsstrafe nicht vereinbar.

Die einschlägigen Gesetzesentwürfe sind dem Grunde nach geeignet, eine sexuelle Abstinenz von Psychotherapeuten zu ihren Klienten zu sanktionieren. Allerdings sind Modifikationen sinnvoll, um einen umfassenden Schutz der Klienten gewährleisten zu können [1177].

[1173] Das Opfer ist nur ein Zeuge, d. h. aus prozessualer Sicht ein 'Beweis'.
[1174] vgl. Trillhaas, Ethik (1959) S. 352 ff, Theologie der Strafe (1961) S. 43 ff;
[1175] Trillhaas (1959) S. 352
[1176] Trillhaas (1961) S. 45 ,49
[1177] Ein entsprechender, eigener Gesetzesvorschlag, der diese Änderungen aufgreift, findet sich auf S. 237 f.

3. Teil :   Schlußwort

Aufgrund der in einer Psychotherapie vorgegebenen Rollenverteilung und der immanenten Prozesse ist ein gesellschaftliche Legitimierung und Durchsetzung eines sexuellen Abstinenzgebotes für Psychotherapeuten gegenüber ihren Klienten aus mehrfachen Gründen geboten: Zum einen um den Klienten vor mit den sexuellen Kontakten verbundenen psychischen Prozessen und Therapieabläufen sowie dem Risiko vor schädlichen Folgesymptomen zu schützen. Zum anderen um dem Therapeuten ein Gegengewicht zu der Verführungssituation aus rollenbedingter Machtstellung und den (gegen-) übertragungsbedingten Erotisierungen zu geben. Diese gebotsbegründenden Faktoren sind auch in ähnlich gelagerten Beratungssituationen festzustellen, so daß das sexuelle Abstinenzgebot aus Gründen eines umfassenden Klientenschutzes auf alle Beratungsverhältnisse auszuweiten ist, die eine Psychotherapie im funktionalen Sinne darstellen. Die empirischen Daten zeigten, daß es sich bei sexuellen Kontakten zwischen Psychotherapeuten und Klienten nicht um ein theoretisches Problem handelt, sondern dieses Verhalten in Psychotherapien tatsächlich besteht, auch wenn eine genaue Häufigkeitsangabe mit den bisherigen Zahlen nicht möglich ist. Nach geltender Rechtslage stellen einverständliche sexuelle Kontakte eines Psychotherapeuten zu seinem Klienten weder einen Straftatbestand noch einen Verstoß gegen eine gesetzliche Berufspflicht dar. Die in den letzten Jahren von Bundesrat und Bundesregierung vorgelegten Gesetzentwürfe zur Pönalisierung gewährleisten keinen zufriedenstellend umfassenden Klientenschutz vor sexuellen Kontakten in einer Psychotherapie im funktionalen Sinne. Die entsprechenden Modifikationen wurden in einen eigenen Gesetzesvorschlag eingefaßt. Bei einem Vergleich dieser Kriminalisierung mit den Durchsetzungsvarianten strafrechtlicher Mediation (Täter-Opfer-Ausgleich) und berufsrechtlicher Sanktionen durch die Standesgerichtsbarkeit einer (noch zu schaffenden) Psychotherapeutenkammer fiel die Entscheidung hinsichtlich effizienter, aber verhältnismäßiger Sanktionierung zugunsten der Pönalisierung unter einem zu beachtenden Vorrang des TOA.

Es sollte bei der abschließenden Bewertung dieser sensiblen Thematik nicht vergessen werden, daß man als Außenstehender leicht dazu neigt, sich auf die Seite des schwächeren Opfers ‚Klient‘ zu schlagen und den Täter ‚Psychotherapeut‘ als egozentrischen und übergriffigen Bösen zu verdammen. Bei einer solch schnellen Abwertung wird ein zentraler Aspekte der psychotherapeutischen Situation unterschlagen: Der Psychotherapeut arbeitet in einem ‚Milieu', in dem er ständig einer Verführungssituation aus seiner Machtposition ausgesetzt ist. Er ist ein Mensch und keine Maschine, auf den die erotisch-libidonösen Kraftfelder durch vertrautes Zusammensein genauso wirken wie auf jeden anderen Menschen. Zudem sind Gespräche über Sexualität in einer Psychotherapie an der Tagesordnung. Jeder dieser Faktoren kann für sich allein schon aphrodisisch wirken. Da der Psychotherapeut einer Mixtur aus allen drei Faktoren ausgesetzt ist, wird offensichtlich, welche hohen Erwartungen und Leistungen er erfüllen und aufbringen muß, um seine eigenen sexuellen Bedürfnisse nicht zu agieren. Aus dieser berufstypischen Last erwächst eine Pflicht für die Gesellschaft wie die Fachverbände, nicht nur den Klienten durch strafrechtliche Verantwortlichkeit des Therapeuten (repressiv) zu schützen, sondern den Therapeuten durch einen Katalog geeigneter Präventivmaßnahmen zu stärken und zu unterstützen: Eine gesetzliche Pflicht zur regelmäßigen, institutionalisierten fachlichen Supervision für alle psychotherapeutisch Tätigen erscheint sinnvoll. Da sexuelle Kontakte zwischen Psychotherapeuten und Klienten häufig das Ergebnis unbewußter Wünsche und Grenzüberschreitungen sowie der Hilflosigkeit des Therapeuten gegenüber diesen Gefühlen sind, können in der Supervision die ersten Warnsignale frühzeitig erkannt und dem Therapeuten geholfen werden, die Grenzen zu wahren [1178]. Ebenso erscheint die Einrichtung von Anlaufstellen sinnvoll, bei denen ein Therapeut bei „Unsicherheiten in der therapeutischen Beziehung" - auf seinen Wunsch auch anonym - persönliche Unterstützung und Hilfe finden kann [1179]. Diese könnten z. B. bei verschiedenen Stellen der Fachverbände angesiedelt werden. Ebenfalls ist die Thematisierung in Aus- und Fortbildung förderlich, da der Therapeut für das Thema sensibilisiert und über Bewältigungsstrategien informiert wird und Ansprechpartner für dieses ‚Tabu-Thema' finden kann. Dieses Instrument könnte durch eine gesetzliche Regelung zur Aufnahme in einen Ausbildungskatalog bzw. Pflicht zur regelmäßigen Fortbildung installiert werden. Es ist zu wünschen, daß diese Kombination aus repressivem (Gegen-) Druck und finanzieller wie struktureller Förderung von Präventivmaßnahmen zur Bewußtmachung der Gefahren und Unterstützung des Therapeuten durch Politik

---

[1178] vgl. auch Brenner, Prävention und Rehabilitation, S. 155
[1179] Brenner S. 156

und Fachverbände das angestrebte Ziel erreicht werden kann: Optimaler Schutz des Klienten vor ‚mit dem Psychotherapeuten ausgelebter Sexualität' innerhalb einer Psychotherapie, die das wichtige Thema Sexualität nicht verdrängen und tabuisieren muß. –

Literaturverzeichnis

♦ **Anger, H.** ; Befragung und Erhebung; in: Graumann, C. F. (hrsg.) Sozialpsychologie, 1. Halbband: Theorien und Methoden; Handbuch der Psychologie, Göttingen 1969, S. 567 - 617

♦ **Arzt, Gunther / Weber, Ulrich;** Strafrecht Besonderer Teil; Lehrheft 1: Delikte gegen die Person; 3. Aufl. Bielefeld 1988 [zitiert: Arzt/Weber BT LH 1]

♦ **Arzt, Gunther;** Der strafrechtliche Ehrenschutz - Theorie und praktische Bedeutung; JuS 1982, 717 ff, 725 ff

♦ **Avenarius, Hermann;** Kleines Rechtswörterbuch; 7. Aufl. Bonn Freiburg Basel Wien 1992

♦ **Bach, George R. / Molter, Haja;** Psychoboom: Wege und Abwege moderner Therapie; Reinbek 1979

♦ **Bachmair, Sabine / Faber, Jan / Hennig, Claudius / Kolb, Rüdiger / Willig, Wolfgang;** Beraten will gelernt sein: ein praktisches Lehrbuch für Anfänger und Fortgeschrittene; 5. Aufl. Weinheim 1994 [zitiert: Bachmair et al.]

♦ **Bachmann, Kurt Marc / Böker, Wolfgang (Hrsg.);** Sexueller Mißbrauch in Psychotherapie und Psychiatrie; Bern Göttingen Toronto Seattle 1994

♦ **Bachmann, Kurt Marc;** Sexueller Mißbrauch in therapeutischen Beziehungen und Inzest: gemeinsame Probleme in der Wahrnehmung sowie in der qualitativen und quantitativen Forschung; in: ders. / Böker, Wolfgang (Hrsg.); Sexueller Mißbrauch in Psychotherapie und Psychiatrie; Bern Göttingen Toronto Seattle 1994, S. 15 - 21

♦ **Bange, Dirk / Deegener, Günther;** Sexueller Mißbrauch an Kindern: Ausmaß, Hintergründe, Folgen; Weinheim 1996

♦ **Barth, Ferdinand;** Beichte; in: Fahlbusch, Erwin (hrsg.); Taschenlexikon Religion und Theologie; Bd. 1: A - D; 4. Aufl. Göttingen 1983; S. 151 - 154

♦ **Baumann, Jürgen / Weber, Ulrich / Mitsch, Wolfgang;** Strafrecht : allgemeiner Teil; 10. Aufl. Bielefeld 1995 [zitiert: Baumann/Weber]

◆ **Becker, Judith;** Sexuelle Probleme und Funktionsstörungen; in: Kass, Frederic I. / Oldham, John M. / Pardes, Herbert (hrsg.); Das große Handbuch der seelischen Gesundheit - Früherkennung und Hilfe bei sämtlichen psychischen Störungen; Weinheim Berlin 1996; S. 176 - 188

◆ **Becker-Fischer, Monika / Fischer, Gottfried;** Sexueller Mißbrauch in der Psychotherapie - was tun ? : Orientierungshilfen für Therapeuten und interessierte Patienten; Heidelberg 1996

◆ **Becker-Fischer, Monika / Fischer, Gottfried; unter Mitarbeit von Heyne, Claudia / Jerouschek, Günter;** Sexuelle Übergriffe in Psychotherapie und Psychiatrie; Forschungsbericht des Instituts für Psychotraumatologie im Auftrag des Bundesministeriums für Familie, Senioren, Frauen und Jugend; Materialien zur Frauenpolitik 51/1995; Freiburg 1995 [zitiert: FBSÜP]

◆ **Bergold, Jarg B.;** Therapeut-Klient-Beziehung; in: Bastine, Reiner / Fiedler, Peter A. / Grawe, Klaus / Schmidtchen, Stefan / Sommer, Gert (Hrsg.); Grundbegriffe der Psychotherapie; Weinheim - Deerfield Beach, Florida - Basel 1982; S. 420 - 424

◆ **Blaser, Andreas;** Wirkfaktoren der Psychotherapie; in: Bastine, Reiner / Fiedler, Peter A. / Grawe, Klaus / Schmidtchen, Stefan / Sommer, Gert (Hrsg.); Grundbegriffe der Psychotherapie; Weinheim - Deerfield Beach, Florida - Basel 1982; S. 455 - 458

◆ **Blaser, Andreas;** Sexueller Mißbrauch in der Psychotherapie: Urteil, Vorurteil und Konsequenzen; in: Bachmann, Kurt Marc / Böker, Wolfgang (Hrsg.); Sexueller Mißbrauch in Psychotherapie und Psychiatrie; Bern Göttingen Toronto Seattle 1994, S. 23 - 31

◆ **Bodenburg, Reinhard;** Der ärztliche Kunstfehler als Funktionsbegriff zivilrechtlicher Dogmatik: Perspektiven des Arzthaftungsrechts; Göttingen 1982

◆ **Bommert, Hanko / Plessen, Ulf;** Erziehungsberatung; in: Grundbegriffe der Psychotherapie; Bastine, Reiner (hrsg.); Weinheim Deerfield Beach, Florida Basel 1982

◆ **Borgers, Dieter / Niehoff, Jens-Uwe;** Die Weltgesundheitslage; in:Opitz, Peter J.; Weltprobleme; 4. Aufl. Bonn 1995; S. 71 - 92

♦ **Bossi, Jeanette;** Sexueller Mißbrauch in Psychotherapie und Psychiatrie - Empirische Untersuchungen, Psychodynamik und Folgeschäden; in: Bachmann, Kurt Marc / Böker, Wolfgang (Hrsg.); Sexueller Mißbrauch in Psychotherapie und Psychiatrie; Bern Göttingen Toronto Seattle 1994

♦ **Breidenbach, Stephan;** Grundlagen der Mediation: Mediation - Komplementäre Konfliktbehandlung durch Vermittlung; in: Breidenbach, Stephan / Henssler, Martin; Mediation für Juristen: Konfliktbehandlung ohne gerichtliche Entscheidung; Köln 1997, S. 1 - 11

♦ **Brockhaus-Enzyklopädie** 19. Aufl. Mannheim 1986 – 1995 [zitiert: Brockhaus Bd. .. S.]

♦ **Bundesministerium für Familie, Senioren, Frauen und Jugend;** Forschungsbericht des Instituts für Psychotraumatologie „Sexuelle Übergriffe in Psychotherapie und Psychiatrie"; Freiburg 1995

♦ **Corsini, Raymond J. (hrsg.);** Handbuch der Psychotherapie; [deutsche Ausgabe hrsg. und bearbeitet von: Wenninger, Gerd]; Bd. 1; 4. Aufl., Weinheim 1994

♦ **Cremerius, Johannes;** Die psychoanalytische Abstinenzregel; Vom regelhaften zum operationalen Gebrauch; in: Psyche 38 (1984) Heft 9, S, 769 - 800

♦ **Dahlberg, Charles Clay;** Sexual Contact between Patient and Therapist; in: Contemporary Psychoanalysis 6, 2, 1970, S. 107 - 124

♦ **Dethlefsen, Thorwald / Dahlke, Rüdiger;** Krankheit als Weg: Deutung und Be-deutung der Krankheitsbilder; München 1983

♦ **Dickmeis, Franz;** Die kinderpsychologische Begutachtung im familiengerichtlichen Verfahren: Chancen und Nutzen einer interdisziplinären Verständigung; in: NJW 1983, 2053

♦ **Dreher, Eduard / Tröndle, Herbert;** Strafgesetzbuch und Nebengesetze; 47. Aufl. München 1995

♦ **Duden „Etymologie":** Herkunftswörterbuch der deutschen Sprache; Bd. 7; Wissenschaftlicher Rat der Dudenredaktion: Günther Drosdowski (hrsg.); 2. Aufl.; Mannheim 1989

♦ **Duden "Fremdwörterbuch";** Bd. 5; Wissenschaftlicher Rat der Dudenredaktion: Günther Drosdowski (hrsg.); 4. Aufl.; Mannheim 1982

♦ **Dünkel, Frieder / Rössner, Dieter;** Täter-Opfer-Ausgleich in der Bundesrepublik Deutschland, Österreich und der Schweiz; ZStW 99 (1987), S. 845 ff

♦ **Ehlert-Balzer, Martin;** Die Strafbewehrung des sexuellen Mißbrauchs in der Psychotherapie ; in: Verhaltenstherapie & psychosoziale Praxis (92:3) 1992, 323 - 334

♦ **Eisenberg, Ulrich;** Kriminologie; 4. Aufl. Köln Berlin Bonn München 1995

♦ **Engelhardt, Dietrich von;** Gesundheit; in: Eser, Albin / Lutterotti, Markus von / Sporken, Paul (hrsg.); Lexikon Medizin, Ethik, Recht; Freiburg im Breisgau 1989; S. 408 - 414

♦ **Engisch, Karl;** Einführung in das juristische Denken; 8. Aufl. Stuttgart Berlin Köln 1983

♦ **Eser, Albin / Lutterotti, Markus von / Sporken, Paul (hrsg.);** Lexikon Medizin, Ethik, Recht; Freiburg im Breisgau 1989

♦ **Feuerbach, Paul Johann Anselm** ; Lehrbuch des gemeinen in Deutschland gültigen peinlichen Rechts (1801); in: Vormbaum, Thomas (hrsg.); Texte zur Strafrechtstheorie der Neuzeit; Bd. 2, 19. und 20. Jahrhundert; 1. Aufl. Baden-Baden 1993; S. 30 - 40

♦ **Freud, Sigmund;** (1895d) Studien über Hysterie ; Gesamtwerk (GW) I, S. 75-312

♦ **Freud, Sigmund;** (1910a) Über Psychoanalyse GW VIII, S.1-60

♦ **Freud, Sigmund;** (1912b) Zur Dynamik der Übertragung GW VIII, S. 364-374

♦ **Freud, Sigmund;** (1915a) Weitere Ratschläge zur Technik der Psychoanalyse: III. Bemerkungen über die Übertragungsliebe, GW X, S. 305-321

♦ **Freud, Sigmund;** (1920g) Jenseits des Lustprinzips GW XIII, S. 1 - 69

♦ **Frieling, Reinhard;** Fegfeuer; in: Fahlbusch, Erwin (hrsg.); Taschenlexikon Religion und Theologie; Bd. 2: E - I; 4. Aufl. Göttingen 1983; S. 95 f

♦ **Frieling, Reinhard**; Priesteramt (römisch-katholische Kirche); in: Fahlbusch, Erwin (hrsg.); Taschenlexikon Religion und Theologie; Bd. 4: N -R; 4. Aufl. Göttingen 1983; S. 142 - 145

♦ **Fröhlich, Werner D.**; dtv-Wörterbuch zur Psychologie; 17. Aufl. München 1990 [zitiert: dtv-Wörterbuch zur Psychologie]

♦ **Gallas, Wilhelm**; Der Schutz der Persönlichkeit im Entwurf eines Strafgesetzbuches; ZStW 75 (1963), 16 ff

♦ **Garfield, Sol. L.**; Psychotherapie: ein eklektischer Ansatz; Weinheim - Basel 1982

♦ **Gartrell, N. K. et al.**; Psychiatrist-patient sexual contact: results of a national survey. I: Prevalence; in: American Journal of Psychiatry 143 (9) [1986], S. 1126 - 1131

♦ **Gelbe Seiten 1997/98 für München** - Das Branchentelefonbuch (Yellow Pages) zum Telefonbuch 99 der Deutschen Telekom Arbeitgeber / -in Ortsnetzbereich München; München März 1997

♦ **Glick, Robert Alan / Spitz, Henry I. / Wittchen, Hans-Ulrich**; Überblick der psychotherapeutischen Verfahren; in: Kass, Frederic I. / Oldham, John M. / Pardes, Herbert (hrsg.); Das große Handbuch der seelischen Gesundheit - Früherkennung und Hilfe bei sämtlichen psychischen Störungen; Weinheim Berlin 1996; S. 44 - 64 [zitiert: Glick et al.]

♦ **Gössel, Karl-Heinz**; Strafrecht - Besonderer Teil; Band 1: Delikte gegen immaterielle Rechtsgüter des Individuums; Heidelberg 1987

♦ Großfeld, Bernhard; **Zeichen und Bilder im Recht; in : NJW 1994, 1911**

♦ **Haft, Fritjof**; Strafrecht Allgemeiner Teil: Eine Einführung für Anfangssemester; 5. Aufl. München 1992 [zitiert: Haft AT]

♦ **Haft, Fritjof**; Strafrecht Besonderer Teil: Die wichtigsten Tatbestände des Besonderen Teiles des Strafgesetzbuches; 4. Aufl. München 1991 [zitiert: Haft BT]

♦ **Hamburger, Andreas;** Übertragung und Gegenübertragung; in: Mertens, Wolfgang (hrsg.), Schlüsselbegriffe der Psychoanalyse (S. 322-329) , 2. Aufl. Stuttgart 1995

♦ **Hanak, G.;** Die Vermittlung als Alternative zur strafrechtlichen Konfliktregelung; Kriminalsoziologische Bibliographie 7 (1980), S. 5 ff

♦ **Hensch, Traute / Teckentrup, Gabriele** (Hrsg.); Schreie lautlos - Mißbraucht in Therapien; Freiburg i. Br. 1993

♦ **Henssler, Martin / Schwackenberg, Katja;** Der Rechtsanwalt als Mediator; MDR 1997. 409 -412

♦ **Henssler, Martin;** Anwaltliches Berufsrecht und Mediation; in: Breidenbach, Stephan / Henssler, Martin; Mediation für Juristen: Konfliktbehandlung ohne gerichtliche Entscheidung; Köln 1997, S. 75 - 92

♦ **Hermann, Ursula;** Die neue Rechtschreibung; Gütersloh 1996

♦ **Herzberg, Rolf D.**; Kritik der teleologischen Gesetzesauslegung ; NJW 90, 2525

♦ **Heyne, Claudia;** Tatort Couch - Sexueller Mißbrauch in der Therapie; Frankfurt am Main 1995

♦ **Hillenkamp, Thomas;** Anmerkung zum Urteil des BGH vom 14.05.1986 - 3 StR 504/85; JR 1987, 126 ff

♦ **Hirsch, Hans-Joachim;** Ehre und Beleidigung: Grundfragen des strafrechtlichen Ehrenschutzes; Karlsruhe 1967

♦ **Hirsch, Hans-Joachim;** Hauptprobleme einer Reform der Delikte gegen die körperliche Unversehrtheit; in: ZStW 83 (1971), 140 - 176

♦ **Hobmair, Hermann (hrsg.);** Psychologie; Köln München 1996

♦ **Hölzenbein, Sabine;** Familienmediation - Ein Gebiet nur für Psychologen und Sozialpädagogen? ; MDR 1997, 415

♦ **Huf, Andrea**; Psychotherapeutische Wirkfaktoren; Weinheim 1992

♦ **Ignor, Alexander;** Der Straftatbestand der Beleidigung: Zu den Problemen des § 185 Strafgesetzbuch im Hinblick auf das Bestimmtheitsgebot des Artikel 103, Absatz 2 Grundgesetz; Baden-Baden 1995

♦ **Jähnke, Burkhard/ Laufhütte, Heinrich-Wilhelm / Odersky, Walter (hrsg.);** Strafgesetzbuch (Leipziger Kommentar) Großkommentar; 11. Aufl. Berlin New York 1994 - 1996 [zitiert: LK- Bearbeiter]

♦ **Jakobs, Günther;** Die Aufgabe des strafrechtlichen Ehrenschutzes; in: Vogler, Theo et al.; Festschrift für Hans-Heinrich Jescheck zum 70. Geburtstag; 1. Halbband Berlin 1985

♦ **Jerouschek, Günter;** Der irrtumsgeneigte Vergewaltigungstäter - Überlegungen zum Verhältnis von § 177 und §§ 223, 230 StGB und zur Auffangfunktion von § 230 StGB im Strafprozeß; in: JZ 92, 227 - 231

♦ **Jescheck, Hans-Heinrich / Ruß, Wolfgang / Wilms, Günther (hrsg.);** Strafgesetzbuch (Leipziger Kommentar) Großkommentar; 10. Aufl. Berlin 1978 - 1988 [zitiert: LK [10] - Bearbeiter]

♦ **Jescheck, Hans-Heinrich;** Lehrbuch des Strafrechts: Allgemeiner Teil; 4. Aufl. Berlin 1988 [zitiert: Jescheck AT]

♦ **Kaiser, Günther;** Kriminologie: Eine Einführung in die Grundlagen; 9. Aufl. Heidelberg 1993

♦ **Kass, Frederic I. / Oldham, John M. / Pardes, Herbert (hrsg.);** Das große Handbuch der seelischen Gesundheit - Früherkennung und Hilfe bei sämtlichen psychischen Störungen; Weinheim Berlin 1996

♦ **Kestenbaum, Clarice J. / Trautman, Paul D.;** Normale Entwicklung und größere Probleme in der Adoleszenz; in: Kass, Frederic I. / Oldham, John M. / Pardes, Herbert (hrsg.); Das große Handbuch der seelischen Gesundheit - Früherkennung und Hilfe bei sämtlichen psychischen Störungen; Weinheim Berlin 1996; S.289 -307

♦ **Kiehl, Walter Herrmann;** Das Ende der 'kleinen Sexualdelikte' ?; NJW 1989, 3003 - 3005

♦ **Kleinknecht, Theodor / Meyer, Karl-Heinz;** Strafprozeßordnung: Gerichtsverfassungsgesetz, Nebengesetze und ergänzende Bestimmungen; 39. Aufl. München 1989 (Fußnoten: 12)

♦ **Kniesel, Barbara;** Rechtsprobleme beim Bruch des psychotherapeutischen Abstinenzgebots; Berlin 1997

♦ **Koch, Herbert;** Jenseits der Strafe; Tübingen 1988

♦ **Koch, Klaus;** Gibt es ein Vergeltungsdogma im Alten Testament ?; in: Zeitschrift für Theologie und Kirche 52 (1955), 1 ff

♦ **Kolb, Ingrid;** Triebtäter in Weiß; stern 27/1993 (01.07.1993), S, 144

♦ **Kornelius, Stefan;** Kein Mörder - aber schuldig; in: Süddeutsche Zeitung Nr. 30/1997 (06.02.1997) S. 8

♦ **Kraepelin, Emil;** Psychiatrie; Leipzig 1887

♦ **Kreuzer, Arthur;** Kriminologische Dunkelfeldforschung I. Teil: Theorie und Methodik, NStZ 1994, 10-16

♦ **Krey, Volker;** Strafrecht besonderer Teil: Studienbuch in systematisch induktiver Darstellung; Bd. 1 : Besonderer Teil ohne Vermögensdelikte; 9. Aufl. Stuttgart Berlin Köln 1994; [zitiert: Krey BT 1]

♦ **Kühl, Kristian;** Strafrecht Allgemeiner Teil; München 1994

♦ **Küper, Wilfried;** Das Verbrechen am Seelenleben: Feuerbach und der Fall Kaspar Hauser in strafrechtsgeschichtlicher Betrachtung; Heidelberg 1991

♦ **Küper, Wilfried;** Strafrecht Besonderer Teil: Definitionen mit Erläuterungen; Heidelberg 1996 [zitiert: Küper BT]

♦ **Kury, Helmut;** Der Einfluß der Art der Datenerhebung auf die Ergebnisse von Umfragen - erläutert am Beispiel einer Opferstudie; in: Kaiser, Günther; Kury, Helmut (hrsg.); Kriminologische Forschung in den 90er Jahren: Beiträge aus dem Max-Planck-Institut für Ausländisches und Internationales Strafrecht; Freiburg i. Brsg. 1993, 2. Halbband S. 321 - 410

♦ **Lackner, Karl;** Strafgesetzbuch mit Erläuterungen; 19. Aufl. München 1991

♦ **Lamnek, Siegfried;** Neue Theorien abweichenden Verhaltens; München 1994

♦ **Lamott, Franziska;** Übertragung - Gegenübertragung; in: Haubl, Rolf / Lamott, Franziska (Hrsg.); Handbuch Gruppenanalyse; Berlin München 1994

♦ **Laufs, Adolf;** Arztrecht; 5. A., München 1993

♦ **Marmor, Judd;** Der psychotherapeutische Prozeß: Gemeinsame Nenner der verschiedenen Ansätze; in: Zeig, Jeffrey K. (Hrsg.); Psychotherapie - Entwicklungslinien und Geschichte; Tübingen 1991; S. 431

♦ **Marmor, Judd;** The Seductive Psychotherapist; Psychiatriy Digest 1970, S. 10 - 16

♦ **Masters, William H. / Johnson, Virginia;** Principles of the new sex therapy; in: American Journal Psychiatry 133 (1976), S. 548 - 554

♦ **Maurach, Reinhart** (begr.)/ (fortgeführt von) **Schroeder, Friedrich-Christian/ Maiwald, Manfred;** Strafrecht: ein Lehr buch; Besonderer Teil, Teilband 1. Straftaten gegen Persönlichkeits- und Vermögenswerte; 8. Aufl. Heidelberg 1995 [zitiert: Maurach-Schroeder]

♦ **Maurach, Reinhart** (begr.)/ (fortgeführt von) **Zipf, Heinz;** Strafrecht Allgemeiner Teil; Teilband 1 Grundlehren des Strafrechts und Aufbau der Straftat; 8. Aufl. Heidelberg 1992 [zitiert: Maurach / Zipf]

♦ **Mengert, Peter;** Rechtsmedizinische Probleme in der Psychotherapie; Frankfurt a. M. 1981

♦ **Mittermaier, Carl Joseph Anton;** Anmerkungen zum Lehrbuch des gemeinen in Deutschland gültigen peinlichen Rechts von P. J. A. Feuerbach (1847); in: Vormbaum, Thomas (hrsg.); Texte zur Strafrechtstheorie der Neuzeit; Bd. 2, 19. und 20. Jahrhundert; 1. Aufl. Baden-Baden 1993; S. 30 - 40

♦ **Montenbruck, Axel;** In dubio pro reo aus normtheoretischer, straf- und strafverfahrensrechtlicher Sicht; Berlin 1985

♦ **Müller-Pozzi, Heinz;** Psychoanalytisches Denken: eine Einführung; Berlin Stuttgart Toronto 1991

♦ **Otto, Harro;** Grundkurs Strafrecht: Allgemeine Strafrechtslehre; 4. Aufl.; Berlin New York 1992 [zitiert: Otto AT]

◆ **Otto, Harro;** Persönlichkeitsschutz durch strafrechtlichen Schutz der Ehre; in: Evers, Hans Ulrich et al. (hrsg.); Persönlichkeit in der Demokratie; Festschrift für Erich Schwinge zum 70. Geburtstag ; Köln Bonn (ohne Jahresangabe) S. 71 ff

◆ **Parisius-Schmincke, Peter;** Psychotherapie; in: Fahlbusch, Erwin (hrsg.); Taschenlexikon Religion und Theologie; Bd. 4: N -R; 4. Aufl. Göttingen 1983; S. 172 - 177

◆ **Perrez, Meinrad;** Behandlung und Therapie (Psychotherapie): Systematik und allgemeine Aspekte; in: Baumann, Urs / Perrez, Meinrad (Hrsg.); Lehrbuch klinische Psychologie; Bern Stuttgart 1991

◆ **Pope, Kenneth S. / Bouhoutsos, Jacqueline C. ;** Als hätte ich mit einem Gott geschlafen, Sexuelle Beziehungen zwischen Therapeuten und Patienten; Hamburg 1992

◆ **Pope, Kenneth S. / Bouhoutsos, Jacqueline C. ;** Als hätte ich mit einem Gott geschlafen, Sexuelle Beziehungen zwischen Therapeuten und Patienten; München 1994

◆ **Pschyrembel, Willibald;** Klinisches Wörterbuch; 257. Aufl. Berlin New York 1994

◆ **Reik, Theodor;** Geständniszwang und Strafbedürfnis: Probleme der Psychoanalyse und der Kriminologie; in: Moser, Tilmann (hrsg.); Psychoanalyse und Justiz; Frankfurt am Main 1974

◆ **Reimer, Ch.,** Abhängigkeit in der Psychotherapie ; in: Praxis der Psychotherapie und Psychosomatik; 35 (1990), S. 294 - 305

◆ **Retsch, Antina;** Liebe, Erotik und Sexualität in der Therapie - Eine anonyme Befragung von Verhaltenstherapeutinnen und Verhaltenstherapeuten; unveröffentlichte Diplomarbeit der Technischen Universität Braunschweig 1990

◆ **Ricker, Reinhart;** Rechte und Pflichten der Medien unter Berücksichtigung des Rechtsschutzes des einzelnen; NJW 1990, 2097 ff

◆ **Ritze, Klaus;** Die „Sexualbeleidigung" nach § 185 StGB und das Verfassungsgebot „nulla poena sine lege"; JZ 1980, 91 ff

◆ **Rogers, Carl;** Die nichtdirektive Beratung; München 1972

◆ **Rössner, Dieter;** Täter-Opfer-Ausgleich in der Strafrechtspflege; in: Rössner, Dieter / Wulf, Rüdiger; Opferbezogene Strafrechtspflege: Leitgedanken und Handlungsvorschläge für Praxis und Gesetzgebung; Bonn 1984; S. 1 - 10

◆ **Rössner, Dieter;** Wiedergutmachen statt Übelvergelten: (Straf-) Theoretische Begründung und Eingrenzung der kriminalpolitischen Idee; in: Marks, Erich / Rössner, Dieter (hrsg.); Täter-Opfer-Ausgleich: Vom zwischenmenschlichen Weg zur Wiederherstellung des Rechtsfriedens; Bonn 1990; S. 5 - 37

◆ **Roxin, Claus;** Strafrecht : Allgemeiner Teil Bd. I Grundlagen, der Aufbau der Verbrechenslehre; 2. Aufl. München 1994

◆ **Rutschke, Katharina;** Sexueller Mißbrauch: eine Generalerklärung für psychische Störungen? - Viel Aufklärung, wenig Wissen; in: Psychologie heute, Heft Oktober (10) / 1997; S. 68 f

◆ **Schipperges, Heinrich;** Medizin an der Jahrtausendwende: Fakten, Trends, Optionen; Frankfurt am Main 1991

◆ **Schmidbauer, Wolfgang;** Psychologie - Lexikon der Grundbegriffe; Reinbek bei Hamburg 1991

◆ **Schmidhäuser, Eberhard;** Strafrecht Allgemeiner Tei: Lehrbuch, 2. Aufl. Tübingen 1975

◆ **Schmidt, L. R.;** Lehrbuch der klinischen Psychologie; Stuttgart 1978

◆ **Schmidt, Richard;** Verbrechen an dem Seelenleben des Menschen; in: Der Gerichtssaal Bd. XLII (1889), S. 57 - 67

◆ **Schneider, Wolf; Denkvorgaben durch Sprache;** in: Condrau, Gion (hrsg.); Psychologie der Kultur, Bd. 2 Imagination, Kunst und Kreativität (Kindlers „Psychologie des 20. Jahrhunderts") Weinheim Basel 1982; S. 505 - 510

◆ **Schönke, Adolf / Schröder, Horst;** Strafgesetzbuch, Kommentar, 25. Aufl. des von Adolf Schönke begründeten, von Horst Schröder fortgeführten und von Theodor Lenckner, Peter Cramer, Albin Eser und Walter Stree neubearbeiteten Werkes München 1997 [zitiert: **Schönke- Schröder -** Bearbeiter]

♦ **Schüller, Barbara;** Sexueller Mißbrauch in der Psychotherapie - Rechtslage; in: Heyne, Claudia ; Tatort Couch - Sexueller Mißbrauch in der Therapie; Frankfurt am Main 1995

♦ **Sex auf der Couch (Umfrage);** petra 1990 Heft 9, S. 185 - 186

♦ **Shaffer, David;** Seelische Gesundheit bei Kindern und Jugendlichen; in: Kass, Frederic I. / Oldham, John M. / Pardes, Herbert (hrsg.); Das große Handbuch der seelischen Gesundheit - Früherkennung und Hilfe bei sämtlichen psychischen Störungen; Weinheim Berlin 1996; S.241 -288

♦ **Sheehy, Michael / Cournos, Francine;** Was sind psychische Störungen?; in: Kass, Frederic I. / Oldham, John M. / Pardes, Herbert (hrsg.); Das große Handbuch der seelischen Gesundheit - Früherkennung und Hilfe bei sämtlichen psychischen Störungen; Weinheim Berlin 1996; S. 7 - 22

♦ **Shepard, Martin;** Sex als Therapie - Sexuelle Intimität zwischen Patienten und Psychotherapeuten ; Köln 1973

♦ **Sick, Brigitte;** Die Rechtsprechung zur Sexualbeleidigung oder: Wann sexuelle Gewalt die Frauenehre verletzt; JZ 1991, 330 ff

♦ **Siefert, Helmut;** Ärztliche Gelöbnisse; in: Eser, Albin / Lutterotti, Markus von / Sporken, Paul (hrsg.); Lexikon Medizin, Ethik, Recht; Freiburg im Breisgau 1989; S. 113 - 122

♦ **Systematischer Kommentar zum Strafgesetzbuch;** Rudolphi, Hans-Joachim / Horn, Eckhard / Samson, Erich (hrsg.); Gesamtredaktion: Rudolphi, Hans-Joachim; Bd. 2 Besonderer Teil: §§ 80 - 358 (Loseblattausgabe) 5. Aufl.; 35. Lieferung ‚Stand: Juli 1995 [zitiert: SK-Bearbeiter]

♦ **Taupitz, Jochen;** Der deliktsrechtliche Schutz des menschlichen Körpers und seiner Teile; NJW 1995, 745

♦ **Tausch, Reinhard / Tausch, Anne-Marie;** Gesprächspsychotherapie - einfühlsame hilfreiche Gruppen- und Einzelgespräche in Psychotherapie und alltäglichem Leben; 8. Aufl. Göttingen Toronto Zürich 1981

♦ **Tenckhoff, Jörg;** Die Bedeutung des Ehrbegriffs für die Systematik der Beleidigungstatbestände; Berlin 1975

♦ **Tenckhoff, Jörg;** Grundfälle zum Beleidigungsrecht; in: JuS 1988, 199 ff

♦ **Tiedemann, Klaus**; Rezension des Buches von Lothar Kuhlen: Fragen einer strafrechtlichen Produkthaftung; in: NJW 1990, 2051

♦ **Torrey, E. F.**; The mind game, witch doctors and psychiatrists; New York Emerson Hall 1972

♦ **Tscheulin, Dieter**; Therapeutenmerkmale in der Psychotherapie; in: Bastine, Reiner / Fiedler, Peter A. / Grawe, Klaus / Schmidtchen, Stefan / Sommer, Gert (Hrsg.); Grundbegriffe der Psychotherapie; Weinheim - Deerfield Beach, Florida - Basel 1982; S. 411 - 416

♦ **Uexküll, Thure von**; Psychosomatik; in: Eser, Albin / Lutterotti, Markus von / Sporken, Paul (hrsg.); Lexikon Medizin, Ethik, Recht; Freiburg im Breisgau 1989; S. 853 - 861

♦ **Uexküll, Thure von**; Theorie der Humanmedizin: Grundlagen ärztlichen Denkens und Handeln; München 1988

♦ **Velten, Petra / Mertens, Oliver**; Zur Kritik des grenzenlosen Gesetzesverstehens – Grund und Umfang der Wortsinnbindung im Strafrecht; in: ARSP Vol. 1990 LXXVI, S. 516 - 543

♦ **Venzlaff, Ulrich**; Methodische und praktische Probleme der forensisch-psychiatrischen Begutachtung; in: ders. (hrsg.); Psychiatrische Begutachtung: ein praktisches Handbuch für Ärzte und Juristen, Stuttgart New York 1986

♦ **Vogt, Irmgard**; Die Positionen der Berufsverbände; in: Heyne, Claudia ; Tatort Couch - Sexueller Mißbrauch in der Therapie; Frankfurt am Main 1995, S. 201-209

♦ **Vogt, Irmgard**; Neues zum >Sex in der Therapie<; in: Verhaltenstherapie & Psychosoziale Praxis; 1990, Heft 1, S. 104 f

♦ **Voll, Doris**; Die Einwilligung im Arztrecht: Eine Untersuchung zu den straf-, zivil- und verfassungsrechtlichen Grundlagen, insbesondere bei Sterilisation und Transplantation unter Berücksichtigung des Betreuungsgesetzes; Frankfurt am Main 1996 [zitiert: Einwilligung im Arztrecht]

♦ **Walter, Michael / Hassemer, Elke / Netzig, Lutz / Petzold, Frauke**; Täter-Opfer-Ausgleich; in: Breidenbach, Stephan / Henssler, Martin; Mediation für Juristen: Konfliktbehandlung ohne gerichtliche Entscheidung; Köln 1997, S.201 - 209 [zitiert: Walter et al.]

♦ **Welzel, Hans**; Das deutsche Strafrecht, 11. Aufl. Berlin 1969

♦ **Wessels, Johannes**; Strafrecht Allgemeiner Teil: Die Straftat und ihr Aufbau; 23. Aufl. Heidelberg 1993

♦ **Wessels, Johannes**; Strafrecht Besonderer Teil / 1: Straftaten gegen Persönlichkeits- und Gemeinschaftswerte; 18. Aufl. Heidelberg 1994 [zitiert: Wessels BT / 1]

♦ **Wetzel, Helmut / Linster, Hans Wolfgang**; Psychotherapie; in: Asanger, Roland / Wenninger, Gerd (Hrsg.); Handwörterbuch Psychologie; 5. Aufl., Weinheim 1994

♦ **Wienand, Manfred W.**; Psychotherapie, Recht und Ethik: Konfliktfelder psycholog.-therapeutischen Handelns; Weinheim Basel 1982

♦ **Winkler, Klaus**; Seelsorge; in: Fahlbusch, Erwin (hrsg.); Taschenlexikon Religion und Theologie; Bd. 5: S - Z; 4. Aufl. Göttingen 1983; S. 28 - 33

♦ **Wirtz, Ursula**; Seelenmord, Inzest und Therapie; Zürich 1989

♦ **Wirtz, Ursula**; Therapie als sexuelles Agierfeld; in: Bachmann, Kurt Marc / Böker, Wolfgang (Hrsg.); Sexueller Mißbrauch in Psychotherapie und Psychiatrie; Bern Göttingen Toronto Seattle 1994; S. 33 - 44

♦ **Wirtz, Ursula**; Zentrale Begriffe für das Verständnis des Problems; in: Heyne, Claudia ; Tatort Couch - Sexueller Mißbrauch in der Therapie; Frankfurt am Main 1995; S. 29 - 52

♦ **Wolff, Ernst Amadeus**; Die Abgrenzung von Kriminalunrecht zu anderen Unrechtsformen; in: Hassemer, Winfried (hrsg.); Strafrechtspolitik: Bedingungen der Strafrechtsreform (ohne Jahresangabe), Frankfurter kriminalwissenschaftliche Studien Bd. 18

♦ **Wolff, Ernst Amadeus**; Ehre und Beleidigung; ZStW 81 (1969), 886 f

♦ **Wolfslast, Gabriele**; Psychotherapie in den Grenzen des Rechts; Stuttgart 1985

◆ **Wulf, Rüdiger;** Die am Täter-Opfer-Ausgleich unmittelbar Beteiligten; in: Rössner, Dieter / Wulf, Rüdiger; Opferbezogene Strafrechtspflege: Leitgedanken und Handlungsvorschläge für Praxis und Gesetzgebung; Bonn 1984; S.11 ff

◆ **Zippelius, Reinhold;** Einführung in die Methodenlehre; 3. Aufl. München 1980

* 9 7 8 3 8 2 8 8 8 2 7 2 0 *